中华美国学会 上海研究院智库丛书

21世纪的美国与世界

黄 平 郑秉文◆主编

倪 峰◆副主编

中国社会科学出版社

中美新型关系的建立与维护

——代前言

　　中国国家主席习近平于 2015 年 9 月 22 日至 25 日对美国进行国事访问。在此之前，他与美国总统奥巴马有过不拘一格的"庄园会晤"和轻松自然的"瀛台夜话"，也有过在其他国际多边场合的会见，但是这次访问是习近平任中国国家主席以来第一次对美国进行的国事访问，也将是奥巴马在任上接待的第一次和最后一次习主席的国事访问。

　　这些，已经很重要、很有象征意义，不过都还是形式上的。从内容上看，无疑是更重要的，习近平主席的这次国事访问实际上是一次真正的增信释疑之旅，是他更正式地与奥巴马总统就中美关系开展坦诚沟通，用更加明确无误的阐释，详细阐明了为什么中美需要拓展合作，而不是互疑，更不是对抗。中美两国对抗不起、冲突不起，而中美合则两利甚至多利，斗则两伤乃至多伤！毕竟，时代已经不同了，今天和今后，由于全球化而带来的互相依存，诸如零和游戏、丛林法则、冷战思维，都已不再合潮流、不合时宜；而且，中国在未来几十年的第一目标依然是发展，是通过发展实现文明、富强、民主、和谐。为了这些基本的和长远的目标，中国一方面要坚持改革和开放的基本国策，另一方面要继续和平与发展的外交路线。这些，是符合中国自身利益的战略选择，中国没有理由不坚持。这些，是中国领导人在重大外交场合正式讲的，决不只是外交辞令，更绝对不是空口号。

　　这些，是正道理，大道理，中国领导人讲过多次，习主席本人讲过多次。之所以习主席又专门到美国进行国事访问，而且这次访问以国家最高领导人之身份，又一路走一路讲，从西讲到东，从政府讲到国会，从商界讲到民间，就是为了说明中国人是认真的，也真愿意就此与美国达成共识，朝着不冲突不对抗、互相尊重、合作共赢的新型大国关系这个方向去发展中美关系，而不是重蹈一战、二战覆辙，也不是再现冷战的猜忌、隔膜与互相为敌。

当然，这次国事访问也实实在在取得了如下具体成果：双方在经贸、能源、人文、科技、农业、执法、网络安全、防务、航空、基础设施建设等诸多领域达成重要共识，并且同意进一步加强在维和、发展合作、可持续发展议程、粮食安全、公共卫生等国际和地区事务中的合作，共同应对气候变化等全球挑战，在亚太积极互动、包容合作。这些重要共识与具体合作，有助于双方之间彼此增信释疑，有助于双方进一步建立互信，有助于今后共同面对 21 世纪的新机遇、新挑战。

在目前和今后一个相当长的时间内，中美其实比以往任何时候都更需要加强互相合作、抓住历史机遇、应对共同挑战，而不论两国之间有多少历史差别、制度特征、文化差异，以及经济社会发展的不同水平。

这些成果，会不会由于美国不到两年后的总统大选而被改变？美国是两党制，两年后的总统选举现在谁也不能预测就一定落到谁手。但是，习近平主席的访问是国事访问，两国之间有正式外交关系，已经达成的共识不是个人之间的共识，已经有的合作是互惠性质的合作。这些都保证了，不论两年后谁当选美国总统，已有的成果都恰恰有利于巩固和推动两国关系。

今后几年乃至更长的时间内，中美能否建立起新型的大国关系，从而走出零和游戏的老路、超越冷战思维的羁绊、改变行之已久的丛林法则，就要看中美双方高层的决断、外交的智慧、民间的互动，以及整个国际关系和世界局势的变化了。一些人习惯于旧有的东西，或者以为国际政治向来就只有竞争、冲突，支配国际关系的也只能是零和游戏和丛林法则，或者认为还轮不到由中国提出如何建立新型的大国关系和国际关系，或者以为中国提出这样的主张只是一种拖延战术为了自己羽翼丰满，等等，不一而足。这些，一方面要看中国自身的发展，一方面要看彼此如何互动。习近平主席这次对美国的国事访问和在联合国之所以花了很多时间讲中国自己的事情和中国的国内政策，就是旨在说明，中国是多么需要一个和平合作的国际环境，是多么愿意与美国等各个国家都走上互利共赢的新路。

　　从历史上看，中国确实与西方各国走向现代化的道路不同，当然它们彼此可以且一直在互相借鉴；从制度上看，中国的确实行的是具有自己特色的体制，当然它也在不断完善；从文化上看，中国的确是几千年文化的传承者，当然它也在不断创新；从人均发展水平上看，中国的确还在发展中，虽然这些年总量和规模已经越来越大。这些，都不是不能与美国等发达国家建立新型国家关系的理由。中国没有挑战二战结束以来建立的国际基本秩序，而只是希望它更加合理；中国积极主动进入国际社会，1979年中美建交以来更是在许多双边、多边和地区、全球事务上与美国等开展各类合作；习奥"庄园会晤"和"瀛台夜话"以来，特别这次国事访问中，双方都对不落入所谓"修昔底德陷阱"表达了共同战略意愿……这些，就是建立新型大国关系的起点，也是良好的开端。万事开头难，何况新型大国关系，由于太新，固然很难。但是，从目前两国关系看，可以说，不冲突、不对抗，已经是一种共识并一再努力维护着；互利合作，已经在不同程度上、不同领域中开展；互相尊重，中美两国的民间一直在做，政府之间如果没有起码的尊重，一切也无从谈起，继续加深尊重，是两个大国的胸怀和大国领导人的责任，而涉及彼此的核心利益之时，彼此尊重对方关切更是前提；至于互信，则需要从长远的战略高度来看待，来建立，来维护，来推进。

　　具体来说，今后走势，一个是在双边关系上继续改善和提升，一个是在地区热点问题上继续沟通与合作，第三是在全球挑战面前相互默契或协调，这几个方面同时推进或互为促进，新型的大国关系，事实上就在一天天、一步步地建构。这绝不是说中美没有分歧、没有矛盾。恰恰相反，如上所说的历史、制度、文化、发展水平等原因，分歧不少、矛盾不小。建立新型大国关系，不是不承认这些分歧和矛盾，而是要更好地管控它们。这样，我们能达致的，就不是"冷和平"，其中充满了猜忌、疑虑、对峙，而是真共处，其中可以不断实现互利、合作、共赢，这样的新型关系，既将有利彼此也会造福他人。

中华美国学会会长　黄平

目　　录

中美关系

会议综述

笔谈：21 世纪的美国与世界

[编者按] 2015 年 10 月 30 日至 31 日，由中华美国学会、中国社会科学院美国研究所、复旦大学美国研究中心、中国社会科学院—上海市人民政府上海研究院、《美国研究》编辑部联合主办的"21 世纪的美国与世界"学术讨论会暨 2015 年中华美国学会年会在上海召开。来自中国社会科学院、中国现代国际关系研究院、上海社会科学院、复旦大学、中共中央党校、中国人民大学、四川大学等 20 多家单位的近百余学者与会。会议围绕 21 世纪的美国与世界、习主席访美与中美关系、美国研究与中美关系等问题进行了研讨。本书刊发部分与会者的发言及部分学者就此议题所写专文，以飨读者。

从困难中看到前进的方向

——谈习近平主席访美

杨洁勉

上海国际问题研究院学术委员会主任

如何评价习近平主席在 2015 年 9 月对美国进行的国事访问？王毅外长在习主席代表团自纽约启程回国之际向媒体做出了详细的总结，中国学术界、媒体也进行了种种概括，而中国高层仍在对访问成果进行更为全面、深入的评估。在我看来，这次访问可以用五个"一"来概括。

第一，这是一次非常必要的访问，这种"必要性"具体表现在五个方面。一是完成国事互访的必要性。在习近平主席于 2013 年 6 月在加利福尼亚州与奥巴马总统举行安纳伯格庄园会晤、奥巴马于 2014 年 11 月对华进行国事访问、两国元首利用多边国际场合多次会面之后，完成这一轮的中美元首国事互访是题中之义。

二是稳定发展关系的必要性。这是习近平主席就任中国最高领导职务以来的首次对美国事访问，以其在诸多领域获得的巨大成功为中美互利合作注入驱动力，为两国妥善、理性处理彼此摩擦和分歧涂抹润滑剂，进一步增加了两国元首经常性会晤的累积效应，成就了"习氏外交"第一任期的一大"期中亮点"。

三是推进总体外交的必要性。访问有力地发挥了中美高层交往的应有效应，开启并引领了 2015 年年底的外交高潮。习主席访美之后，又对英国、越南、新加坡进行了访问，荷兰、德国、法国等国国家元首或政府首脑访问了中国，此外还有中日韩领导人会议、20 国集团峰会、亚太经合组织领导人非正式会议、东亚峰会、联合国气候变化大会等高端议程，形成了一股多个方向上、不同领域内"重点外交"轮番叠次取得硕果的积极模式，共同汇聚成新时期中国外交的又一华章。

四是协调经济政策的必要性。习主席访美的一个重要背景是中国经济增长速度放缓，转入匀速稳健增长的"新常态"，这对包括美国经济在内的整个世界经济都产生了重要的影响。习主席此次访美，经济议题成为首要议题之一，最大限度地发挥了经贸合作在双边关系中的稳定舵和催化剂作用，突出了中美继续协调合作拉动全球经济增长的共同利益和愿景，达成了包括共同维护全球经济金融体系格局在内的广泛共识，增加了中国国内提振经济的兴奋点和凝聚力。

五是排除 2016 年美国大选干扰的必要性。同以往历次中国最高领导人访美相比，习主席此次访美是距离美国大选最近的一次访问，通过广做美方各界人士工作，直接面向美国地方省州和普通民众讲述"中国故事"，有利于中美关系在今后一年多时间里，克服美国选举政策的不利影响保持平稳发展的势头并且稳中求进，也有利于争取中美关系基本顺利地过渡到美国下届政府任期之内。

第二，这是一次十分困难的访问。由于白宫在 2015 年 2 月率先发布了习主席将访美的消息，中方紧随其后，就造成了本次访问利好效应的提前释放和消费。进入 7、8 月份之后，中美经济形势发生了"美国上行、中国下行"的新变化，与此同时，南沙争端、南海局势趋向紧张，围绕网络安全、亚投行、跨太平洋伙伴关系协定（TPP）等问题表现出的规则制定权之争突出。特别是美方不断加码，在亚太战略态势和领导权、网络窃密、中美投资协定（BIT）等问题上表现出明显的施压换成果的态势，两国民间、舆论、智库等也大多提高质疑、批评、指责对方的调门，使得这次访问面临被负面议题主导的压力，而双方在有关问题上的趋强姿态增加了相互达成谅解和妥协的难度。此外，奥巴马执政接近末期，其对美国内政外交大局的掌控能力继续下降，同中方改善关系、加强合作的意愿并不十分强烈。

在这样并不有利的氛围中，习主席访美能取得五大类 49 项成果，而且绝大多数非常实质，扭转了一段时间以来两国关系不断下滑的态势和内外舆论观察、评论中美关系过于负面的偏差，实属不易。尽管成果清单是中方单方面对外发布的，但事先经过了与美方逐字逐句的磋商和相互认可，毫无疑问是双方共识的严肃体现。

第三，这是一次精心安排的访问。在此方面，习主席访问的筹备工作有不少经验值得总结。比如"排雷拔牙"。访前，由两位特别代表习主席特使（中共中央政治局委员、中央政法委书记孟建柱和国务委员杨洁篪）先后访美，分别就网络安全、气候变化和地方省州合作等问题与美方各层级、各部门进行面对面的沟通，把工作做到最后一分钟，起到了为元首会晤扫除障碍、释放压力、积累成果的显著成效。再比如"多管齐下"。配合此次访问，中方多部门、多机构统筹协调齐出动，在地方、经济、企业、文化、智库、民间等层面同时开展工作，达到了预期效果。访问期间，外交部部长王毅、党委书记张业遂双双出动陪同活动，这在外交部历史上也是前所未有的，反映出访问的极端重要性。还有就是"调低预期"。基于对形势的客观判断，我们及时调整整个访问的舆论造势与配合工作方向和重点，主动和实事求是地释放信息影响舆论，引导公众对中美关系和此访成果形成合理预期，尽最大努力塑造了访问所需的舆论环境。

第四，这是一次相当成功的访问。我们看到，在如此复杂和困难的条件下进行的访问仍然能够做到平稳、顺利，礼宾安排几乎尽善尽美，这本身就是成功。美方也可以说做到了尽心尽力，还配合我们采取措施将那些在以往中国领导人到访美国时必然相伴的"五毒"势力的聒噪挡在视线、听觉之外。我们更看到，中美在对方重大关切问题上展现了相互谅解的精神。为了维护两国合作的主流，双方在一些重要问题上做出了必要的相互妥协，涉及中美新型大国关系、美国在亚太地区的作用、网络安全、经济金融政策协调等方面，并且在两军交往、风险管控等难点问题上取得了新的进展。奥巴马总统承认，美方工作层处理亚投行问题给外界留下的印象有违他的本意。不仅如此，两国元首会晤还开辟了很多新的合作领域，比如发展问题、在非洲的第三方合作等。

第五，这是一次富有启示的访问。一段时间以来的中美交往可以看出，双方阐释对中美关系愿景的思想理论和话语系统存在较大差异。中方率先提出的理念和口号往往高度原则概括，国内老百姓不易懂，美方又会心生战略疑虑，因而往往需要进行"二次详细论证"，影响了对话沟通、增信释疑的效果。我们需要结合中国特色大国外交理论建设，积极进行外交话语系统的创新，探索更加直白的理论构建、表达方式和对话路径，关键是要争取形成中美双方都能理解的共同话语。随着中国国力的增长、对外影响力的扩大，我们也要在新型国际关系、新型大国关系、全球治理、世界秩序等重大问题上进一步加强理论研究、推进理论建设，取得自己的话语权和影响力，然后才有可能真正对美国的战略政策形成引导。中美关系从来都具有两面性、长期性、复杂性、反复性的特征，两国间的敏感和分歧问题绝非一次高访就能解决。在奥巴马政府任期行将结束之时，中国的智库机构应当像美国同行们已经在做的那样，围绕当前和今后的中美关系走势进行认真、深入的探讨甚至辩论，为下一周期的中美关系提供新的战略思维、准备新的政策思路。两国政府也应广泛吸纳社会各界的看法和建议，为今后的中美关系发展演变备下更多的政策选项和战略储备。总之，只要能够凝聚合力就能在困难之间看到前进的方向。

中国需要调整观察和分析国际
问题的视角和思维模式

章百家

中共中央党史研究室原副主任

现在研究中美关系，一方面需要继续加强对美国问题的研究，另一方面也需要更多地注意中国自身的发展变化。处理好对外关系、特别是中美关系，首先要正确地认识自己。对此，我想讲四点：

第一，进入 21 世纪，国际形势发生的一个重大变化就是中国已经成为影响世界经济政治发展的主要因素之一和重要变量之一。

改革开放以来中国的发展，无论从内部还是对外关系哪方面看，世纪之交都可以作为历史进程的一个分界点。从内部看，在此前后中国改革面临的课题和任务是不同的。20 世纪后期，中国改革开放要解决的主要是新中国成立 30 多年所积累起来的问题。例如，如何加快现代化建设以改变贫穷落后面貌，如何摆脱封闭状态实现对外开放，如何从计划经济向市场经济转轨，以及如何进行相关体制和制度的调整。解决这些问题，中国有长期积累的历史经验教训可资借鉴。进入 21 世纪之后，改革开放进入了一个不同质的阶段。当下要解决的主要问题已不是历史遗留的，而是经过 30 多年的改革开放、在实行社会主义市场经济之后出现的。例如，如何防止腐败实现社会公正，如何实现财富的保值增值和公平分配，如何从经济的高速增长转变为可持续的适度增长，如何通过创新完善中国的经济政治制度以利国家的长治久安。要解决这些新问题必须有新的探索，需要一段时间积累经验。

从对外关系的角度看，改革开放之后，中国从自身发展的需要出发，强调与国际接轨，力图尽快适应和利用好现存的国际体系。那时，外部世界对中国的发展基本持积极态度，但对中国的发展速度普遍估计不足。进入21世纪后，中国的崛起已成为一个不争的事实。在外部世界看来，一个新兴大国的出现必然会对现存国际秩序产生冲击，而新兴大国本身通常又带有许多不确定性。就中国而言，一方面是改革进入"深水区"，内部发展带有不确定性；另一方面是与世界不断加强的经济联系使国家利益迅速全球化，维护海外利益已经同国家的安全和发展密不可分，由于中国尚缺乏处理此类问题的经验，对外行为也带有不确定性。中国曾庄严宣誓永远不做超级大国、永不称霸，但那时中国在海外没有多少需要维护的实际利益。现在，如何信守以往的承诺与处理好现实的利益需要，其中有大量问题需要探讨。

第二，我们必须调整以往观察和分析国际问题的视角和思维模式，以增进与外部世界的良性互动。

中国对世界影响力的增强是一件大好事，但这也意味着中国与世界互动的频率加快、力度增强。这就要求我们的反应要更加准确和迅速，而重要的一点是改变我们以往观察和分析国际问题的视角和思维模式，把我们自身变化的影响估算进去。

我曾撰文说，回顾20世纪的历史，国际关系格局的大变动基本是由其他大国造成的；在应对国际格局变动的过程中，中国主要依靠改变自己来影响世界。进入21世纪后，中国的内部变化已具有极大的溢出效应，中国在改变自己的同时也极大地改变了世界。现在许多国际研讨会，人们在讨论世界形势时总要先讲中国如何，这种场面屡见不鲜。这表明中国的变化已经深刻影响着其他国家对国际形势的判断和自身政策调整。过去，我们分析形势的一个基本套路就是"一国际，二国内，第三本单位"。现在，当我们分析国际形势时，如果不把中国自身变化造成的影响估算进去，我们对国际问题的看法就会发生很大的偏差，就不能理解当前中美关系的变化以及中国与一些周边国家关系的变动。

大约在十多年前我曾提出过一个观点，即从20世纪90年代起，中国开始进入一个安全瓶颈，外部压力会逐渐增大。这是中国成长为大国的必经阶段。形成安全瓶颈的基本原因是：冷战结束后国际形势的不稳定、中国改革进入深水区、外部世界对中国崛起的疑虑加深以及信息化时代的到来。这几方面因素叠加在一起，将使得中国面临的问题非常复杂，国内国际互相牵连。乐观地看，这一过程将持续三四十年。在这个关键阶段，如果能较好地处理内部问题和外部关系，中国的发展就会较为顺利，反之，中国进入中等发达国家的目标就会延迟实现。

从外部世界来看，当一个新兴大国崛起的时候，其行为必然会有某种不确定，必然会与现存秩序和其他国家发生矛盾和摩擦，而这是需要加以防范和应对的。如美国就因此提出了"亚太再平衡战略"。对此，我们应有客观冷静的分析和判断，尤其要防止高估外部世界的敌意。就目前形势看，中国与美国、日本及一些周边国家虽出现了一些矛盾和摩擦，但只要处理得当是可以化解的。国际形势在总体上仍对中国十分有利，中外之间的互动可以保持良性发展。当然，如果处理失当将会使中国陷于被动。

第三，中国要成为一个成熟的大国还有很长的路要走，当前建立中美新型大国关系的关键在于能否在新的力量平衡的基础上建立互信，造成一种有博弈、有合作、有容忍、有共赢的局面。

正确认识自己，很重要的一点就是要看清中国所处的发展阶段，看清自身的优劣所在。改革开放30多年来，中国从一个比较落后的发展中国家变成了一个举世公认的新兴大国。中国虽然成为新兴大国，但要成为一个成熟的大国还有很长的路要走。与成熟的大国相比，中国存在着明显的短板。主要是：现代化还没有完成，科技创新能力不足，人均国内生产总值和资源占有量很低，城乡差别、沿海与内陆的差别很大；参与大国博弈的经验还不够丰富，没有盟国甚至没有可以结盟的对象，可以调动的国际资源和制定国际规则的话语权有限；特别是国家统一尚未完成，而历史上还没有哪个真正的大国是处于分裂状态的。要克服这些短板需要付出极大的努力并假以时日。这种情况意味着中国仍需将主要精力用于解决国内问题，仍需维持一个有利于发展的外部和平环境。

最近一段时间，中美关系是比较紧张的，引起不少担心。我认为，这一紧张关系出现的原因在于双方实力的变化打破了原有互信的基础，而在新的力量平衡的基础上建立互信尚需一个过程。冷战时代，中美是在长期对峙、对抗的过程中形成互信的，双方都看清了对方的弱点和力量局限。越战和"文化大革命"的发生，使中国看到美国实际上没有侵略中国的能力，而美国也看到中国没有发动世界革命的能力，这是中美互信与和解的重要基础，另一点是双方当时都把苏联视为主要的威胁。20世纪70年代末在两极结构下，中国所处的外部环境是比较好的。当时美国等西方发达国家认为，中国还很落后而这不利于维持国际结构的平衡和稳定，所以那时它们对中国的发展持支持态度。苏联解体后，情况发生很大变化，中美关系出现波动，但由于那时中国的实力仍很有限，且美国忙于海湾战争，中美之间的互信虽有所削弱但仍维持了下来。进入21世纪之后，中国的力量发生很大变化，这就使中美需要在新的基础上建立互信。我认为，中美两国建立起新的互信是可能的，也是必需的，尽管这个过程会有所曲折；因为解决诸多全球问题离不开中美大国之间的合作，亚太地区的繁荣稳定与中美双方利益攸关，以及美国实力的相对下降及其希望实现力量收缩，而中国首先要集中精力继续解决内部问题。中美关系的面貌将是有博弈、有合作、有容忍、有共赢。

第四，要认真总结中国处理国际问题的历史经验和教训，尤其要注意保持目标、手段和实力三者之间的平衡。

中国外交有成功经验，也有遭遇挫折的教训。新中国成立后一段时间，外交发展相当顺利，到1956年初已形成非常好的局面。当时，毛泽东就考虑过对外开放的问题，他乐观地认为，中国要关起门来已经不容易了；但此后中国外交却走了一段弯路。"波匈事件"后，中国想在国际共产主义运动中发挥更大作用，介入了东欧国家与苏联之间的矛盾，这是产生中苏矛盾的原因之一。这些东欧国家虽希望借助中国的力量制衡苏联，但最终还是选择跟着苏联走。与此同时，中国还加强了对世界革命的支持，后因印度尼西亚发生反共政变遭遇巨大挫折。"文化大革命"的发生则使中国在外交上陷于全面孤立。20世纪70年代初期，中国对外交政策做出重大调整，把自己放到一个恰当的位置上，通过开启中美关系正常化的大门打开局面，逐步与世界上大部分国家建立起正常的外交关系，将活动舞台扩展到整个世界，为后来的改革开放奠定了基础。由此，我们得到一个宝贵教训，就是处理外交问题要客观准确地判断国际形势，同时认清自己的实力和能力，确保目标和手段的平衡。

21世纪初期，是中国作为新兴大国进行外交战略布局的时期。改革开放以后，中国外交工作的主要任务是创造有利于国内经济建设的外部环境；今天，国际国内环境都在发生变化，我们需要更多地思考中国应如何在国际上发挥作用的问题。总的来讲，我们现在仍然要为进入中等发达国家的行列、改善人民生活水平这样一个国内目标来谋划战略大局。这个时候如果急于谋取各种小利，很可能会损害中国的发展大势。

进行国际战略布局，我们要借鉴以往的经验。从历史上来看，中国的一条基本经验就是"内圣而外王"。这跟其他大国的经验很不一样。许多大国在成长期都走的是扩张的道路，中国则不然。从地缘上来说，中国是唯一一个四面都有邻国的大国。这种地缘特点决定了中国只有自身强盛，才能稳定周边，吸引邻国仿效，国力衰弱则会遭到周边国家的入侵。这种地缘环境还决定了中国如在某个战略方向上处理不当，就会引起连锁反应，形成四面八方的安全危机。

中国是一个传统的大陆国家，随着中国的发展，当前出现了海洋问题，主要是南海问题。这也是中美关系遇到的一个新问题。海洋问题很复杂，这里仅简单讲两点看法。一是海洋划界与陆地划界很不一样，不能把解决陆地边界问题的思维简单地用于解决海洋分歧。中国要真正成为一个海洋大国，关键在于处理好与周边海上邻国的关系，这样才能走出去，如果中国把自己封闭起来就不可能成为一个真正的海洋大国。二是长时间以来，我们认为只要把中美关系处理好即能理顺周边关系，但事实上，中国的经验还有另一方面，即在中美关系处于胶着状态时，我们往往是首先在周边关系上求得突破。今天，中国必须在中美关系和周边关系都有所着力，才能在亚太地区和全球发挥更大的作用。

美国"再平衡"战略与对华"竞合"关系

崔立如

中国现代国际关系研究院高级顾问

　　美国外交的战略调整，从奥巴马入主白官的第一天起，就成为美国政府外交的主要议题。奥巴马赢得大选后，新政府肩负两大历史使命：一是重振美国经济，二是重新塑造美国的世界领导地位。在奥巴马第一任期中，外交调整的重要方面是处理布什政府留下的负面遗产，最具标志性意义的外交战略举措大概就属亚太"再平衡战略"。在我看来，"再平衡"一词确实道出美国亚太战略调整的中心思想：冷战结束以来，美国主导的亚太战略平衡格局已发生重大变化，美国要想维护其霸权地位，必须做出积极调整，主导建立能够适应 21 世纪国际关系深刻变化的新战略平衡。而这也正是新时期整个美国对外战略调整的中心思想。

　　关于美国是否已进入"衰落"的下行滑道的辩论，仍在全世界范围内激烈进行，但更多力量中心迅速崛起，在 2008 年爆发的金融危机和随之而来的全球经济危机重挫下，美国国际地位明显衰落已是不争的事实。

　　21 世纪的国际关系还有一个更具根本性特质：经济全球化造成国家间前所未有的相互依赖关系，这在大国之间尤为突出。这正是当今世界多极化发展与以往历史上的多级体系的一个重大不同。这意味着，美国对国际事务主导力下降，要面对更多的竞争者，同时要与其他国家，尤其是新兴大国进行更有效的合作，以建立一种能适应新的世界，同时又能保持美国领导地位的国际体系。

　　因而，美国外交的战略调整的实质上是一种战略转型，且需要同时应对两方面的挑战：一方面，要针对布什政府过度扩张所带来的"力不从心"问题，调整美国全球战略目标的轻重缓急，改变"单边主义"的行为方式；另一方面，要着眼世界变化的大趋势，加强同盟和伙伴关系，改造国际经济、政治和安全体制，维护长期以来西方主导的国际秩序。而实现上述目标的基础，也是最紧迫的任务，就是恢复美国经济，增强美国实力、地位。

明确将美国的战略重心转向亚太，是奥巴马政府对外战略调整中最引人注目的大举措。做出这一调整的两大理由显而易见。一是经济上的考虑，二是战略上的考虑。重振美国经济是奥巴马政府的最重大的历史使命，更是最紧迫的任务。无论是对当前还是未来的美国对外经贸关系而言，作为全球新的经济重心，亚洲都占据着最重要的地位。亚洲拥有中、印等最大且最具活力的新兴经济体，不但是当今世界经济增长最主要引擎、未来全球最大的出口市场和最具吸引力的投资地，还将成为未来最大的海外投资来源。美国经济已和亚洲紧密联系在一起，其未来发展更与亚洲密不可分。

与此同时，美国把主要的战略挑战也定位在亚洲。一是，迅速崛起的中国被美视为最大的战略竞争对手。二是，华盛顿认为亚太地区在安全上存在最多不稳定和不确定因素。确定主要战略竞争对手，历来是美国外交和军事战略的核心要素。然而，在相当长时间内，中美之间并没有出现明显的战略竞争。

态势的明显变化发生在 2008 年以来的几年间，"中国崛起"似乎忽然从模糊的概念变成令人瞠目的现实。中国的 GDP 连上几个台阶超过日本成为世界第二；中国的外交更为活跃；中国成为美国最大的债主。与此同时，中国的国防建设迅速发展引起一些国家的关切，与美国的亚洲盟国日本和菲律宾的关系因领土争端而出现紧张。

也正是在此期间，美国爆发了前所未有的金融危机，并随之陷入战后最严重的经济衰退。债务和财政赤字问题、贫富差距扩大和两位数的失业率，与政治和社会的两极分化形成互为因果的恶性循环。悲观情绪弥漫，民众对政府的信心空前低落，极端保守主义得以兴风作浪，政治能量放大，贸易保护主义和经济民族主义抬头，中国遂成为政客和媒体最方便的攻击靶子。连续多年的大力反恐及严密防范产生明显成效，美国人对恐怖主义威胁的担心大大降低。在这样的形势下，美国依照传统战略思想，把迅速崛起成为第二大经济体、但在政治上却非西方同类的中国，确定为主要战略竞争对手已是理所当然的事情。

在这种复杂的经济和战略双重考虑下，美国推出"亚太再平衡战略"。其中心思想是在战略格局从单极转向多极的新形势下，运用所谓"巧实力"维护美国在亚洲的主导地位。但面对新格局下更加错综复杂的形势，"再平衡"的含义也是复杂的。在经济上，"再平衡"是着眼对整个亚太地区关系的加强，而中国是其中最重要的交往对象。中美之间既有竞争，又有合作，竞争在于地区的主导权，合作在于双边的互利经贸关系。美国抓 TPP 具有双重意义：经济上是提升对亚太地区合作水平，同时明显含有加强与中国竞争的长期大战略考虑；而在政治和军事战略上，美主要着眼对中国崛起影响力扩大的制衡，同时兼顾地区内其他目标和挑战。奥巴马政府高调宣称要全面加强美在亚太地区的军事存在，包括强化同盟体系，建立更广泛的伙伴关系网，加大军费、人员、装备投入和军事基地及补给点建设，增加联合军事演习等各方面措施，其打造的"反拒止"战略和"海空一体"战略针对中国的意图相当明显。"再平衡"战略的军事色彩浓重，招致国内、国际众多批评。

在中国，有一种强烈的观点，认为美国亚洲"再平衡战略"实质上就是对华遏制战略，是新的冷战。这种看法并不是没有根据，实际上在美国就有一些人公开鼓吹对崛起的中国进行遏制。然而，更多的人清醒地认识到，对华遏制并不符合美国的利益，且不说中国的崛起是任何国家都遏制不了的。自 20 世纪 70 年代中美重新打开交往大门以来，两国关系的发展给双方都带来巨大的利益，也给亚洲实际带来众多好处。这是无人能够否认的事实。现如今，中美经济贸易上形成的深入广泛的相互依赖关系已成为两国发展的重要依托，中美之间在诸多领域中的合作已成为亚太地区以及世界和平与发展的重要支撑。

中国崛起无疑对美国的霸权形成越来越大的挑战，中美关系的竞争面突起成为现阶段人们关注的焦点。但这并没有改变中美之间合作关系继续发展的需要。竞争与合作并存且相互交织，是 21 世纪中美这两个最大国家之间关系的特殊性和复杂性之所在。

美国从来就相信以实力为后盾的政策。重振经济是美国保持强大实力的基础，不断加固军事优势使之成为能有效威慑对手的利剑，永远是美最倚重的法器。中国既是美需要的合作伙伴又是美要制衡的竞争对手。美对华战略就是在两者之间寻求平衡。所谓"再平衡",就是为应对战略格局变化而进行战略调整,而中国崛起则被作为引起格局变化最主要的变量。同时,"再平衡"作为战略转型的过程,不可能一蹴而就。未来的多种不确定性是美亚太战略必须考虑的重要问题。"再平衡"的战略调整过程将至少贯穿奥巴马全部任期,期间将因各方面形势发展变化而做修正或改变,某种互动过程也将在中美之间发生。

中美之间的未来互动朝什么方向发展存在着不确定性,这是一个重大战略问题。奥巴马说美国决不当世界老二,中国一定要实现伟大民族复兴,双方间的竞争不可避免。事实上,中美都已将对方作为主要战略竞争对手。但因为目前中美的实力地位并不在同一水平上,拥有巨大优势的美国仍具主导地位。鉴于普遍的看法是,中国将会一步一步缩小与美国的实力差距,美国当然不能高枕无忧。所以,当下美国的"再平衡"是未雨绸缪,真正着眼的是未来竞争。然而,对中美关系前景而言,核心的问题还不是竞争,而是未来可能更加旗鼓相当的竞争将以何种方式展开。一些美国人根据现实主义国际政治理论,加上 20 世纪崛起大国与守成大国一再由竞争走向对抗的历史经验,断言中美之间最终难免要发生对抗。美国必须为此做好战略准备。更多的人则认为 21 世纪的大国关系已大大不同,中美两大国应该、也能够避免发生对抗的历史宿命。两国关系的前途主要取决于中美双方的战略取向、政策目标和处理分歧的方式。两国领导和决策层要避免对抗的共识、政治意志和智慧是决定性的。

2013 年 6 月,赢得连任的奥巴马总统和中国的新领导人习近平主席,在美国西海岸的安纳伯格庄园举行会晤,双方就中美之间广泛议题进行深入坦诚的对话,达成重要共识。其中,引起外界极大关注的是,奥巴马总统对习近平主席提出的建立"新型大国关系"的倡议做出原则上的正面回应。这是美方在未来双方关系发展理念上向前迈出的重要一步。美国时任总统国家安全事务助理多尼隆在会晤之后说:此次会谈是奥巴马总统宏观国家安全战略的一部分,也是美国亚太再平衡战略的核心。新形势下,中美两国需要尽早确认新的战略基础、巩固合作共赢的新型大国关系的战略方向。多尼隆表示,两国领导人同意在各个领域建立健康良好的竞争关系。他认为,避免两国关系恶化,滑向不必要的战略竞争,是中美新型大国关系的核心。从多尼隆的表述中可以看出,华盛顿对建设中美新型大国关系的理解是，这是双方确认要为之努力的"战略方向"，现阶段主要任务是建立"健康的竞争关系"，核心问题是"避免滑向不必要的战略竞争"。由此可见，双方对发展"新型大国关系"的共识，主要是在管控两国间明显加重的竞争关系上。而未来中美之间最需要管控的竞争是在亚太地区。所以，中美两国探索建设"新型大国关系"的过程必将与美国亚太再平衡战略的推进发生微妙关联。

中美关系中的经济因素

张宇燕

中国社会科学院世界经济与政治研究所所长

理解中美关系的一个很重要的角度是两国的经济发展，特别是未来的经济发展趋势。从短期来看，美国经济的增长状况还是不错的。根据刚公布的数据，2015 年美国的经济增长率为 2.2%，总体状况不错。最近几年来美国的通货膨胀率一直保持在较低的水平，核心消费者支出价格指数一直保持在 2% 以下。美国的失业率也降到了金融危机以来的最低点，从高点时的 10% 以上降至目前的 5% 左右。尽管联邦政府债务余额与国内生产总值之比居高不下，但赤字与国内生产总值之比最近几年一直在下降。在国际收支方面，美国 2015 年的经常项目的差额占国民生产总值的比重大概只有 2.6%，这个比重曾一度高达 7%。这也是关于全球经济失衡和再平衡的议论有所减少的主要原因。

中国 2015 年的经济增长率估计在 7% 左右，就业、物价等宏观指标均在可控范围之内。从长期趋势上看，中美两国经济的力量对比仍然朝着差距不断缩小的方向稳步前进，2015 年，美国经济占全球经济的比重约为 23%，中国是 14%。中美两国占全球经济总量之比的差距大概是 10 个百分点。这和中国改革开放之初的 2%（中国）与 25%（美国）的差距相比，已经发生了天翻地覆的变化。从中短期趋势上看，尽管基础尚不牢固，美国经济正处于缓慢增速轨道，其潜在增长率在 2.5% 上下；中国经济则处于由高速向中高速增长过渡的轨道，增速大约在 6.5% 上下。这意味着在未来几年，两国经济增长速差仍将保持在 3.5—4.0 个百分点。

当前面临的问题是什么？联合国发布的《2015 年世界经济形势与展望报告》把全球经济概括为"五低二高"。"五低"是指低速增长、低通胀、低贸易流动、低投资、低利率，"二高"是指高股价和高债务。2015年5月，全球股票市场的总市值是 75 万亿美元，比爆发金融危机前的2007 年年底统计的 64 万亿美元还要高，存在严重的泡沫。2014 年，全球的债务也创下历史新高，政府债务和企业债务合计 199 万亿美元，而2014 年全球的生产总值仅为 70 万亿美元。虽然美国的赤字已经有所下降，但是美国累积的国家债务占国内生产总值的比重约为 105%，加上私人债务和企业债务，总共约占国内生产总值的 269%。由此可见，美国背负的债务还是比较高的。

高债务、高股价都与美国有关，也与低利率有关。低利率导致大家都借钱，特别是刺激了美国的消费者借贷。2008 年和 2009 年，美国的消费借贷数额一度大幅度下降，现在又有所回升。美国短期的经济增长是靠超低的利率水平支撑的，而超低的利率水平会导致高股价和高债务，所以这种增长是不可持续的。有人说低通胀、低利率、高债务、高股价和高资产价格是一个有毒的组合，那么今天支撑世界和美国经济的正是这个组合。也就是说，是人为因素在支撑美国经济。由于美国经济增长的根基并不稳固，美联储一直在犹豫是否加息，因为加息肯定会影响到美国经济的复苏，而不加息又会导致股票价格上涨和债务不断累积。我以为权衡之后，2015 年年底或 2016 年第一季度加息的可能性是比较大的。

虽然美国的失业率有所下降，但这其实与美国的劳动参与率降低有关。自经济危机爆发以来，美国领伤残补助的人口增加了将近 200 万人。由于这些人不进入就业市场，所以美国失业率的数据是不真实的。美国人的工资上涨也非常乏力，这反映出美国的劳动力市场并不强壮。从长期来看，影响美国经济增长的首要因素还是人口。仔细研究美国的人口结构就会发现，美国最近几年和今后几年的劳动力供给增长为零，而每天大约都有一万人加入领取退休金的队伍，所以美国人口的老龄化趋势正在加剧。与此同时，美国的劳动生产率增长速度十分缓慢。根据经济学家的计算，2008 年至 2034 年的 25 年间，美国的劳动生产率将增长 1.3%，人均收入将增长 0.9%。这应该是让美联储主席耶伦在加息问题上两难的基本原因。

人们一直说中美关系的一块压舱石是两国的经贸关系，这话有道理。不过时至今日，中美关系这条巨轮中又多了一块"石头"，即两国金融市场的密切联动性或高相关度。在 2015 年夏季的全球股市波动中，中国股市波动引发了全球连锁反应，并导致美国股市大幅下跌。

　　总之，在讨论中美关系的时候，经济问题始终是一个重要的议题。中美两国之间的博弈是以经济和金融为基础的。从中长期来看，我认为美国的经济将继续运行在中低速的发展轨道上，中国将维持中高速增长。这是中国与美国进行博弈和制定对美经济政策的基础。

建设新型大国关系需要增信释疑

苏 格
中国国际问题研究院院长

"新型大国关系"不是一个空洞的标签。在全球化、多极化的背景下，美方对中美关系可能有不同的表述，但是无论如何，两国不走冲突对抗的老路，这是一种新型的符合两国人民根本利益的大国关系。

中美关系一直是最重要、最复杂的双边关系之一。习近平主席对美国进行国事访问，时机重要，意义重大。就国际格局而言，世界多极化、全球化不断深入发展。中国自身面临两个"前所未有"——中国前所未有地接近世界政治经济的中心、中华民族前所未有地接近自己民族伟大复兴的目标。中美关系进入新的转型期，需要两国领导人在一起对两国关系未来发展进行战略性的构思、规划。

当前，国际格局发生了重大的复杂深刻变化，主要包含两方面：多极化、全球化。中美实力对比发生了重大的变化。反恐和全球金融危机，使美国的软硬实力都受到了重创。在这个历史时期，我们讲战略机遇期，中国抓住了机遇期，在经济上"坐二望一"，被公认为是世界经济增长的引擎之一。

中国的"铁、公、机"产能已是世界第一，石油的消耗量现在也成了世界第一，从总量来看，中国是世界范围大家注目的焦点。这就应了一句中国古话"木秀于林，风必摧之"，美国对华战略出现了严重的焦虑感，中美关系两面性凸显，负面因素上升。美国现在觉得中国发展起来了，甚至可能成为影响到美国安全战略的主要对手。学界也有人说美国人对中国的发展出现了严重的焦虑和不平衡，中国以前在他们的印象中就是摆地摊的、卖茶叶蛋的，突然之间要搞"一带一路"，要开银行了，肯定不适应。

如何在国际舞台上"应对"美国？为何有时对方"长拳"对我，我以"太极"应彼？因为，一切必须从中国的最大国家利益出发，从人民的根本福祉出发。国家领导人手中的舵盘，分量着实不轻。

美国的国徽上有一尊白头鹰，两只利爪，一手握着战争利箭，另一手握着和平橄榄枝。美国的国家安全战略态势就像国徽一样"两手抓"：一手软，一手硬。美国国家安全战略因此进行了重大的调整，从反恐调整为重返亚太，目标针对中国为首的新兴崛起大国。

但"针对"和当时"遏制苏联"不一样。针对是"对着你"，遏制是"把你圈起来"，限制交往。而当下中美双边贸易达到了5551亿美元，双边的投资量达到1200亿美元，人员每年有500万的往来。传统上，经贸是中美关系的压舱石，有了压舱石船就比较平稳。但现在中国和美国都在转型，美国和中国传统的贸易互补性减弱，美国就开始要修订游戏规则，加紧推进跨太平洋伙伴体系和大西洋投资伙伴关系，企图取代世界贸易组织的贸易规则，限制中国国际经济的发展空间，这些都给中美关系带来了很多不确定因素。

另外，一些原本不属于中美双边关系范畴的第三方因素的影响上升，也使两国决策环境出现了非常复杂的情况，甚至绑架了美国的对华政策，比如中国南海、东海问题。本表示"不选边站队"的美国开始偏袒所谓的盟国，在战略上防范崛起的大国。这种时而在幕后，时而在台前的行为，给中美关系平添了负面影响。

2015年一段时间以来，美国大选临近，美国国内学界展开对华政策大辩论，西方媒体充斥着对美中关系的忧虑，充满着"濒危"、"临界点"的讨论。现在的关键是，如何防止不要让中国在美国的瞄准器上，在美国的核心利益、重要利益、一般利益分层中，不要把中国对美国的所谓威胁从"重要"一层上升到"核心"，所以中国要加紧做好公共外交。

中美关系事关大局，面对挑战，中国必须有坚定不移的战略定力，增强"道路自信、制度自信、文化自信"，关键是按照中央"四个全面"的既定方针，用好战略机遇期，壮大中国的综合国力，切实把自己的事情办好。

对于中美关系发展的新常态，中美双方都需要一个适应的过程，在多极化、全球化的背景下，任何人都难以独善其身，这就需要包容与合作。美国应该认识到中国的发展是不可阻挡的客观事实。零和的博弈，你得必是我失，你失必是我得，不符合中美双方的利益。

为此，我就中美关系提几点想法和建议。

增进战略互信，防止战略误判。越是在中美关系负面因素上升的情况下，越是要坚定信念。中美应筑牢相互尊重的基础，共同推进合作共赢的目标。

夯实中美关系的经济基础，保持并增加中美双向贸易。我们希望扩大中国对美的投资，也希望美国放宽对华民用高技术出口的限制。

扩大在国际地区上的合作。包括朝核问题、阿富汗问题，没有中国的参与，这些问题解决也难。

加强全球治理问题中的协商。我们说"一带一路"构想、亚投行的提出，是对现有政治经济秩序的补充和完善，不具有排他性。中美还可以共同探讨海洋合作、网络安全等。

切实管控分歧。"择宽处行，谋长久之利"，以建设性的方式处理分歧和敏感问题。不做损害对方核心利益的事情，要严防擦枪走火，防止热点问题上升为对抗。

妥为引导舆论并开展公交外交，增强中美关系的民意基础。

中美关系中的挑战与机遇

金灿荣

中国人民大学国际关系学院副院长

2015 年是中美关系的转折点，从 2010 年开始，中美战略互疑有所上升，可以说，2015 年是美国战略界的一个怀疑之年。当前中美关系的定位首先它是中国外交的最大课题，与其他国家的关系相比，处理好中美关系最为重要，中美关系稳定，中国的外部挑战就减轻了一半。第二，中美关系未来仍然是中国现代化建设的最大外部因素。第三，中美关系的分量决定了两国之间的关系是 21 世纪国际关系中最重要的双边关系。未来世界格局不是冷战后形成的一超多强，而是中国从多强当中脱颖而出，未来的世界格局既不是美国保持的一超，也不是中国致力的多极，而是两超多强，这其中最大的因素就是中国的崛起，中美关系将是决定 21 世纪国际关系性质的关键。

中美关系的现状从结构上讲是既竞争又合作的关系，这和美苏冷战时期不一样。冷战时期，美苏关系是竞争为主，合作很有限。现在中美之间是既竞争又合作，有时候竞争多一些，有时候合作多一些。2013 年 6 月，习近平主席和奥巴马总统的庄园会晤明确提出中美两国建设新型大国关系，提出：第一，不冲突、不对抗；第二，相互尊重；第三，合作共赢。习主席除了提出新型大国关系来引导中美关系，还做出了一系列举动。2013 年 11 月 23 日，中国设立了东海防空识别区，紧接着提出"一带一路"、亚投行、金砖银行、丝路基金、南海建岛。

中美战略对抗性在不断增加。中美关系的复杂性在于：两国的意识形态不同，文明也不一样。2014 年开始，"修昔底德效应"提出，意识形态差异、文明差异使得效应更尖锐。

但另一个方面，中美双方的共同利益和相互依存显而易见，两国经济联系很多，人员来往密切。中美两国政府都在做促进合作、扩大合作面的努力，已取得了不少成果。

中美双边存在一系列问题：第一，是南海问题，目前美国对南海问题非常关注，认为中国不尊重现行国际体系；第二，是网络安全问题；第三，是因国安法对非政府组织的一些限制引发的人权问题；第四，是中国企业推进深化改革，取消了外资的超国民待遇，对美国在华企业产生一定影响，经济和企业是中美关系的压舱石；第五，是第三方因素的增多。中美关系在冷战结束以后的头20年关系中，第三方因素比较小，但是，近年第三方因素频出，日本、菲律宾、越南、印度、缅甸、朝鲜都在做第三方，这是中美关系当中的新动态，也是美国战略界正在对中美关系进行反思，并且基调有些消极的一方面。

基于中美关系的历史和现状，未来中美关系的新挑战主要在于：第一是战略猜疑带来的地区影响力竞争。美国怀疑中国要跳出美国创建的体系，另起炉灶，比如像亚投行、金砖银行等机构的设立。中国也怀疑美国在围堵中方。未来10年，中美关系面临的问题可能比以前还要多，过去中美关系有三个老问题：台湾、西藏和贸易。这三个问题今后都还是存在的，而且台湾是变量。未来10年可能会有 N 个新的问题出现，比如地区领导权竞争。只要中国经济保持正增长，那么中国的经济影响力一定是扩大的，经济影响力扩大到一定程度，战略影响力也将扩大，中国目前已经超过美国成为世界上多数国家的第一贸易伙伴，特别是在亚洲地区。在周边邻国中，中国是其中18个国家的第一贸易伙伴。尽管中国没有任何主观意图要把美国赶出亚洲，但中美在客观上可能形成地区影响力的竞争。

第二是中国的军事现代化给美国带来的不安。美国霸权是建立在四个支柱方面：第一是军事优势，第二是高科技优势，第三是金融霸权，第四是软力量优势。其中重中之重的是军事优势。目前，中国的军事力量速度发展很快。特别要强调的是，中国的军事现代化背后有强大的工业基础作为支撑。中国军事现代化是中美未来的重大议题。

第三在于网络空间。网络空间竞争作为大国游戏，日益成为中美关系中的重要内容。原来中美竞争是发生在有限的空间，在海陆空，未来有限空间还在，竞争还在，但会扩展到无限空间，是天、电、网，太空、电子、网络。

第四是中国的产业升级和人民币国际化步伐加快。原来中国卖给美国的商品92%是美国不生产的低端产品，现在中国的产品出口越来越高端，其中2/3是机电产品，结构非常先进，中美贸易关系从互补性走向竞争性。另外，人民币国际化使美元霸权受到挑战。

第五是中国走向海洋，走向深蓝。这两年，习主席在好几个场合和美国领导人讲过，"太平洋足够大，能够容纳得下中美两个大国"。美国认为自己是海洋国家，中国是陆地国家，陆权海权应泾渭分明。

第六是中国社会变得更加多元化。当今的社会利益非常多元，观点多元。从中国的政治现代化角度看是好事，但某种程度给外交决策增添了难度，对美国的共识越来越难以建立。中国的国内政治因素开始干预对美政策，这是一个新现象。

第七是中国模式。尽管中国并不使用"中国模式"来概括中国的发展道路，但西方媒体正在越来越多地使用"中国模式"这个词语。一旦"中国模式"成为美国决策者的共识，新的意识形态竞争可能会进入中美关系。在美国看来，中国的崛起不仅是物理挑战，还是心理挑战、学理挑战、理论挑战。

第八是美国的不安全感上升。这种不安全感不仅来自对中国崛起的担忧，还源于美国对于自身信心的削弱。金融危机的爆发、严重的贫富分化使美国社会普遍产生不满情绪。这种不安全感使与今天的美国更难打交道。

中美关系机遇与挑战并存。经过两国多年的努力，中美之间也有很多可以利用的遗产：首先是经济相互依存；其次是具有广泛的社会与人际网络；第三是有很多共同应对国际问题的实践，包括合作打击恐怖主义、打击海盗、应对埃博拉疫情等。此外，中国是通过融入战略来发展自己，不是另起炉灶，不是挑战，是充分利用现行国际体系的公共产品来发展自己，实现双赢。而且，中美之间还有非常广泛的对话体系，目前中美两国副部长和副部长以上级别的定期对话机制有93个，是大国之间对话机制最多的。

中美两国关系错综复杂，既竞争又合作，问题很多，合作面也很多。中美关系不能简单化地加以定义，中美关系的未来是开放的，存在多种可能性。

国际秩序与中美关系

刘建飞

中共中央党校国际战略研究所副所长

中美关系与国际秩序到底是一个什么样的关系？

首先，在未来相当长的一段时间内，国际秩序问题将是中美关系中一个非常重要的甚至核心的问题。奥巴马在"跨太平洋伙伴关系协议"谈判达成协议后发表声明称，不能让中国这样的国家制定全球经济规则。美国和中国在经济和非传统安全领域是互利的，在传统安全方面，双方也明确表示不对抗、不冲突、不打仗。两国相争的焦点主要是国际秩序的主导权和规则的制定权。当今的中美关系与过去的美苏关系不同。当年苏联是美国的安全威胁，双方展开了军备竞赛，意识形态是尖锐对抗的，经济体系也是互相隔离的。虽然两国之间也存在秩序之争，但是秩序在美苏竞争中是一个次要问题。而在今天的中美关系中，秩序已经成为最主要、最表象和最核心的问题。

那么，当今的国际秩序到底是一个什么样的秩序？我们应该如何看待它？我认为这个秩序包括经济秩序和政治秩序两层意思，两者密切相关，但内涵和外延又各不相同。所谓经济秩序，是以美国等西方国家主导的布雷顿森林体系架构为载体的秩序。这个经济秩序是完全由西方主导的，中国是逐步加入进去的，被迫适应它，接受它的很多规则。所谓政治秩序，是以联合国宪章为基础或核心的秩序。这个秩序不能说是美国主导的，因为安理会五大常任理事国中的中国和俄罗斯并不属于西方，只能说西方在相当多的议题上占有优势，因为毕竟联合国很多国家效仿了西方的国内制度，也认同西方的价值体系，在国际事务的许多议题上与美国和西方保持一致。

联合国设定的政治秩序框架是很合理的，两大基本要素就是主权和平等，以主权国家为基本国际行为体。联合国成立以后，世界主权国家由51个增加到近200个，这些新的主权国家绝大多数都加入了联合国，认同联合国秩序，这对维护国际政治秩序的稳定乃至和平起到了很大作用。联合国的主要宗旨是维护世界和平。第二次世界大战以后没有再发生过世界大战，这与联合国的作用分不开。安理会五个常任理事国拥有否决权，这就避免了五大国在联合国的框架下互相直接对抗。联合国的制度设计是合理的，但后来遇到了挑战。冷战时期，美苏两大军事政治集团都在挑战联合国，各拉一个帮派。在华约体系内，各国的主权是不平等的，北约也一样，美国可以在许多国家驻军。这与联合国制定的主权平等原则是不完全一致的。冷战结束后，美国也一直在挑战联合国秩序，试图构建自己主导的强权秩序或霸权秩序。在政治秩序层面，美国是在挑战现存的联合国秩序，而中国在很大程度上是想维护这个秩序。习主席不久前在联合国大会上明确表示，"实现中国梦，离不开和平的国际环境和稳定的国际秩序"，中国将始终做"世界和平的建设者""全球发展的贡献者""国际秩序的维护者"。可以将习主席的话理解成：中国是联合国秩序的受益者、建设者、贡献者和维护者。当然，中国也是这个秩序的改革者，毕竟联合国成立70年来，世界变化这么大，联合国在许多方面不适应世界发展变化的需要，不合理的地方需要改进。美国和中国都想改变联合国的制度设计，但是改革的方向不一样。美国想把联合国改造成由它领导掌控的美国霸权的工具，中国则想让联合国加强其地位，成为捍卫主权国家平等、维护世界和平、促进世界各国共同发展的最权威机构。作为现存秩序的受益者，中国希望促使国际秩序朝着更公正、更合理的方向发展，而不是要破旧立新，颠覆这个秩序。

世界经济秩序的不合理成分可能更多。随着世界格局的变化和中国实力的增强，中国最终还是希望通过改革现存秩序来争取公正的待遇。在经济秩序上，美国希望尽力维护由其主导的经济秩序。

中美两国在国际秩序问题上有利益交汇点，也有对抗点。两国都不想完全颠覆现有的秩序，这就为两国重塑或改革国际秩序提供了一个合作的空间。但是两国都想朝着有利于自己的方向推进改革，这又会带来竞争。中美在国际秩序上的这种合作与竞争，是未来中美关系中的一个非常重要的问题。构建中美新型大国关系，也会在国际秩序上有所体现。

国际秩序不断向前演进、变革，才能实现中美两国的合作共赢。中美的合作共赢有几个层面，除了经济上的合作，两国在安全上尤其是非传统安全诸如反恐、气候变化等领域的合作也是亮点纷呈。关于两国在传统安全上的合作，学界讨论得不多，关注度也不高，但实际上这个领域的合作空间很大，比如如何通过合作确保中美不冲突、不对抗，就是值得思考的问题。通过合作来构建战略互信对双方都具有很大的利益，但它不是浮在表面的，是一种隐性的共同利益，就像阳光和空气，有它的时候没感觉，而一旦失去它就难以生存。中美双方应该通过合作来维持现行国际秩序的基础，促进国际秩序的良性进化，做到真正的相互尊重、共同构建。

最后再延伸一点。美国全球战略的主旨是维护美国的霸权地位，也就是保持相对于所有竞争对手的优势。我认为美国要保持优势，唯一的途径是在牵制对手的发展的同时，全面提升自身的实力，而同竞争对手走向冲突、对抗，肯定不利于提升实力。这也正是构建中美新型大国关系的一个重要现实依据。

美国内政

茶党现象与美国保守主义的走向

倪　峰

【内容提要】 当代美国保守主义根植于美国奠基时期的政治思想理念，自20世纪70年代以来在美国社会思潮领域独领风骚30余年。2008年金融危机爆发后，保守主义在与自由主义的竞争中显露颓势，而2009年茶党的兴起以社会运动的方式为保守主义注入了强心剂，形成了奥巴马执政期间保守主义与自由主义两大社会思潮的动态平衡，这奠定了当下美国"极化"现象凸显的思想和社会基础。但从茶党近年来的发展轨迹来看，它无法为保守主义提供整合力，因而也难以逆转美国自由主义回潮的基本趋势。

【关键词】 美国社会　政治生态　茶党　保守主义

2008年以来，百年一遇的金融风暴席卷全球，居高不下的失业率和对未来经济前景的悲观预期导致发达国家进入政局和社会冲突多发期。在美国，两场社会运动不期而至，一场是来自左翼的"占领华尔街"运动、一场是来自右翼的茶党运动。"占领华尔街"运动有如一场疾风暴雨，来得急，去得也快，自2011年9月在纽约金融区展开后，迅速波及全美乃至世界700多个城市，3个月后似乎就消弭于无形。然而，来自右翼的茶党运动就像一场绵绵不绝的秋雨，恒久地浸透着美国的政治生态。自其问世以来已经在美国政坛活跃了几年之久。2009年初，茶党发起了声势浩大的抗议运动，反对救市计划和奥巴马的医疗改革。在2010年中期选举中，茶党对共和党击败民主党重夺众议院控制权发挥了重大作用。2013年秋，在茶党等压力之下，两大党无法就联邦政府拨款法案达成一致，联邦政府的非核心部门关门，持续达 16 天。在 2014 年中期选举的众议员预选中，茶党人士大卫·布拉特击败共和党建制派大佬埃里克·坎托，迫使其辞去众议院多数党领袖一职。茶党还竭力对 2016 年美国总统选举施加影响。茶党所偏爱的三位 2016 年总统候选人特德·克鲁兹、兰德·保罗和马可·卢比奥目前在共和党内的支持率都明显高于建制派的杰布·布什。① 所有这些都表明，作为一场社会运动，茶党并没有像最初一些观察家所预测的那样迅速衰退，而是保持着相当的生命力，不仅对奥巴马任内的美国政治生态产生了重大影响，甚至对 2016 年的美国大选以及未来美国保守主义思潮的走向都发挥着举足轻重的作用，值得认真观察和研究。

一 美国保守主义辨析及与茶党的关联性

一般认为，在 20 世纪 30 年代以前，美国流行的意识形态只有一种，这就是古典自由主义，其核心观点是，"管的最少的政府是最好的政府"，即推崇没有政府干涉的自由经济及政治上权力有限的政府。美国学者路易斯·哈茨认为："美国从建国之初就是一个自由主义的社会。美国人信仰洛克式的个体自由、平等以及资本主义，视个人的成功与否取决于自身的努力和能力。"② 30 年代大危机之后，古典自由主义出现两大分野，有一派从大危机的惨痛经历中意识到，听任"看不见的手"恣意妄为而政府却无所作为，甚至有可能导致资本主义制度的自毁；而且即使是在公平的市场，由于每个人天赋各异，会产生非常不公平的后果。于是，他们对古典自由主义的信条做了部分的修正，主张政府应当积极介入经济和社会生活，维护公平与正义。这种对古典自由主义进行修正的主张以"罗斯福新政"为代表，后被称为"自由主义"。而另一派则认为，应当继续固守古典自由主义基本教义，他们对政府抱有一种本能的不信任，反对一切形

---

① Andrew Dugan, "Rand Paul Begins Campaign Relatively Well-Known among GOP," April 7, 2015, Gallup, available at: http://www.gallup.com/poll/182315/rand-paul-begins-campaign-relatively-known-among-gop.aspx? utm_source = tea% 20party% 202015&utm_medium = search&utm_campaign = tiles, 2015. 4. 17.

② 路易斯·哈茨:《美国的自由主义传统》，张敏谦译，中国社会科学出版社 2003 年版，第 1 页。

式的国家干预，认为"对经济活动的管制"必然造成"对自由的压抑"，这与市场经济的自由放任不相容；同时，他们强调美国传统，如宪法、价值观、宗教信仰和道德。由于这一派的主张"保守"了古典自由主义的基本教义，因此被称为"保守主义"。其基本原则是：自由优先于平等，秩序、道德和价值至关重要，重视宗教信仰。① 可以说由古典自由主义裂变而成的"自由主义"和"保守主义"构成了当代美国政治思潮演变的基本脉络。需要指出的是，无论是"自由主义"还是"保守主义"，两者在维护资本主义制度上享有高度共识，"自由主义"更强调运用政府的力量推动所谓"结果的平等"来维护资本主义制度的稳定，而"保守主义"则更多地强调所谓"个人自由"及"机会平等"才是资本主义的真谛。与这种意识形态分野相对应，在美国的政党图谱中，民主党更多地信奉"自由主义"，而共和党则被视为是"保守主义"的大本营。

20 世纪 40 年代中期至 60 年代，以政府干预、福利国家、文化包容、社会进步主义为核心的自由主义理念及政策在整个西方社会大行其道、如日中天，保守主义虽然站在自由主义的对立面，但无论在思想上还是在社会上和政治上，都不是自由主义的对手。自由主义俨然一统天下，成为美国政治思潮的主流。保守主义当时处于话语的边缘地位，在社会上没有信徒，在政治上受到轻视。

然而，自 20 世纪 70 年代起，自由主义开始遭遇一些严重问题。首先，政府的过度干预导致政府机构膨胀、开支过大、企业税负加重，包括美国在内的整个资本主义世界陷入了"滞胀"（高通胀、高失业、低经济增长）的困境。其次，自由主义的社会公平政策发展成为"以种族、民族血统和性别来享受和分配来自政府或非政府渠道的社会福利政策"。②

---

① 拉塞尔·柯克认为美国保守主义三原则是：秩序、公正和自由（见 Russell Kirk's Lecture Number 1 at the Heritage Foundation，"The Conservative Movement：Then and Now."http：//uscon-servative. about. com/cs/history）。塞缪尔·亨廷顿认为（美国）保守主义的基本特征是：对上帝的信任，对人性的认识（人性本恶，无法根除）；对民族国家的承诺（见 Samuel P. Huntington，"Robust Nationalism," *The National Interest*，Issue 58，Winter，1999/2000，p. 31）。里根认为，美国保守主义的三原则是：自由、代议制政府和法治。

② 王希：《原则与妥协：美国宪法的精神与实践》，北京大学出版社 2002 年版，第 528—529 页。

这大大侵蚀了美国人提倡的个人奋斗的传统。最后，自由主义在文化上的过度包容使得性放纵，蔑视权威，对家庭、社区和国家缺乏责任感的现象已经成为一种"瘟疫"，美国社会的凝聚力在下降，家庭在解体，犯罪、吸毒和未婚先孕等社会问题日趋突出。美国历史学家小施莱辛格当时称："美国已经成为地球上使人感到恐怖的国家。"[①] 在否定自由主义的声浪中，里根和撒切尔夫人分别出任美国总统和英国首相，保守主义开始在美英等国崛起并占据主流地位，呼风唤雨30余年。20世纪70年代至今，美国历经8任总统，其中5位是共和党，只有3位是民主党，在克林顿执政时期，就连民主党也摒弃了罗斯福新政时期的自由主义政策，变为奉行在共和党提倡的放松政府管制与福利国家之间走第三条道路的政策。

事实上，美国保守主义的构成相当庞杂，各种思想、意识、流派相互交织，盘根错节，如对其进行梳理，大致可分为以下几个组成部分。一是财政、经济保守派。他们一直关注联邦预算的平衡问题，厌恶庞大的联邦机构及不必要的规章制度，主张削减财政预算，通过减税促进经济增长。二是共和派。他们强调纵向分权和横向分权。纵向分权是指联邦与州和地方政府的权力分配适当，其重点是维护州权；横向分权就是在每一层次的政府机构中强调立法权、行政权和司法权各自独立又相互制衡。上述两派的观点构成了自20世纪80年代以来盛行的"新自由主义"的核心内容。三是社会、文化、宗教保守派。他们关心道德、信仰、价值观问题，将道德败坏归罪于自由主义的"左倾"因素和世俗的人文意识形态，以及通过传媒大量传播的大众文化，主张重生命、重家庭、重道德、重美国。四是外交、防务保守派。这一派主张以实力为后盾，保障美国的安全和利益。他们支持增加国防预算，强调美国优先、美国第一。例如，在小布什政府时期名噪一时的"新保守主义"就属于其中重要的一支。

自20世纪80年代以来，保守主义在美国凯歌行进了30年，然而，随着它的不断演进也像"新政"自由主义在70年代一样遭遇了一系列严峻挑战。其中最严峻的挑战就是自2008年以来美国陷入自30年代大萧条以来最严重的经济危机，而危机的元凶正是"新自由主义"的经济政策，

---

① 小阿瑟·M. 施莱辛格：《美国民主党史》，复旦大学国际政治系编译，上海人民出版社1977年版，第414页。

即市场至上主义。随着社会福利大幅削减，政府管制全面放松，经济金融化和自由化程度持续提高，本已十分严重的贫富两极分化进一步加剧，生产的无限扩大与民众购买力相对缩小的矛盾不断激化。与此同时，资本主义市场经济的固有缺陷和市场失灵风险进一步放大，激化了个别企业生产的有组织性与整个社会生产的无政府状态的矛盾。为了缓和矛盾，满足垄断资本的逐利欲望，各类所谓金融创新和金融衍生产品纷纷出笼，垄断资本自由游走于世界各地，导致虚拟经济与实体经济日益脱节，各种资产泡沫不断累积，最终泡沫破裂，引发金融危机。

在这一大背景下，自由主义开始回潮。在 2008 年的美国大选中，左翼色彩明显的民主党人奥巴马大败共和党候选人麦凯恩，他所率领的民主党一举获得了参众两院多数议席。民主党政府在奥巴马任内应对金融危机不仅推出了数额巨大的经济刺激计划，而且推出了一系列 "向左转" 的 "大政府" 政策。首先，奥巴马大力推动医保改革，这被认为是美国 " '伟大社会' 行动 40 多年来在社会政策上最重要的成就"①。它本质上是通过 "劫富济贫" 的再分配使保险覆盖全民，同时加强对保险公司的管制。其次，就是金融监管法案，这一改革基本上也是管制式的，通过规范华尔街的行为，拯救美国的金融体系。此外，民主党政府还在教育、税制、环境、能源等领域推出强化政府职能的政策，实质上是通过加强管制，实现社会公平与正义。②

在金融风暴和联邦政府 "向左转" 政策的双重挤压下，美国相当数量信奉保守主义理念的中产阶级人群产生出一种极度的焦虑。他们大多为白人、男性、中等以上文化程度，人到中年，注重家庭，宗教信仰虔诚，生活在中西部各州。我们知道，30 多年来，美国社会中产阶级正遭受不断侵蚀，人数比例从 1971 年的 61% 下降到 2011 年的 51%。经济危机使得美国中产阶级的生活受到严重冲击，房产和存款缩水，养老生活也受到威胁。有 85% 的中产阶级成年居民认为现在比十年前更难维持他们的生

---

① Michael Cohen, *A More Liberal America Will Emerge*, *But it isn't Going to Happen Overnight*, 5 January 2014, http://the-guardian.com/commentisfree/2014/jan/05/liberials-make-headway-american-politics.

② 张志新：《美国国内意识形态：向左走，向右走?》，http://www.21ccom.net/articles/world/bjzd/20150417123733.html。

活水平。尽管奥巴马推出的一揽子救市新政堪称罗斯福新政以来的最大经济改革，但并未起到立竿见影的效果，而政府投入越来越多的资金救助那些濒临倒闭的大公司时，人们开始担心政府不断增长的财政赤字以及其助长"不良行为"的救助方案。加之奥巴马推出了一系列"向左转"的政策使得不断衰落的中下层中产阶级认为"新政"式"大政府"正变本加厉地侵害着他们的利益，日益忍无可忍。这些中产阶级中下层自认为他们是"沉默的大多数"和真正的美国人，他们工作勤奋，缴纳了美国政府的大部分税收，维持着社会秩序，并保持着传统社会价值，应该比那些吵闹的少数派更享有被倾听的权利。然而，政府和政客们却一直腐败无能，政治过程被既得利益集团把控，以致美国已经严重偏离了建国者的本意。他们为此感到深深的愤怒和无力。既然既有的党派都不能充分代表他们的想法和利益，那就只能在一定程度上抛开建制，发起一场社会运动来表达自己的理念和诉求，抗议政府扩大和滥用权力。这样茶党运动便应运而生。

虽然茶党自诩为政党，但从严格意义上讲，它并不是一个政党，而更像是一场组织松散的右翼保守主义社会运动。茶党与建制派共和党在反对"大政府"，要求削减税收、社会福利、企业管制等方面都秉持相似的理念，但是这并不意味着茶党认同建制派共和党的所有立场。建制派共和党很大程度上代表着大资产者的利益，而茶党支持者的主体是中下层中产阶级，他们将自己视为从事生产的公民，有别于寄生虫式的精英阶层和依靠政府生活的占便宜者，对自己受到来自上下两个阶层的压榨而感到愤怒。茶党固然憎恶"大政府"和官僚，但同样反对大企业和金融精英阶层，尤其反对官僚与大资本的勾结。茶党2016年总统参选人特德·克鲁兹明就直言："大企业与大政府相处很好。大企业很乐于爬上'大政府'的床。共和党现在是而且应该是小企业和企业家的政党。"[1]

大致来说，茶党的政治诉求主要表现在两个方面。在经济和政治方面，要求削减支出、停止救市、减少债务、平衡预算、改革税收、反对医保改革和严格限制政府权力等；在社会价值层面，主张维护传统价值和基

---

[1] Elizabeth Williamson, "Ted Cruz Interview: On Obama, GOP and Big Business," *The Wall Street Journal*, May 29, 2012, available at: http://blogs.wsj.com/washwire/2012/05/29/ted-cruz-interview-on-obama-gop-and-big-business/, 2015.4.11.

督教，反对堕胎和同性恋，反对移民，拒绝"肯定性行动"，同时具有很强的本土主义和种族主义色彩。

二 茶党运动的发展轨迹及最新动态

历史上的美国茶党，发端于 1773 年。当时仍属英国殖民地的美国东北部的波士顿民众，为反抗英国殖民当局的高税收政策，发起了倾倒茶叶的事件，这是北美人民反抗英国殖民统治的开始，参加者遂被称为"茶党"（Tea Party）。从此之后，茶党就成了革命的代名词。当前的茶党始于 2009 年 2 月。当时，美国国家广播公司电视主持人桑特利在节目中表示反对奥巴马政府的房屋救济贷款政策，并呼吁茶党再现。于是，很快就有人开始谋划并成立了茶党。2009 年 4 月 15 日是美国纳税日，新生的茶党发动了全国性的游行示威活动。这次游行示威规模庞大，有上百万人参加，口号是反对高税收、高支出和医保改革，并要求缩减政府规模。示威者首先反对奥巴马政府的高税收，高举"税收已经够多了"（Tax Enough Already）的横幅。有媒体把这一口号三个词的第一个字母拼在一起（TEA），正好也是"茶党"。仅以 2009 年统计，全美就爆发了数千次规模不一的茶党抗议集会，波及全部 50 个联邦州以及哥伦比亚特区。[①] 人数最多的一次曾达到 200 万人以上。[②]

茶党诞生之初并没有引起共和党和民主党的重视。在 2010 年的肯塔基州中期选举初选中，几乎没有任何政治经验的眼科医生兰德·保罗，在茶党成员的支持下，出人意料地击败了共和党领袖麦康奈尔"钦定"的特里·格雷森。从那时起，美国政界开始掂量茶党的分量。在这次中期选举中茶党可谓出尽风头，为共和党重新夺回众议院立下汗马功劳，在众议院新当选的 83 名共和党众议员中，60 人归属茶党。此外，在茶党运动的支持下，强硬的保守主义候选人成功当选威斯康星州、俄亥俄州、佛罗里

---

① 赵可金、林鹏飞：《美国新茶党运动及其政治动因》，载黄平、倪峰主编《美国问题研究报告（2013）》，社会科学文献出版社 2013 年版，第 263—264 页。

② David Gardner, "A Million March to US Capitol to Protest against 'Obama Socialist'", September 12, http：//www. dailymail. co. UK/news/article = 1213056/up-million-march-US-capitol-protest-obama-spending-tea-party-demonstration. html.

达州和密歇根州州长。在一定程度上讲,正是茶党在 2010 年国会中期选举中的崛起,促成美国政治中形成新的共和党保守势力。在国会中,随着大批具有保守主义倾向的新议员当选,国会共和党领导层比以前更趋于保守。为了满足茶党运动所希望看到的美国政治及社会变化,他们从保健计划、税收、财政到军事干预利比亚等一系列社会福利、经济和对外政策问题与奥巴马总统和民主党人主导的参议院进行对抗。

然而,在 2012 年的美国大选中,茶党并没有再续辉煌,"茶党快车"支持的 16 名参议员候选人仅有 4 名胜出,以巴赫曼为首的"茶党连线"有 60 名成员参选,其中就有 10 名败选。① 2012 年的总统大选也令共和党再次遭受挫败,虽然继续保住了在众议院的多数席位,但民主党增加了已经在其控制下的参议院的席位。在以众议院议长博纳为首的建制派看来,爱走极端的茶党应为此次失败负责。

茶党在政坛的巅峰时刻出现在 2013 年。当年秋季,在茶党等的压力之下,两大党无法就联邦政府拨款法案达成一致。10 月 1 日,联邦政府的非核心部门关门,持续达 16 天。逼迫奥巴马政府关门固然证明了茶党的巨大影响力,然而这对茶党来说绝非福音。茶党本想借此机会颠覆奥巴马的医改法案,然而不仅这一目的落空,而且由于政府关门导致数百亿美元损失,危及国家信用评级,令共和党内温和派大失所望,导致舆论引发反弹。根据 2013 年年底的盖洛普民调,茶党的民众支持率创新低,有51% 的民众反对茶党。2013 年年底的另一相关民调显示,即使在倾向保守主义的得克萨斯州,只有 19% 的得克萨斯州选民自称会在 2014 年中期选举中支持茶党候选人,相比 2010 年下降了 4% 。

在 2014 年的中期选举中,茶党候选人在初选中便面临严峻挑战,在参议院初选中可以说全军覆没。例如,在得克萨斯州的初选中茶党支持的共和党候选人史蒂夫·斯托克曼与卡特里娜·皮尔逊先后落选。还有,在密西西比州预选中,茶党投入了大量资源支持该州的州参议员克里斯·马克丹尼尔,他强烈地反对奥巴马的医改政策,要求降低政府债务,并对华盛顿的政治圈子嗤之以鼻,是茶党所钟爱的候选人,但最终仍在初选中落

---

① Elspeth Reeve, "Say Goodbye to Bachmann's Tea Party," The Atlantic Wire, March 21, 2013, http: //news. yahoo. com. /goodbye-bachmann's-tea-party-173523088. html.

败。2014 年的美国中期选举可以说是共和党大获全胜，不仅夺取了参议院多数议席，而且在众议院扩大了领先优势，然而其中一个值得关注的原因就是共和党有效抑制了茶党极端化行为和主张对其的负面影响。这种情景与 2010 年中期选举相比，恍如隔世。

纵观茶党的发展轨迹，有两个趋势性特征相当明显。一个趋势性特征是从社会力量向参政力量转变，即由采取社会抗争式的民意施压转向通过参政影响政策。茶党势力发起的主要社会运动或者抗议活动基本集中在 2009 年和 2010 年，但在近年来偃旗息鼓，几乎没有出现大规模运动。以 2010 年中期选举中带有茶党标签的候选人大获全胜纷纷进入参众两院为标志，茶党从社会抗争很快转向了以参与政治、直接介入政策为目标的政治势力。这使得它产生了比"占领华尔街"运动恒久得多的影响力。在 2010 年中期选举之后的第 112 届国会众议院内，具有茶党倾向的共和党籍议员组建了"茶党连线"，其成员最多时达 66 人，占全部共和党众议员的 27.3%，在预算拨款、债务上限等重大议题上扮演不可小觑的角色。[①] 在 2012 年国会选举中，即便是在茶党参政整体受挫的前提下，第 113 届国会众议院茶党连线仍旧保持了 49 位成员的规模，占全部共和党籍众议员的 21.1%。在 2014 年中期选举后的第 114 届国会众议院中仍有 42 位茶党议员，茶党一直保持着较强的政策影响力。与此同时，茶党还在不断整合某些已存在的外围团体或利益群体组织，建立一些专门以茶党为标签的外围团体。这其中包括：1999 年建立的"增长俱乐部"，这个号称匡扶宪政理念、保持经济自由增长的保守派组织无论在组织茶党集会还是支持茶党候选人的过程中都发挥了重要作用。另外"茶党快线""茶党爱国者""茶党国民"以及"自由阵线"等，这些组织基本上已转变为支持某些立场相似的共和党政治参选人的组织，为这些参选人进行民意动员、捐款动员，充当政治行动组织的角色。

另一个趋势性特征是反建制困境。反建制是茶党势力步入政坛之初就呈现出的特点，即对长期在任的、具有一定政治资源的所谓"圈内人"持强烈敌对态度。也正是在这一态势下，茶党成为共和党内新陈代谢的重

---

① "Tea Party Caucus", Wikipedia, http：//en. wikipedia. org/wik/Tea_ Party_ Caucus, 16—05—2013.

要推手，在 2010 年、2012 年以及 2014 年三度国会选举中都出现了传统资深共和党人无法获得提名、反而被茶党新锐击败的情况。这一态势基本上反映了在金融危机以来美国政治整体对民意的回应性下降、民众对"圈内人"政治精英失去信心、希望圈外人实现改变的民心思变。然而反建制也给茶党带来了两个日益凸显的问题，一是茶党人物在进入了政治核心后仍以比较极端的反建制行为参与政治过程，如 2013 年迫使政府部门关门，这对共和党造成了极大的负面影响，加剧了共和党内部的斗争；二是随着茶党更多地以参政的方式来影响政治进程，这就使得茶党人士不断成为圈内人后，其来自民意的支持率存在下降的趋势。

以上两种趋势性特征在 2015 年茶党的主要活动中都得到了充分的体现。首先，茶党仍然以通过参政方式来影响政策，最突出的表现就是茶党以一种非常积极的姿态介入美国 2016 年大选。2015 年 3 月 23 日，得克萨斯州共和党参议员特德·克鲁兹宣布参加 2016 年美国总统选举，成为正式宣布参选的第一人。克鲁兹的政治生涯是从投身茶党运动开始的，2012 年当选参议员后成为右派的新星，他主张小政府、更少法规、回归宪法，在治理政府上发挥信仰与基督教价值观的核心作用。4 月 7 日，兰德·保罗宣布参选总统。保罗是典型的茶党运动政治新星，2010 年当选肯塔基州联邦参议员，他认为国家债务上升两党均负有责任，并称美国债务额在共和党的管理下增加了一倍，而在奥巴马总统领导下则增长了三倍。保罗认为"政府不应过多干预，应当争取自由最大化"。4 月 13 日，马可·卢比奥在迈阿密宣布加入总统角逐。卢比奥也是典型的茶党政治新星，2010 年正式当选佛罗里达州联邦参议员，他在宣布参选时称："这种想法——只要我们扩大联邦政府的规模和权力，这个政府就可以帮助到人们——已经被证伪。联邦政府越大，那些能请得起游说专家和律师事务所去帮助自己的人才会得到越多。"① 7 月 13 日，威斯康星州州长斯科特·沃克也加入进来，他的执政理念茶党色彩突出，曾公开质疑美国现行移民政策，主张废除奥巴马医保法案，收紧联邦政府权力，将更多权力下放至各州政府。到目前为止，共和党方面共有 17 人有意参选美国总统，其

① 《共和党人卢比奥参选美国总统批希拉里过时》，http：//www.crntt.com/doc/1037/0/8/9/103708937_ 2. html？coluid = 7&kindid = 0&docid = 103708937&mdate = 0414135943。

中茶党方面就占据四位，这足以证明茶党通过参政方式来影响政策的强烈意愿。

与此同时，茶党在 2015 年也遭遇到日益突出的反建制困境。首先是茶党激进的保守主义主张和突出的反建制色彩继续给共和党带来困扰。其中，最具爆炸力的冲击是 9 月 25 日众议院议长博纳的辞职。事实上这是众议院共和党内部的茶党势力在 2016 财年拨款等重大议题上作梗逼迫下的结果。其主要推手就是在本届国会众议院中所谓的"自由连线"，它基本可以被视为茶党势力的组织。该组织由 42 位共和党议员组成，是年初从共和党保守议员组织"共和党学习委员会"分裂出来的非正式组织。2015 年 9 月 30 日，美国联邦政府的融资计划将到期，而"自由连线"的成员希望利用有关预算的争论作为筹码，剥夺联邦政府对妇女卫生组织计划生育的拨款，因为这有违茶党反堕胎的理念。这将导致联邦政府可能再度关门。而作为众议院共和党领袖，博纳明确表示不希望政府再次关门。为此，博纳饱受来自"自由阵线"成员的指责，称他不断在一些共和党坚守的议题上向民主党和奥巴马政府妥协。面对巨大的压力，博纳不得不宣布辞职。国会少数党领袖南希·佩洛西直指博纳的辞职缘于共和党内部的严重分歧。由此可见，虽然茶党势力仍旧不具备独立推进、完成政策议程的实力，但已完全具备了瘫痪、阻止政策程序的能力与空间。博纳的辞职可能使得共和党内部的这种传统建制派与新锐茶党势力之间的矛盾更加势同水火。

其次，一些茶党的头面领军人物正在面临"圈内人"与"圈外人"的双重困境。这在目前的共和党总统初选的布局阶段已看得十分明显。2015 年以来，美国 2016 年总统大选开始慢慢升温。相较于前国务卿希拉里在民主党内的一枝独秀，共和党内则是百花齐放、竞争激烈，已有高达 17 人表示有意参与总统角逐。与共和党传统建制派如杰布·布什相比，2015 年参加 2016 年大选共和党初选的茶党参选人如卢比奥、保罗、沃克、克鲁兹都算是"新人"或"圈外人"。然而，更具戏剧性的变化是有一些新的"黑马"纷纷杀入进来，这其中包括著名地产商唐纳德·特朗普、著名的神经外科医生本·卡森、惠普前 CEO 卡莉·菲奥莉娜。与这些"黑马"相比较，四位茶党参选人的身份是联邦参议员和州长，更像是"圈内人"而非"圈外人"。特朗普、卡森、菲奥莉娜作为非体制内的彻底反对建制派，他们更能呼应美国社会中各种不满和民心思变的情绪。尤其是亿万富豪特朗普，他以"圈外人"特有的搞怪方式吸引了最多的关注：宣布参选时，他从高楼的电梯上"从天而降"；形容美国领导人和政治人物为"蠢货"；我行我素地宣布要在美墨之间建一座墙；称美国处在大麻烦之中；揶揄美国的问题在于总是搞"政治正确"。以任何传统指标来看，特朗普都不是一位有前途的候选人。然而，他始终是竞选新闻报道的主角。与此同时，卡森和菲奥莉娜也有不错的战绩，根据一项在2015 年 9 月 16 日共和党初选第二场辩论后所做的民调显示，在支持率方面，特朗普稳居第一、卡森居第二位、菲奥莉娜跃居第三。① 特朗普、菲奥里纳和卡森到目前为止还没有设立选举办公室，根本上说，他们的吸引力就在于他们不是职业政客。而茶党四位候选人除克鲁兹排名稍微靠前之外，其余均表现不佳，其中沃克已于 9 月 21 日宣布退选。这从一个侧面说明，更多关注参与政治的茶党已经渐渐失去了动员民意、回应民意的强大能力，而美国民众当中不满政治现实、希望国家改变的民怨情绪仍旧没有全部释放，需要新的管道。

三　一些观察和思考

通过对当代美国保守主义发展脉络的梳理和对茶党发展轨迹的探究，我们会发现保守主义是一种以原教旨古典自由主义的视角观察和处理垄断资本主义阶段各种现象和问题的社会思潮，美国不仅有着深厚的历史渊源，而且有着相当广泛的社会基础。自 20 世纪 70 年代保守主义经历了30 余年的勃兴之后，不仅成为社会上层青睐的意识形态，而且在中产阶级的中下层也有大量的拥趸，这些中产阶级中下层在特定的历史时刻甚至会以一种更激进的方式来捍卫这一意识形态的基本信条。金融危机的大背景下，茶党的兴起较为充分地展示出这一点。透过茶党与当今美国各种政治力量的互动，我们发现它正在对当下美国两大政治思潮尤其是当代保守主义的演进产生一系列复杂的影响。

---

① 《惠普前 CEO 菲奥莉娜总统竞选支持率超过希拉里》，http：//bi.qq.com/a/20150928/023356.htm.

　　首先，茶党的兴起有效地遏制了自由主义的快速回潮，阻止了保守主义可能出现的溃散。正如前面所述，自20世纪30年代"大危机"之后，保守主义和自由主义这两大美国当代社会政治思潮经历了"30年河东、30年河西"的发展演变，到2008年演进到一个关键的节点。由于小布什任内的两场战争和一场危机，宣告了保守主义经济和外交政策的破产，新政自由主义在沉寂了30年之后再度呈复兴之势。在2008年的总统大选中，民主党左翼人士奥巴马以"黑马"形式出现，一举在党内初选中击败强劲的民主党温和派代表人物希拉里，接着以大比分优势击败共和党候选人麦凯恩，成为美国首任黑人总统，而民主党则携这一气势一举拿下了国会参众两院。奥巴马上台之后，气势如虹，拿出几乎所有的政治赌注大力推动新政自由主义色彩强烈的医改法案。面对自由派咄咄逼人的攻势，建制内的保守派既无法在思想上重塑保守主义的道义制高点，也无法在制度层面形成有效的拒止。在此关键时候，茶党运动的兴起有如奇兵突降，为整个局势的变化带来了转机。第一，茶党以一种社会运动的形式出现，带有强烈的大众诉求的色彩，这场主要来自中产阶级中下层的平民运动反映出美国未来命运令人担忧的一面，近40年间80%的收入阶层平均收入水平呈下降趋势，只有20%呈上升状态，即美国中产阶级正在遭到侵蚀。这种大众诉求为保守主义重新树立了道义合法性。第二，茶党在政治制度层面为保守力量与自由派对垒提供新生力量和组织保障。其中最为突出的就是在2010年国会中期选举中，茶党帮助共和党夺回了众议院，并有大量茶党标签的人士进入国会参众两院。这样，保守主义与自由主义之间力量的消长无论在意识形态领域还是在制度组织层面都进入了一个相对动态平衡的状态。民主党再也无法携2008年的大胜乘胜追击，共和党则不断地在各种社会、政治、经济议题上对奥巴马政府进行杯葛，这构成了奥巴马任期内美国政治生态中党争不断、"极化"现象凸显的基本背景。

　　其次，在保守主义的阵营中，茶党所代表的更多的是怨愤宣泄的力量而非建设性和整合性力量。我们知道，茶党首先是以一种社会运动的形式出现的，正如研究社会运动理论的学者威廉姆·康豪瑟所指出的那样，社会运动发生的前提条件是人们的怨愤以及对产生怨愤的原因与减少怨愤的方式持有的共同信念，根本问题是人所具有的非理性特征。从茶党身上我们也可以看到这些特征。正如笔者在前面描述的那样，茶党人士自视为诚实、单纯、勤奋、虔诚和爱国的普通美国人，对政客、官僚、商贾巨头感到愤怒，他们热衷于诉诸激情和指责，其解决方案往往是偏激的、缺乏建设性的，在各种问题上拒绝妥协。

由此可以看到，茶党对美国保守派力量尤其是共和党的影响是双重的。一方面，像茶党这样的美国基层社会力量可以运用其特有的政治热情和各种资源上的支持帮助共和党实现复兴，推动共和党人积极参政执政，促使他们采取不与民主党进行政治妥协的坚定立场，以实现其基本理念。另一方面，尽管共和党人在一系列社会和政治问题上对奥巴马和民主党人持批评态度和强硬的立场，但是，他们清楚地知道，政治意味着妥协，尤其在美国这样的民主政治体制里，倘若没有妥协，什么事情也做不成。①于是，茶党也把保守的共和党人推到美国政治的一个非常尴尬的境地。这种现象可以说在茶党和共和党的互动中比比皆是。这表明茶党与共和党之间远未达到有效的整合。在此基础上如果做进一步的推导，我们可以断言在保守派内部尚未出现一支可以整合各方的力量，而且，从共和党角逐2016年大选的党内初选形势来看，美国的保守派内部呈现一种进一步"碎片化"的趋势，一些新的反建制力量纷纷涌现，并占据着舆论的焦点。如果这一现象无法得到扭转，2016年美国保守派力量通往白宫之路仍将命运多舛。

最后，保守主义政治力量无法改变自由主义回潮的大趋势。正如前面所述，尽管茶党和共和党人对自由主义的回潮进行了激烈的抵制，促成了自由派势力与保守派力量在目前美国政治生态中的动态平衡，但是就美国各种政治力量的分布来看，保守派要想实现社会政治思潮趋势的反转几无可能。这在对社会影响最为直接的政策领域表现得尤为明显。在经济政策领域，民主党政府通过加大政府干预和金融监管应对经济危机、推动经济发展的做法取得了一定成效。2008年金融危机是美国自20世纪30年代"大萧条"以来面临的最严重的经济衰退，美国学界认为，正是保守主义者主张的过度自由放任的经济政策导致了危机的爆发，奥巴马的经济刺激计划值得称道。而对于奥巴马政府加大政府在基础设施建设和科研投入、

---

① 刘永涛：《茶党运动与重铸美国极端保守主义》，http://www.cssn.cn/zzx/gjzzx_ zzx/201401/t20140113_ 942246. shtml。

补贴新能源产业应对气候变化、重振美国制造业等政策，国会因共和党人的反对而收效甚微。在社会政策领域，对于争议巨大的"医保法案"，茶党和共和党人对此的抵制可以说用尽了全力，但最终仍无法废止。与此同时，在奥巴马政府任期内有一系列适应社会开放和多元的政策和法院判决出台，这其中包括：2013 年 1 月，奥巴马政府推出综合移民改革措施；2013 年 6 月，联邦最高法院裁决同性婚姻在联邦层面合法化，目前已有35 个州、哥伦比亚特区以及三个州的部分地区承认同性婚姻；2014 年 1月 1 日，科罗拉多州"消遣用大麻合法化"法案正式生效，成为世界上罕有的政府授权合法销售娱乐用大麻的地方，到目前已有 19 个州和哥伦比亚特区在跟进。凡此种种迹象表明，美国社会仍在"向左转"。尤其需要指出的是，近年来，美国的社会结构正在发生重大变化，其族裔构成的加速多元化壮大了民主党传统选民基础，这构成自 2008 年以来自由主义回潮的结构性原因，而这一点是包括茶党在内的美国保守派力量几乎无法撼动的。美国的保守派力量将会不断产生数量劣势下的恐惧。

（倪峰：中国社会科学院美国研究所研究员、副所长）

美国宪法的域外影响

周　婧

【内容提要】作为世界上较早的一部成文宪法，美国宪法对其他国家产生了深远的影响，这在第二次世界大战之后尤其是冷战结束初期尤为显著。从影响的内容来看，构成美国宪法基本制度和原则的权利法案、基本政治制度和司法审查制度均被广泛学习和借鉴。在影响的地域方面，美国宪法不仅影响了亚非拉发展中国家，还为欧洲各国所借鉴，甚至被曾属于社会主义阵营的中东欧、苏联转型国家所效仿。就此而言，美国宪法可谓全球化。

【关键词】美国宪法　权利法案　政治制度　司法审查　域外影响

美国宪法不仅对美国人民而言至关重要，被奉为世俗社会的圣经，而且对其他国家也产生了深远的影响，此种影响在第二次世界大战尤其要冷战刚结束时还呈现出增强的态势。由于美国宪法规定了国家的基本政治制度，确立了美式民主的核心，体现了美国这一多元社会的核心价值，因此美国宪法影响其他国家的同时，美国模式包括美式民主随之输出，美国对其他国家乃至整个国际政治经济秩序的影响力也随之增强。在这个意义上，美国宪法的域外影响可谓其软实力的重要体现。基于此，本文将详细分析美国宪法对哪些国家产生了何种影响，进而对美国宪法的域外影响进行整体评价。

一　美国宪法的基本制度和原则

1787 年美国颁布宪法，设立国家的基本政治制度，随后又通过了宪法修正案，对公民基本权利做出规定。就政治制度而言，美国宪法确立了美式民主制度的核心，即三权分立原则和总统制。美国宪法第一、二、三条规定了立法权、行政权和司法权由国会、总统和法院分别行使，并相互制约和平衡。这不仅确立了三权分立原则，还明确了美国实行总统制，这与英国等国家的议会内阁制明显不同。除了设立国家的基本政治制度，美国宪法还以修正案的形式规定了公民的基本权利，即权利法案（*Bill of Rights*）。这是对人的自然权利的一种宣告，更是对个人权利的法律属性（个人权利应得到法律的保护和救济）的确认。而个人权利的法律属性又为美国联邦最高法院在 1803 年的马伯里诉麦迪逊案中的创举提供了法律依据。在该案中，联邦最高法院不仅开创了宪法审查制度的先河，而且明确法院是宪法的最终解释者，因此具有对法律、命令的合宪性进行审查的权力（司法审查）。[1] 由此，司法审查、权利法案和美式民主制度构成了美国宪法的基本制度和原则，并对其他国家的宪法产生了影响。

马伯里诉麦迪逊案确立司法审查制度之后，美国法院尤其是联邦最高法院在审查法律、命令合宪性时对宪法的解释成为对宪法条款内涵的重要阐释，由此推动着宪法的不断发展。在司法审查制度确立以来的 200 多年里，联邦最高法院并不总是"顺应民意"，有时甚至成为改革的阻挡者。其中最为典型的就是 1937 年因联邦最高法院多次否定罗斯福新政的诸多立法，导致罗斯福力图改组法院，最后法院"及时转向"，转而支持新政，才避免了此次"宪法危机"。[2] 尽管如此，联邦最高法院仍然通过对宪法的解释确立了许多新的权利，为公民的自由和平等提供法律上的保护。在此过程中，法院逐渐从三权中的"最弱小部门"成为立法和行政的监督者，其司法能动主义的立场也随之凸显。此种司法能动主义还在全球扩展，成为美国宪法域外影响的一部分。

---

[1] 详见林来梵《司法上的创举与谬误——也评"马伯里诉麦迪逊案"》，http://www.chinalawedu.com/news/15300/155/2004/4/yu38512834101440025514 _ 108237. htm，2016 - 3 - 13.

[2] 详见王希《原则与妥协：美国宪法的精神与实践》，北京大学出版社 2014 年版，第七章。

二 美国宪法对他国的影响

同一个洲的国家在民族解放、社会进步和法治发展等方面具有较多相似性，本文将分别考察美国宪法对各洲的影响。

欧洲。第二次世界大战结束后，在盟军的推动下，德国开始制定新的宪法，颁布了基本法。为了防止再次出现纳粹时期人权被严重侵犯的情况，德国基本法将人格尊严条款作为第一条，设立了权利法案，对公民基本权利做出详尽规定。基本法还创设了宪法审查制度，创立联邦宪法法院作为专司宪法审查的机构。与美国联邦最高法院不同，德国宪法法院采取了抽象的宪法审查模式，即脱离具体的个案对法律、命令的合宪性进行审查。而且，德国宪法审查和美国司法审查在审查程序和基准上存在诸多不同。但是，在宪法审查过程中，德国宪法法院同样选取了能动的立场。此外，德国宪法法院和美国联邦最高法院在审查的具体方法上也有趋同之势，如二者的平等审查步骤都是由明确涉诉行为是否分类、确定审查基准以及运用特定基准对目的和手段进行审查的"三部曲"①。

和德国一样，意大利在第二次世界大战后也开始制定宪法。1946年颁布的意大利宪法同样设立了权利法案，创设宪法法院。法国在第二次世界大战后重新制定的宪法也创立了宪法审查制度，但与德国、意大利不同，法国1958年宪法创设了宪法委员会作为宪法审查机构。宪法委员会在创立之初主要是进行事前审查，也就是在法律颁布之前对其合宪性进行审查，但很快也开始对法律的合宪性进行事后审查。法国宪法委员会制、德国宪法法院制、美国普通法院制也就成为宪法审查的三种模式，为其他国家所学习和借鉴。在20世纪70年代进行民主改革后，西班牙、葡萄牙也制定了新宪法，设立了宪法法院。希腊则建立了最高特别法院，该法院不仅处理法院与行政机关之间的冲突，或者最高行政法院和普通行政法院作为一方与民事和刑事法院作为一方的冲突，或者审计法院与任何其他法院之间的冲突，还处理关于议会制定的法令是否与宪法相抵触的争议。

此外，安道尔、奥地利、比利时等许多国家也建立了宪法审查制度，

---

① 周婧：《美国平等审查法理能否适用于中国》，《浙江学刊》2015年第5期。

如卢森堡、马耳他、塞浦路斯设立了宪法法院，爱尔兰和英国设立了司法审查制度，瑞典和圣马力诺则借鉴法国设立了宪法委员会。①

亚洲。在亚洲众多国家中，美国宪法对日本的影响可谓最强。日本现行宪法是 1946 年在盟军总司令麦克阿瑟指示下制定的。新宪法草案原本由日本自行起草，但日本首相币原喜重郎专门指定成立的宪法修改委员会起草的草案初稿并未对《明治宪法》进行实质性的修改。麦克阿瑟对草案初稿非常不满，于是指令盟军总部民政局局长考特尼·惠特尼主持宪法的起草。盟军总部民政局副局长查理斯·L. 凯德斯和两名律师——阿尔弗雷德·R. 胡塞和米洛·E. 罗威尔一道组织了一个指导委员会负责起草宪法。② 新宪法不仅修改了原有的天皇制，明确放弃战争权，而且仿效美国宪法，设立司法审查制度，确立了立法、行政和司法三权分立，增加了权利法案，对平等权、宗教自由、言论自由、沉默权等做出了与美国宪法类似的规定。在司法审查过程中，日本也深受美国影响。日本最高法院在审查中援引美国法院的判例，借鉴其原则。如在 1952 年的警察预备队违宪案件中，日本最高法院认为只有特定人的具体法律关系存在纠纷时，法院才能对法律、命令是否合宪做出判断，据此驳回原告主张建立警察预备队违反宪法第九条放弃战争权相关规定的请求。这意味着日本在确立宪法审查的属性时选择了美国的附带式审查，即法院在审理案件的过程中仅就适用于本案的法律、命令等的合宪性进行审查。③

除了日本，印度、韩国的宪法也深受美国的影响。第二次世界大战之后印度赢得了民族独立，开始制定宪法。1949 年制定的印度宪法学习了美国宪法的经验，设立权利法案，还赋予最高法院宪法审查权、确立三权分立原则。尼赫鲁于 1949 年 10 月 14 日在美国国会进行演讲时就说，在印度宪法的制定过程中，印度受美国宪法的影响特大。而且，此种学习还从宪法制定扩展到宪法审查，印度最高法院在宪法审查过程中借鉴并援引

① 参见《世界各国宪法》编辑委员会：《世界各国宪法（欧洲卷）》，中国检察出版社 2012 年版。

② ［美］路易斯·亨金、阿尔伯特·J. 罗森塔尔编：《宪政与权利》，郑戈、赵晓力、强世功译，生活·读书·新知三联书店 1997 年版，第 302 页。

③ 参见韩大元、莫纪宏主编《外国宪法判例》，中国人民大学出版社 2005 年版，第 29—31 页。

美国联邦最高法院的判例。[①]

　　韩国同样在宪法制定和审查的过程中广泛借鉴美国宪法。第二次世界大战后，韩国独立建国，并于1948年颁布了第一部宪法。该宪法历经九次修改，现行第六共和国宪法是在结束军人统治之后于1987年10月29日颁布的，该宪法不但设立了权利法案，对公民基本权利做出详细规定，而且确立了总统制，对总统权力进行一些限制（如总统直选、总统任期限制），建立了宪法法院。宪法法院不仅对法院提请的法律是否违宪做出裁判，还受理法律规定的宪法诉愿。韩国宪法法院在宪法审查过程中广泛借鉴美国法院的判例，而且奉行一种较为能动的立场。仅从设立至1999年9月，韩国宪法法院审查了708件法律的合宪性，其中264件法律被裁定完全或部分违宪，比例高达37%。[②]

　　此外，一些国家也通过制定宪法确立宪法审查制度，如东帝汶、卡塔尔、马来西亚、尼泊尔、斯里兰卡、新加坡、伊拉克设立了司法审查制度；蒙古、泰国、土耳其、印度尼西亚和约旦设立了宪法法院；阿富汗、柬埔寨、伊朗设立了宪法委员会。而以色列虽未制定成文宪法，但于1992年制定了《人的尊严与自由法》《职业自由法》，这些法律发挥着类似权利法案的功能，最高法院还通过判例确立宪法审查权。[③]

　　非洲。非洲大多数国家的现行宪法是在20世纪七八十年代之后制定的。其中一些国家如津巴布韦、冈比亚曾是英国殖民地，深受英国普通法的影响，但也制定了成文宪法。在制定宪法方面，许多非洲国家借鉴和学习了美国宪法。首先，这些宪法都设立了权利法案，对公民的基本权利做出详细规定。其次，阿尔及利亚、博茨瓦纳、布隆迪、多哥、厄立特里亚、冈比亚、刚果（布）、吉布提、几内亚、几内亚比绍、加纳、津巴布韦、喀麦隆、科摩罗、科特迪瓦、赞比亚、乌干达、塞内加尔、尼日利亚、尼日尔、南苏丹、塞舌尔、乍得、纳米比亚、南非、马拉维、马里、塞拉利昂、中非、肯尼亚、利比里亚等国家通过宪法设立了总统制。再

　　① ［美］路易斯·亨金、阿尔伯特·J. 罗森塔尔编：《宪政与权利》，郑戈、赵晓力、强世功译，生活·读书·新知三联书店1997年版，第112页。

　　② 杜钢建：《韩国宪法审查制度研究》，《求索》2002年第3期。

　　③ 参见《世界各国宪法》编辑委员会：《世界各国宪法（亚洲卷）》，中国检察出版社2012年版。

次，阿尔及利亚、布隆迪、厄立特里亚、刚果（布）、吉布提、几内亚、加蓬、科摩罗、科特迪瓦、利比里亚、卢旺达、马达加斯加、毛里求斯、南非、塞拉利昂等国家确立了三权分立原则。最后，许多国家设立了宪法审查制度，其中博茨瓦纳、布基纳法索、厄立特里亚、冈比亚、加纳、肯尼亚、卢旺达、马拉维、毛里求斯、纳米比亚、南苏丹、尼日利亚、塞拉利昂、塞舌尔、斯威士兰、索马里设立了司法审查制度；埃及、安哥拉、佛得角、刚果（布）、刚果（金）、加蓬、科摩罗、马达加斯加、马里、摩洛哥、南非、尼日尔、圣多美和普林西比、苏丹、坦桑尼亚、乌干达和中非设立了宪法法院；塞内加尔、突尼斯、乍得、埃及、塞拉利昂、布基纳法索、赤道几内亚、吉布提、喀麦隆、科特迪瓦、毛里塔尼亚、莫桑比克设立了宪法委员会；几内亚比绍则将宪法审查权授予议会。①

此外，一些国家尽管曾是英国殖民地，具有议会至上的传统，其宪法审查机构仍对议会制定的法律进行较严格的审查，奉行能动主义，其中较为典型的是南非宪法法院。1996 年南非宪法法院宣布制宪机构起草的宪法条文违反了 1993 年临时宪法，这是世界上第一次一个国家的法院宣布"宪法违宪"。② 在 2001 年的格鲁特布姆案中，南非宪法法院确认了经济和社会权利的可诉性，并判定政府的行为违反了宪法第 26 条获得充分住房权条款所设定的消极义务。③

拉丁美洲。18 世纪末 19 世纪初，拉美国家在摆脱西班牙和葡萄牙统治后就开始制定第一批宪法。此后，这些国家的宪法频繁修改，最后一次修宪浪潮是在 20 世纪 70 年代末的民主化改革之后。除阿根廷恢复 19 世纪制定的宪法外，大多数国家制定了新宪法。这些新宪法大多设立权利法案，建立总统制。其实总统制并非在拉美国家首次设立，许多国家自独立以来颁布的各部宪法都设立总统制，而且有关总统权力的规定尤其是总统任期一直是历次修宪的焦点。例如阿根廷的梅内姆和巴西的卡多佐就通过

---

① 参见《世界各国宪法》编辑委员会：《世界各国宪法（非洲卷）》，中国检察出版社 2012 年版。

② 参见刘晗《宪法的全球化：历史起源、当代潮流与理论反思》，《中国法学》2015 年第 2 期。

③ Government of the Republic of South Africa and Others v Grootboom and Others（CCT11/00）[2000] ZACC 19；2001（1）SA 46；2000（11）BCLR 1169（4 October 2000）.

修宪改变了宪法中关于禁止总统连选连任的条款并成功蝉联。① 除了总统制，拉美国家还借鉴了美国宪法确立的三权分立原则。巴西等国家的宪法明确规定三权分立，玻利维亚和尼加拉瓜的宪法还在此基础上根据本国情况建立了四权分立（立法权、行政权、司法权和选举权）的政治体制。

此外，拉美国家宪法还设立了宪法审查制度，如哥伦比亚设立宪法法院，海地设立宪法委员会，巴拉圭设立宪法法庭，巴西、哥斯达黎加和玻利维亚则将宪法审查权赋予法院。

中东欧、苏联转型国家。就地理位置而言，中东欧国家属于欧洲，但由于这些国家曾属于社会主义阵营，因此将之与苏联国家一起分析。20世纪80年代末苏东剧变之后，曾属于社会主义法系的中东欧、苏联国家在政治经济转型的过程中，积极通过制定新宪法将新的政治经济制度加以法律化。这些新宪法借鉴了美国宪法确立的制度和理念。

首先，除捷克外，转型国家的新宪法都设立权利法案，对公民基本权利做出了规定。其次，俄罗斯、阿塞拜疆、格鲁吉亚、哈萨克斯坦、塔吉克斯坦、土库曼斯坦、乌兹别克斯坦、亚美尼亚、白俄罗斯等国的宪法设立了总统制。再次，哈萨克斯坦、乌兹别克斯坦、波兰、黑山、爱沙尼亚、保加利亚、捷克、克罗地亚、拉脱维亚等国的宪法确立了三权分立。从次，在设立宪法审查制度方面，俄罗斯、阿塞拜疆、格鲁吉亚、匈牙利、乌克兰、罗马尼亚等国创立了宪法法院；哈萨克斯坦设立了宪法委员会；吉尔吉斯斯坦设立了司法审查制度。② 最后，在宪法审查方面，美国的司法能动主义也对这些国家产生了影响。其中，颇具代表性的是俄罗斯宪法法院。俄罗斯宪法法院在设立之初力图使政治问题法律化，积极解决政治争议，甚至介入府院之争。这最终导致总统叶利钦中止了宪法法院的权力，引发了宪法危机。直至新宪法制定，俄罗斯宪法法院才得以恢复。③

北美洲、大洋洲。新西兰、澳大利亚、加拿大属于英联邦国家，深受

---

① 袁东振主编：《拉美国家的可治理性问题研究》，当代世界知识出版社2010年版，第76页。

② 参见《世界各国宪法》编辑委员会：《世界各国宪法（亚洲卷、欧洲卷）》，中国检察出版社2012年版。

③ 刘向文：《俄罗斯联邦宪法司法制度的历史发展》，《黑龙江政法管理干部学院学报》2006年第1期。

英国的影响，但也广泛借鉴美国宪法的经验。新西兰 1990 年制定的《权利法案》授予了法院宪法审查权。澳大利亚改变了不成文宪法的传统，于 1990 年制定宪法法案，创设司法审查制度。加拿大最高法院从 1982 年《宪法法》的序章"权利与自由宪章"中推导出法院的宪法审查权。①

三　结语

第二次世界大战刚结束，受到美国宪法影响的主要是欧洲和亚洲国家，而这些国家学习借鉴美国宪法的动因不尽相同。德国和日本因被盟军占领，盟军实际上也就是美国的指令直接影响甚至主导着这两个国家的宪法制定过程，新宪法必然深受美国宪法的影响。与德国和日本不同，法国、印度等国家对美国宪法的学习并非基于外部的压力，可谓是主动学习。20 世纪 70 年代亨廷顿所谓的"第三波民主化浪潮"之后，美国宪法的影响扩展到了拉丁美洲、非洲、北美洲、大洋洲，即使是那些深受英国普通法影响的国家如以色列、加拿大也开始制定权利法案，施行司法审查制度。到了 80 年代苏东剧变之后，以美国为代表的西方民主制度仿佛成了各国唯一的选择，美国宪法也开始涉足那些曾属于社会主义阵营的中东欧和苏联国家。目前除个别国家如英国，世界上绝大多数国家都制定了成文宪法，并设立了权利法案。无论从地域范围，还是从影响的程度来看，美国宪法的域外影响都是其他国家难以望其项背的，可以说美国宪法的全球化已然出现。

需要说明的是，世界各国在借鉴和学习美国宪法、进行法律移植的同时，也根据本国国情将外来的美国宪法加以本土化。例如，印度基于自身的社会状况对平等问题尤为关注，印度宪法不但在第三章基本权利部分的第 14 至 17 条对法律上的平等、禁止宗教等歧视、公职受聘机会平等做出了规定，废除了贱民制，而且在第四部分"国家政策指导性原则"部分的第 39 条规定了促进男女平等，第 46 条规定保障表列部落和表列种姓的教育和经济利益。也就是说，印度宪法不仅禁止歧视，而且规定了政府有义务促进平等。这种对政府积极保障义务的规定不仅限于印度宪法，许多

---

①　参见刘晗《宪法的全球化：历史起源、当代潮流与理论反思》，《中国法学》2015 年第 2 期。

国家的宪法都做出了类似的规定，其中最为典型的是德国基本法。德国基本法规定了公民的社会权，并设定了国家的保障义务。其实，德国在魏玛共和国时期制定的宪法即1919年的魏玛宪法就确立了社会福利国家原则，德国基本法继承了魏玛宪法的传统，并成为许多国家的参照模式。公民的社会权是一种积极自由即国家予以保障的自由，显然区别于防御国家的消极自由。与德国基本法的强势权利法案不同，美国权利法案规定的主要是消极自由，侧重于对公权力的限制。

除了强势权利法案，设立司法审查之外的宪法审查也是各国将美国宪法加以本土化的重要体现。德国建立了宪法法院，作为专门的宪法审查机构。法国则设立宪法委员会。就宪法审查而言，德国、法国与美国的区别不仅在于宪法审查机构不同，还在于审查的程序、范围和方法。三者由此构成了三种不同的宪法审查模式，同时为各国所借鉴。即便如此，宪法审查由美国首创，而且德国式和法国式的宪法审查模式也是在借鉴美国司法审查的基础上发展出来的。这种影响还扩展到了全球，战前只是作为一种例外的宪法审查制度，已从美国扩散到了世界各地。

此外，各国的宪法实施也在不同程度上效仿美国，美国联邦最高法院在判例中确立的原则为各国宪法审查机构所参考、援引。美国宪法的全球化，这在比较法上已是一个不争的事实。通过此种全球化，美国模式、美式民主成了世界各国参照的模板。即使参照并不意味着复制，但美式民主的基本原则如三权分立已为许多国家所遵循。而且，在这种分权制衡的体制下，许多国家的宪法审查机构选取能动主义的立场，其防御立法和行政进入个人领地、保障市场和公民社会自治空间的功能也在逐渐强化。宪法审查机构的重要性自不待言，但能动主义未必与每一个国家的国情相契合，尤其是发展中国家和中东欧、苏联转型国家，这可能导致"外弱内弱"的局面。尽管如此，奉行能动主义的宪法审查机构还是越来越多，不仅德国、法国等发达国家，许多发展中国家，甚至中东欧和苏联转型国家也采取了能动的进路。美国的司法能动主义已经席卷全球，成了一种"普遍标准"。在这个意义上，美国模式的影响力、美国的软实力可见一斑。

（周婧：中国社会科学院美国研究所副研究员、社会文化室副主任）

美国国家安全顾问的官僚化趋势

陈　征

【内容提要】 美国国家安全顾问是美国外交决策的核心人物之一，也是美国国家安全委员会的主要管理者。他们初登历史舞台的角色设置是总统的私人顾问，但是在历史和现实的双重因素作用下，国家安全顾问开始了官僚化的演进。国家安全顾问官僚化的两个最重要标志是：国家安全顾问具有内阁部长的身份，以及越来越多曾有官僚机构工作经验的人开始担任国家安全顾问。本文讨论了国家安全顾问官僚化的历史原因和制度因素，分析了进入 21 世纪以来美国国家安全顾问官僚化的现状，并揭示了国家安全顾问官僚化趋势对美国外交决策的深远影响。

【关键词】 美国外交　国家安全顾问　国家安全委员会　官僚化

"总统国家安全事务特别助理"（Special Assistant to the President for National Security Affairs）的前身是依 1947 年《国家安全法》设立的国家安全委员会执行秘书。"总统国家安全事务特别助理"于 1953 年正式登上历史舞台，是美国总统外交和军事事务的主要参谋，国内翻译时习惯简化为"国家安全顾问"。

国家安全顾问诞生初期旨在为总统提供有别于官僚机构的智力支持，他的任命无须国会批准，行为也不受国会监督，具有体制之外的总统"私人顾问"身份。随着国家安全顾问不断参与外交决策，并在决策过程中发挥越来越重要的作用，渐渐从游离于官僚体系之外融入到官僚体系之内。冷战结束后，特别是进入 21 世纪以来，国家安全顾问日益呈现出官僚化的新趋势。

一 美国国家安全顾问官僚化的历史过程和原因

从 1953 年第一任国家安全顾问任职以来，美国已有 22 人担任过 24 届国家安全顾问，其担任国家安全顾问之前的职业轨迹如表 1 所示。

表1   历任美国国家安全顾问

姓名	在位总统	来源
罗伯特·卡特勒		银行家、律师、军人
迪伦·安德森		律师
威廉·杰克逊	艾森豪威尔	律师、银行家、中情局
罗伯特·卡特勒Ⅱ		银行家、律师、军人
戈登·格雷		律师、军人、大学校长
麦克乔治·邦迪	肯尼迪/约翰逊	军人、学者
沃尔特·罗斯托	约翰逊	战略情报局、学者
亨利·基辛格	尼克松/福特	军人、学者
布伦特·斯考克罗夫特	福特	军人、国安会
兹比格涅夫·布热津斯基	卡特	学者
理查德·V. 艾伦		竞选顾问
小威廉·P. 克拉克		法官
罗伯特·麦克法兰	里根	军人、国安会、外交官
约翰·彭德克斯特		军人
弗兰克·卡卢奇		军人、外交官、中情局
科林·鲍威尔		军人、白宫、国安会
布伦特·斯考克罗夫特Ⅱ	老布什	军人、国安会
安东尼·莱克	克林顿	外交官
桑迪·伯杰		外交官、参议员助理、竞选顾问
詹姆斯·琼斯		军人
汤姆·多尼伦	奥巴马	竞选顾问、白宫
苏珊·赖斯		外交官

从职业属性的角度来看，国家安全顾问主要来自私营领域（银行家、律

师、企业家)、公私兼顾领域（学者）以及公共领域（外交官、军人、政府雇员、竞选经理等）。

国家安全顾问的发展历史大致可分为三个阶段，刚好与其三种职业属性存在高度正相关。

第一阶段（1947—1965 年）是精英权势集团治国阶段。这一时期美国外交圈活跃着一群来自权贵阶层，受过良好教育，供职于私人企业、华尔街投行或律师事务所的精英。这是一个跨越党派和意识形态的小圈子，成员之间有紧密的社会联系。这些精英权贵们共同构建了战后的世界秩序，并形成了美国在冷战时期的外交战略。

第二阶段（1965—1980 年）是学者治国阶段。这一时期是美国外交界与学术界互动和融合最好的阶段，国家安全顾问渐渐成为外交决策圈中的重要人物，他们大多曾在美国著名高校担任教职，多数曾作为外交政策顾问为政府服务。

第三阶段（1980 年至今）是官僚治国阶段。这一时期的国家安全顾问以官僚为主，来源多元，有军人、外交官、学者、政府官员和国家安全委员会工作人员。由于国家安全事务与军事事务联系紧密，大量军人（斯考克罗夫特、麦克法兰、彭德克斯特、卡卢奇、鲍威尔、琼斯）成为国家安全顾问。此外，一些职业外交官（莱克、伯杰、苏珊·赖斯）也成为国家安全顾问。

从历史的发展阶段来看，后冷战时期美国国家安全顾问越来越多由职业官僚担任，这是冷战后外交事务重要性下降的一种反映。随着冷战结束，美国总统的工作重心从外交领域转向经济和社会领域，总统对助理的需求从国际关系的专业知识让位于管理复杂决策机制的行政能力。[①]

二　美国国家安全顾问官僚化的制度因素

由于美国采用三权分立的政治体制，美国官僚具有"一仆二主"的特点，即官僚不仅对总统负责，还对国会负责。这种特殊的行政结构造成

———————

① 陈征：《国家安全顾问在美国外交决策机制中的角色与作用》，北京外国语大学博士论文，2015 年，第 19—41 页。

了美国总统更多依赖"白宫办事机构"而不是内阁和职业官僚。① 虽然总统赋予"白宫办事机构"人员的权力在很大程度上摆脱了内阁特别是职业官僚对总统的掣肘。② 随着"白宫办事机构"日益庞大,这些"白宫办事机构"人员也逐渐发展成为总统难以控制的"官僚"。③

国家安全顾问经总统授权管理国家安全委员会,国家安全委员会是国家安全顾问得以存在的制度保障。因此,国家安全委员会的官僚化是导致国家安全顾问日益官僚化的制度性因素。

马克斯·韦伯认为官僚制必须具有以下条件:第一,对组织的必要活动的合理分工;第二,必须具有等级制的机构;第三,根据专业原则录取职员,并确立升迁制;第四,要求职员公平无私的态度。④ 根据以上标准,国家安全委员会不但是一个外交与军事事务的协调机构,也是一个官僚机构。

(一) 有固定的人员

官僚机构将维持自身生存置于所有目标之首,并且会不断膨胀。⑤ 随着美国的国家利益越来越多元化,美国面临的国际挑战越来越多,总统承担的决策任务越来越重,国安会也不断膨胀。

杜鲁门时期国安会设 5 名高级参谋人员、5 名助理,另外还设有研究人员和办事人员,总人数不超过 20 人。国安会的专职人员只有执行主席及其助手。"顾问"等高级参谋人员及其助手均由三个军事部门和国务院

---

① 石庆环:《二十世纪美国文官制度与官僚政治》,东北师范大学出版社 2003 年版,第 337—338 页。

② Norman C. Thomas et al. , *The Politics and the Presidency*, Washington, D. C. : A Division of Congressional Quarterly Inc. , 1997, p. 274.

③ 石庆环:《二十世纪美国文官制度与官僚政治》,东北师范大学出版社 2003 年版,第 338 页。

④ [日]辻清明:《日本官僚制研究》,商务印书馆 2008 年版,第 176—177 页。韦伯在其《经济与社会》一书中,对这一条件列举出了:1. 对职务的义务;2. 等级制;3. 权限;4. 自由任用;5. 专业资格;6. 货币薪金;7. 限制兼职;8. 升迁;9. 行政手段的公共所有;10. 职务纪律等 10 条,经作者概括为 4 条。

⑤ Carnes Lord, *The Presidency and the Management of National Security*, New York: the Free Press, 1988, pp. 17 – 18.

选派。① 在基辛格时期，国安会的专职人员（不含秘书和后勤）达到 50 人。在老布什时期，专职人员的数字降到 40 人。但在克林顿时期，国安会专职人员已达 100 人。2001 年，赖斯一上任就裁减了 1/3 的国安会工作人员，但是每一次国安会裁员之后，由于工作的需求又不得不再次扩大编制。到赖斯任期快结束时，国安会的人数比最初多了一半。② 到奥巴马时期，国安会的工作人员已经超过 320 人（含 65 名在编工作人员，其他为借调人员）。③ 其中 170 余人为资深专家，其余为辅助人员（包括白宫情况室 35 名值班人员、35 名技术保障人员）。④ 图 1 为国家安全委员会工作人员统计图。

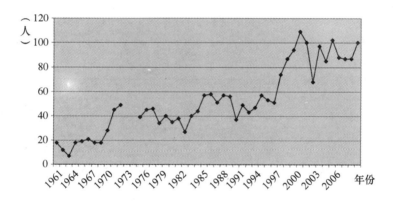

图 1　国家安全委员会工作人员数量统计图⑤

　① ［美］约翰·普拉多斯：《掌权者——从杜鲁门到布什》，封长虹译，时事出版社 1992 年版，第 15—16 页。
　② ［美］戴维·罗特科普夫：《操纵世界的手：美国国家安全委员会内幕》，孙成昊、赵亦周译，商务印书馆 2013 年版，第 452 页。康多莉扎·赖斯在 2004 年 8 月 4 日接受作者采访时所说。
　③ 65 人为 2014 年数据。来源：Executive Office of the President, Fiscal Year 2016, Congressional Budget Submission, available at http：//www. whitehouse. gov/sites/default/files/docs/eop _ fiscal_ year_ 2016_ congressional_ justification_ 0. pdf, 2015. 3. 15.
　④ 彭光谦主编：《世界主要国家安全机制内幕》，江苏人民出版社 2014 年版，第 31 页。
　⑤ Brookings, *National Security Council Project*, National Security Council Structure and Organization, available at：http：//www. brookings. edu/about/projects/archive/nsc/structure, 2015. 3. 15.

（二）有独立的预算

国安会在杜鲁门时期的财政预算只有 20 万美元，[1] 此后，国安会经费逐年攀升。小布什总统设立了国土安全委员会。2009 年，奥巴马总统将国家安全委员会（National Security Council）和国土安全委员会（Homeland Security Council）合并，下属工作人员由国家安全顾问统一管理。其 2016 财年预算为 1306.9 万美元，比 2015 年增加了 46.9 万美元（约计增加 3.7%）。[2]

图 2 是 1994 年至今美国国家安全委员会的经费开销情况（含实际开支和预算开支）。

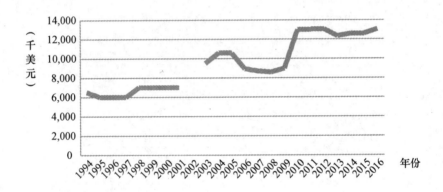

图 2 美国国家安全委员会经费开支情况表[3]

从图 2 可以看出，美国国安会的预算开支呈逐年递增态势，奥巴马时期经费已达克林顿时期的 2 倍。"9·11" 恐怖袭击对国安会的经费投入

---

① ［美］约翰·普拉多斯：《掌权者——从杜鲁门到布什》，封长虹译，时事出版社 1992 年版，第 16 页。

② Executive Office of the President, Fiscal Year 2016, Congressional Budget Submission, available at：http：//www. whitehouse. gov/sites/default/files/docs/eop_ fiscal_ year_ 2016_ congressional_ justification_ 0. pdf, 2015. 3. 15.

③ 此图根据 1996—2016 年美国总统行政办公室年度预算报告整理而成。受 2001 年恐怖袭击影响，2002 年白宫没有披露国家安全委员会的预算，2003—2008 年的数据都是当年的预算经费开支，没有实际开支数据。奥巴马总统时期 2009—2014 年都是实际经费开支数据，2015—2016 年是预算经费开支。

影响极大，2002 年白宫没有公开其国安会经费开支情况。根据白宫对外公开的数字，2003—2004 年国安会的经费预算比 2001 年有了大幅度提升，2001 年国安会的预算只有 700 万美元，到 2003 年攀升到 950 万美元，到 2004 年增加到 1060 万美元。2004 年比 2001 年增加了近 51.4%，到 2006 年，共和党中期选举打败民主党控制国会后，国安会的预算有所下降，而奥巴马时期的国安会整体开支比小布什时期的开支又激增了近 44.6%，从 2009 年的 899.4 万美元增加到 2010 年的 1300.3 万美元。

（三）分工明确并形成等级制的权力体系

国安会隶属于总统行政办公厅，负责白宫国家安全事务的日常管理。其主要职责有协调跨部门决策过程及后续的政策实施，向其他部门传达总统政策，与外国政府高层联络，在总统与外国首脑通话、总统参加峰会谈判等问题上提供保障，协调总统出席峰会及出访，在危机管理时间向总统提供直接支持等。[①]

通过对比尼克松时期和小布什时期国安会的机构设置，可以直观地看到国安会的权力体系如何演化（如图 3、图 4 所示）。

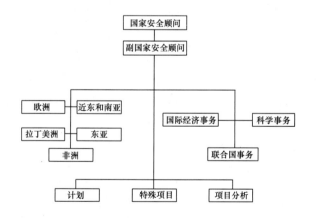

图 3 尼克松时期的国家安全委员会机构设置[②]

---

① 彭光谦主编：《世界主要国家安全机制内幕》，江苏人民出版社 2014 年版，第 31—32 页。

② Brookings, *National Security Council Project*, National Security Council Structure and Organization, available at：http://www.brookings.edu/about/projects/archive/nsc/structure，2015.3.15.

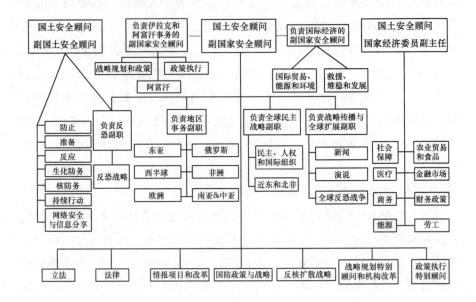

图4 小布什时期的国家安全委员会机构设置①

如图4所示，小布什政府的科层结构非常清晰。设立了两名与副国家安全顾问平级的副职，一位是负责伊拉克和阿富汗事务的副职，一位是负责国际经济的副职。此外，副国家安全顾问还下设了4名副手，分别管理反恐、地区事务、全球民主战略和战略传播与全球扩展。

小布什还增设了国土安全顾问以及副国土安全顾问，并且继承了克林顿时期的国家经济顾问以及副国家经济顾问。

（四）形成固定的工作流程

所有大型官僚机构都会发展出与其特殊职能相应的独特的语言体系以及标准的运行程序。这样一种行政活动的理性化和规范化对于官僚体系至关重要。② 目前美国国安会的工作流程始于老布什总统时期，并被克林

---

① Brookings, *National Security Council Project*, National Security Council Structure and Organization, available at: http://www.brookings.edu/about/projects/archive/nsc/structure, 2015.3.15.

② Carnes Lord, *The Presidency and the Management of National Security*, New York: the Free Press, 1988, p.19.

顿、小布什和奥巴马总统沿用。一般国安会的工作流程需要经历提出议题、文件形成的初级阶段、政策协调委员会首次评估、副部长级委员会二次评估、正部长级委员会讨论、提交国家安全委员会讨论、总统做出决策以及决策执行等7个阶段（如图5所示）。①

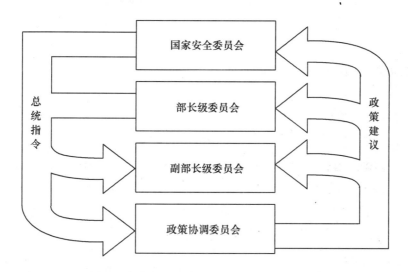

图5 国家安全委员会决策流程图（1992年）②

三 美国国家安全顾问官僚化的现状

设立国家安全顾问的初衷是为美国总统提供直接的、只对总统负责的咨询服务，使得总统能够摆脱政府行政机构的监督和牵制，相对独立地行使职权或做出重大决定。

国家安全顾问在编制上隶属于"白宫办事机构"，与其他官僚最大的区别在于国家安全顾问的任命无须国会批准，行为也不受国会的监督，受雇于美国总统，他的工资纳入白宫行政经费预算，办公场所也设在白宫。从这个角度来看，国家安全顾问与内阁部长以及政府的职业官僚是不一样

---

① ［加］夏尔－菲利普·大卫：《白宫的秘密——从杜鲁门到克林顿的美国外交决策》，李旦、王健、徐翊等译，中国人民大学出版社1998年版，第77页。

② Amos A. Jordan, William J. Taylor, Jr. and Lawrence J. Korb, *American National Security: Policy and Process*, (Johns Hopkins University Press, 1981), p. 101.

的。然而，随着国家安全顾问深入参与美国的官僚政治和决策过程，国家安全顾问"非官僚"的身份也渐渐变得模糊，并且有日益官僚化的趋势。

马克斯·韦伯对官僚的定义为：第一，他有人身自由并根据工作绩效被派到该职位；第二，他行使委派给他的权力，他的忠诚表现为恪尽职守；第三，他的委任取决于他的业务能力；第四，他的管理工作是全职的；第五，他有固定的薪金以及职业升迁路径；第六，他的判断力和技能是服务于更高的权威。如果委派给他的任务有悖于他的判断，他也必须公正地完成。① 现代国家安全顾问符合韦伯关于官僚的定义。

（一）委任取决于其业务能力

国家安全顾问是美国外交决策圈的核心人物之一，他们是美国社会的精英，多数具有博士学位（见表2），并有来自外交、法律、商业、军队、情报或跨界从业经历。

表2　　　　　　　　国家安全顾问教育程度一览表

姓名	毕业院校	专业	最高学历
罗伯特·卡特勒	哈佛大学	法律	硕士
迪伦·安德森	俄克拉荷马大学、耶鲁大学	法律	硕士
威廉·杰克逊	普林斯顿大学、哈佛大学	法律	硕士
戈登·格雷	北卡莱罗那大学、耶鲁大学	法律	硕士
麦克乔治·邦迪	耶鲁大学	数学	学士
沃尔特·罗斯托	耶鲁大学	经济学	博士
亨利·基辛格	哈佛大学	国关	博士
斯考克罗夫特	西点军校、哥伦比亚大学	国关	博士
布热津斯基	加拿大麦基尔大学、哈佛大学	国关	博士
理查德·艾伦	圣母大学	国关	硕士
小威廉·克拉克	斯坦福大学	法律	硕士
罗伯特·麦克法兰	美国海军学院、国家战争学院	战略	博士
约翰·彭德克斯特	美国海军学院、加州理工大学	核物理	博士
弗兰克·卡卢奇	普林斯顿大学、哈佛大学	商业	硕士
科林·鲍威尔	纽约市立学院、乔治·华盛顿大学	地理、管理	硕士

① Max Weber, "Wirtschaft und Gesellschaft," pp. 650 – 678. 转引自 wikipedia 官僚词条, http：//en. wikipedia. org/wiki/Bureaucrat#cite_ note-weber-2，上网时间 2015 年 3 月 1 日。

姓名	毕业院校	专业	最高学历
安东尼·莱克	哈佛大学、普林斯顿大学	经济、国关	博士
桑迪·伯杰	康乃尔大学、哈佛大学	法律	博士
康多莉扎·赖斯	丹佛大学、圣母大学	政治学	博士
斯蒂芬·哈德利	康奈尔大学、耶鲁大学	法律	博士
詹姆斯·琼斯	乔治城大学	外交	学士
汤姆·多尼伦	美国天主教大学、弗吉尼亚大学	法律	博士
苏珊·赖斯	斯坦福大学、牛津大学	历史、国关	博士

7 位国家安全顾问毕业于哈佛大学、5 位国家安全顾问毕业于耶鲁大学、在长春藤院校有学习经历的国家安全顾问共有 13 位，占总体比例的 62%。

艾森豪威尔到卡特时期，国家安全顾问几乎都是来自哈佛大学和耶鲁大学的精英。唯一例外的布伦特·斯考克罗夫特毕业于哥伦比亚大学。里根总统之后，国家安全顾问越来越多元化，毕业院校、工作经历也越来越多样化，有来自学界的康多莉扎·赖斯，也有来自军界的鲍威尔、琼斯等，来自情报界的弗兰克·卡卢奇，职业外交官安东尼·莱克，以及在国务院工作过，也做过律师的桑迪·伯杰。但是，他们中绝大多数都有外交或者军事经历，或者曾经为国家安全委员会工作过，有丰富的行政经验。

（二）有固定的升迁路径

基辛格是具有副部长身份的国家安全顾问，他也开创了由国家安全顾问出任国务卿的先例，开辟了从一介平民到担任政府要职的一条职业路径。基辛格之后，卡卢奇从国家安全顾问升任国防部长，鲍威尔从国家安全顾问升任参谋长联席会议主席和国务卿，莱克本来要被提名为中央情报局长（后来被共和党控制的参议院否决了），康多莉扎·赖斯后来担任国务卿一职。

布热津斯基是第一位正式被总统授予部长身份的国家安全顾问，这一任命标志着国家安全顾问在官僚体制内部得到了承认，国家安全顾问从此拥有了正式的官僚身份。里根总统时期，为了约束国家安全顾问的权力，里根将理查德·艾伦的身份降为低于内阁部长级别，但是其官僚身份还是得以保留。

国家安全顾问的特殊职业路径还体现在从本系统内部自我生长。从罗斯托开始，副国家安全顾问被提拔为国家安全顾问成为一种升迁路径。这一路径的形成有重要的历史意义，也是国家安全顾问日益官僚化的一个重要指标。此后的国家安全顾问在就职前多数具备一定的行政工作经验和资历。许多国家安全顾问都曾有在国安会工作的经历或曾经担任过副国家安全顾问的资历，比如斯考克罗夫特是基辛格的副手，彭德克斯特是麦克法兰的副手，鲍威尔是卡卢奇的副手，伯杰是莱克的副手，哈德利是赖斯的副手等。还有些未任副职的国家安全顾问在担任此职务之前曾经有国安会工作经历，比如莱克曾经为基辛格的国安会工作过，康多莉扎·赖斯曾经在老布什的国安会工作过。这种升迁模式给想加入外交政策圈的青年才俊提供了一条清晰的职业规划路径。[①]

（三）服务于更高权威，公正完成委派的任务

国家安全顾问是总统的外事秘书、外交政策顾问、发言人、特使和信息源，负责为总统起草演讲稿、草拟给各个元首的书信、提供会见谈话参考、向总统提交备忘录、协调总统的外交日程、向总统汇报每日国际形势以及情报简报，并就重大外交问题为总统出谋划策、作为总统特使出访并完成总统交办的各种与外交相关的任务。

此外，国家安全顾问是国家安全委员会的管理者。从一个决策周期来看，国家安全顾问的具体工作需要经历以下环节：一是引导政策议题的制定，比如通过领导政策计划委员会来保证重大的外交和国家安全问题在政策制定的过程中被涉及；二是确保所有现实的应对方案（包括那些任何部门都不支持的方案）都会被考虑到；三是协调立场不同的由各个部门递交上来的政策建议方案；四是如实将这些方案提交给总统和其他的资深内阁成员进行讨论；五是协助总统做出决策；六是确保总统做出的决定能得到贯彻执行。

---

① 陈征：《国家安全顾问在美国外交决策机制中的角色与作用》，北京外国语大学博士论文，2015 年，第 78—89 页。

作为国安会的管理者，国家安全顾问需要做一名"诚实的经纪人"（honest broker）。① 他要列出所有政策选项，将各种不同意见都清晰而准确地转呈给总统；他要如实传递其他部门的意思，不能随意歪曲其他幕僚的意见，更不能以自己的主观想法影响总统做出决策。

基辛格拥有一个庞大的助理班子，插手外交决策全过程，并将国务院排除在决策核心圈之外。他的年代可被视作美国国家安全顾问官僚化的起点。卡特时期，布热津斯基作为国家安全顾问被总统赋予内阁部长身份，标志着国家安全顾问官僚化取得阶段性成果。里根总统看到卡特时期由于国家安全顾问与国务卿明争暗斗导致了政府分裂，决定降低国家安全顾问的级别。但是历史的发展潮流无法阻挡，这一尝试最终被证明是失败的。老布什总统时期，国家安全顾问的职能以及他所主导的决策机制基本定型。老布什总统在国家安全委员会里建立了由国家安全顾问主持工作的部长级委员会，以及由副国家安全顾问领导的副部长级委员会。这一制度被克林顿总统沿用，并传承下来。"莱克和（克林顿）总统沿袭老布什和斯考克罗夫特所设立体制的决定，成为了国家安全委员会的转折点，使得国家安全委员会机制在创立 45 年后终于得以制度化。"② 而小布什总统也继续沿用这一机制。这种稳定决策机制的形成也标志着国家安全顾问从总统"私人助理"转型为一种制度化的公共事务管理者。以他们为核心，形成了一套完整的官僚子系统。

四　美国国家安全顾问官僚化的历史影响

正如前文所议，美国国家安全顾问官僚化的历史原因是冷战的终结，而其官僚化的制度原因是总统权力上升以及总统白宫办事机构的官僚化。国家安全顾问丧失独立性，变为拥有组织机构和部门利益的官僚体制的一部分是历史与现实因素共同作用的结果，其官僚化趋势从长远来看对于美

---

① John P. Burke, *Honest Broker? The National Security Advisor and Presidential Decision Making*, Texas：Texas A&M University Press, 2009.

② ［美］戴维·罗特科普夫：《操纵世界的手：美国国家安全委员会内幕》，孙成昊、赵亦周译，商务印书馆 2013 年版，第 352 页。

国外交决策过程影响深远。

（一）官僚占据智囊的职位可能影响美国外交战略思想的产生

历史上的国家安全顾问主要有三种类型：精英权贵、学者和官僚。权贵型外交精英大多出自富贵之家，或者在常春藤学校接受教育后进入美国的上层社会。他们大多数人都是先从事金融、法律或者进入企业界然后再参与政治，因此他们多为反对孤立主义的国际派，正是由于他们的重商主义背景，美国在第二次世界大战后推行了"马歇尔计划"，稳住了欧洲的局面，并为美国赢得冷战制定了"遏制政策"的大战略。学者型的国家安全顾问具有国际关系的专业知识。知识精英步入政坛，成为美国外交决策的核心人物，对美国外交产生了意义深远的影响。他们赋予了美国外交专业的思想，改善了美国决策机制，优化了决策程序，提高了决策质量。基辛格与布热津斯基可被视作学者型国家安全顾问的巅峰时期，一系列改变世界的重大地缘政治变局都是出于他们的筹谋，他们奠定的战略优势为美国最终赢得冷战打下牢固基础。官僚型国家安全顾问在机构管理、行政事务、与人交流、协商与协调方面更为得心应手。官僚型国家安全顾问更像"润滑剂"，多年的行政经验让他们避免直接与他人发生冲突，尽量与同事保持良好的人际关系。他们更擅长解决人际交往中的矛盾，在国务卿和国防部长之间充当"和事佬"。他们为美国外交带来稳重的守成之风。官僚型国家安全顾问的优势在于可以维护国家安全机器的稳定运行，但是他们的劣势在于不能为美国外交贡献深刻的思想。[①] 美国国家安全顾问应该同时具备双重角色，既是美国总统的"顾问"，又是国家安全委员会的"管理者"，需要同时具备卓越的分析研究能力和行政管理能力。

冷战结束后，针对美国的战争威胁消失，国内政治占据了总统的工作重心地位。进入 21 世纪后，美国民众开始选择另一种类型的总统。他们大多年富力强，有个人魅力，承诺要给美国人民更好的生活。由于当选总统的年纪轻、资历浅。他们不得不与党内其他重量级政治人物分享权力。小布什总统时期，真正主导外交政策的是副总统切尼，而在奥巴马的第一

---

① 陈征：《国家安全顾问在美国外交决策机制中的角色与作用》，北京外国语大学博士论文，2015 年，第 40—41 页。

任期，他不得不与强势的国务卿希拉里分享外交决策权。因此，小布什时期的国家安全顾问赖斯一直处于副总统切尼的阴影之下，她在人事任命权上都受到切尼的制约。在是否打击伊拉克的问题上，赖斯仅仅做了一名总统意见的贯彻者。而奥巴马总统选择已从海军陆战队退休的琼斯将军为首任国家安全顾问明显有其他方面的考虑，其第二任国家安全顾问多尼伦也是职业竞选经理人出身，直到第三任苏珊·赖斯才是国际关系领域的专家。官僚型国家安全顾问也分为对外交事务精通的技术型官僚和不懂外交事务的行政型官僚。从历史上来看，完全不懂外交事务的大法官威廉·P. 克拉克也曾经担任国家安全顾问一职，里根总统任内的国家安全事务曾经混乱过一阵，并且爆发过"伊朗门"这样的丑闻，这与里根总统迟迟无法委任合适的国家安全顾问不无关系。

从制度设计上来看，国务院政策规划司一度承担了美国外交"智囊"的角色，但是随着学者型国家安全顾问的出现，国安会开始分管政策规划工作。国务院政策规划司也受职级所限，难以进入决策核心层。因此，自从国家安全顾问登上历史舞台后，成为决策核心圈的成员，其对外交事务的观点在某种程度上影响着美国总统的判断。国家安全顾问也取代国务院政策规划司成为了美国总统的"智囊"。因此，官僚成为国家安全顾问最大的忧虑就是，其知识结构是否能够支持为总统提供的建议，如果不具备战略家的素养，将对美国外交产生负面的影响。

今后，当美国重新面临重大外部威胁时，国家安全顾问官僚化的进程或会发生逆转，可能涌现更多学者型的国家安全顾问或者技术官僚型的国家安全顾问。

（二）国家安全顾问的官僚化有可能进一步削弱国务院，激化美国政府内部官僚政治斗争

从历史上看，国家安全顾问的权势历经起伏，总体保持上升趋势，到基辛格时期达到巅峰。而国务卿和国务院的影响力则在不断下降。国家安全顾问与国务卿之间的关系复杂而微妙。国家安全顾问与国务卿存在结构性的矛盾，由于国务卿与国家安全顾问的职能重叠，当国家安全顾问做了国务卿认为本应由他做的事情时，两人的冲突在所难免。两者间的矛盾在部门利益发生冲突时会被放大。

虽然官僚型国家安全顾问有着丰富的行政管理经验，可能会避免与国务卿发生直接冲突。但是，国家安全顾问与国务卿之间的权力分配是一个零和博弈，当国家安全顾问和国务卿都成为官僚体系的正式成员时，两者间的争斗不可避免。当学者型的国家安全顾问参与外交决策时，由于他们在行政体系内缺乏根基，因此学者型国家安全顾问与国务卿之间的矛盾一旦爆发就会以某种比较极端的形式呈现出来。而官僚型国家安全顾问来自官僚体系内部，本身拥有丰富的行政资源，其与国务卿之间一旦产生矛盾，将会导致参与美国外交决策的两个主要部门内耗加剧，并对美国外交决策机制产生更为深刻的影响。

（陈征：北京外国语大学助理研究员）

美国经济增长的社会与政治潜质分析

王　欢

【内容提要】　美国经济增长具有多种社会与政治基本面支撑，其中人力资本潜质、社会协作潜质、创新能力潜质以及霸权地位潜质都与美国经济增长深刻地相互影响，使得美国在经济增长方式方面与其他主要大国既有相同规律，又有相当差别，在长期经济竞争中处于有利地位。

【关键词】　美国经济　人力资本　社会协作　创新能力　霸权地位

美国国内生产总值从 19 世纪末以来一直处于世界各国之首，第二次世界大战之后作为两大超级大国之一长期主导西方阵营，并在冷战结束之后作为唯一的超级大国，在相当程度上掌握多方面国际秩序的主导权。除丰富的自然资源和居于世界首位的财富积累之外，美国经济增长具有多种社会与政治基本面支撑，其中人力资本潜质、社会协作潜质、创新能力潜质以及霸权地位潜质都与美国经济增长深刻地相互影响，使得美国在经济增长方式方面与其他主要大国既有相同规律，又有相当差别，在长期经济竞争中处于有利地位。

一　人力资本潜质

人力资本与经济增长之间存在很强的内生影响机制，人口数量、人口年龄结构和人口受教育程度形成人力资本的主要方面，美国人力资本潜质在世界主要大国中居于领先地位，构成美国经济增长潜质的重要基础。

首先，美国是目前世界人口第三大国，并且是当前世界主要大国中到2100年能够保持人口稳定增长的个别国家。联合国经济和社会事务部人口司对全球人口前景的研究表明，美国人口生育率2005—2015年间已经降低到1.89%，之后略有回升之后仍会长期处于人口替代率之下，但是2050年以后，在世界当前主要大国中会处于高生育率水平。由于美国有比较宽松的移民政策，人口总数将从2015年的3.22亿逐步增加到2100年的4.5亿，而同期中国、印度、俄罗斯、日本、德国等主要大国的人口总量将分别从13.76亿、13.11亿、1.43亿、1.27亿和0.81亿历经变动之后成为10.04亿、16.60亿、1.17亿、0.83亿和0.63亿。这些国家除印度之外，都将经历明显的人口减少，而印度人口在21世纪下半叶也会从2050年的17.05亿逐步减少。①

其次，美国在世界主要大国中的人口年龄结构优势将越来越明显。19世纪后期以来，得益于开放性的移民政策和新疆域不断开拓对大量移民的吸引力，美国劳动和兵役适龄人口的规模一直处于世界前列。随着生育率明显下降，世界主要大国人口老龄化问题将日趋严重，中国、印度、俄罗斯、日本、德国等主要大国的人口中位年龄到2050年预计将分别达到49.6岁、37.3岁、40.8岁、53.3岁和51.4岁，2100年预计将分别达到51.1岁、47.0岁、42.4岁、51.7岁和50.8岁，而美国2050年和2100年人口中位数预计将分别仅为41.7岁和44.7岁，21世纪末在人口年龄结构优势上仅次于预期人口寿命比美国少9岁的俄罗斯。美国在老年人比例较低方面相对于中国、日本和德国等大国也将有比较明显的优势，2100年，美国60岁以上和80岁以上老年人比例预计分别为32.6%和11.5%，而中国、印度、俄罗斯、日本、德国等国2100年60岁以上人口比例预计将分别为39.6%、34.1%、27.5%、40.9%和39.7%，80岁以上人口比

① United Nations, Department of Economic and Social Affairs, Population Division, *World Population Prospects: The 2015 Revision, Key Findings and Advance Tables*. Working Paper No. ESA/P/W, 2015, p. 241.

例预计将分别为 16.5% 、10.3% 、7.5% 、18.5% 和 16.2%。[1]

再次，美国人口受教育程度处于世界先进水平。一方面，美国初等教育普及率从 19 世纪末期以来一直处于世界先进水平，2013 年，在 25—29 岁成年人当中完成中学及以上学业的比例高达 89.9%。[2] 尽管近 30 年来，美国初等和中等教育质量饱受批评，一些人认为美国学生在经合组织的国际学生成就项目测验中表现不佳的状况终将危及美国经济增长，但是新的研究表明，社会阶层样本偏差和课程与测试关联度等因素严重影响了该测验与教育质量相关性分析，美国教育政策以及初等和中等教育质量并没有人们担心的那么糟糕，更没有明显影响到美国经济增长。[3] 另一方面，美国拥有世界领先的高等教育。20 世纪三四十年代以来，美国一直从世界各地吸引大量优秀人才在美国从事科研教育以及接受高等教育，不仅形成了一流的科研和高等教育环境，也拥有由 7000 多家不同层次机构组成的高等教育体系，使得 2013 年 25—29 岁成年人当中取得学士及以上学位的比例高达 33.6%。[4]

奥尔甘斯基等人认为，国际竞争中最重要的长期决定因素是人口竞争。[5] 综合而言，美国人力资本潜质相对于其他主要大国具有一定优势，

① United Nations, Department of Economic and Social Affairs, Population Division, *World Population Prospects: The 2015 Revision, Key Findings and Advance Tables*. Working Paper No. ESA/P/W, 2015, p. 241.

② National Center for Education Statistics, "Table 104. 20. Percentage of persons 25 to 29 years old with selected levels of educational attainment, by race/ethnicity and sex: Selected years, 1920 through 2013," *Digest of Education Statistics: 2013*, U. S. Department of Education, 2015. http: //nc-es. ed. gov/programs/digest/d13/tables/dt13_ 104. 20. asp? referrer = report.

③ Martin Carnoy, and Richard Rothstein, "What International Test Scores Tell Us," *Society*, 2015, 52 (2): 122 –128.

④ National Center for Education Statistics, "Table 104. 20. Percentage of persons 25 to 29 years old with selected levels of educational attainment, by race/ethnicity and sex: Selected years, 1920 through 2013," *Digest of Education Statistics: 2013*, U. S. Department of Education, 2015. http: //nc-es. ed. gov/programs/digest/d13/tables/dt13_ 104. 20. asp? referrer = report.

⑤ Organski, Katherine and A. F. K. Organski, *Population and World Power*. New York: Knopf, 1961. Organski, A. F. K. and Jacek Kugler, "The Costs of Major Wars: The Phoenix Factor," *American Political Science Review*, 1977, 71 (4): 1347—1366. Organski, A. F. K. , with Alan Lamborn, "Effective Population as a Source of International Power," In J. Barratt and M. Louw, eds. *International Aspects of Overpopulation*. Cape Town: South African Institute of International Affairs, 1972.

而且这种优势在 21 世纪下半叶将越来越明显。

二 社会协作潜质

协作是人类社会重要的力量源泉，有力量的社会集团之间的协作关系是社会秩序的基础，为经济增长甚至更为基本的交换行动本身提供不可或缺的前提条件。[①] 美国具有比较扎实的社会协作基础，为经济长期增长提供了良好条件。

首先，美国主要社会力量之间存在较高程度的互利结构和互利共识。美国宪法符合美国社会最重要社会力量之间的互利关系，通过培育统一市场，扩大政治参与，使得主要社会势力通过强大的市场力量和政治参与途径结合在一起。[②] 美国通过内战方式解决了奴隶制所带来的重要社会力量矛盾，还通过选举权的扩展、西部土地的开发以及适时地变严酷镇压为鼓励通过工会组织集体谈判来参与对经济成果的政治影响，成功地应对了产业工人运动的重大挑战，创造了大规模生产和消费可持续发展的社会基础。[③] 强有力的统一市场和宪政安排的互利结构，使得美国人对在法治轨道内解决矛盾具有较高信心，抗争政治烈度相对较低，往往成为宪政秩序内部进行改革调整的动因，而不挑战现存政治秩序，使得社会治理成本较低，并使国内外公众对美国政治稳定性产生较强信心，有利于美国吸引来自世界各地的投资和贸易机会。

其次，美国公众对社会流动的较大信心和对努力工作的较高认可度有利于社会协作，但在近期面临严重挑战。尽管美国实际上存在相当稳定的权贵阶层，并且根据国际社会调查项目的调查，21 世纪初在经济合作与发展组织主要国家中间，美国是代际经济社会流动性最差的三个国家之

---

① Russell Hardin, *One for All*. Princeton, NJ: Princeton University Press, 1995, pp. 35—37.

② Russell Hardin, *Liberalism*, *Constitutionalism*, *and Democracy*, New York: Oxford University Press, 1999.

③ Frances Fox Piven and Richard Cloward, *Poor People's Movements: Why They Succeed, How They Fail*, New York: Vintage, 1979. Mark Edward Rupert, "Producing Hegemony: State/Society Relations and the Politics of Productivity in the United States," *International Studies Quarterly*, 1990, 34 (4): 427—456.

一，但是美国在政治、经济和社会文化领域都有更为顺畅的人才上升通道，并且在政治、经济和社会文化领域之间存在更强的人才流转途径，有利于将精英人才保留在体制之内。更重要的是，美国公众相对于其他发达国家对社会流动的信心更大，对努力工作重要性的评价更高。值得指出的是，美国社会流动性以及公众对社会流动性的信心近期显著下降，对美国未来社会协作形成不利影响。一方面，在经历了 1950 年至 1980 年大约 30 年的社会流动性增加之后，美国社会流动性自 1980 年开始急剧降低。[1] 另一方面，认为社会流动机会开放的美国公众比例下降，2014 年年底，只有 64% 受访人认为美国广泛存在社会流动机会，是 30 年来最低比例，不少人认为"美国梦"不再可得。[2] 此外，20 世纪 70 年代以来，由于政府政治动机变化和经济全球化等因素的影响，美国和其他发达国家在收入分配中劳动所占份额相对资本份额持续下降，在中长期不利于中低收入阶层对社会流动产生信心。[3]

再次，美国拥有比较雄厚的社会资本，对经济增长形成正负两方面的影响。美国长期以来一直以拥有种类繁多、数量庞大、活动频繁的社会组织而著称，公众对制度以及他人也有较高的信任度，这既得益于社会传统，也得益于对结社自由的制度保护和对非营利组织的税收优惠。[4] 尽管不少人在世纪之交表示美国社会资本正在严重退化，但是学者之间并没有就此达成共识，尤其是多种证据表明公众对制度的信任度以及社团活动都

---

[1] Daniel Aaronson and BhashkarMazumder, "Intergenerational Economic Mobility in the United States, 1940 to 2000," *Journal of Human Resources*, 2008, 43 (1): 139—172. Leila Bengali and Mary Daly, "U. S. Economic Mobility: The Dream and the Data," *FRBSF Economic Letter*, 2013 (06): 1—4.

[2] Pew Charitable Trusts and the Russell Sage Foundation, *Economic Mobility in the United States*, 2015. http://www. pewtrusts. org/ ~ /media/Assets/2015/07/FSM-IRS-Report_ ARTFINAL. pdf? la = en.

[3] 王欢:《占领华尔街:原因、时机与影响》,《美国问题研究报告（2012）》,社会科学文献出版社 2012 年版,第 213—227 页。对于不平等与社会流动之间的负相关关系,参阅 Dan Andrews, and Andrew Leigh, "More inequality, less social mobility," *Applied Economics Letters*, 2009 (16): 1489 – 1492.

[4] Robert D. Putnam, *Bowling Alone: The Collapse and Revival of American Community*. New York: Simon & Schuster, 2000.

没有显著下降。① 社会组织与社会规范之间相互促进，共同形成对美国社会协作具有正负两方面影响的社会资本。一方面，社会资本不仅有利于大型商业组织的发展，也有利于社会通过自组织应对社会治理中不断出现的新形势和新挑战。另一方面，内向型社会资本有利于分利集团及其成员从事利益集团政治，通过捍卫小集团利益而损害更广泛的社会利益，不利于社会整体协作以及创造性的集体行动。②

总体而言，美国社会协作基础良好，但是中长期也由于一些结构性矛盾而面临挑战，而且应对这些挑战绝非易事。

三　创新能力潜质

美国有很强的创新能力，在国际创新指数、全球竞争力报告和布隆伯格创新指数等创新能力排行榜中位居前列，在科技创新、产业创新和治理创新方面都有突出表现，为美国经济乃至世界经济增长发挥重要作用。

首先，美国科技创新能力出众。美国有全球领先的科技产出、科研机构和科研队伍，科技创新能力居于世界前列。主要存在三方面原因。第一方面，美国有激励个人和资本从事创新性研究的比较有效的机制，这些机制当中既有对知识产权进行充分保护的专利制度和司法执法体系，也有使得知识产权能够获得商业利益的比较完善的市场机制，使得研究者和商业组织有积极性投入人力、财力和物力从事创新性研究。第二方面，美国在全球范围内吸引和利用高端科技人才。美国有相对开放的移民政策，对高端科技人才的长期居留政策尤其宽松，美国科研队伍出身背景多样性强，也有利于科研创新。20 世纪 30 年代以来，美国一直是世界上高端科技人才最集中的国家。第三方面，美国政府对科研创新有较为有效的财税支持政策。美国对从事教育科研等非营利组织有相应的免税措施，对个人和组织向非营利科研组织的捐助也有相应的免税政策，有利于科技创新获得资

① Pamela Paxton, "Is Social Capital Declining in the United States? A Multiple Indicator Assessment," *American Journal of Sociology*, 1999, 105 (1): 88—127.

② Mancur Olson, *The Rise and Decline of Nations*, New Haven, CT: Yale University Press, 1982.

金投入。同时，美国政府也对科技创新有比较有效的财政支持政策。以美国国防先进项目研究局为例，该局的一部分经费专门用于在全国范围内寻找具有研究潜力的团队，供他们从事自己喜欢的研究，既不限定研究方向，也不考核科研成果，因为创新性科研往往事先不知道会有什么样的创新，而且有可能产生不了重要成果。正是由于这种开放性的资助方式更符合科技创新规律，国防先进项目研究局资助的项目产生了许多具有重要影响的科技创新成果。

其次，美国产业创新能力强，经济增长经常得益于熊彼特式"创造性毁灭"带来的产业升级。[①] 美国经济增长和后发展国家在赶超期的线性增长模式不同，存在明显的波动起伏，尽管战后增长波动幅度总体上逐渐收窄，但正负波动仍然明显，与新产业的兴起以及新技术在传统产业中的深度应用明显相关。[②] 美国强劲的产业创新能力主要表现在两个方面。第一方面，美国企业家精神强劲，从事新兴产业的创业风气浓厚。这种局面背后不仅有比较完善的破产保护制度支持，也有比较宽容的社会文化基础。就破产保护制度而言，一旦企业失败，不仅股东只需要付出有限的已投资成本，而且企业家个人也可以通过破产方式解除后顾之忧，甚至获得东山再起的机会。美国对创业失败者的宽容态度和日本、法国等西方差异明显，在硅谷等地创业失败经历甚至被认为是宝贵经验。[③] 第二方面，美国企业对应用新技术和生产新产品有较高的积极性。美国有比较完善的知识产权保护体系和比较有力的司法与执法体系，企业家对新技术和新产品所受的产权保护具有较为充分的信心。与此同时，美国拥有全球规模最大的消费者市场，非常有利于新技术和新产品迅速提高销量，降低生产成本，容易成为新产业在全球范围中的引领者。

---

① 关于"创造性毁灭"的经典论述，参见 Joseph A. Schumpeter. 1994［1942］. *Capitalism*, *Socialism and Democracy*. London, UK：Routledge. pp. 82 - 83。

② 美国商务部经济分析局数据显示，从 1947 年至 2015 年美国国内生产总值折合年增长率最大值是 16.9%（1950 年 1 季度），最小值是 - 10.4%（1958 年 1 季度），波动幅度高达 27.3%。美国各季度国内生产总值增长率，参见美国商务部经济分析局网站：http：//bea. gov/ national/index. htm#gdp。

③ Robert Boyer 曾告诉笔者，法国人普遍会认为企业家失败是因为不负责任，很少会协助他们东山再起。星岳雄则向笔者指出，日本人本来就不喜欢创业，而一旦创业失败则更是难以在社会上立足。

再次，美国社会治理创新能力较强。一方面，美国州和地方政府有很强的多样性，有利于社会治理改革探索。在州政府层面，由于州在联邦体系中拥有保留权力，在州主权范围内自主治理，被视为美国民主的实验田，各州政府都不断进行程度不一的社会治理改革探索，取得同异兼有的社会治理创新经验和教训。① 在地方政府层面，既有县市政府治理模式、机构设置、职能设置和运行状况多样性对社会治理创新的促进，也有地方政府设置演化与社会治理创新之间的相互推动。② 另一方面，美国公民社会比较发达，商业市场比较完备，为社会治理创新提供可资利用的丰富社会资源。以社会服务递送创新为例，20世纪80年代以来，美国联邦、州和地方政府不同程度地把一些社会服务递送交由社会组织或者商业机构来完成，这些社会治理创新甚至渗透到执法领域，例如众多的社区矫正项目乃至监狱民营化尝试。

总体而言，美国在科技创新、产业创新和治理创新都有出色表现和潜质，对经济增长形成有力支持。

四 霸权地位潜质

第二次世界大战以后，在相当程度上，美国既拥有使得别国在具体行动中屈从自己意愿的关系性霸权，也拥有在国际体系中制定、修改和执行国际规则以及规范的结构性霸权。③ 尽管美国的这两种霸权都有其限度，尤其冷战期间其霸权基本上难以进入东方阵营，但由于美国处于国际体系尤其是国际经济体系的主导地位，而且当前的国际政治经济规则基本上是美国主导制定的，美国作为超级大国的霸权地位及其对美国经济增长的影响难以否认。

---

① 王欢:《1980—2008年美国各州政府改革》，光明日报出版社2010年版。

② 对于美国地方政府多样性，参见 Virginia Gray, and Russell L. Hanson. Eds. 2004. *Politics in the American States: a comparative analysis.* 8th edition. Washington, DC: CQ Press. Roger L. Kemp, ed. 2002. *How American Governments Work.* Jefferson, NC: McFarland。

③ 对于两种霸权的概念分析，参见 Volgy, Thomas J., and Lawrence E. Imwalle. 2000. "Two Faces of Hegemonic Strength: Structural versus Relational Capabilities," *International Interactions*, 26 (3): 229—251。

首先，美国的结构性霸权尤其是其主导的国际经济规则有利于美国经济增长并符合其国内重要政治力量的利益。表现在几个方面：一是美元作为国际通用货币所取得的额外发行收益是美国重要的获益手段，美元作为石油和黄金等重要大宗商品的国际标准计价货币，有旺盛的国际需求，使得美国可以在不进行货币贬值或者贸易调整的情况下长期保持贸易赤字，使得公众充分享受廉价商品供给；二是国际经济交往中的多种技术手段采用美国标准，使美国金融和产业界获得不对称协作关系中的相对优势，这在美国服务业占据国民经济比重绝对优势的情况下尤为重要；三是关贸总协定/世界贸易组织所确立的自由贸易方向，不仅对美国超强的金融资本有利，而且曾经对在大规模生产和消费中居于领导地位的美国产业工人群体非常有利，但是后者随着美国相当部分制造业比较优势的丧失而减弱；四是美国在国际货币基金组织中基于配额的实际否决权以及在世界银行中的主导地位，也有利于美国政府和社会获取经济利益。

其次，美国结构性霸权下的国际规则体系，相当程度上符合足够多大国间的互利关系，将具有一定的长期性。一方面，有规则比没有规则更有利于世界和平与发展。美国在第二次世界大战末期主导建立国际规则体系，通过可实施的规则体系解决国际安全问题和破除贸易保护主义，是同盟国集团主要成员的共同利益所在，是填补国际规则体系空白的时代要求。就当前国际体系而言，还没有出现更符合主要大国互利关系的可行国际规则替代体系，美国霸权下的国际规则体系难以更改。另一方面，美国结构性霸权下的国际规则体系本身基本符合主要大国间的互利关系。联合国集体安全体系，基本有利于美中俄英法等常任理事国维护自身安全利益，而国际自由贸易体系也基本符合世界主要经济大国间的互利关系，国际秩序再协作的高昂成本在相当时期内足以阻止其他替代性规则的产生。

再次，美国关系性霸权可信度高，具有相当长期性。一方面，美国作为当前唯一的超级大国，其军事实力尤其突出。斯德哥尔摩国际和平研究所 1967 年以来对世界军费开支的系列研究表明，美国一直是全球军费开支最高的国家，其军费开支经常接近全球军费的一半，2012 年以来随着伊拉克战争结束和阿富汗战事减轻而减少，但仍然占全球军费开支的 1/3

以上。① 在巨额军费和超强的综合国力支持下，美国军事技术和装备也远远超过其他国家。另一方面，美国有使用武力捍卫自身利益和霸权地位的传统，有在必要时动用武力的决心。美国自建国以来，几乎一直在进行战争，不仅在对弱敌开展小规模战争方面毫不手软，而且为了开拓疆土以及取得和维护霸权，不惜准备与强国开战，被视为危险的国家。② 值得注意的是，奥巴马总统执政期间在动用武力方面多次退缩，特别是在叙利亚问题上没有坚持红线，不仅受到不少美国公众批评，而且在国际上严重影响了美国行使关系性霸权的可信度。

综合来看，美国霸权地位的取得和维持有其深刻的政治、经济和社会原因，美国通过其世界霸权地位获取经济增长红利的局面将继续维持。

结语：美国衰落难

近年来，战后大约十年一度的美国衰落论再次走红，新一轮美国衰落论会不会像前几轮那样很快偃旗息鼓呢？

需要指出的是，每一轮美国衰落论都是相对衰落论而不是绝对衰落论。事实上，即使在2008年金融危机冲击下，美国实际GDP在经历1947年以来唯一连续4个季度负增长（2008年第三季度至2009年第二季度）之后也迅速复苏，2010年第二季度就已经超过了历史最高水平。③ 唯一让人们担心美国绝对衰落的是亨廷顿等人所提出的西班牙裔人口的文化融入问题，西班牙裔人口增长占美国人口增长半数的现状增加了不少人的忧虑。

如果人口族裔结构变化不会导致美国政治衰败，那么人口红利消失和投资拉动增长见底之后，在人力资本潜质、社会协作潜质、创新能力潜质以及霸权地位潜质各方面都处于下风的中国，能够凭借何种潜质在长期经

---

① 斯德哥尔摩国际和平研究所军费开支项目研究数据和研究成果见网站：http://www.sipri.org/research/armaments/milex。

② Max Boot, *The Savage Wars of Peace: Small Wars and the Rise of American Power*, New York: Basic Books, 2002. Robert Kagan, *Dangerous Nation: America's Foreign Policy from Its Earliest Days to the Dawn of the Twentieth Century*, New York: Vintage, 2006.

③ 美国商务部经济分析局数据，见该局网站：http://bea.gov/national/index.htm#gdp。

济增长竞争中胜过美国呢？同样地，在中国之外还有哪个国家能够凭借何种潜质在 21 世纪经济增长竞争中超过美国呢？寻找肯定性的答案具有相当难度，而老年和平论的一个观点值得认真对待，即仅人口结构一项就足以让美国在 21 世纪下半叶对其他所有大国处于比现在更有支配性的优势地位。①

（王欢：中国社会科学院美国研究所副研究员、政治研究室副主任）

---

① 参见 Haas，Mark L，"A Geriatric Peace？The Future of U. S. Power in a World of Aging Populations，" *International Security*，2007，32（1）：112—147。

美国在气候问题上的地方应对及启示

刘元玲

【内容提要】 美国各级地方作为应对气候变化问题的重要一环，具备相应的意愿、权限和能力，在应对气候变化的减排、减缓和适应等各方面积极行动，发挥了深远的影响。与此同时，也有很多州基于各种原因对气候问题不甚积极，同样对美国联邦层面的气候政策和行动产生影响。鉴于气候问题的特殊性，有效应对气候变化必须是全球性的广泛参与，这有赖于世界各国的积极行动，尤其是来自美国联邦层面的努力。研究美国在气候问题上的地方应对也给中美在该领域的竞争与合作提供有益启示。

【关键词】 美国政治　美国气候政策　节能减排

奥巴马政府在气候问题上表现出积极进取的姿态，采取了一系列的举措应对气候变化问题。整体来看，美国应对气候变化的举措主要在三个层次上展开：在全球气候治理过程中，通过双边和多边的模式，展开不同层次的气候外交；联邦政府采取具有全国性影响的气候政策与行动；州和各级地方开展形式多样的努力与实践，积极应对气候变化。

一　为什么地方是重要的？

美国拥有 1 个联邦政府、50 个州政府、1 个特区、至少 8 万个地方政府，此外还有大量的公司、工会、俱乐部、合作社以及其他根据其执照、章程和由相互订立的非正式协议管理的自愿组成的社团。① 美国在气候问题上的地方应对是指除联邦政府外美国各州（states）、城市（cities）、郡县（counties）、部落（tribes）、地区（regions）等的气候政策与行动，各级地方发挥着非常重要的影响和作用。

首先，无论从总量还是人均来看，美国大部分地方的温室气体排放量非常高，很多州的温室气体排放甚至与世界最高的排放国家相"媲美"。例如，据美国能源信息署2015年夏季的最新统计，2013年，仅得克萨斯州因燃烧化石能源所排放的二氧化碳就高达7.13亿公吨，同期德国的二氧化碳排放量是8.36亿公吨，日本是14亿公吨。从1990年到2013年的24年间，得克萨斯州年均二氧化碳排放量是6.69亿公吨，不仅在美国各州中名列前茅，而且超出世界很多国家同期的二氧化碳排放水平。考虑到2013年得克萨斯总人口不过2600万，其人均碳排放更是高出世界绝大多数国家的人均排放量。②

其次，美国政治制度设计决定联邦和各州的关系格局，联邦政府仅在有限的意义上进行统治，州以及地方政府在大多数事务管理上起着决定性作用。美国前任总统里根曾指出："美国国父们认为联邦制像一堵砖墙，各州是砖，中央政府是砂浆。"③ 美国已故众议院议长托马斯·奥尼尔曾有言："一切政治都是地方政治。"地方政府对那些将对气候变化产生决定性影响的重大决策具有最终的决策权，例如，州政府有权力通过发挥他们在公共设施、土地利用、建筑标准、交通、税收、环境项目和其他政策领域的影响力和决策力，从而显著改变当地温室气体排放模式。④ 美国各地在环保问题上经常走在联邦的前列，发挥引领作用。例如，在1970年尼克松总统建立联邦政府环境保护署（EPA）之前，美国第一部州《空

---

① 原文发表于《中国非传统安全研究报告（2014~2015）》，社会科学文献出版社2016年版。

② 排放数据是基于美国能源信息署2015年夏天国家能源消耗、价格和支出的数据估算所得，http：//www.eia.gov/state/seds/seds-data-complete.cfm? sid = US#CompleteDataFile.

③ Schmidt S.，Shelly M.，Bardes B.，American Government and Politics Today. 2001 Wadsworth，p. 90.

④ http：//www3.epa.gov/statelocalclimate/state/activities/action-plan.html.

气控制法》就在 1952 年由俄勒冈州通过。① 目前，在得克萨斯州的奥斯汀市，地方政府规定当地电力需求的 5% 须来自可再生能源，市政电力部门要购买一定量的风能和太阳能发电。总之，在气候问题上，如果地方和州不行动，联邦层面的努力最后很可能落空。

再次，与联邦政府所面临的困境相比，地方在应对气候变化问题上的环境相对温和。众所周知，当前美国两党政治极化日趋激烈，由此导致美国府会之争日益突出，在气候问题上两党争执不下，民主党批评共和党在对气候问题上的反对态度是对子孙后代的不负责任，共和党则指责民主党在该问题上危言耸听，将损害美国经济和就业。与此相比，绝大部分的地方政府不存在类似的情况，尽管美国存在红蓝两州，共和党和民主党各有自己的领地（当前共和党占据 31 州，民主党占据 29 个州）。但是，"相对而言，美国各级州政府比联邦政府在环保问题上更为积极和主动，有时候走在联邦政府前面，特别是联邦政府在环保问题上相对消极的时候"②。与府院之争相持不下导致众多气候政策不得不延误乃至取消相比，地方政府面临的类似阻碍相对要小，拥有更多机会和自主性来应对气候变化。

最后，各级地方应对气候变化的努力和实践会产生超出本地区以及气候领域的溢出效应，从而会影响和推动对更高级的政府采取类似行动。例如，各地形式多样的能效项目会在减排温室气体的同时降低能源使用成本；城市积极改善公共交通设施将会在减排的同时减少污染并减缓交通拥堵；重新造林以及城市植树项目不仅减排而且美化环境；部分地方政府和企业自下而上地探索区域层面的碳交易体系建设（如美国芝加哥气候交易所、区域温室气体行动、西部气候倡议和加州总量控制和交易体系）还对世界其他国家的类似实践提供借鉴，发挥引领作用。

尽管气候变化是一个全球性的问题，但是很多应对气候变化的关键行动都可以在州和地方层次上进行，各级地方作为应对气候变化问题的重要一环，它们具备相应的意愿、权限和能力，如果没有地方政府的配合，美国很难在气候问题上取得实质性的进展。

---

① Schmidt S. Shelley m, Bardes B. American Government and Politics Today. 2001. Wadsworth, p. 523.

② 楚树龙、荣予：《美国政府和政治》下册，清华大学出版社 2012 年版，第 1635 页。

二 各级地方做了什么?

美国的 50 个州以及为数众多的市、县、郡等地方政府,各地情况不同,在应对气候变化问题上的政策和行动也是千差万别,积极应对和消极怠工的兼而有之。就采取积极行动应对气候变化的州而言,这些行动灵活多样,主要包括发展温室气体的排放清单以理解排放源、创建气候变化行动计划以减少温室气体排放、为气候变化带来的影响而积极准备、实施相关的气候计划行动、根据计划需要提供相应的更新研究和进展报告。现有的气候政策和行动代表不同的地区规模和辖区范围,有的聚焦于政府行为,有的更侧重于社区建设。不过无论是政府还是社区行为,都注重对减排、减缓和适应等不同领域的努力和尝试。①

各级地方的气候政策与行动一般体现在各自的"气候行动计划"中,计划通常包含如下内容:本地气候风险与脆弱性评估、温室气体基准排放线、目标和受众、可替代的政策选择、减灾行动的识别和筛选、预测行动的未来影响、推荐实施战略。

就实施程序而言,一般包含以下几个方面:第一,与利益攸关方合作,通过召集地方各机构、公众、商业和工业部门来确保战略规划的代表性并获得其支持;第二,美国环保署(EPA)提供方法和工具来支持各州"开发温室气体清单",以理解温室气体排放来源并确认未来排放趋势;第三,理解气候变化的脆弱性;第四,确立定量的目标,包含减排、节能、经济性等内容的时间表;第五,确立战略优先性并为不同的选择提供评估标准,要考虑时间的紧迫性、减排的有效性、私人部门与公共部门的成本收益、社会公正性、现存机制和项目的兼容性、政治可行性、现存的法律约束、强制执行性、可测量性、协同效益等问题;第六,EPA 提供相关的方法和工具来确认和辨别不同的选择及其相应的能源、经济、污染等后果;第七,为政策落实确立相关的启动程序和机制建设。② 例如,美国圣莫尼卡市针对 2003 年城市规划提出的排放指标(2006 年要在 1990

① http://www3.epa.gov/statelocalclimate/local/local-examples.html#boulder-popup.

② http://www3.epa.gov/statelocalclimate/state/activities/action-plan.html.

年基础上实现碳减排 30%）制定了操作性强的行动达标率评价依据并规定，可持续发展和环境办公室及其规划部门每年需要提交给市议会一份包括温室气体排放量、废物循环或堆肥、树木覆盖率等与气候变化衡量标准相关的指标报告，并将报告结果作为下一轮行动指引的参考；堪萨斯州提出从城市到社区分两个层面完成减排目标，并组建指导委员会监督执行；纽约市将长期目标分解为各责任部门不同时期的任务，每项分目标下包含行动以及对应的落实单位或牵头机构，并规定其完成的时限等。①

从内容上看，就应对气候变化的具体举措来看，主要包含如下内容。

（1）设立排放目标。截至 2013 年 8 月，美国有 29 个州已经接受了某种形式的温室气体减排目标或者限制，并建立相关的机构来检测和执行合规性。截至 2014 年年底，EPA 统计有 32 个州拥有自己的"气候变化行动计划"，32 个州参加了旨在节能减排的"以身作则案例研究"。② 有的目标通过立法得以确立，有的是各州州长通过颁布行政命令来实施或者是由州咨询委员会通过气候变化行动计划来实施，从而在一定时间段内实现州范围内的温室气体减排限制。与欧盟不同，美国没有承担《京都议定书》规定的强制减排义务，部分地方政府和企业自下而上地探索区域层面的碳交易体系建设，比较知名的有美国芝加哥气候交易所的资源交易、区域温室气体行动、西部气候倡议和加州总量控制及交易体系。③

（2）区域温室气体倡议（Regional Greenhouse Gas Initiative，RGGI）。RGGI 是美国第一个以市场为基础的强制性减排体系，2009 年 1 月 1 日正式实施，应用于 9 个州的 168 个电力生产设备，占该地区电力产生排放的二氧化碳总量的大约 95%。RGGI 将该区域 2005 年后所有装机容量超过 25 兆瓦的化石燃料电厂列为排放单位，要求到 2018 年其排放量比 2009 年减少 10%。2013 年 2 月，参与该项目的州对此做出了调整，2014 年该项目覆盖的二氧化碳排放达到 9100 万吨，比上年 1.65 亿吨少了 45%，并且 2015—2020 年每年减少 2.5% 的二氧化碳排放。在这个倡议之下，90% 的排放限额将通过竞拍获得。2013 年 3 月，累计竞拍的限额数量

---

① The City of New York，New York Master Plan 2008—2030. 2007.

② http：//www3. epa. gov/statelocalclimate/state/.

③ United States Climate Action Report 2014.

达到 120 亿美元。参与的各州已经将 80% 的拍卖所得用于消费者福利项目，包括在州和地方层次投资能源终端利用效率以及可再生能源部署项目。①

（3）加州的全球变暖解决法案。尽管美国政府并没有要求各州编制温室气体清单，但加州温室气体清单编制具有完备的法律基础和专门机构，成为量化温室气体减排的重要工具。2006 年，加州议会通过《全球变暖解决方案法》（the California Global Warming Solueions Act of 2006，又称 "Assembly Bill 32"，简称 "AB 32"），它是全美制定的第一个具有全面、长远的减排目标和措施的应对气候变化的法案。AB 32 要求加州在 2020 年将温室气体排放控制在 1990 年的水平，并指定加州空气资源委员会（Air Resources Board，ARB）为该法案的领导实施机构。同年，加州议会还颁布了 Assembly Bill 1803 法案，授权 ARB 从 2007 年起接替加州能源委员会承担温室气体清单编制职责，此举为加州温室气体清单编制提供了法律基础和政策保障。2007 年 11 月，ARB 发布《加州 1990 年温室气体排放总量及 2020 年排放限额》报告，报告估算并认可了 1990 年排放水平为 4.27 亿吨二氧化碳当量。此后每年 5 月，ARB 定期发布从 2000 年起的最新年度加州温室气体清单报告。温室气体清单编制及更新是加州努力实现 AB 32 下 2020 年控制目标的一项重要工作，也是评估加州减排进展、制定气候和能源政策的重要依据。②

（4）电力部门标准。2013 年 2 月，纽约、路易斯安那和华盛顿三个州为电力生产部门设定了温室气体排放标准，要求电厂的排放等于或低于现存的排放标准。例如，纽约新的或者是扩建的基荷电站（25 兆瓦或更大）必须符合一个排放比率：每兆瓦时发电排放 925 磅的二氧化碳或者每 120 磅的二氧化碳要产生一百万英热单位。非基荷电站（25 兆瓦或更大）必须要满足每兆瓦产生 1450 磅二氧化碳或者每排放 160 磅要产出一百万英热单位。加州、路易斯安那州、华盛顿州也设立了应用于发电设施的排放标准。截至 2013 年 1 月，29 个州拥有可再生能源组合标准，要求发电厂必须向用户提供一定数量的可再生能源的发电量或者是安装一定数

---

① www. rggi. org.

② www. arb. ca. gov/cc/ab32/ab32. htm.

量的可再生能源发电设备，如屋顶太阳能等。

（5）能效项目和标准。截至 2013 年 8 月，18 个州已经设置了强制性的能源效率标准，要求相关设施每年减少一定数量或者是一定比率的能源消耗，这些设施大多利用公益基金来投资。同期有 19 个州以及华盛顿特区和波多黎各地区已经设置了一些相关的公益基金，消费者通过投资这些公益基金进行能源效率和可再生能源项目的投资。很多州和地方政府以身作则，在办公楼或者相关建筑中通过设置项目来减少能源使用和碳排放。

（6）公私合营项目。能源利用合作伙伴计划（Energy Utility Partnership Program，EUPP）是由美国能源协会创建的一个非营利性的协会，致力于提高对能源问题的理解和认识。EUPP 以一种基于自愿伙伴关系将能源公用事业、能源系统的运营商、能源市场等结合起来，并由美国国际开发署辅助与其他能源服务供应商和同行业领域进行合作。这有助于各个能源服务供应商在日常规划、运作和管理公用事务方面分享经验。[①]

（7）地方政府的气候外交活动。美国地方政府直接参与气候外交的空间有限，而联邦政府无论是在气候外交还是国内气候变化应对政策上都持消极态度，更多的地方政府采取了更具野心但却不触及宪法有关联邦与地方政府分权规定的措施，即根据自身管辖区域的具体情况，直接采纳《京都议定书》的部分甚至大多数指标，从而间接参与到全球层次的气候外交中。例如，签署执行《京都议定书》规定的发达国家减排义务的美国城市数量持续增加：2009 年 2 月有 911 个城市加入；到 2011 年 2 月底已有 1045 个城市加入；从 2013 年 12 月起，这一数字便稳定在 1060 个，占到美国城市总量的 88%。又如，2010 年 6 月，南部亚特兰大市和东北部的 11 个州以及哥伦比亚特区共同创立交通与气候倡议；2011 年，该计划又宣布成立东北地区电动车网络。该计划的核心目标是促进各种使用清洁能源汽车的发展。[②]

---

① http：//www. state. gov/documents/organization/219038. pdf.

② 潘亚玲：《美国气候外交中的地方参与》，《美国研究》2015 年第 5 期。

三　特点分析

第一点，地方在应对气候变化方面表现各异，总体来看是积极和消极并存。与以上描述的各州积极行动应对气候变化同时存在的是，有些州对气候变化的应对举措不甚积极甚至采取抵制态度，例如截至 2014 年年底，全美 50 个州和华盛顿特区中，参加相关应对气候变化项目的州有 40 多个，只有 7 个州没有参与以上三个项目中的任何一个，分别是密西西比、阿拉巴马、爱荷华、北达科他、内布拉斯加、田纳西和印第安纳。值得关注的是，这 7 个州具有的共同特点即在 1992—2008 年的大选中均是共和党获胜的州，党派政治对气候政策的影响在此得以凸显。还有一些州在一些具体问题上表现出反对态度，例如 2010 年 3 月，美国 18 个州的州长联名写信给国会要求停止环境保护署对温室气体排放的监管规定，称这些规定将增加成本最终损害美国经济的竞争力。[①] 针对奥巴马提出的"清洁电厂计划"，24 个州联合起诉该计划涉嫌违法危险。[②] 截至 2016 年 2 月，美国 29 个州上诉奥巴马的"清洁电厂计划"违宪，目前最高法院判决暂时中止执行该计划。[③] 政党极化导致两党在气候问题上难以达成共识，政治极化、利益分裂、立法难产、行政无力、司法反复，美气候治理与能源政策确实深陷困境。此外，就 2014 年美国新能源政策在各州的发展情况为例：纽约州在电力市场转型方面进行大刀阔斧改革，并提高屋顶太阳能价格，以积极推动新能源的开发利用，南卡罗来纳州在净计量电价政策（NEM）和分布式能源方面都有进步，佐治亚州在新能源的开发和利用方面也取得进步，但也有俄亥俄州冻结计划并将 NEM 告上法庭，威斯康星州降低屋顶太阳能并且对新能源公司收取高额费用，佛罗里达州降低了新能源的发展目标，还在 2015 年年底停止对太阳能的退税计划，堪萨斯州

---

① 《美国 18 个州的州长要求国会叫停环境保护署温室气体排放规定》。

② 《24 州联合起诉奥巴马违法违宪清洁能源计划何去何从》（http：//money.163.com/15/1027/10/B6U5B3MO00253B0H.html）。

③ 《美最高法院裁定停止清洁电力计划奥巴马努力受挫》（http：//www.china news.com/m/gj/2016/02 – 10/2553300）。

打算未来中止可再生能源的组合目标。[①]

第二点，美国各地在应对气候变化方面的做法具有很大的灵活性和自主性。就美国各州而言，截至2014年年底，美国有38个州制定了温室气体排放清单、38个州制定了气候适应计划；从时间上来看，大多数是在2008前后开始公布，其中最早的是西弗吉尼亚州2003年就公布了，最晚的是俄亥俄州到2011年才公布；就减排的基准年而言，有的州将基准年设置成1990年，而有的州则定为2000年；就目标年而言，有的州以2020年为目标年，有的州则以2025年、2030年为目标年；就设定的政策内容和行动计划而言，有的州提出了长达200页的详细政策与行动内容，而有的州则十分简单；就周期评估而言，并非所有的州注重周期评估，加州是仅有的要求每五年进行一次评估的州政府。[②]

就评估方法而言，不同的州和地方采用不同的方法和模型。有的用投入产出比的分析方法；有的用旧有的经济模型法。例如，纽约州采取了一个名为能源效率项目，通过模型计算出从1999年到2006年此项目对劳动力市场产生的影响：期间创造了2024个人事与商业服务部门的工作、1323个批发和零售部门的工作、876个建筑部门的工作，与此同时导致336个电力行业的岗位丧失。而此项目在1999年到2017年的经济影响包括：创造4100个以上的工作岗位，每年增加净劳动力收入为1.82亿美元，每年净增加的产出为2.44亿美元，每年增加的净附加值为1.04亿美元。[③]

第三点，环境保护署发挥重要作用。EPA在指导各州气候行动方面发挥了不可替代的作用，对应对气候变化的各个步骤以及所有地方都发挥了重要影响。例如EPA有10个地区办公室，每一个办公室负责所管辖范围内几个州的项目执行（如图1所示）。[④]

① Julia Pyper, "Clean Energy Policy Wins and Losses of 2014", http：//www. greentechmedia. com/articles/read/clean-energy-policy-wins-and-loses-of-2014.

② "Climate Change Action Plans/State and Local Climate and Energy Program", http：//www. epa. gov/statelocalclimate/local/local-examoples/action-plans. html#all.

③ http：//www. epa. gov/statelocalclimate/state/activities/quantifying-econ. html.

④ www. epa. gov.

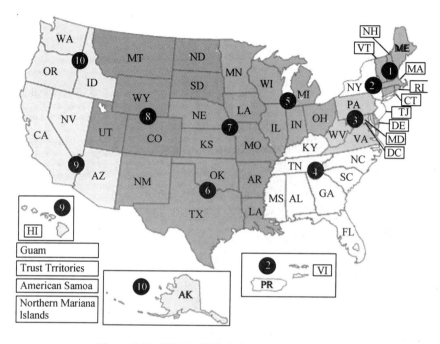

图1 美国环保署下属的十个地方管理分支机构

第四点，地方政府重视经济因素在气候政策制定中的作用。美国环保局对地方应对气候变化的经济效应方面做评估和研究，既有针对各州的情况介绍，也有针对不同项目的情况介绍。①美国环保局曾对22个地方清洁能源项目做了经济收益分析，并持续展开相关运动。例如，2005年发布的《佐治亚州能源效率潜力的最终评估报告》，分析了三种情景下（最低程度、中等程度以及激进程度）的能效收益情况，认为在能源利用方面2010年减少电力生产1207—4749千瓦时，地区电力批发成本2015年下降0.5%—3.9%，在2015年的峰值需求上减少了1.7%—6.1%。在温室气体减排方面，在2010年基准上，二氧化碳减少了0.6%—2.4%，二氧化硫排放减少了0.2%—1.3%，氧化硫排放减少了0.3%—1.9%。在就业方面的影响，每百万净收益可产生1.6—2.8个工作岗位，到2015年

---

① http：//www. epa. gov/statelocalclimate/state/activities/index. html.

将产生 1500—4200 个工作岗位，人力收入到 2015 年将增加 4800 万到 1.57 亿美元。[①]

四 对地方行动的评价

美国地方政府在参与碳减排行动、制定碳交易政策、发展低碳经济等方面发挥了积极的作用，在碳交易市场的建立上，逐渐形成一种自下而上的方式，但是各区域碳排放权交易市场相互独立、缺乏联系，呈分散、各自为政的状态。这虽然可推动区域内减排目标的实现，但会形成不同的配额价格和不同的边际减排成本，将导致效率的损失，并且较小的范围和较大的减排企业并存时，易形成市场垄断，进一步影响市场效率。[②] 具体来看，主要体现在以下几个方面。

第一，各地方在应对气候变化问题上动力和阻力并存，对应了在实际行动中消极州和积极州的共存。其动力主要体现在：一是通过积极应对气候变化不仅可以避免更多的损失损害的发生，例如由于极端天气引发的经济损失和人员伤亡，由于空气污染导致的健康损失。有研究称空气污染导致的健康相关的影响问题在加州的圣华金河谷（San JoaquinValley）一个地方就造成每年 30 亿美元的经济损失，整个国家也面临相似的成本问题。[③] 二是积极应对气候变化的收益明显。首先，通过提高能效和节约能源使用将会为当地商业部门和居民节省成本，有利于促进当地经济发展；其次，减排的很多举措长期来看不仅有利于减缓气候变暖，而且近期对改善空气质量尤其是不符合联邦空气法要求的地方产生激励作用；再次，得益于市场机制尤其是清洁发展机制的使用，地方在减排的同时可以获得巨大的经济效益。三是有些地区应对气候变化更为积极，这主要因为：受气候变化或极端天气影响越大的地方越倾向于采取积极应对的政策；只有当

---

① http：//www.epa.gov/statelocalclimate/documents/pdf/Benefits_ Analyses. pdf.

② 温岩、刘长松、罗勇：《美国碳排放权交易体系评析》，《气候变化研究进展》，2013 年 9 月。

③ Hall, Jane；Lurmann, Frederick. "The Health and Related Economic Benefits of Attaining Healthful Air in the San Joaquin Valley", California State University Fullerton：Institute for Economic and Environmental Studies. March, 2006.

应对气候变化的政策在推动和实施过程中不会对当地经济造成直接的重大威胁时，这种政策才有可能被制定和贯彻执行下去；应对气候变化需要地方政府提供强大的资金和政策支持，因此地方财政富裕的政府更容易开展应对气候变化的行动和措施；人力资本水平高（统计中的收入水平、教育水平高）的城市和地区，环保组织活动影响大的地方更容易参与到应对气候变化的互助组织中。[①]

与此同时，很多地方也面临巨大的阻力。这主要体现在：共和党主政的地方在应对气候变化方面一般会面临更大的压力，表现更为消极；广大化石能源利益集团的存在也对其所在地发挥影响，从而阻碍相关气候政策和行动的展开与实施；温室气体排放强度大的企业团体则避及参与应对气候变化的网络。同时，"改变城市既已形成的温室气体排放较强的产业模式容易遭到相关利益人士和利益团体的抵触"[②]。2011年，得克萨斯州就不断向联邦上诉法院提出申请，要求驳回奥巴马政府对该州控制温室气体排放的要求。得州司法部长格里格·阿伯特（Greg Abbott）就表示：联邦政府已经越权，不正当干涉了得克萨斯的立法权。[③]

第二，各级地方在应对气候变化方面成就和不足并存。全国范围内的地方政府已经采纳了正式的气候保护计划并且达到了温室气体减排。到2005年为止，城市和郡县所报道的气候保护倡议已经消减温室气体多达230万吨每年（相当于180万户家庭的排放，210亿加仑的汽油。）这些倡议也已经具有持续的协同效应，例如每年减轻了当地的空气污染，节约了多达5.35亿的能源和燃料成本。[④]

总体而言，在联邦政府无所作为或者说少有作为的情况下，州和地方积极参与，推动清洁能源发展和相关应对气候变化政策的实施，这为在全美更大范围内开展气候行动奠定了基础。更加重要的是，在联邦层面的政

① Zahran S., Grover H., Brody S. D. & Vedlitz A. Risk, Stress and Capacity: Explaining Metropolitan Commitment to Climate Protestion, Urban Affair Review, 2008 (43): 447-474.

② Zahran. S., Brody S. D., Vedlitz A., Grover H. & Miller C., Vulnerability and Capacity: Explaining Local Commitment to Climate-change Policy, Environment and Planning C: Government and Policy, 2008 (26): 544—562.

③ 《得克萨斯州再次反对美国环保局要求该州控制碳排放》（http://www.chinaenvironment.com/view/viewnews.aspx? k = 20110111152224281）。

④ ICLEIU. S. Cities for Climate Protection Progress Report, 2005.

策游移不定的时候，州和地方政府的积极努力成为联邦政府持续关注气候变化、推动低碳经济发展的希望，甚至能够在一定程度上起到引领联邦行动的作用。[1]

其局限性体现在：应对气候变化的工作还未在全国范围内全面展开，有些州还没有应对气候变化的方案，减排目标地方差异巨大，措施考虑不够周全，许多目标的达成采取自愿进行原则，比使用激励监督机制的目标达成率更低，有些应对气候变化规则中的措施没有明确的资金来源，联邦政府分配的资源较少等。[2] 这是因为：一是即便是城市中最好的努力也仅仅局限在有限的范围内，不能达到经济发展所需要的规模，减排的力度也缺乏雄心。二是地方气候行动所具有的权威性不足，很多规则和立法的权限还是要依赖州和联邦政府。例如，城市地区通过推动智能出行可以在减排方面取得很多的成果，但是机动车和燃油规则的设置很明显超出了地方的权限控制范围。与此类似，市政公共设施在减排方面具有很大的作为空间，但是对市政公共实施的改革需要州和联邦层次的授权。三是地方政府由于其他的压力和捉襟见肘的财政问题，也处于不利地位。对很多城市和郡县来说，用来应对气候变化的资源非常稀缺。此外，不同的气候政策落实往往会带来一些矛盾和冲突，对不同地区的商业运营产生挑战。

第三，联邦和地方的互动关系方面，二者相互影响，在不同的地区有不同的表现。在现行的联邦与地方的权力格局中，若想推动某项气候行动的顺利开展，比较好的模式是联邦积极主导推动，下层认真配合，或者是自下而上的积极互动，即州和各地走在前列，联邦适度参与并给予广泛支持。例如，奥巴马政府重视地方政府在应对气候变化方面的作用和影响，也通过各种举措鼓励支持积极行动的州，并通过发挥联邦的影响以及本人的游说努力来敦促相对消极的州能向前迈进。2013年11月，奥巴马政府成立了一个特别小组（State, Local, and Trial Leaders Task Force on Climate Preparedness），其成员包括7个州长和17名地方官员，旨在推动州

---

[1] Devashree Saha, "Sub-National Climate Change Actions Prevail Over National Politics", http://www. brookings. edu/blogs/planetpolicy/posts/2014/11/05-climate-change-national-politics-saha

[2] Stephen M. Wheeler. State and Municipal Climate Change Plans: The First Generation, Journal of the American Planning Association, 2010.

政府和地方政府参与全球气候变化行动。① 这一点在行动较为积极的州体现得比较明显，呈现一种良性互动。

与此同时，也广泛存在相反的情景。联邦的推动伴随着州和地方的反对，或者是地方的努力得不到州或者联邦的认可等。例如，奥巴马宣布减排新规则之后，作为美国最大的温室气体排放州，得克萨斯需要完成的减排任务在减排总量中占比超过 1/4。同时，路易斯安那、佛罗里达、宾夕法尼亚以及亚利桑那州也需要进行大幅度消减排放。得克萨斯州州长共和党人里克·佩里在一份声明中称：新规将只能进一步遏制本已经缓慢复苏的经济增长，加重美国家庭的能源成本。路易斯安那州誓言反对新规则。华盛顿州等其他州则相对支持。②

五　启示

首先，加强对美国地方气候应对的研究，将有助于我们更好地理解美国联邦气候政策与行动以及气候外交。全球气候治理是国际社会共同就人类面临的气候威胁采取的集体行动，确保人类社会获得安全可持续发展。美国作为全球最主要的温室气体排放国，无论从历史累计还是现实排放，无论从总量还是人均而言，都名列前茅，是国际气候治理不可或缺的重要参与者，因此，加强对美国气候政策与行动的理解尤为重要。而在"一切政治都是地方政治"的美国，离开了对州以及各级地方的认识和理解，将很难对美国气候政策与行动做出客观真实的判断。

其次，研究美国地方在气候问题上的应对，将有助于我们更好地理解中美在应对气候问题上的差异，从而认识到中美在该问题上很多不同点并非用简单的好与不好就可以概括。由于国体政体的差异，导致了中美双方中央和地方的关系格局大不相同，美国各州和地方拥有的权力之大是我国各省和地方所不可想象的，而美国联邦政府在很多事关"国计民生"的重大议题上所表现出的无可奈何甚至无所作为，某种程度上也是我们所不

---

① "President Obama's State, Local, and Tribal Leaders TaskForce on Climate Preparedness", http://www.whitehouse.gov/blog/2013/11/01/.

② 《美国减排新规：各州"几家欢喜几家愁"》，《第一财经日报》2014年6月4日。

能接受的。在这样迥然相异的背景下，考察美国各州和地方在气候问题上的应对，若想拿中国国内的实际发展作为比照，则需要格外谨慎。

最后，中美双方要针对具体议题具体分析，因地制宜，取长补短。美国很多地方性的努力都是开始于各行为主体的自觉自愿，发展到一定阶段就会获得更高一级政府的关注从而发挥更大的影响力。这在尊重和保障地方自治方面值得称道，但是也面临诸多挑战。芝加哥气候交易所的失败就说明仅通过自愿交易难以实现既定的减排目标，也无法保障气候安全，正如耶鲁大学著名经济学家诺德豪斯教授所言：对于依靠愿望、信任、富有责任感的公众、环境道德和内疚感来实现主要减排目标是不现实的。[①] 中国在节能减排方面经常出台一些自上而下的举措，例如采取强硬手段关停大量涉污企业，的确在短期内取得了立竿见影的效果，然而如何应对由此引发的社会、经济问题以及保证管理举措的科学性和可持续性，也是一大现实挑战。电力行业作为排放的重点，往往是各种气候政策的焦点，美国对此采取了很多的做法来限制电力行业的减排。然而，需要注意的是美国电力企业绝大多数都是私人企业，电力价格受市场影响较大，若加入排放交易体系后则电价会随时出现上涨。而中国绝大多数发电企业都属于国企，因此，电力行业进入碳交易体系后，将引发一系列不同于美国市场的反应，考虑到中国东西南北之间巨大的经济发展差异、差别迥异的贫富群体对物价上涨的不同承受力，这对中国经济社会的平稳发展都将是一大考验。因此，在吸收借鉴美国经验的同时，也需要有所甄别。

（刘元玲：中国社会科学院美国研究所助理研究员）

---

① 温岩、刘长松、罗勇：《美国碳排放权交易体系评析》，《气候变化研究进展》2013 年 9 月。

美国外交

"斯诺登事件"对国际关系的影响析论

李恒阳

【内容提要】 斯诺登向国际社会揭露了以"棱镜"项目为代表的美国政府秘密监控行为，很多国家对美国的监控行为进行谴责，同时要求美国做出解释并道歉。在国内外舆论压力下，奥巴马政府成立了专门委员会调查国家安全局的监控问题。另一方面，美国政府采取一系列措施重新树立自己在网络空间的道德形象，挽回由于斯诺登泄密造成的负面影响。这些措施包括宣布移交对 ICANN 的监督权、通过司法途径维护美国的网络利益以及提升网络部队的行动能力等。"斯诺登事件"使得更多国家支持互联网主权化，网络的地缘政治倾向日益明显。

【关键词】 斯诺登事件　棱镜项目　网络安全　网络监控

2013 年 6 月，爱德华·斯诺登（Edward J. Snowden）向国际媒体披露了美国国家安全局对全球电话和互联网监控的情况。根据他披露的秘密文件，美国的监控对象不仅包括其战略敌手，很多西方盟友也在其中。国家安全局大量收集非恐怖分子的网络联系信息引起争议。[1] 泄密事件使美国内外更加关注隐私问题。[2] 在外国政府、国际组织、国内组织和各方媒体

---

① P. W. Singer and Allan Friedman, *Cybersecurity and Cyberwar: What Everyone needs to Know*, New York: Oxford University Press, 2014, p. 104.

② National Committee on American Foreign Policy, Cybersecurity, U. S. Foreign Policy, and a Changing Landscape: A New Generation Speaks Out, American Foreign Policy Interests, Volume 36, Number 1, January – February 2014, p. 45.

的压力下，奥巴马政府对秘密监控行为进行了调查，并通过了加强管理的决定。此外，美国政府还通过改革自身的网络安全政策，缓解由于斯诺登泄密造成的不利影响。"斯诺登事件"使公众对数字时代的情报行为和网络攻防的内涵有了更多的了解，它一定程度上推动了全球互联网治理向多利益攸关方方向的发展。

一　"斯诺登事件"的总体回顾

爱德华·斯诺登曾是美国国防部承包商博思·艾伦·汉密尔顿（Booz Allen Hamilton）咨询公司的雇员。根据斯诺登提供的秘密文档，"棱镜"（prism）项目在2013年6月3日首次被《华盛顿邮报》和《卫报》揭露。国家安全局的文件显示，"棱镜"项目的正式名称是"US—984XN"，最早开始于2007年1月8日。9家美国大型科技公司参与了该项目，包括（按加入项目的时间）微软（2007年）、雅虎（2008年）、Google（2009年）、Facebook（2009年）、Paltalk（2009年）、YouTube（2010年）、Skype（2011年）、美国在线（2011年）以及苹果公司（2012年）。① 此外，网络云盘服务提供商Dropbox也被指控"即将加入"这项计划。美国情报总监詹姆斯·克拉帕随后承认"棱镜"项目的存在，但对斯诺登的揭露行为表示谴责。②

"棱镜"项目让情报机构能对实时通信和存储在服务器上的信息进行深入监视。任何使用上述服务商的美国境外客户及与国外人士通信的美国公民都是该计划允许的监听对象。国家安全局经由"棱镜"获得的数据包括电子邮件、语音交谈、视频、照片、网络电话（VoIP）通话、文件传输和社交网络上的详细资讯。其中98%的"棱镜"结果是基于来自雅

---

① Glenn Greenwald and Ewen MacAskill, NSA prism program taps in to user data of Apple, Google and others, The Guardian, Thursday 6 June 2013, http：//www. theguardian. com/world/2013/jun/06/us-tech-giants-nsa-data，10—04—2014.

② Kevin Johnson, Scott Martin, Jayne O'Donnell and Michael Winter, NSA taps data from 9 major Net firms, USA TODAY, June 6, 2013, http：//www. usatoday. com/story/news/2013/06/06/nsa-surveillance-internet-companies/2398345/，11—04—2014.

虎、谷歌和微软提供的数据。[①]"棱镜"的年度花费约为 2000 万美元。[②]

不仅美国情报部门使用"棱镜"项目,英国情报机构也可以分享该项目的内容。英国的"政府通信总部"(GCHQ)最早从 2010 年 6 月起就能访问棱镜系统,并在 2012 年使用该计划的数据撰写了 197 份报告。[③] 报告数量比 2011 年增加了 137%。[④]"棱镜"让政府通信总部得以绕过正式法律手续来取得所需的个人资料。除了"棱镜"项目,美国国家安全局还有许多项目。例如,"上游"(Upstream)项目就是在承载互联网骨干通信内容的光缆上安装分光镜,复制其通信内容;"碟火"(Dishfire)项目存储了多年全球各地的大量短信,以备需要时查看;"金融情报组"(Tracfin)项目则收集了大量的信用卡购物信息。

美国政府对爱德华·斯诺登的泄密行为提起了法律诉讼。2013 年 6 月 14 日,负责处理国家安全案件的美国弗吉尼亚东区联邦检方提起了对斯诺登的指控,但没有公开。一星期后,美国司法部(Justice Department)公开了起诉书,称斯诺登因向《卫报》及《华盛顿邮报》泄露机密信息,已被起诉违反了《间谍法》(Espionage Act)和构成了盗窃政府财产罪。其中,《间谍法》下的两项指控是"未经授权透露国防信息"及"故意向未经授权的人士透露机密通信情报信息"。[⑤] 上述三项指控每项都附有最长可达 10 年的刑期,三项加起来就是 30 年。斯诺登对美国政府的

---

① Barton Gellman and Laura Poitras, U. S., British intelligence mining data from nine U. S. Internet companies in broad secret program, June 7, 2013, http://www.washingtonpost.com/investigations/us-intelligence-mining-data-from-nine-us-internet-companies-in-broad-secret-program/2013/06/06/3a0c0da8-cebf-11e2—8845—d970ccb04497_story.html? hpid = z1, 12—04—2014.

② NSA slides explain the prism data-collection program, July 10, 2013, http://www.washingtonpost.com/wp-srv/special/politics/prism-collection-documents/, 15—04—2014.

③ Nick Hopkins, UK gathering secret intelligence via covert NSA operation, theguardian.com, Friday 7 June 2013, http://www.theguardian.com/technology/2013/jun/07/uk-gathering-secret-intelligence-nsa-prism, 16—04—2014.

④ Nigel Morris, Kim Sengupta and Ian Burrell, prism scandal: Agency to reveal US links 'shortly' after claims that thousands of Britons may have been spied on by GCHQ, Saturday 08 June 2013, http://www.independent.co.uk/news/uk/politics/prism-scandal-agency-to-reveal-us-links-shortly-after-claims-that-thousands-of-britons-may-have-been-spied-on-by-gchq-8650001.html, 17—04—2014.

⑤ United States District Court Of Eastern District of Virginia, Criminal Complaint, June 14, 2013, Alexandria, VA, http://s3.documentcloud.org/documents/716888/u-s-vs-edward-j-snowden-criminal-complaint.pdf, 18—04—2014.

指控不予承认，坚称自己无罪。

斯诺登获得俄罗斯的政治避难有一定偶然性。2013 年 6 月 23 日，斯诺登从中国香港前往南美洲，准备在莫斯科转机的时候，美国撤销了他的护照。这样，斯诺登在谢列梅杰沃机场（Sheremetyevo Airport）的转机区一待就是一个多月。在此期间，"维基解密"组织帮助他向全球 20 多个国家提出避难申请。各国对斯诺登的申请反应不同，德国、荷兰、波兰、印度、巴西和挪威明确拒绝申请；奥地利、芬兰、冰岛和西班牙等国表示，按照本国法律，只有在其境内才可提出避难申请，境外申请无效；古巴、尼加拉瓜、玻利维亚、法国、意大利等国则在接到申请后较长时间没有做出表态。7 月 1 日，俄罗斯总统普京曾表示俄罗斯愿意"收留"斯诺登，但前提条件是斯诺登不得从事危害俄罗斯伙伴国——美国的利益的活动。斯诺登随后宣布放弃在俄罗斯寻求庇护。然而，在申请其他国家无果之后，7 月中旬，斯诺登通过律师阿纳托利·库奇瑞纳（Anatoly Kucherena）再次向俄联邦移民局提出临时避难申请。2013 年 8 月 1 日，俄罗斯政府决定向斯诺登提供为期一年的临时避难。

斯诺登掌握的涉密文件数量具体是多少还不清楚。2013 年 10 月 31 日，时任美国国家安全局局长基思·亚历山大将军称，斯诺登已向记者透露了 5 万—20 万份文件。[①] 据英国当局称，斯诺登泄露的文件还包括 5.8 万份英国政府通信总部的机密文件。2014 年 1 月 9 日，美国众议院特别情报委员会主席麦克·罗杰斯（Mike Rogers）和资深委员杜奇·鲁珀斯伯格（Dutch Ruppersberger）表示，根据国防部防务情报局（Defence Intelligence Agency）的机密报告，斯诺登盗取了大约 170 万份情报文件。[②] 但斯诺登在接受《名利场》（Vanity Fair）杂志访谈时否认了这种说法。他说："这个数字是吓唬人的，这算上了我在工作中曾经接触到的一切电

---

① Mark Hosenball, NSA chief says Snowden leaked up to 200, 000 secret documents, WASHINGTON Thu Nov 14, 2013, http：//www. reuters. com/article/2013/11/14/us-usa-security-nsa-idUSBRE9AD19B20131114, 20—04—2014.

② Mike Rogers and Dutch Ruppersberger, Snowden's acts of betrayal truly place America's military men and women in greater danger around the world, Jan 9, 2014, http：// democrats. intelligence. house. gov/press-release/hpsci-chairman-mike-rogers-and-ranking-member-ca-dutch-ruppersberger—% E2% 80% 9Csnowden% E2% 80% 99s—acts, 21—04—2014.

子信息。"美国国家安全局副局长理查德·莱吉特（Richard Ledgett）也向《名利场》证实，该局不能确认斯诺登拿了什么，但能确认他拿走了至少3.6万页的关键文件。① 技术上的原因限制了美国情报部门的调查工作。因为斯诺登工作过的美国国家安全局夏威夷基地和其他基地有所不同，当时没有配备最新的软件，国家安全局就不能随时监督雇员们的网络操作行为。此外，斯诺登在获取资料时还采取了技术手段来掩盖自己的踪迹。他通过使用其他安全局雇员的密码登录计算机的机密系统，并破解了用来限制进入系统部分区域的防火墙。②

斯诺登称，飞往莫斯科之前，他已把自己获得的机密文件全部交给了在中国香港遇到的记者，自己没有留下任何复件。俄罗斯和中国获得任何文件的可能性为零。③ 斯诺登的做法是表明自己的清白，他没有意愿也没有能力与俄罗斯或中国的情报机构合作。他只想揭露美国政府的监控行为，他并不是某国的间谍。此外，由于他不携带机密文件，不仅俄罗斯无法获得这些材料，而且如果以后他去其他地方避难也不存在文件落入外国情报部门的危险。没有这些敏感的文件，斯诺登相对要安全一些。

斯诺登事件可能是美国历史上最大的一次机密信息泄露事件。包括此次指控，奥巴马总统任内已经发生了7起政府官员因向媒体泄露秘密信息而获刑事指控的事件。2010年，美国陆军士兵布拉德利·爱德华·曼宁（Bradley Edward Manning）向维基解密网站泄露了大量五角大楼和国务院的文件。其中涉及大约40万份伊拉克战争的报告、25万份国务院电报，以及数万份美国在阿富汗作战行动的文件。相比之下，维基解密网站所获

---

① Suzanna Andrews, Bryan Burrough and Sarah Ellison, The Snowden Saga: A Shadowland of Secrets and Light, May 2014, http://www.vanityfair.com/politics/2014/05/edward-snowden-politics-interview, 02—06—2014.

② Mark Mazzetti and Michael S. Schmidt, Officials Say U. S. May Never Know Extent of Snowden's Leaks, December 14, 2013, http://www.nytimes.com/2013/12/15/us/officials-say-us-may-never-know-extent-of-snowdens-leaks.html? pagewanted = all, 22—04—2014.

③ James Risen, Snowden Says He Took No Secret Files to Russia, October 17, 2013, http://www.nytimes.com/2013/10/18/world/snowden-says-he-took-no-secret-files-to-russia.html? pagewanted = all&_ r = 0, 02—05—2014.

得材料的密级都在"秘密"以下①，但斯诺登泄露的很多国家安全局文件密级都是"绝密"，甚至还涵盖有更高限制级别的"特殊情报"。这些"特殊情报"往往涉及美国单独及同盟友开展监控活动的技术细节。斯诺登泄露的文件与美国陆军、海军、海军陆战队和空军的重要行动有关，很可能让美国的海外军队陷入危险。泄密事件还伤害了在反恐、遏制网络犯罪、人口和毒品走私以及停止使用大规模杀伤性武器等方面提供协助的美国盟友。② 2014年1月9日，美国国家情报总监发言人伯明翰（Michael Birmingham）表示，"文件的泄露带来的伤害是不必要而且极度严重的"。

二 "斯诺登事件"对国际关系的影响

斯诺登揭露的美国政府监控行为使国际社会一片哗然。不仅巴西、俄罗斯、中国等国对美国提出了指责，美国的西方盟友德国、法国以及欧盟也提出抗议，质疑美国对盟国的信任度。尽管美国政府一再强调秘密监控是为了反恐需要，但这种解释随着斯诺登公开文件的增加而越发显得苍白无力。泄密事件使得奥巴马政府的外交承受了巨大压力，与盟国之间的关系受到破坏。

（一）美俄关系进一步走向低谷

美俄两国的间谍与反间谍活动由来已久，斯诺登在俄罗斯的政治避难使两国关系更加复杂。与其说"斯诺登事件"是美俄关系走向低谷的转折点，不如说是两国关系处于低谷的一个表现。从叙利亚内战到伊朗新总统，从导弹防御系统到削减核武器，在美俄讨论的几乎每一个重要议题上，两国的立场都相去甚远。尽管奥巴马希望其在第二任期能"重启"美俄关系，但2013年以来两国矛盾却越发明显。俄罗斯禁止美国人领养

---

① Officer: Soldier in WikiLeaks case trained to keep it secret, FORT MEADE, Md. 12/18/ 2011, http://usatoday30.usatoday.com/news/military/story/2011—12—18/wikileaks-bradley-man-ning-gay-soldier/52044080/1, 03—05—2014.

② Dominic Rushe, Facebook and Google insist they did not know of prism surveillance program, Theguardian, Friday 7 June 2013, http://www.theguardian.com/world/2013/jun/07/google-facebook-prism-surveillance-program, 04—05—2014.

俄罗斯婴儿，而美国政府将 18 名被控侵犯人权的俄罗斯人列入了黑名单。"斯诺登事件"再次使两国关系蒙上一层阴影。

斯诺登披露的文件表明了美国"重启"美俄关系的虚伪，美国骨子里是不信任俄罗斯的。在 2009 年 4 月伦敦 G20 峰会期间，美国国家安全局监听并解密了所有从伦敦打往莫斯科的电话，其中包括时任俄罗斯总统梅德韦杰夫的电话。① 而就在几个小时前，奥巴马与梅德韦杰夫在伦敦会面并且承诺将努力"重启"双边关系。以前俄罗斯被认为由于善变而经常使"重启"走向逆转，② 这次美国的监控行为却反映了美国的缺乏诚意。美国的对俄友好似乎更多出于实用主义考虑，希望换取俄罗斯在削减核武器和反导问题上的合作。泄密事件使得俄罗斯更加不信任美国，双方的战略互疑有增无减。

俄罗斯面对美国的压力不交出斯诺登更符合其自身利益和俄美关系现状。在有需要的时候，普京就会与美国对抗。③ 尽管普京表示，只要斯诺登不做伤害美国的事情，就可以为他提供政治避难，但美国不会接受这样的说辞。由于在到达莫斯科之前，斯诺登已经把所有的秘密文件交给了别人，他的情报价值并不大。但俄罗斯为他提供避难，显示了其对美态度的强硬，这有利于树立普京的个人形象。在世界多数国家都不愿为斯诺登提供政治避难的情况下俄罗斯挺身而出，可以彰显其大国气概，也可以吸引美国今后再有斯诺登之类"英雄壮举"的人。普京此举为将来俄罗斯全球角色的复苏打下了基础。④ 以后当美俄两国再讨论叙利亚问题、伊朗问题和削减核武器等问题时，俄罗斯手里又多了一个筹码。俄罗斯可以利用斯诺登来和美国讨价还价，甚至向对方施加压力。

2014 年 8 月，斯诺登在俄罗斯为期一年的避难后，美俄关系持续冷

---

① Ewen MacAskill, Nick Davies, Nick Hopkins, Julian Borger and James Ball, The Guardian, 16 June 2013, G20 summit: NSA targeted Russian president Medvedev in London, http://www.theguardian.com/world/2013/jun/16/nsa-dmitry-medvedev-g20-summit, 10—05—2014.

② Msrtin S. Indyk, Kenneth G. Lieberthal and Michael E. O'Hanlon, Bending History: Barack Obama's Foreign Policy, Washington, D. C.: Brllings Institution Press, 2012, p. 263.

③ Dilip Hiro, After Empire: The Birth Of a Multipolar World, New York: Nation Books, 2010, p. 111.

④ The 100 Leading Global Thinkers of 2013: The Decision-Makers, *Foreign Policy*, December 2013, p. 76.

淡。2013年9月初，美国政府取消了奥巴马原计划在莫斯科与普京举行的双边首脑会晤。此后，在美国的影响下，很多西方元首缺席了2014年2月的俄罗斯索契冬奥会。乌克兰危机爆发后，俄罗斯收回克里米亚，并支持乌克兰东部的反政府武装，还导致了马航客机被击落事件。美国为首的西方国家对俄进行了严厉的经济制裁，美俄关系降到了冷战后的最低点。

（二）美国和巴西的关系出现波折

2013年7月，根据斯诺登提供的文件，巴西媒体报道了美国国家安全局在巴西利亚建立了一个数据收集中心，有系统地侵入当地电信网络系统并截获了数百万巴西公民的电子邮件和电话记录的情况。巴西总统迪尔马·罗塞夫（Dilma Rousseff）的电子邮件、电话和短信也受到监控。她的高级顾问团和巴西国家石油公司（Petrobras）也受到了监视。12月17日，斯诺登在巴西报纸《圣保罗页报》发表了一封"公开信"。在信中，他称美国国家安全局的活动从来都跟恐怖主义无关，而是跟经济间谍、社会控制和外交操纵有关。[1]

巴西政府对美国的监控行为反应激烈，要求美方以书面形式予以澄清。2013年9月初，奥巴马与罗塞夫会晤时曾承诺在一周内给予答复，但没有兑现。9月17日，罗塞夫总统发表声明，推迟了原定10月对美国的正式访问，巴西向美国购买40亿美元歼击机的交易随之终止。罗塞夫在声明中说，美国对巴西公民、企业和政府官员的通信进行非法监控，已对国家主权和人权构成严重威胁，与友好国家间的和谐共存是背道而驰的。[2] 此后，巴西和美国在政府层面的工作组、论坛都处于停滞状态。9月24日，罗塞夫在联合国大会上发表讲话，公开谴责美国国家安全局的

---

[1] Edward Snowden, An Open Letter to the People of Brazil, December 17, 2013, http：//www1. folha. uol. com. br/internacional/en/world/2013/12/1386296-an-open-letter-to-the-people-of-brazil. shtml, 10—05—2014.

[2] Juan Forero, NSA spying scandal spoils dinner at the White House for Brazil's president, September 17, 2013, http：//www. washingtonpost. com/world/nsa-spying-scandal-spoils-dinner-at-the-white-house-for-brazils-president/2013/09/17/24f5acf6—1fc5—11e3—9ad0—96244100e647 _ story. html, 11—05—2014.

活动违犯了国际法，不尊重国家主权，严重破坏人权和公民自由。她要求美国政府做出解释、道歉并保证不再重犯。[①] 美国以收集数据信息为名的监控活动不仅损害了巴西的主权，而且破坏了该国公民的人权。这种行为违反了友好国家之间相处的准则。尽管美国政府声称其行为是出于反恐需要，但其实际活动已经远远超越维护国家安全的需要。

美国为自己的监控进行了辩护。在美国看来，巴西的能源政策就是巴西国家石油公司制定的，这家国有企业和政府的政策密不可分。国家安全局作为搜集外国情报的机构，监控这一目标是正常的。美国认为，侵入巴西公司网络以获取经济政策情报，与普通的窃取公司机密有所区别。因为获取经济政策情报是为了维护美国的国家安全，而窃取公司机密则是为了商业利益。此外，根据斯诺登提供的文件，加拿大也卷入了对巴西的间谍活动。加拿大情报机关截获了巴西矿产与能源部和外界的通信记录，包括电话、电子邮件等。2012 年，加拿大将该文件提交"五只眼"情报分析会议，与美国、英国、澳大利亚和新西兰等盟友共享。为此，巴西外交部召见加拿大大使，要求其就"严重地侵犯巴西主权，窃取公司商业机密"做出解释。总统罗塞夫指责加拿大情报机构的间谍行动具有经济和战略意图，要求"美国及其盟友必须马上采取行动，完全停止间谍活动"[②]。

巴西与美国的关系决定了巴西对监控事件的反应。长期以来，美国和巴西的关系处于合作与矛盾共存的状态。在奥巴马和罗塞夫政府时期，双方在经济、教育、国际安全和全球事务等一系列重要领域看法迥异。为了赢得 2014 年大选，罗塞夫在一定程度上保持对美强硬会获得更多支持。为此，罗塞夫政府宣布了一系列措施，增加巴西互联网设备和服务的国产率，推动与世界其他国家的联系，从而绕开美国的监控。2013 年 10 月，巴西和德国共同要求联合国大会通过促进互联网隐私权保护的决议。[③] 这

① H. E. Dilma Rousseff, At The Opening of The General Debate of The 68th Session of The United Nations General Assembly, New York, 24 September 2013, http：//gadebate. un. org/sites/default/files/gastatements/68/BR_ en. pdf, 12—05—2014.

② Anthony Boadle, Brazil demands explanation from Canada over spying report, Brasilia, Oct. 7, 2013, http：//www. reuters. com/article/2013/10/07/us-usa-security-brazil-canada-idUSBRE9960JK20131007, 20—05—2014.

③ Germany and Brazil demand UN action on data privacy, 30 October 2013, http：//www. enca. com/technology/germany-and-brazil-demand-un-action-data-privacy, 20—05—2014.

是国际社会为制约美国国家安全局的监控行为而进行的首次重大努力。另一方面，巴西给自己留下了回旋余地。2013年7月，斯诺登曾向巴西政府申请政治避难，但没有获准。而巴西参议院外交关系和国防委员会曾一致建议为斯诺登提供庇护。

（三）中美关系受到冲击

长期以来，中国一直是美国情报部门的工作重点。斯诺登曾表示，他在情报部门工作时的最后一个目标就是中国。2013年6月，斯诺登在到达中国香港后接受了《南华早报》（*The South China Morning Post*）的采访，透露了美国国家安全局暗中监视中国香港和中国内地的许多细节。斯诺登告诉该报，美国国家安全局侵入了中国的一些移动电话公司，读取了数百万条短信。该局还侵入了清华大学的几十台计算机和亚太环通（Pacnet）公司的计算机系统。[1] 亚太环通公司是总部设在中国香港的大型电信公司，它和内地主要移动电话公司都有合作关系。美国国家安全局在2012年侵入了中国两大手机网络，由此可以追踪中国部队的情况。[2] 此外，美国情报部门还重点攻击中国领导层办公的地点，并不断改变战术来应对由于系统升级等带来的障碍。

根据斯诺登泄露的文件，美国国家安全局从2007年开始通过"针对性访问行动"（Tailored Access Operations）潜入华为公司总部，并获取了部分公司高管的邮件。后来，美国又实施了"狙击巨人"（shotgiant）计划，对华为公司展开了全方面信息监控。[3] 根据美国国家安全局的文件，美国情报部门破解并进入了华为服务器的近百个端口，获取了华为路由器和交换机相关工作的信息，华为近1400位客户的信息，以及其他内部培训和产品资料等信息。美国国家安全局的工作人员甚至获取了华为公司电

---

① Lana Lam and Stephen Chen, Snowden reveals more US cyberspying details, 22 June, 2013, http：//www. scmp. com/news/hong-kong/article/1266777/exclusive-snowden-safe-hong-kong-more-us-cyberspying-details-revealed，21—05—2014.

② David E. Sanger and Nicole Perlroth, N. S. A. Breached Chinese Servers Seen as Security Threat, March 24, 2014, http：//cn. nytimes. com/usa/20140324/c24nsa/en-us/，22—05—2014.

③ Targeting Huawei：NSA Spied on Chinese Government and Networking Firm, March 22, 2014, http：//www. spiegel. de/international/world/nsa-spied-on-chinese-government-and-networking-firm-huawei-a-960199. html，23—05—2014.

邮存档以及单个产品的源代码。

根据斯诺登提供的材料，针对华为进行的大规模监控行动是直接受命于白宫、美国中情局和美国联邦调查局。美国国家安全局在一份内部文件中指出监控华为可以研究华为的技术，从而使美国的技术水平跟上发展。而且，当华为公司把设备卖给其他国家时，无论对方是美国的盟友还是非盟友，国家安全局都可以自由地进入其计算机和电话网络实施监控。尤其是华为计划铺设海底电缆、加强网络新技术投入之后，美国更是希望借助其网络监控自己的重点目标——伊朗、阿富汗、巴基斯坦、肯尼亚和古巴等国。

对于美国情报部门的监控行为，中国政府和相关企业进行了严厉谴责。外交部发言人洪磊表示："一段时间以来，媒体披露了很多美方对包括中国在内的国家实施监听、监控、窃密情况。中方已多次就此向美方提出交涉。我们要求美方就此做出清楚的解释，停止这种行为。"[1] 华为公司在《环球时报》上发表声明，称"对于此类入侵、渗透到我们的内部网络并监控通信的行为表示强烈谴责。……华为反对一切危害网络安全的行为，并愿意以最为开放透明的态度与各国政府、行业、用户一起合作，共同应对全球网络安全挑战"[2]。

为了保障网络安全，中国政府对"关系国家安全和公共利益"的系统所使用的互联网产品和服务实施了新的审查措施。这样可以防止产品提供者利用提供产品的方便，非法控制、干扰用户系统以及非法收集、存储和使用用户信息。通信、金融、能源等关键行业的 IT 产品和服务是审查制度的重点。中国政府对思科公司的调查反映了对国内用户信息安全的重视，2013 年到 2014 年思科中国公司的业绩连续几个季度都在下滑。2014年 7 月，国家工商总局检查了微软在北京、上海、广州和成都的四个分公司。9 月，工商总局要求微软公司就 Windows 操作系统和 Office 办公软件

---

① 2014 年 3 月 24 日外交部发言人洪磊主持例行记者会。外交部网站，http://www.fmprc.gov.cn/mfa_chn/wjdt_611265/fyrbt_611275/t1140195.shtml，2014 年 5 月 24 日登录。

② 陈一鸣、青木：《美被爆入侵中国服务器及监控中国多位前国家领导》，《环球时报》2014 年 3 月 24 日，http://world.huanqiu.com/exclusive/2014—03/4924536.html，2014 年 5 月 24日登录。

相关信息没有完全公开造成的兼容性问题等相关问题，在 20 日内做出书面说明。① 此外，IBM 和高通公司也受到了调查，其在华业务和股票受到一定影响。

（四）美国和盟友的互信被破坏

2013 年 10 月，根据斯诺登提供的材料，法国《世界报》（*Le Monde*）报道了美国对法国公民进行大规模监控的情况。从 2012 年 12 月 10 日到 2013 年 1 月 8 日的 30 天中，美国收集了法国 7030 万份通话记录。② 这些监控除了涉及与恐怖活动有关的人，可能还涉及商界、政界或法国政府中的重要人物。法国总统弗朗索瓦·奥朗德表示了"非常严厉的谴责"。法国外交部召见了美国大使查尔斯·H. 里夫金（Charles Rivkin），告诉他在伙伴国之间采取这种做法是完全不可接受的，美国必须终止间谍行动，并保证不再采取这种行为。由于《世界报》的报道正值美国国务卿克里访问法国，他在巴黎举行新闻发布会时为美国的监控辩护，称"反恐是一项持久的任务，不能停歇。美国正在重新审查情报收集方式。美国的目标是寻求安全和公民隐私之间的平衡"③。美国的解释有些苍白无力，美法之间的伙伴关系陷入低谷。

早在 2013 年 6 月，《明镜周刊》就曾披露美国在大规模监听德国的通信。根据斯诺登提供的文件，美国国家安全局和德国联邦情报局在巴伐利亚州巴德艾比林（Bad Aibling）开展"联合信号情报活动"（Joint SigInt Activity），双方签署了"联合信号情报活动限制"（JSA Restrictions）

---

①　工商总局反垄断与反不正当竞争执法局，国家工商总局专案组对微软公司进行反垄断调查询问，2014 年 9 月 1 日，http：//www. saic. gov. cn/ywdt/gsyw/zjyw/xxb/201409/t20140901_147993. html，2014 年 9 月 2 日登录。

②　Par Jacques Follorou and Glenn Greenwald，France in the NSA's crosshair：phone networks under surveillance，Le Monde，Oct. 21 2013，http：//www. lemonde. fr/technologies/article/2013/10/21/france-in-the-nsa-s-crosshair-phone-networks-under-surveillance_ 3499741_ 651865. html，03—06—2014.

③　John Kerry，Remarks With Qatari Foreign Minister Khalid al-Atiyah Before Their Meeting，Paris，France，October 21，2013，http：//www. state. gov/secretary/remarks/2013/10/215713. htm，04—06—2014.

的文件。① 因为外国情报机构不能监控德国公民，所以该文件规定，美国在巴德艾比林的基地不收集以"．de"结尾的网络域名的数据。由于许多德国人的电子邮箱地址以"．net"、"．com"或"．org"结尾，所以另附一份属于德国、不允许被其他国家监控的网址名单。然而，这份清单上只有 50 个网址，除了联邦国防军（bundeswehr. org）、奔驰公司（mercedes-benz. com）和德意志银行（deutsche-bank . com）等少数重要部门和企业，其余的看起来都是被任意选出的网址。这样，如果一个网站域名不以"．de"结尾，也不在限制名单内，那就很可能受到监控。德国电子邮箱供应商 gmx. net 就属于这种情况。而且，没有一位政治家或记者的电子邮箱地址被列入限制名单，似乎更印证了监控的广泛性。

2013 年 10 月，斯诺登泄露的文件使美德关系再度紧张。德国政府披露，总理安格拉·默克尔（Angela Merkel）的手机被美国情报部门监听。默克尔随后给美国总统奥巴马打电话确认手机被监控一事，奥巴马向默克尔保证，美国目前没有、将来也不会监听她的通信。② 这等于委婉地承认了美国过去对其手机的监控。此后，迫于斯诺登曝光材料的压力，美国国家安全局承认了对默克尔的窃听从 2002 年初持续到 2013 年夏天。美国国家安全局驻德特工不仅可以收集与她拨打的电话号码相关的数据，还可以窃听她的对话内容。

美国国家安全局的行为在德国引起了非常负面的影响。因为纳粹统治时期的监控活动给这个国家留下了创伤，普通民众对个人隐私非常重视。2013 年 6 月《明镜周刊》的报道也令当月奥巴马和默克尔在柏林的会晤有些尴尬。会晤后，奥巴马到勃兰登堡门发表演讲时观众大为减少，而2008 年奥巴马作为总统候选人在同一地点发表演讲时有 20 万人到场。默克尔认为，美国和德国作为盟友和伙伴，不应该对政府首脑的通信进行监

---

① Hubert Gude, Andy Müller-Maguhn, Laura Poitras, Marcel Rosenbach, et al., Spying Together: Germany's Deep Cooperation with the NSA, June 18, 2014, http://www.spiegel.de/international/germany/the-german-bnd-and-american-nsa-cooperate-more-closely-than-thought-a-975445.html, 05—07—2014.

② The White House, Press Briefing by Press Secretary Jay Carney, October 23, 2013,

听。这是对两国互信的极大破坏,此类行为必须被立即终止。① 此后,德国希望和美国签署在未来互不针对对方开展间谍活动的协定,但美国似乎对此不感兴趣。2014 年 7 月,又出现了美国情报部门在德国联邦情报局发展内线的事件,令两国合作前景渺茫。

欧盟是美国情报部门的重点监控对象。根据爱德华·斯诺登提供的文件,美国情报机构利用自己在北约的办公楼对布鲁塞尔的欧盟理事会和欧盟部长理事会进行窃听,国家安全局还把欧洲人描述成"定位目标"。② 此外,美国情报机构还监控欧盟驻纽约和华盛顿使馆,这两个使馆都被美国国家安全局安装了窃听器,欧盟驻纽约使馆的电脑硬盘被复制,美国情报机构还接入了欧盟驻华盛顿使馆的内部电脑有线网络。③ 2007 年,美国国家安全局进行了代号"深陷泥潭"(Dropmire)的项目,通过在欧盟驻华盛顿使馆的加密传真机上植入软件来获取信息。根据英国《卫报》的报道,华盛顿和纽约的 38 个大使馆和外交使团成为监控目标,其中包括欧盟使团、法国、意大利和希腊大使馆。④ 监控的方法主要是在电子通信设备中安装窃听器,利用特殊的天线收集通信信号以及侵入电脑网络。这样,美国就可以监听到欧盟官员的谈话,并获取其电脑里的电子邮件和内部文件。

欧盟对美国的监控行为反应强烈,双方的伙伴关系一度陷入低谷。欧盟外交事务高级代表凯瑟琳·阿什顿(Catherine Ashton)在发表的一份书面声明中表示,欧盟已经要求美国"对指控的真实性及相关事实进行紧

① Scott Wilson and Michael Birnbaum, Merkel calls Obama about alleged U. S. monitoring of her phone, October 23, 2013, http://www. washingtonpost. com/blogs/post-politics/wp/2013/10/23/obama-assures-merkel-u-s-is-not-eavesdropping-on-her-calls/, 06—06—2014.

② Laura Poitras, Marcel Rosenbach, Fidelius Schmid and Holger Stark, Attacks from America: NSA Spied on European Union Offices, June 29, 2013, http://www. spiegel. de/international/europe/nsa-spied-on-european-union-offices-a-908590. html, 07—06—2014.

③ Laura Poitras, Marcel Rosenbach and Holger Stark, Codename "Apalachee": How America Spies on Europe and the UN, August 26, 2013, http://www. spiegel. de/international/world/secret-nsa-documents-show-how-the-us-spies-on-europe-and-the-un-a-918625. html, 10—06—2014.

④ Ewen MacAskill and Julian Borger, New NSA leaks show how US is bugging its European allies, The Guardian, 30 June 2013, http://www. theguardian. com/world/2013/jun/30/nsa-leaks-us-bugging-european-allies, 11—06—2014.

急澄清"①。欧洲议会议长马丁·舒尔茨（Martin Schulz）在一份声明中表示，"如果指控的真实性得到证明，那将是一起极其严重的事件，会对美国与欧盟的关系产生严重的影响"②。欧洲议会通过一份决议，要求欧盟暂停与美国签署银行信息共享协议。2013 年 7 月，欧洲议会有党团提出推迟即将开始的"跨大西洋贸易与投资伙伴关系协定"（TTIP）谈判，作为对美国监控窃听欧盟行为的反击。还有党团提出欧盟国家为爱德华·斯诺登提供政治避难。尽管这些提案都被否决，但欧盟对美国的反感已经非常明显，欧洲对美国的信任大幅降低。2014 年 2 月，默克尔提议建立"欧洲通讯网"，目的是保护欧洲国家的信息安全，避免电子邮件与其他数据资料经由美国传送。该提议得到法国政府的赞同。

美国对欧盟的监控反映了美国的多重考虑。首先，监控可以为美国企业谋利，有利于维护美国的经济优势。美欧之间商业往来密切，通过窥探盟友的金融交易活动和商业谈判等机密，美国更容易赢得竞争优势。其次，通过秘密监控活动可以更好地控制欧洲。美国通过监听可以收集欧盟成员国内部的情况，以便了解他们在全球议题上的政策分歧和其他的潜在分歧。这些矛盾对美国至关重要，美国可以通过支持一方并打压另一方的办法引导欧盟的决策向有利于自己的方向发展。最后，监控行为反映了美国对欧洲的不信任。为了维护自身的全球领导地位，美国不希望欧洲出现挑战自己的行为。而欧洲国家不甘当美国的小伙伴，希望在国际社会表达自己的立场。

三 美国网络安全政策的调整

斯诺登的泄密事件给奥巴马政府造成了巨大压力。情报机构泄露的文

---

① European Commission, Statement by EU High Representative Catherine Ashton on the alleged surveillance of EU premises, Brussels, 30 June 2013, http：//europa. eu/rapid/press-release_ MEMO-13—633_ en. htm, 12—06—2014.

② Martin Schulz, Schulz on alleged bugging of EU office by the US authorities, Brussels, June 29, 2013, http：//www. europarl. europa. eu/former_ ep_ presidents/president-schulz/en/press/press_ release_ speeches/press_ release/2013/2013-june/html/schulz-on-alleged-bugging-of-eu-office-by-the-us-authorities, 20—06—2014.

件影响了总统和内阁的外交政策和公开立场。① 2013 年 8 月，白宫成立了外部专家小组专门审查政府的监控项目。2014 年 1 月 17 日，奥巴马在司法部宣布了对情报监控项目改革的决定。国家安全局的情报项目将被完整地保存下来，只是做出一些调整。美国将暂停大规模搜集和存储公民电话记录的做法，并寻求不由政府来存储这些记录的新方案。美国国会可以组建一个由专业人士组成的小组来参加外国情报监控法庭对秘密情报项目的审批过程。美国不对亲密盟友的领导人实施电子监控。② 3 月 27 日，白宫宣布寻求由通信运营商来存储电话监控项目的大量数据。综合看，政府的改革侧重加强美国情报监控项目的透明性和受监管力度，而非从根本上改变这些项目。

除了对情报部门监控项目的调整，2014 年以来美国还采取了其他措施扭转在国际网络安全领域的被动局面。美国政府宣布要移交对互联网名称和数字地址分配机构（ICANN）的管理权。美国司法部通过法律程序起诉外国的黑客行为，力图重新占领网络空间的道德高地。国防部加强了网军的行动能力，维护美军在数字领域的优势地位。美国政府的这些改革举措，对内有利于缓解民众保护隐私的压力，对外有利于推动互联网治理向多利益攸关方发展并重振盟友对自己的信心。

（一）移交对 ICANN 管理权

互联网名称和数字地址分配机构（Internet Corporation for Assigned Names and Numbers，ICANN）被称为 "全球互联网中枢"，③ 管理着全球

---

① Joel Brenner, Glass Houses: Privacy, Secrecy and Cyber Insecurity in A Transparent World, New York: Penguin Books, 2013, p. 204.

② The White House, Remarks by the President on Review of Signals Intelligence, January 17, 2014, Department of Justice, Washington, D. C. http://www. whitehouse. gov/the-press-office/2014/01/17/remarks-president-review-signals-intelligence, 21—06—2014.

③ ICANN 成立于 1998 年 10 月，总部设在美国加利福尼亚州，是一个集合了全球网络界商业、技术及学术各领域专家的非营利性国际组织。其职能是管理全球互联网域名系统（DNS）、根服务器系统、IP 地址资源的协调、管理与分配，协议参数配置以及主服务器系统等。ICANN 成立后就根据美国国家电信和信息管理局的外包合同履行域名的管理职能。参见 Internet Corporation for Assigned Names and Numbers , What Does ICANN Do? https://www. icann. org/resources/pages/welcome-2012—02—25-en, 02—07—2014.

13 台顶级根域名服务器。2014 年 3 月 14 日，美国商务部下属的国家电信和信息管理局（NTIA）宣布将在 2015 年停止管理 ICANN。[1] 由于美国商务部和 ICANN 的合同将于 2015 年 9 月到期，届时美国政府将移交一些针对 ICANN 的监管功能。联合国秘书长潘基文 3 月 18 日发表声明，对此举表示欢迎。[2]

美国移交 ICANN 监督权与"斯诺登事件"密切关联。爱德华·斯诺登披露美国政府秘密监控互联网的行为，加深了各国的担忧，推动了美国让渡 ICANN 监督权的步伐。尽管美国的"棱镜"等监控行为不是通过 ICANN 实现的，但由于美国政府对其有管理权，其他国家有理由质疑美国利用该机构来实现自己的利益。2003 年伊拉克战争期间，美国就终止了伊拉克顶级域名".iq"的申请和解析，从而把该国从互联网上抹掉。2013 年 10 月，在乌拉圭举行的世界互联网管理峰会上通过了《蒙得维的亚声明》，众多国际互联网组织呼吁加快互联网名称与数字地址分配机构和互联网号码分配机构（IANA）的国际化进程，与美国政府结束关系。[3] 2014 年 2 月，负责欧洲数字化议程的欧盟委员会副主席内莉·克勒斯还敦促结束美国对互联网的控制权。[4] 而巴西等国已经开始公开讨论成立联盟组织建设自己的可替代根服务，有效地创建自己的互联网。4 月，全球互联网治理大会在巴西通过《全球互联网多利益相关方圣保罗声明》，提出互联网治理原则和未来网络治理生态系统的路线图，并要求捍卫网络自

---

[1]　National Telecommunications and Information Administration, NTIA Announces Intent to Transition Key Internet Domain Name Functions, Washington, March 14, 2014, http：//www. ntia. doc. gov/press-release/2014/ntia-announces-intent-transition-key-internet-domain-name-functions, 21—06—2014.

[2]　Ban Ki-moon, Statement attributable to the Spokesman for the Secretary-General on intent of the United States to Transition Key Internet Domain Name Functions, New York, March 18, 2014, http：//www. un. org/sg/statements/? nid = 7530, 22—06—2014.

[3]　Montevideo Statement on the Future of Internet Cooperation, 07 Oct 2013, https：//www. icann. org/news/announcement—2013—10—07—en, 03—07—2014.

[4]　European Commission, Commission to pursue role as honest broker in future global negotiations on Internet Governance, Brussels, 12 February 2014, http：//europa. eu/rapid/press-release_ IP—14—142_ en. htm, 04—07—2014.

由及多利益相关方的广泛利益。①

　　实质上，美国仍然对互联网保持着控制。美国此次宣布放手互联网监管意在令国际社会确信，美国不会再利用这一控制权实现自身利益。美国希望能抑制国际社会打破或分裂国家互联网的意向。开放的互联网符合美国的利益，既是美国经济、制度、科技和社会文化等软实力的体现，也是巨大的情报资料来源。美国移交国际域名管理职能，并不等于交出了互联网的控制权。ICANN 主要侧重域名管理，并非"控制"国际互联网，该机构无法对某一个网站的内容进行监管。数字权利组织艾科赛斯（Access）宣传总监、杜鲁门国家安全项目研究员卡莎丽娜·马赫（Katherine Maher）发表文章提出，互联网是由一系列司法管辖区、技术咨询小组和志愿机构规范并管理的，美国商务部的公告肯定不能反映出互联网的全球共治。② 美国政府希望通过放权在互联网监管方面给予世界其他国家更多话语权，以缓解不断上升的全球压力，但这并未从根本上改变美国对互联网的控制权。

（二）通过司法途径宣示美国的利益

　　2014 年 5 月 19 日，美国司法部对中国人民解放军的五名军官提起指控。起诉书认为这些人涉嫌从西屋电气（Westinghouse Electric）、美国钢铁公司（U. S. Steel）、美国铝业公司（Alcoa）等几家规模最大的美国公司窃取商业机密，共涉及 31 项罪名。③ 美国司法部长埃里克·霍尔德（Eric Holder）表示，这是司法部第一次对以网络手段渗透美国商业目标

---

　　①　The Global Multistakeholder Meeting on the Future of Internet Governance, NET mundial Multi-stakeholder Statement, Brazil, April 24th 2014, http：//netmundial. br/wp-content/uploads/2014/04/NETmundial-Multistakeholder-Document. pdf, 09—07—2014.

　　②　Katherine Maher, No, the U. S. Isn't "Giving Up Control" of the Internet, March 19, 2014, http：//www. politico. com/magazine/story/2014/03/control-of-the-internet-104830. html # . U-l37hscTmR, 10—07—2014.

　　③　United States District Court Western District of Pennsylvania, Indictment, May 2014, http：//www. justice. gov/iso/opa/resources/5122014519132358461949. pdf, 11—07—2014.

的已知国家进行指控。① 面对美国的指控，中国外交部表示"中国政府和军队及其相关人员从不从事或参与通过网络窃取商业秘密活动。美方对中方人员的指责纯属无中生有"②。

美国希望通过起诉中国的"违法行为"，挽回由于"斯诺登事件"造成的负面影响，贬低中国在网络空间的地位。一直以来，美国提倡保护互联网的"基本自由、隐私和信息自由流动"③，对非西方国家的网络监管行为进行指责。然而，斯诺登披露的美国对网络空间的严密监控揭开了美国虚伪的面具，严重破坏了美国的国际形象，使其丧失了在虚拟世界里的道德领袖地位。随着"斯诺登事件"的逐渐平息，美国抛出中国军人的窃取商业机密案，既可以缓解由于斯诺登泄密带来的压力，又可以使中国在网络空间的形象受到影响。通过打压其他国家的所谓"网络间谍"行为，美国要逐步重返网络空间的道德高地。

通过走法律程序，美国可以安抚国内的私营部门，表明政府在加大力度阻止国外的网络攻击。此前，对于国外黑客袭击，美国政府主要通过私营机构（如曼迪安特公司）的网络安全报告或媒体的相关报道进行指责，这是一种间接的方式。而此次司法部的起诉则是以一种直接的方式对相关国家施加压力，是白宫遏制网络攻击的新手段。美国希望借此向国内企业表明自己保护知识产权的决心，从而维护企业的商业利益，保持竞争优势。从长远看，这对政府加强与企业在网络安全方面的合作也会打下良好基础。对于美国政府诉诸法律的行为，美国国内反应不一。前国际商业机器公司（IBM）董事长塞缪尔·帕尔米萨诺（Samuel Palmisano）认为，中美两国关于网络入侵、经济间谍和知识产权侵犯的纠纷对全球经济健

---

① Eric Holder, Attorney General Eric Holder Speaks at the Press Conference Announcing U. S. Charges Against Five Chinese Military Hackers for Cyber Espionage, Washington, D. C. , May 19, 2014, http：//www. justice. gov/iso/opa/ag/speeches/2014/ag-speech-140519. html, 12—07—2014.

② 中华人民共和国外交部：《中方强力反击美方"起诉"中方人员》，2014 年 5 月 19 日，http：//www. mfa. gov. cn/mfa_ chn/fyrbt_ 602243/t1157478. shtml，2014 年 7 月 15 日登录。

③ US White House, International Strategy for Cyberspace：Prosperity, Security, and Openness in a Networked World，May 2011，p. 5.

康、繁荣和发展毫无帮助。[①]

　　美国的起诉行为也是威慑手段的运用。通过在起诉书中列举黑客实施攻击行为的情况，美国要让对手知道自己的能力更高，美国对网络的监控是严密的，攻击者自认为高超的技术手段并不能逃脱美国的控制。尽管美国也清楚，别国不会因为它的起诉就把相关人员引渡给它。斯诺登背负那么多罪名待在俄罗斯，美国也没有办法引渡他。但这种司法程序会给相关网络攻击者带来压力，使其在未来的行动中有所顾忌。如果对手真能约束自己的网络间谍行为，未来美国还可以压制其提高在网络安全政策上透明度，按美国的意图在网络空间行事。

　　美国利用司法体系来强化自己的立场，实际上是在采取双重标准。美国认为自己以国家安全为目的的间谍活动是合法的，这不同于别国以赢利为目的的商业间谍活动。美国政府一再表示"不会把收集来的情报交给美国的公司，来提升它们的国际竞争力或是增加它们的利润"[②]。斯诺登泄露的文件表明，以国家安全为目标的间谍活动和以赢利为目标的间谍活动的界限往往是模糊的，美国的很多监控行为是出于经济目的。[③] 美国也在从事商业间谍活动，只是这些活动并不服务于特定公司的直接利益。美国可以把监控欧洲或亚洲的贸易谈判代表的信息告诉本国贸易官员，从而帮助他们支持相关的美国产业。美国自行设计了规则体系，定义了"合法"监控和"非法"监控的范畴。该体系有利于美国经济获益，因为它强调私营企业的知识产权不可侵犯。另一方面，它给予美国情报机关宽泛的权力，使其能够监控外国的国有企业、私营企业的通话或电子邮件信息，只要美国认为它们的行动涉及美国的国家安全。

（三）美军提升网络行动能力

　　美国国家安全局和国防部网络司令部在同一地点办公并由一个将军统

---

　　① Samuel Palmisano, Sino-US cyberhacking skirmish offers an opportunity for cooperation, 10 June, 2014, http://www.scmp.com/comment/article/1528695/sino-us-cyberhacking-skirmish-offers-opportunity-cooperation, 22—07—2014.

　　② David E. Sanger And Nicole Perlroth, March 22, 2014, N. S. A. Breached Chinese Servers Seen as Security Threat, http://www.nytimes.com/2014/03/23/world/asia/nsa-breached-chinese-servers-seen-as-spy-peril.html?_r=0, 25—07—2014.

　　③ The Royal Institute of International Affairs, The Snowden Revelations, 12 June 2014, p. 3.

一领导。斯诺登作为国家安全局合同商雇员，其泄露的机密涉及大量美军部署、行动规划等情况，网络部队的行动手段、攻防策略等也在其中。斯诺登泄密导致第一任网络司令部司令基斯·亚历山大（Keith Alexander）于 2014 年 4 月卸任，海军上将迈克尔·S. 罗杰斯上将（Adm. Michael S. Rogers）成为第二任网军司令。"斯诺登事件"对美军网络部队的行动产生了一定的负面影响，但国防部发展网络攻击能力的方向没有改变。美军发展在数字空间的行动能力，推动了互联网领域成为继陆、海、空和太空之后的第五作战域，容易引发网络军备竞赛，不利于国际和平与发展。

尽管美国对外宣称反对网络空间军事化，但美国国防部一直把网络空间的防御和网络战能力置于优先地位。为了提高美军的网络行动能力，美国国防部不仅扩编网络部队人数，而且还增加在网络技术方面的研发投资。2014 年 3 月 28 日，国防部长哈格尔宣布，美国计划在 2016 年年底前将网络司令部的网络战士数量增加两倍多，使在编人数扩至 6000 人。[1]网络司令部将与全球各地的军事作战司令部紧密融合，保卫美国免受攻击。现在来看，网络部队建设仍然是国防部的头等大事。2014 年的《四年防务评估报告》提出，美军将重点发展网络任务部队，包括负责运行和保护国防部网络并提供支援的"网络防护部队"、为作战计划和军事行动提供支援的"作战任务部队"、对美遭到网络攻击时进行反击的"国家任务部队"。[2]尽管美国的网军可以对各种形式的网攻做出反应，但网络部队还要继续扩展全方位的网络行动能力，以补充其他军事手段的不足。

美国在网络军事化的研发方面持续增加投资。美国国防部计划于未来 5 年内在网络技术方面投资 260 亿美元，其中大部分资金将用于保护军方的网络，还有数十亿美元将用于研发攻击性武器。在国防开支整体缩减的情况下，网络技术与无人机和特战部队一起成为了得到更多投资的少数几个领域之一。哈格尔宣称，目前美国在网络空间推行的是"最低限度使用"网络武器的战略，其核心是保证美国不会常规性地针对其他国家使

---

① Jim Garamone, "Hagel Thanks Alexander, Cyber Community for Defense Efforts," Washington, March 28, 2014, http://www.defense.gov/news/newsarticle.aspx? id = 121928, 2014—04—10.

② The Department of Defense, The 2014 Quadrennial Defense Review (QDR), March 4, 2014, p. 33.

用自己规模庞大的网络武器。① 由于美国对"最低限度"没有提出明确的底线，它可以自己规定发动网络攻击的标准，这对其他国家构成了威胁。美国也没有提出不首先使用网络武器，这使得美国网军的行动可以先发制人，有一定的攻击性。此外，美国将维持在情报领域的投资，因为这是最重要的国家资产，情报可以使美国部队在战场上领先一步。②

新上任的美国网军司令罗杰斯上将努力推动网络部队攻防兼备的作战能力。罗杰斯已经领导网络司令部开始进入实战阶段，如跟踪、探测海外敌手对美国关键计算机网络发动的袭击等。③ 网络司令部下辖的"国家任务支队"负责监视"高位值"对手使用的服务器，在得到指令后能够封锁或对抗外国发动的网络攻击。未来，网络司令部中将有 13 个国家任务支队、27 个作战任务支队和 68 个网络防护支队。④ 其中，国家任务支队的任务是进入对手的网络，监控其在世界各地征用的、用于传递和掩盖其计算机通信量的"转发点"和服务器，从而在敌人来犯前狙击他们。这样，美国在网络空间有更积极的行动能力。美国可以在境外狙击对手的攻击，从而保证国内民用网络和军事网络的安全。尽管国家任务支队的行动目标不是对手的指挥中心或是要控制对手的网络，但由于其已经进入了对手的网络范围内，一旦发起攻击其后果将非常严重。

美国情报机构投入巨资研发量子计算机，意欲攻破全球各类加密技术。斯诺登提供的文件披露，美国国家安全局这个项目代号为"攻克难关"，运作经费高达 7970 万美元，多数工作包给了马里兰大学帕克分校物

① David E. Sanger, U. S. Tries Candor to Assure China on Cyberattacks, April 6, 2014, http: //www. nytimes. com/2014/04/07/world/us-tries-candor-to-assure-china-on-cyberattacks. html? _ r = 0, 02—08—2014.

② Chuck Hagel, Retirement Ceremony for General Keith Alexander, Fort Meade, MD, Friday, March 28, 2014

③ Ellen Nakashima, Pentagon cyber unit wants to "get inside the bad guy's head", June 19, 2014, http: //www. washingtonpost. com/news/checkpoint/wp/2014/06/19/pentagon-cyber-unit-wants-to-get-inside-the-bad-guys-head/, 05—08—2014.

④ The Department of Defense, The 2014 Quadrennial Defense Review (QDR), March 4, 2014, p. 41.

理实验室。[①] 美国国家安全局的目标是尽快研发出一台量子计算机,以利用它惊人的运算速度,破解目前全球互联网常见的各类加密算法,窃取政府、企业、银行等机构的加密信息。量子计算机的运算速度比普通电子计算机高出逾10万亿倍,用时30秒就能解决电子计算机100亿年才能解决的问题。除了攻破别国的各类加密系统,美国研发量子计算机也是一种网络防御手段。美国国家安全局担心自己的加密技术被别国研发的量子计算机攻破。目前,欧盟、瑞士等国家也在研制量子计算机,其研发速度与美国大体相当。

美国认为,未来超级大国的竞争能力将取决于密码破解能力。量子技术应用于加密算法将大大影响美国政府保护本国通信和窃取外国政府通信的能力。不仅世界各地的政府在使用复杂的加密系统,美国国内的普通计算机用户也开始使用越来越复杂的加密系统了。而且,越是有价值的信息,其加密系统就越是复杂。借助量子计算机的技术突破,美国国家安全局在数据分析和密码破译方面将取得长足的进展。不仅仅是外国政府信息的加密系统在量子计算机面前变得薄弱,美国公民个人国内通信信息也变得更加透明了。以前美国存储的海量信息届时将被破解,由此情报部门可以推断出一国的行为方式并预测其未来的动向。

结　论

"斯诺登事件"对美国的内政和外交都产生了深远的影响。在国内,小布什时期的未授权窃听就使公众对国家安全局越来越不信任。[②] 在国际上,美国对自己盟友的监控增加了盟国之间的裂痕。这反映了美国在盟友中的双重标准,对"五只眼"联盟(美、英、加、澳大利亚和新西兰的情报联盟)没有监控,而对法、德、意等国却持续监控。跨大西洋伙伴关系因为美国滥用监控而一度冷淡,双方的不信任感潜在地破坏了未来的

①　Steven Rich and Barton Gellman, NSA seeks to build quantum computer that could crack most types of encryption, January 2, 2014,

②　Richard A. Clarke and Robert K. Knake, Cyber War: The Next Threat to National Security and What to Do About It, New York: Harper Collins Publishers, 2012, p. 266.

合作。为了挽回影响，美国政府积极调整相关的内政和外交政策。这些措施将有利于美国恢复在国际社会的正面形象，重返在网络空间的道德高地。2014 年年初，尽管奥巴马政府宣布对监控计划进行调整，但仍保留了大部分的监控项目。在全球威胁扩散的时代，网络空间的秘密行动对维护美国国家安全和实现外交目标意义重大。[1]

"斯诺登事件"推动了国际社会对全球网络空间治理模式的关注。美国商务部宣布将移交对 ICANN 的管理权，希望通过"多利益攸关方"的模式治理网络空间，这对其他国家既是挑战也是机遇。在这种模式中，主权国家代表只有建议权而没有决策权，真正的决策权掌握在由少数专业人士组成的指导委员会中。美国由于掌握关键技术和控制技术标准而处于优势，其他国家要受到牵制。为了维护自己的数据主权，在技术上落后的国家力图通过协调国家间的战略，团结起来建立开放的网络空间治理框架。美国和其他在数字空间处于弱势地位的国家的斗争将围绕数据主权的维护和保障展开。这些弱势国家希望通过借助强调主权平等，确立对自己有力的网络空间治理秩序，增加在该领域的收益。

随着云计算为背景的大数据时代的到来，维护数字世界的隐私越发重要。云端既可以带来数据处理的优势，也可以成为网络攻击的媒介。[2] 此前，政府和企业都没有意识到不顾雇员的职务和责任而随意让其接触所有信息的危险性。[3] 在后斯诺登时代，保护数据网络可能变得更加艰难。因为复杂的网络保护不仅涉及国家情报部门等机构，还涉及政府与私营互联网服务供应商之间的合作。美国窃听其他国家领导人电话、对全球网络用户进行监视，使得更多国家支持互联网主权化，网络的地缘政治倾向日益明显。这些国家希望把信息储存在国内的服务器上，使用自己的操作系统和搜索引擎，从而绕过美国的监控。有些国家考虑要构建自己的局域网，但由于投资巨大和技术问题很难实现。虽然

---

① Jeffrey Carr, Inside Cyber Warfare, Sebastopol CA：O'Reilly Media Inc. , 2012，pp. 276—277.

② Jason Andress and Steve Winterfeld, Cyber warfare：techniques, tactics and tools for security practitioners, Waltham, MA：Elsevier Inc, 2014，p. 284.

③ Joel Brenner, Glass Houses：Privacy, Secrecy and Cyber Insecurity in A Transparent World, New York：Penguin Books, 2013，p. 56.

斯诺登泄密破坏了美国网络安全政策的实施、不利于其推进网络霸权的战略构想，但美国在互联网空间的基础地位没有动摇。美国希望通过调整自己的相关政策，让渡部分互联网管理权限，把其他国家整合在自己设计的体系内。未来全球围绕网络治理的斗争将继续下去，其他国家和美国的博弈会更加激烈。

（李恒阳：中国社会科学院美国研究所助理研究员）

日美同盟的新调整及其影响分析[*]

唐彦林　张　磊

　　【内容提要】 以 2015 年版《日美防卫合作指针》的出台为标志，日美同盟完成了新一阶段的调整。2015 年版《日美防卫合作指针》扩大了日美同盟适用的地理范围，扩展了同盟内涵，增加和修正了同盟内部日美责任分担，强化了日美同盟协作机制，其针对中国的特性日益明显，明显提升了日美同盟的军事和合作一体化程度。2015 年版《日美防卫合作指针》的出台及日美同盟的新调整必将助推日本摆脱"战后体制"、政治军事大国化的右倾化进程，对中美、中日关系发展造成负面影响，同时，纵容日本右倾化，有可能激发地区紧张局势，为亚太地区乃至世界局势埋下潜在的不稳定因素。

　　【关键词】 日美同盟　日美防卫合作指针　亚太再平衡战略　集体自卫权

　　2015 年 4 月 27 日，在日本首相安倍晋三访美期间，美国国务卿约翰·克里、美国国防部长阿什顿·卡特（Ashton Carter）、日本外务大臣岸田文雄（Fumio Kishida）、日本防卫大臣中谷元（Gen Nakatani）出席了在美国纽约举行的日美两国外长和防长安保磋商委员会（2 + 2）会议[Japan-U. S. Security Consultative Committee（"2 + 2"Ministerial Meeting）]，

---

　　* 本文是 2014 年辽宁省社科规划基金重点项目"构建中美新型大国关系研究"（项目编号：L14AGJ001）、2013 年辽宁省教育厅科学研究一般项目"美国国内政治生态变化及其对中美关系的影响"（项目编号：W2013014）和 2013 年四川师范大学韩国研究中心课题"美国'亚太再平衡'战略背景下的韩国对中美对冲战略研究"的阶段性成果。

就修订《日美防卫合作指针》（*The Guidelines for Japan-U. S. Defense Cooperation*）达成了一致，日美两国政府正式出台了 2015 年新版《日美防卫合作指针》。① 此次公布的 2015 年版《日美防卫合作指针》是时隔 18 年之后日美两国再次修订《日美防卫合作指针》，其公布伊始就受到国际舆论的高度关注。

一 2015 年版《日美防卫合作指针》的出台及其对日美同盟的提升

2012 年底，安倍晋三再度上台就任日本首相后，以所谓中国"军力扩张"以及朝鲜的核试验与导弹研发等为借口，日本政府就再次修订《日美防卫合作指针》开始征询美方的意见。2013 年 10 月举行的日美外长和防长安保磋商委员会（2 + 2）会议就启动修订工作达成一致，旨在加强日美同盟"威慑力"和对"突发事件"的应对能力，计划于 2014 年年底完成《日美防卫合作指针》的修订工作。2014 年 10 月 8 日，日美两国政府公布了修改《日美防卫合作指针》的中期报告（The Interim Report on the Revision of the Guidelines for U. S. -Japan Defense Cooperation），宣称将在 2015 年版《指针》中要"适当体现" 2014 年 7 月日本政府有关解禁集体自卫权以扩大自卫队活动范围的内阁决议内容，该中期报告删除了 1997 年版《日美防卫合作指针》中有关"周边事态"的提法，强调要突出日美同盟的"全球性质"。② 2014 年 12 月 19 日，日美安保磋商委员会发表联合公告，称鉴于修订《日美防卫合作指针》需要确保内容的可靠性，也需要与日本国内立法进程进行协调，同时安倍政府也面临众议院选举、统一地方选举等国内重大政治事务，因此两国政府决定将原定日程推

---

① Ministry of Foreign Affairs of Japan, Japan-U. S. Security Consultative Committee（"2 + 2" Ministerial Meeting）, http: //www. mofa. go. jp/na/st/page4e_ 000239. html. （上网时间：2015 年 5 月 4 日）

② U. S. Department of Defense, The Interim Report on the Revision of the Guidelines for U. S. -Japan Defense Cooperation, http: //www. defense. gov/pubs/20141003_ INTERIM_ REPORT. pdf. （上网时间：2015 年 4 月 23 日）

迟半年至 2015 年上半年之前完成《日美防卫合作指针》修订。① 2015 年 2 月，日美两国就 4 月下旬美国邀请安倍首相访美并且在访美期间召开两国外长和防长（2 + 2）会议敲定新版《日美防卫合作指针》开始协调。2015 年 4 月 8 日，新上任的美国奥巴马政府第四任国防部长阿什顿·卡特在访日期间与安倍内阁防卫大臣中谷元举行会谈，中谷元表示，修改《日美防卫合作指针》将让日美同盟关系得到前所未有的强化，应尽快完成协商。卡特则称，2015 年版《日美防卫合作指针》将增加美军和日本自卫队"无缝合作"的机会，对亚太地区局势和世界具有重要意义，两国防长一致同意将就计划 4 月下旬完成修改划分日本自卫队和美军责任分工的《日美防卫合作指针》加速磋商。② 2015 年 4 月 27 日，日本首相安倍晋三访美期间，日美两国防长和外长在美国纽约举行的安保磋商委员会（2 + 2）会议上就修订《日美防卫合作指针》最终达成一致，③ 随后日美两国政府正式公布新版的《日美防卫合作指针》。

2015 年版《日美防卫合作指针》（以下简称为"2015 年版指针"）包括 8 个部分：防卫合作与指针的目标、防卫指针的基本前提及原则、加强同盟的协作、"无缝地"确保日本的和平与安全、为维护地区和世界和平与安全的合作、太空与网络合作、日美双边计划、流程审查。与 1997 年版《日美防卫合作指针》（以下简称"1997 年版指针"）相比，增加了太空与网络合作这一部分。2015 年版指针的签署扩大了日美同盟适用的地理范围，扩展了同盟内涵，增加和修正了同盟内部日美责任分担，强化了日美同盟协作机制，其针对中国的特性日益明显，明显提升了日美同盟的军事和合作一体化程度。

---

① U. S. Department of State, Joint Statement by U. S. -Japan Security Consultative Committee, December 19, 2014, http：//translations. state. gov/st/english/texttrans/2014/12/20141219312282. html #axzz3ZARuZvuJ. （上网时间：2015 年 4 月 28 日）

② 防衛省·自衛隊「日米防衛相共同記者会見概要」、http：//www. mod. go. jp/j/press/kisha/2015/04/08a. html. （上网时间：2015 年 5 月 9 日）

③ Kerry with Carter and Japan's Fumio Kishida and Gen Nakatani, 27 April 2015, http：//iipdigital. usembassy. gov/st/english/texttrans/2015/04/20150427315032. html#axzz3ZAh4dGuv. （上网时间：2015 年 5 月 1 日）

（一）同盟合作地理区域由区域扩展到全球

美国前国家安全事务助理兹比格纽·布热津斯基（Zbigeniew Brzezinski）在其著作《大棋局：美国的首要地位及其地缘战略》（*The Grand Chessboard: American Primacy And Its Geostrategic*）中指出，"日本是美国在亚太地区维持政治和军事存在的基地，也是美国最重要的全球盟国"①，"美国在安全方面的作用正越来越依赖于同日本的合作，而日本正在探索着发挥一种更为明确的自主的政治作用"②。布热津斯基在文中专门提到了1997年版《日美防卫合作指针》第一次修订前后的相关细节，他指出："日本人根据美国的愿望一直在加强美日军事合作，包括看起来是把合作的范围从较为具体的'远东'扩大到更为广泛的'亚太方案'。1996年初，在复审所谓的美日防务指导方针时，日本政府也把这一方针的适用范围做了扩大，可能使用日本防卫力量的范围从'远东有事'扩大到'日本周围地区有事'。"而2015年版指针第一部分"防卫合作与指针的目标"（Defense Cooperation and the Aim of the Guidelines）提出，日美同盟的"全球性"是日美同盟的重要目标之一。为了确保日本从平时到紧急事态等任何情况下的和平与安全，维护亚太地区的稳定、和平和繁荣，日美双边安全与防务合作认为日美两国要采取无缝（seamless）、稳健、灵活、有效的双边应对措施，要发挥两国政府间的国家安全政策的协同作用，采取一个整体的政府联盟的做法（a whole-of-government alliance approach）等。1997年版指针在第一部分只是提到了"对平时和紧急事态下日美两国发挥各自的作用和相互间合作"，但2015年版指针提出日美两国除了双方的合作外要加强与其他地区和其他合作伙伴包括国际组织的合作，以及强调了日美同盟要具备的全球性的特征（the global nature of the U. S. -Japan Alliance）。2015年版指针提到其出台的所谓历史意义，称"将促进旨在应对21世纪新产生的课题的更为有效的日美同盟关系"，"将促进地区和世界和平与安全，遏制冲突，确保两国和地区及世界经济繁荣的基

---

① ［美］兹比格纽·布热津斯基：《大棋局：美国的首要地位及其地缘战略》，上海世纪出版集团2007年版，第140页。
② 同上书，第130页。

础，提高国内和国际层面对于日美同盟意义的理解力"。① 如果说 1997 年版指针标志着日美同盟完成了从"双边防御型"安全同盟到"地区主导型"安全体制的转变的话，那么 2015 年版指针则可以说日美同盟将从"地区主导型"安全体制实现向"全球主导型""全球干预型"安全体制的转变。

2015 年版指针提出：日美两国与伙伴国家的积极合作将有助于维护和增强地区和世界的和平与安全。日美两国政府将在伙伴能力建设活动中适当合作，使他们的能力和经验得到最好的使用，以加强合作伙伴的能力应对动态安全挑战的能力。这些合作行动可能包括维护海洋安全、军队医疗、保卫相关机构的建筑设施、提高国际人道主义救援和赈灾行动的军事应对能力。日美两国政府将促进和提高三边、多边安全和防务合作。特别是，两国政府将加强努力，寻求更多的机会开展与区域和其他合作伙伴以及国际组织的合作。日美两国政府也将共同努力，加强地区和国际机构，以促进基于国际法和国际标准的相关合作。② 应当说，日美两国欲拓展新的伙伴关系，加强三边和多边合作也充分体现了新形势下日美同盟"全球性"的突出特点。

（二）同盟实现从平时到爆发"突发事件"等各种事态下的"无缝"全面合作

2015 年 4 月 7 日日本政府发表的 2015 年版日本《外交蓝皮书》中就提出"在日美安保体制下确保美军的前方部署并使日美同盟的遏制力得以提高，不仅对日本的安全，对亚太地区的和平与稳定也是不可或缺的。日美两国政府将修订《日美防卫合作指针》，在海洋安保、弹道导弹防御、太空、网络、遏制他国扩张等广泛领域内推动日美之间的安保和防卫合作"③。美国前国务卿、哈佛大学教授亨利·基辛格（Henry Kissinger）在其著作《美国的全球战略》中指出美日关系是美国在亚洲的最重要关

---

① U. S. Department of Defense, The Guidelines for U. S. -Japan Defense Cooperation, April 27, 2015, http：//www. defense. gov/pubs/20150427 _ —— _ GUIDELINES _ FOR _ US-JAPAN _ DE-FENSE_ COOPERATION. pdf. （上网时间：2015 年 4 月 30 日）

② Ministry of Foreign Affairs of Japan, The Guidelines for U. S. -Japan Defense Cooperation April 27, 2015, http：//www. mofa. go. jp/mofaj/files/000078188. pdf. （上网时间：2015 年 5 月 9 日）

③ 外务省『平成 27 年版外交青书（外交青书 2015）』、http：//www. mofa. go. jp/mofaj/files/000075243. pdf. （上网时间：2015 年 5 月 22 日）

系，美国在当前面临着两项任务：一是继续参与亚洲事务，其象征是美国在亚洲的军事存在；二是更新日美同盟。① 2015 年版指针的第四部分标题为"无缝地确保日本的和平与安全"（Seamlessly Ensuring Japan`s Peace and Security)，这部分也是 2015 年版指针篇幅最大的部分，在英文版全文 24 页中占据了约 15 页的内容。2015 年版指针在该部分指出"新出现的并且持续不断的威胁将会对日本的和平和安全造成严重的和即时的影响。在这种日益复杂的安全环境下，日美两国政府将在从平时到紧急事态时的各阶段，包括针对日本的武力袭击的情况，'无缝地'采取各种措施确保日本的和平与安全。在此情况下，两国政府要进一步深化与伙伴的合作"。2015 年版指针认为"应当基于适于应对各种事态的灵活、及时而有效的双边协作，这种跨政府的协作（interagency coordination）对于同盟做出迅速和适度的反应是必要的"②。2015 年版指针明确规定了日美同盟未来的合作范围将涵盖维和、救援、预警、情报收集与分享、监控、侦察、训练、演习、战时撤离非战斗人员、应对难民问题、防御核生化袭击、舰船护卫等。同 1997 年版指针相比，2015 年版指针增加了日美两国政府和美军及日本自卫队将加强在防空和弹道导弹防御、海洋安全保障两方面的密切合作，强调了对导弹攻击和遏制力和维护海上航行自由和海洋秩序的"决心"：美军和日本自卫队将会维持并且强化对于弹道导弹和航空袭击的遏制力和防御态势。日美两国政府将采取合作，提高早期预警能力、跨政府协作能力，扩大网络监视范围和实时情报交流范围，追求其综合能力的不断提升以更好地应对来自弹道导弹的威胁。此外，日美两国政府强调将会继续对挑衅性的导弹攻击和其他空际威胁的应对予以密切协作。日美两国政府将会相互密切合作，采取各种措施来维护基于国际法的海上秩序，包括海上航行自由。③ 在此基础上，2015 年版指针指出美军和日本自

---

① ［美］亨利·基辛格：《美国的全球战略》，胡利平、凌建平译，译海南出版社 2012 年版，第 114 页。

② 外务省『日米防衛協力のための指針』，http://www.mofa.go.jp/mofaj/files/000078187.pdf.（上网时间：2015 年 5 月 2 日）

③ U. S. Department of Defense, Statement on New Guidelines for U. S. -Japan Defense Cooperation, Aril 27, 2015, http://translations. state. gov/st/english/texttrans/2015/04/20150427314846. html # axzz3b6k9yQlY.（上网时间：2015 年 5 月 8 日）

卫队将会采取适当合作开展行动，如通过情报收集、监视与侦查活动维护和加强在海洋领域的双边合作、训练和演习，同时通过相关机构的必要协作来进一步提升共同的海洋领域意识。

（三）通过支持日本解禁集体自卫权大幅放宽日本行使武力的条件与地域的限制

禁止行使集体自卫权①，是第二次世界大战后日本在和平宪法原则的指导下，根据国内外形势做出的重大政策选择，也是半个多世纪以来构成日本"专守防卫"基本国策的一个具体要素。1978年版《日美防卫合作指针》和1997年版指针都规定只有日本本土遭到武力袭击时，日本自卫队才可以以最小限度武力保卫日本，称之为"个别自卫权"，这也符合日本在和平宪法规定下"专守防卫"的安保政策原则。但随着2012年年底安倍晋三再度执掌日本政权以来，加速朝着军事大国化目标迈进，2014年7月1日日本政府在首相官邸召开内阁会议，以内阁决议的方式解禁集体自卫权，提出"武力行使三大条件"，欲将自卫队派到日本本土和周边以外的海外地区，声称要通过更加积极的海外行动，"为维护地区和世界和平与稳定做贡献"②。行使集体自卫权也是日本安倍政府"积极和平主义"（proactive contribution to peace）战略的支柱，只有解禁集体自卫权，"积极和平主义"战略才能实施。③ 对于日本安倍政权的此类右倾化的"进攻性"举动，2014年4月初，时任美国国防部长哈格尔（Chuck Hagel）访问日本期间，对日本通过修改宪法解释等方式来解禁集体自卫权代表美国政府明确表示"欢迎"，称"日美需要牢不可破的关系。美国支持日本扩大自卫队的作用"④。2014年4月下旬，美国总统奥巴马访日与

①　"集体自卫权"是指与本国关系密切的国家遭受其他国家武力攻击时，无论自身是否受到攻击，都有使用武力进行干预和阻止的权利。

②　首相官邸「安全保障法制整備に関する与党協議についての報告会」。

③　何晓松：《试析日本安全保障政策的转变》，载《日本蓝皮书——日本研究报告（2015）》，社会科学文献出版社2015年版，第53页。

④　防衛省·自衛隊「日米防衛相共同記者会見概要」、http://www.mod.go.jp/j/press/kisha/2014/04/06.html.（上网时间：2015年5月4日）

日本首相安倍晋三举行会谈期间，表示支持安倍政权解禁集体自卫权，[①]这是美国在任总统首次公开表明支持日本行使集体自卫权。2015 年 5 月 27 日，美国国防部长阿什顿·卡特（Ashton Carter）发表演讲称"美国的未来依赖于亚太地区"，表示美国"今后数十年内，在安全领域仍将是亚太大国"，[②] 同时强调了与日本等盟友国家推进重返亚洲的"亚太再平衡"战略的意义，鼓励日本在安保等领域发挥"更大作用"。而美国政府支持日本解禁集体自卫权、推动日本海外派兵的态度和立场充分反映在了 2015 年 4 月出台的 2015 年版指针中。1997 年版指针将日本自卫队对美军的支援限制在远东的朝鲜半岛等日本周边地区；2015 年版指针则消除了日美军事合作的地域限制，从日本周边一下扩展到全球，意图实现推动日本自卫队与美军"携手走向世界"的目标。具体而言，1997 年版指针明确将日美安全合作的范围划分为平时、日本"有事"、[③] 日本"周边事态"[④] 这三种事态，而 2015 年版指针则扩充为了四种事态，分别为包括"灰色事态"在内的平时、对日本的和平与安全产生重要影响的事态、关乎日本存亡危机的事态、[⑤] 武力攻击事态（日本"有事"），删除了 1997 年版指针中的"周边事态"。2015 年版指针指出日本自卫队行动的地理位

---

① 外务省「日米首脳会谈（概要）」、http：//www. mofa. go. jp/mofaj/na/na1/us/page3_000755. html.（上网时间：2015 年 5 月 5 日）

② U. S. Department of Defense, Carter Urges Peaceful Resolution of South China Sea Disputes, May 27, 2015, http：//www. defense. gov/news/newsarticle. aspx？id = 128922.（上网时间：2015 年 5 月 28 日）

③ 其中日本"有事"指日本本土遭到他国武力袭击时美军将予以反击，而日本自卫队将予以协防但仅限于自卫需要的最小限度。

④ 日本"周边事态"在"1997 年版指针"中规定为"对日本的和平与安全造成重大影响的事态。周边事态不是地理性概念，而是着眼于事态的性质"，但在 1999 年的国会审议中，时任首相小渊惠三答辩称"中东及印度洋等不在设想的现实问题范围内"，这一表态一直被理解为事实上存在地理限制。此外还规定若发生日本本土没有遭到攻击但日本周边地区发生了重大危机的事态，此时美军在日本周边作战时日本自卫队可以提供淡水、燃料、医疗等后勤服务，但不可以提供弹药等武力援助。

⑤ 2015 年 5 月 11 日日本执政党自民党和公明党就日本政府新安保法案达成一致，法案拟把"日本的存亡受到威胁、存在国民权利被彻底剥夺的明显危险"的情况定义为"存亡危机事态"，允许在此情况下日本对他国行使武力、行使集体自卫权。参见［日］《日本执政党就新安保法案所有条文达成协议》，http：//china. kyodonews. jp/news/2015/05/97282. html。（上网时间：2015 年 5 月 11 日）

置不仅仅限于日本周边，而是在全球范围内日本自卫队也能对美军进行后方支援，并且还可以提供武器弹药。

2015 年版指针还特别提到了日美两国面对发生在日本以外的武力袭击的应对行动：当美国和日本决定将采取符合国际法、尊重主权、符合各自宪法和法律的包括使用军队在内的行动，以应对针对美国或者第三国并且日本本身没有遭受到的武力攻击时，美国和日本将密切合作并且威慑其他的武力袭击。通过整体性政府的同盟协作机制，两国将会在双边响应上密切协作，为了应对武力袭击，美国和日本将与其他国家合作以开展行动。①

需要特别注意的是，2015 年版指针强调：当与日本关系密切的国家遭到了武力袭击并且因而威胁到了日本的生存，以及日本人民的生命、自由和追求幸福的权利时，为了确保日本的生存和保护日本人民，日本自卫队将采取包括动用军队在内的适度行动以应对此类事态。② 而 2014 年 7 月 1 日，日本安倍内阁出台的决议案推翻了日本历届内阁遵守的"自卫权发动三条件"，提出新的"武力行使三条件"：第一，日本遭到武力攻击，或与日本关系密切国家遭到武力攻击，威胁到日本的存亡，从根本上对日本国民的生命、自由和追求幸福的权利构成明确危险；第二，为保护国家和国民，没有其他适当手段可以排除上述攻击；第三，武力行使限于"必要最小限度"。内阁决议案称在同时满足上述三个条件的情况下，允许日本以"自卫"手段行使武力。③ 实际上，安倍政府最近的言行表明其已经在肆意曲解行使集体自卫权的三大条件，为介入乃至发动战争寻找借口：比如在 2015 年 5 月 18 日的日本参议院会议上，安倍就扬言日本在国内物资、电力不足的情况下即可对外动武。④ 2015 年版指针的内容充分反

① Ministry of Foreign Affairs of Japan, The Guidelines for U. S. -Japan Defense Cooperation April 27, 2015, http：//www. mofa. go. jp/mofaj/files/000078188. pdf. （上网时间：2015 年 5 月 9 日）

② U. S. Department of Defense, The Guidelines for U. S. -Japan Defense Cooperation, April 27, 2015, http：//www. defense. gov/pubs/20150427 _ ——_ GUIDELINES_ FOR_ US-JAPAN_ DEFENSE_ COOPERATION. pdf. （上网时间：2015 年 4 月 30 日）

③ 首相官邸「臨時閣議及び閣僚懇談会議事録」、http：//www. kantei. go. jp/jp/kakugi/2014/_ _ icsFiles/afieldfile/2014/07/22/260701rinjigijiroku. pdf. （上网时间：2015 年 5 月 9 日）

④ 《安倍解释行使自卫权条件 扬言国内物资、电力不足即可动武》，http：//www. guancha. cn/Neighbors/2015_ 05_ 19_ 320033. shtml. （上网时间：2015 年 5 月 30 日）

映、体现了日本安倍政府正步步推进的解禁集体自卫权、走向军事大国的诉求，并且美国政府还积极支持安倍政府进一步修改和完善与行使集体自卫权相关的安保法案，使日本自卫队走出国门与美军开展全球范围内的军事行动成为现实。

（四）通过成立常设的"同盟协作机制"深化日美同盟合作一体化程度

1997 年版指针虽然提到了"日美间的协调机制"的类似内容，但只是被包括在其他内容中并且其叙述也非常简略，但 2015 年版指针将此内容列为单独的第三部分，标题为"加强同盟的协作"（Strengthened Alliance Coordination）。日美两国认为 2015 年版指针下有效的双边合作需要两国政府进行密切的磋商性对话、采取合理的政策以及从平时到紧急事态时的军事协作。为了确保成功的双边安全和防务合作，两国政府必须在多层面相互了解和协作。为了达到这个目的，两国政府将利用各种可能的途径加强信息共享，并且确保"无缝地"、包括各种相关机构在内有效的政府间同盟协作。为了实现这个目标，两国政府将会建立一种全新的、常设的同盟协作机制（Alliance Coordination Mechanism），加强军事协作和双边计划的制订。2015 年版指针认为这种机制将会加强涉及美国军队和日本自卫队的军事力量在从平时到紧急事态阶段时的政策和军事协作，并且这种机制同样会有助于及时共享情报和共同的事态意识的维持与进步。为了确保有效的协作，两国政府将会建立必要的程序和基础设施（包括相关机构和情报交流系统），进行定期的培训和实践。[1] 美国战略学者阿瑟·赫尔曼（Arthur Herman）认为："在军事方面日本有着巨大的潜力可供发挥，应该进一步消除日美对外合作上的限制，使其更有利于日美军事上的'一体化'和自由交流。"[2] 同北约与韩美同盟相比，日美同盟此前尚未建立统一的军事指挥与作战司令部，在 1997 年版指针中提到的"日美协调机制"也只是紧急事态才设立的非常设机构。2015 年版指针就建立"同

---

① Ministry of Foreign Affairs of Japan, The Guidelines for U. S. -Japan Defense Cooperation April 27, 2015, http：//www. mofa. go. jp/mofaj/files/000078188. pdf. （上网时间：2015 年 5 月 9 日）

② Arthur Herman, "The Time Is Ripe for Stronger U. S. -Japan Military Ties," *Wallstreet Journal*, July 7, 2014.

盟协作机制"的目标与措施等做了详细的分析，强调了从平时到紧急事态下开展军事协作和制订双边计划的重要性和意义，并且将这一机制常设化，将有助于从平时到紧急事态等各种事态下日美协调与配合，无疑进一步提高了日美同盟的军事与合作一体化程度。

（五）突出在新兴的太空与网络空间领域合作

进入 21 世纪以来，在信息化与开发太空的时代背景下，太空和网络空间已经被西方国家军事部门视为陆地、海洋、天空之外的第四、第五战场，各国在太空和网络空间领域的竞争日益激烈，各种先进技术和军事武器相继研发。2015 年版指针指出，"日美两国认识到确保太空区域安全方面的重要性，因而两国政府将维护和加强他们的伙伴关系与确保负责、和平、安全地使用太空地区"。为此日美两国政府将确保其太空系统的灵活性，提高太空地区事态的合作。两国政府将相互提供适当的支持，共享取得的涉及可能影响、阻止维护太空区域安全与稳定的活动与事件的信息，而且要建立和不断提高相关的维护太空和平与稳定的能力。为了应对新出现的针对太空系统的威胁，两国政府同样要共享收集到的信息，并且寻找机会加强在海洋领域的合作意识方面和与太空有关的设备和技术方面的合作，这些行动将加强两国太空系统包括托管的有效载荷在内的运作能力和灵活性。为了高效地完成这些任务，美军和日本自卫队将继续进行合作，采取整体性政府的做法在以下范围内使用太空：早期预警；情报收集、监视和侦察、定位、导航和计时；太空态势感知；气象观测；指挥、控制和通信；并确保对于事关任务关键的相关空间系统的弹性。当两国的太空系统受到威胁的事态发生时，美军和日本自卫队将在降低风险和阻止危害发生方面进行适当的合作。如果已经造成危害，两国政府和军队将重建相关的能力。① 2015 年版指针还指出，在针对日本的网络安全事件，包括针对美军和日本自卫队使用的基础设施和服务的网络安全事件中，日本将会首要承担起做出反应的责任，而美军将与日本开展密切的双边合作，提供必要的支持。两国政府将迅速而适当地共享相关信息。在那些影响到日本安

---

① 外務省『日米防衛協力のための指針』、http：//www. mofa. go. jp/mofaj/files/ 000078187. pdf.（上网时间：2015 年 5 月 2 日）

全的严重的网络安全事件发生时，包括那些当日本受到攻击下的网络安全事件发生时，日美两国政府将密切磋商并且采取适当的合作行动来应对。

在日美两国看来，各种网络攻击和导弹等反卫星武器的袭击将成为未来国家和地区冲突的重要组成部分，网络空间和太空领域作为新的战斗领域的趋势越来越明显，保护网络空间安全和太空地区的利益已经成为保障经济发展和国家安全的重要手段。① 2015 年版指针出台不到一个月后，2015 年 5 月 25 日日本政府在首相官邸举行了"网络安全战略本部"会议，制定了新版《网络安全战略》，明确提出要与美国协作积极参与制定网络空间的国际规范，以此确保网络空间的"自由和安全"。② 2015 年版指针充分体现出了新形势下日美两国欲大幅扩展在网络和太空领域的合作，并且将其作为单独的一部分详细论述，通过组建和扩大网络战、太空战部队以及加强在这两个领域的情报共享、情报交流等手段，③ 日美两国无疑是意图继续维持西方国家在太空和网络领域的优势，消除他国的对日美太空和网络的"威胁"，加强对"他国威胁"的遏制力与威慑力，乃至进行先发制人的打击，抢占未来大国竞争的制高点。

二　日美同盟新调整动因

2015 年版指针出台及日美同盟新调整绝不是偶然的，与日美两国国内情况和各自外交政策调整息息相关。同时，基于遏制中国的共同目标，日美提升同盟的针对性更加明显。

（一）奥巴马政府实施"亚太再平衡战略"的重要环节

2014 年年初，美国国防部出台的新版《四年防务评估报告》（QDR）

① U. S. Department of Defense, Press Availability with Secretary of Defense Ash Carter, Japanese Foreign Minister Fumio Kishida, and Japanese Defense Minister Gen Nakatani, April 27, 2015, http://www. state. gov/secretary/remarks/2015/04/241162. htm. （上网时间：2015 年 5 月 3 日）

② Prime Minister of Japan and His Cabinet, Cyber Security Strategy Headquarters, May 25, 2015, http://japan. kantei. go. jp/97_ abe/actions/201505/25article1. html. （上网时间：2015 年 5 月 26 日）

③ U. S. Department of Defense, "Strategy for Operation in Cyberspace", pp. 9—10.

指出，"历史性的条约联盟依然是美国在亚太军事力量存在的基础"，日本作为美国"亚太再平衡"战略支点与基石的地位是不容否认的。[①] 2014年5月28日美国总统奥巴马在西点军校毕业典礼上发表演讲阐述其全球战略思想，关于美国全球战略目标他声称："美国始终是一个无可取代的国家，上个世纪如此，下个世纪亦是如此。而我们的底线就是：美国必须在世界范围保持领导力。如果我们不能，没人能。"[②] 与奥巴马欲使美国继续"领导世界"的勃勃雄心相比，现实是"残酷的"，实际上，美国奥巴马政府"亚太再平衡战略"推行多年成效不如预期，呈现出鲜明的"迟滞性"的特征。[③] 在世界其他力量崛起的同时，美国自身却因国内政治极化、经济复苏缓慢、债务缠身、预算掣肘等因素而步履维艰。[④] 使得美国对干预地区事务、主导海外军事行动越来越力不从心，迫切需要亚太盟友国家特别是日本的协助。

2015年版指针充分体现了新形势下美国推行"亚太再平衡战略"对日本的借重。这一点可以从近几年美国政府出台的各种报告中体现出来。例如，2012年8月，由美国前副国务卿理查德·阿米蒂奇（Richard Lee Armitage）和前助理国防部长约瑟夫·奈（Joseph S. Nye. Jr.）主持编写的美国著名智库战略与国际研究中心（CSIS）推出的政策报告《美日同盟：亚洲稳定的基石》（*The U. S. - Japan Alliance：Anchoring Stability in Asia*）正式公布，报告的核心是在中国崛起和奥巴马政府战略重心向亚太转移的背景下美日两国如何加强同盟。报告给出的建议是："为使日美同盟在新形势下更为有力、有效，日本需要根据美方思路与步骤尽快完成战略与政策调整，包括增加军费、解禁'集体自卫权'、加强军备、明确扩大对同

---

① Michael J. Green, Nicholas Szechenyi, Victor Cha, Pivot 2.0：How the Administration and Congress Can Work Together to Sustain American Engagement in Asia to 2016, http：//csis. org/files/publication/141223_ Green_ Pivot_ Web. pdf. （上网时间：2015年5月23日）

② The White House, "America Must Always Lead"：President Obama Addresses West Point Graduates, https：//www. whitehouse. gov/blog/2014/05/28/america-must-always-lead-president-obama-addresses-west-point-graduates. （上网时间：2015年5月30日）

③ 郭振家：《美国"亚太再平衡战略"的迟滞性及其原因分析》，《新视野》2014年第6期，第123—128页。

④ 阮宗泽：《美国"亚太再平衡战略"前景论析》，《世界经济与政治》2014年第4期，第9页。

盟的军事防务责任、在'空海一体战'构想中更有效地配合美国。"① 而日美同盟原是冷战时期的产物，也是美国在亚太地区保持离岸存在、介入亚太地区事务的主要抓手。美国、日本极力抬高日美同盟地位，将同盟描绘为所谓的"亚太地区和平与稳定的基石"，"确保联盟的灵活性和适应能力，以应对新的地区和全球挑战"。② 同时，高度肯定美国"亚太再平衡战略"与安倍极力宣扬的"积极和平主义"政策的所谓"积极意义"。对于日本安倍政权推进解禁集体自卫权，美国政府多次表态："集体自卫权势是固有权限，各国都拥有该权限，欢迎日本恢复自身在地区内的作用，为维护地区安全做出贡献。"③ 在此基础上，美日堂而皇之地宣布，两国需要强化同盟关系，以使同盟"在确保亚太和平与繁荣方面发挥主导作用"，美国积极鼓励和支持日本在亚太安全事务中发挥更大的作用，希望日本能够凭借其强大的综合国力为美国"分忧解难"。④

2015 年 4 月 6 日，美国国防部长阿什顿·卡特（Ashton Carter）在美国亚利桑那州立大学麦凯恩研究所发表演讲时称美国"亚太再平衡战略"（U. S. Rebalance to the Asia-Pacific）将进入"新阶段"，具体表现在三个方面：军事上继续推动向亚太地区部署先进军备，逐步实现 2020 年前将 60% 海军军力部署在亚太地区的既定计划；强化美日韩三国同盟关系并且拓展其他伙伴关系；推动完成跨太平洋伙伴关系协定（TPP）谈判。⑤ 鉴于日本是美国在亚太地区的重要盟国，美国在亚太地区的军事基地大部分部署在日本，并且目前正进行的日美两国 TPP 谈判成败对整个 TPP 有至关重要影响，显然美国欲推行"亚太再平衡战略"到新阶段需要进一步借重日本发挥更大的作用，减轻自身负担的同时意图继续巩固在亚太地区

① Richard Lee Armitage&Joseph S. Nye. Jr. , "The U. S. — Japan Alliance：Anchoring Stability in Asia", CSIS, August, 2012.

② Hillary Clinton, "America's Pacific Century," *Foreign Policy*, November 2011, pp. 59

③ Patrick Ventrell, "Daily Press Briefing-May 2. 2013", http：//www. state. gov/r/pa/prs/dpb/2013/05/208885. html#JAPAN. （上网时间：2015 年 5 月 17 日）

④ 信强：《"次轴心"：日本在美国亚太安全布局中的角色转换》，《世界经济与政治》2014 年第 4 期，第 52 页。

⑤ U. S. Department of Defense, Remarks on the Next Phase of the U. S. Rebalance to the Asia-Pacific（McCain Institute, Arizona State University）, April 6, 2015, http：//www. defense. gov/Speeches/Speech. aspx？SpeechID = 1929. （上网时间：2015 年 5 月 24 日）

和世界的"主导地位"。美国要求日本要在日美同盟中承担更多的责任，扮演更重要的角色，与美国携手应对弹道导弹、核生化、太空和网络攻击等非传统安全新威胁，无疑为奥巴马政府减轻负担、推行"亚太再平衡战略"以打造"政治和外交遗产"提供了有力的帮助。① 2015 年 4 月 29 日，安倍在美国国会参众两院联席会议发表的《迈向希望的同盟》（Toward an Alliance of Hope）演讲中声称"战后世界的和平与安全，如果没有美国的领导是不可能存在的"，"为维护亚洲太平洋地区的和平与安全，我们支持美国提出的'再平衡'战略，我在此明确表示，完全支持"。② 美国学者杰弗里·霍农（Jeffrey W. Hornung）认为 2015 年版指针意味着日美同盟的强化和转型（A Pacific Alliance Transformed）："安倍政府愿意承担日美同盟内框架内更大的安全角色，这是其'积极和平主义'政策的一部分，将会为地区的和平稳定做出更多积极的安全贡献"，"对于美国'亚太再平衡'战略无疑是个好消息，因为新版指针强调将更为关注地区事务，将加强与盟友的合作，并且会鼓励盟友在地区安全事务中扮演更重要的角色"③。

（二）安倍政权希望借提升日美同盟实现右倾化目标

同 1978 年版指针的制定和 1997 年版指针的修订由美国主导不同，日本安倍政府对于 2015 年指针的修订显得"颇为主动"。这是因为，除了解禁集体自卫权、海外派兵等手段以配合美国"亚太再平衡战略"共同防范遏制中国以维护"地区秩序"之外，日本安倍政府当前强化日美同盟的动因中也夹带了不少"私货"：在 2015 年联合国成立 70 周年之际，日本、德国、巴西、印度组成的"四国联盟"再度向着"入常"的目标发起了冲击，对于日本来说"入常"是显著提高国际地位的重要标志，

---

① Missy Ryan, "Revised defense rules would give Japan new powers to aid U. S. Military," *The Washington Post*, April 8, 2015.

② 首相官邸「米国連邦議会上下両院合同会議における安倍内閣総理大臣演説」、http：// www. kantei. go. jp/jp/97_ abe/statement/2015/0429enzetsu. html. （上网时间：2015 年 5 月 6 日）

③ Jeffrey W. Hornung, "U. S. -Japan：A Pacific Alliance Transformed," *The Diplomat*, May 4, 2015, http：//thediplomat. com/2015/05/u-s-japan-a-pacific-alliance-transformed/. （上网时间：2015 年 6 月 2 日）

　　而日本"入常"迫切需要美国的支持；在日本国内，2012 年年底安倍政府再度上台执政后，将修改宪法、摆脱"战后体制"作为其任期内执政的终极目标，而日本和平宪法和"战后体制"不是中韩等邻国强加给日本的，而是在战后初期由美国一手给日本制定的，安倍政府欲通过配合美国"亚太再平衡战略"、海外派兵以帮美国分担责任来获取美国对其修改和平宪法、摆脱"战后体制"的默许与支持，同时也欲利用来自美国的默许和支持来向日本国内反对安倍政府右倾化进程的民众和反对势力施压，以维护强化日美同盟的"大局"和推进"政治大国化"目标。在此背景下，美国欲推行新阶段的"亚太再平衡战略"及 2015 年版指针无疑标志着美国奥巴马政府给日本安倍政权修宪扩军的右倾化举动发放了外部"许可证"，安倍政权的政治野心无疑会得到进一步鼓舞，今后将借机加紧推行摆脱"战后体制"、实现成为政治军事大国的"正常国家化"的右倾化目标。

　　2015 年版指针出台后日美同盟得到进一步强化，但美日双方国家战略目标存在显著不同，特别是在美国的纵容和默许下，日本安倍政权加速推进摆脱"战后体制"、实现"正常国家化"的右倾目标，在安倍看来，其上台执政的终极目标是将日本变为独立、强大、自豪的"正常国家"，对美亲近与对华强硬都是其实现目标的手段，行使集体自卫权、使日美同盟"全球化"支援美军并不意味着日本一味地服从于美国，而是将变得与美国"平起平坐"主导地区和全球事务。①

（三）遏制中国成为提升同盟合作水平的重要动因

　　第二次世界大战后，日本曾长期处于世界第二经济大国地位，但 20 世纪 90 年代初"泡沫经济"破灭后日本经济长期处于停滞状态，政局动荡不安，国际影响力长期不振，被很多学者称为"失去的二十年"，相对的是其邻国中国的快速发展，2010 年中国取代日本成为世界第二大经济大国，中国国际影响力日益提升，中日国力的逆转对日本从政坛到民众都造成了深深的震撼，焦虑感不断上升。面对中国的快速崛起，日本政府特别是 2012 年年底再度掌权的安倍政权越来越视中国为日本的安全威胁，

---

① Shinzo Abe，"Toward a New Country，" *Vertical*，October 23，2007，pp. 254.

对华政策愈加强硬，同时在美国强化亚太战略、加强对华制衡的背景下，日本与美国两股遏制中国势力的结合使当前强化日美同盟成为双方的共同需求。并且在部分美日学者看来，两国选择强化同盟"对保持亚太地区有利的军事力量对比和可靠的威慑力至关重要"①。

尽管在 2015 年版指针中没有直接提及中国，但早在 2014 年 10 月出台 2015 年版指针中期报告之时就有美国政府高官公开表示"中国政治经济、外交及军事的崛起是（修订指针）主要原因之一"，除了朝鲜的核与导弹问题外，重点着眼于中国，列举在太空、网络保护及海上航行自由等安全保障方面美国对中国的"担忧"。② 2015 年版指针中的美日协同"夺回离岛"、维护海上航行自由、拓展新伙伴关系、防御弹道导弹的袭击、维护太空与网络安全等内容也充分体现了 2015 年版指针将中国列为美日重点防范和遏制的对象。

2015 年版指针明确指出美日将保卫包括离岛在内的日本领土，在中国与日本、越南等美国亚太地区盟友国家存在岛屿主权争端且认为中国的海洋活动日渐活跃、海军力量大幅增强的背景下，2015 年版指针在第四部分"'无缝地'确保日本的和平与安全"（Seamlessly Ensuring Japan's Peace and Security）中明确指出在发生他国以武力"侵占"离岛等日本领土的事态时，日本自卫队将首要承担起抵御和击退包括针对日本岛屿的地面袭击的任务。如有需要，日本自卫队将采取军事行动夺回岛屿。为了实现这个目标，日本自卫队将采取必要行动，包括但不限于抵御和击退海上和空上入侵的行动，两栖作战行动以及迅速的军事部署。必要情况下，美军将对日本自卫队的夺回岛屿的行动提供支援和补给。③ 在公布 2015 年版指针当日的日美外长防长 2＋2 会

① Patrick M. Croin, Paul S. Giarra, Zachary M. Hosford and Daniel Katz, The China Challenge: Military, Economic and Energy Choices Facing the U. S. -Japan Alliance, Center for a New American Security, April 2012, p. 8.

② ［日］川合智之：《美国高官：中国是日美修订防卫合作指针原因之一》，http：// cn. nikkei. com/politicsaeconomy/politicsasociety/11320—20141009. html. （上网时间：2015 年 5 月 22 日）

③ U. S. Department of Defense, The Guidelines for U. S. -Japan Defense Cooperation, April 27, 2015, http：//www. defense. gov/pubs/20150427 _ ——_ GUIDELINES _ FOR _ US-JAPAN_ DE-FENSE_ COOPERATION. pdf. （上网时间：2015 年 5 月 30 日）

议上，美国国务卿克里和国防部长卡特重申了尖阁诸岛（我国钓鱼岛及其附属岛屿）在内所有日本施政范围适用于美日安保条约第五条的立场，并且表达了美日两国对中国在南海岩礁推进填海造岛及设施建设的"担忧"。①

与 2015 年版指针出台相呼应的是，近期日美两国出台的相关文件和报告也凸显了遏制中国的特点。2014 年 11 月中日两国政府代表在北京达成改善中日关系的四点原则共识，但在 2015 年版指针出台前夕的 2015 年 4 月 7 日，日本政府公布了 2015 年版日本《外交蓝皮书》，一方面鼓吹日本要从基于国际协调主义的"积极和平主义"（proactive contribution to peace）立场出发，对地区和国际社会和平与稳定做出比以往更加积极的"贡献"；另一方面无端指责中国"对菲律宾基于国际海洋法条约的仲裁手续不予回应"，特别强调中国的军力增强缺乏足够的透明度，日渐活跃的海洋活动也成为亚太地区的不安定因素，指责在中国钓鱼岛海域正常巡航的海监船和飞机多次进入日本"尖阁诸岛领海"，依据与现有国际法秩序不相容的主张，持续试图单方面改变现状，扬言要坚决保卫尖阁诸岛在内的日本领海、领空。②

三 日美同盟调整的影响

2015 年版《日美防卫合作指针》的出台及日美同盟的调整必将助推日本摆脱"战后体制"的右倾化进程，对中美、中日关系发展造成负面影响，同时，纵容日本右倾化，有可能激发地区紧张局势，为亚太地区乃至世界局势埋下了潜在的不稳定因素。

（一）助推日本摆脱"战后体制"的右倾化进程

自安倍 2012 年年底再度上台以来，日本国内的民族主义、军国主义

---

① 防衞省・自衛隊「日米安全保障協議委員会（「2＋2」会合）共同記者会見概要」、http：//www.mod.go.jp/j/press/kisha/2015/04/28.html.（上网时间：2015 年 5 月 5 日）

② 外務省『平成 27 年版外交青書（外交青書 2015）』、http：//www.mofa.go.jp/mofaj/files/000075243.pdf.（上网时间：2015 年 5 月 22 日）

思潮日益抬头。2015 年版指针公布仅半个月，2015 年 5 月 10 日，安倍领导的日本自民党和公明党执政党联盟就新安保法制达成了一致，5 月 14 日日本政府召开临时内阁会议，通过了于 5 月 15 日向国会提交的"安全保障相关法案"，主要包括"和平安全法制整备法案"和"国际和平支援法案"两部分。① 前者囊括了《自卫队法》和《武力攻击事态法》等 10 部法律的修正案，其中将在过去日本自卫队的活动范围限定在朝鲜半岛等日本周边的"周边事态法"将更名为"重要影响事态法案"，同时删除地理范围上的制约，扩展至全球。而后者则是一项新法案，允许随时向海外派遣日本自卫队，为应对国际争端的美军及"与日本关系密切国家"军队提供后方支援。安倍政府为了掩人耳目，给这些安保法案都穿上了"和平"的外衣，声称"在围绕我国安全保障环境越发严峻的情况下，为守卫国民生命与和平生活、为毫无疏漏地应对各种事态，完善和平安全法制，是不可或缺的"，"日本将为世界和平与稳定做出比以前更积极的贡献"，② 但其实际目的在于配合 2015 年版指针，与美军在全球范围内"无缝应对"，行使集体自卫权，进一步扩大自卫队的海外活动内容及活动范围。③ 这就意味着战后至今日本坚持的"专守防卫"安保政策将向"海外干预""积极进攻"的方向发生质的转变，改变了战后至今日本坚持"吉田主义"④ 的和平发展路线，日本和平宪法也由此名存实亡。

为解禁集体自卫权，响应 2015 年版指针实现海外派兵配合美军"走向世界"，尽管安倍政权正在国会推进的"战争法案"与普天间基地搬迁计划（由冲绳县内的宜野湾市搬迁至名护市边野谷地区）都遭到了日本

---

① Mari Yamaguchi, Japan's Cabinet endorses bills to allow greater defense role, *The Washington Post*, May 14, 2015.

② 首相官邸「平成 27 年 5 月 14 日 安倍内阁总理大臣记者会见」、http：//www. kantei. go. jp/jp/97_ abe/statement/2015/0514kaiken. html. （上网时间：2015 年 5 月 22 日）

③ ［日］《日本战后安保政策迎转折点》，http：//cn. nikkei. com/politicsaeconomy/politicsaociety/14394—20150515. html. （上网时间：2015 年 5 月 20 日）

④ "吉田主义"主要内容可概括为：以经济为中心、轻武装、安全和外交主要依靠美国。

民众的强烈反对,① 但外有美国的默许纵容,内有右翼势力的支持,安倍政权仍将会无视民意,一意孤行强推右倾化政策。可以预见的是,在步步蚕食和平宪法的基础上,野心勃勃的安倍政权计划于 2016 年参议院选举中取得 2/3 多数席位,② 随后提出包括修改宪法第 9 条在内宪法修正案力促在国会和国民公投中通过,从而实现岸信介(Nobusuke Kishi)、安倍晋三祖孙两位首相和日本右翼势力梦寐以求的"修宪夙愿",改变日本战后坚持的和平发展道路,使日本成为所谓的"正常国家",按照安倍在国会演说的那样——"要夺回强大的日本"(restore a strong Japan)③。

以 2015 年版指针的出台为标志,如果说日本安倍政权在美国的帮助和支持下解禁其集体自卫权、修宪扩军的"正常国家化"的右倾化进程是步步推进的话,那么相反的是,安倍政权在历史问题上的态度和认识可谓是节节倒退。2015 年是世界反法西斯战争胜利 70 周年暨日本战败投降70 周年,美国出于战略利益的需要,对日本在修宪扩军上的放纵与默许也放松了日本对历史问题深刻反省的压力,这与中、韩等相关国家和国际社会希望日本安倍政府正视历史的愿望背道而驰。2015 年 3 月德国总理默克尔(Angela Merkel)访问日本,在东京发表演说时以德国战后重返国际社会为例就历史问题表示"正视历史是同邻国和解的前提","对过去视而不见者在当下也会成为瞎子",④ 奉劝日本安倍政府正视和深刻反省

---

① 根据日本主流媒体的调查,多数日本民众反对国会通过安倍政权提交的解禁集体自卫权相关的安保法案,例如《日本经济新闻》的调查显示反对比例为 55%,《每日新闻》调查显示反对比例为 53%,参见「安保法案『今国会で25%』本社世論調査 内閣支持率は横ばいの50%」、http：//www. nikkei. com/article/DGXLASDE24H04_ U5A520C1MM8000/.（上网时间：2015 年 5月 25 日）「毎日新聞調査：安保法案『反対』53% 内閣支持率45%」、http：//mainichi. jp/select/news/20150525k0000m010062000c. html.（上网时间：2015 年 5 月 25 日）

② 在 2014 年末的日本众议院选举中,安倍领导的自公执政联盟取得了 2/3 多数席位,但目前在参议院尚未达到2/3 议席,日本现行宪法规定宪法修正案必须在国会众参两院取得 2/3 多数赞成才能通过,在国民公投中必须过半数支持才能最终成立。

③ Prime Minister of Japan and His Cabinet, New Year's Reflection by Prime Minister Shinzo Abe, Jannuary 1, 2014, http：//japan. kantei. go. jp/96_ abe/statement/201401/newyear_ e. html.（上网时间：2015 年 5 月 22 日）

④ The German Federal Government, Speech by Federal Chancellor Angela Merkel during the event hosted by the newspaper Asahi Shimbun in cooperation with the Japanese-German Center Berlin in Tokyo, March 9, 2015, http：//www. bundesregierung. de/Content/EN/Reden/2015/2015—03—09—merkel-asahi-shimbun_ en. html? nn = 709674.（上网时间：2015 年 5 月 29 日）

侵略历史，但安倍政府并未做出积极回应。2015 年 4 月初，日本文部科学省审定通过了新一批歪曲和美化侵略历史的教科书，4 月末安倍访美前夕，以迈克·本田（Mike Honda）为代表的数十名美国国会议员、《纽约时报》等多家美国主流媒体以及数十名美国历史学家以联名信等方式纷纷致电日本安倍政府，要求其正视历史问题，承认殖民统治侵略历史和强征慰安妇问题并做出道歉。但 2015 年 4 月末，安倍访美期间无视各界的要求，并未就历史问题道歉和反省，而只是一味鼓吹日美战后和解的意义以及迎合美国强化日美同盟。2015 年 5 月 20 日，安倍在出席国会党首辩论中明确拒绝承认《波茨坦公告》（*The Potsdam Proclamation*）对日本侵略战争的定性。[①] 对此，对安倍提问的日本共产党委员长志位和夫（Kazuo Shii）提出了批评："一个连对日本过去发动的那场战争的善恶都无法判断的首相，没有资格去出台把日本变成可在海外进行战争的国家的法案。"[②] 日本政论家本泽二郎认为其言行充分反映了安倍本人是"否认殖民统治和侵略的国粹主义者"[③]。美国奥巴马政府出于拉拢日本遏制中国、主导亚太等战略利益，对安倍政府的右倾化举措一味姑息纵容，没有予以约束和批评，无疑是进一步助长安倍政权变本加厉采取否定和美化侵略历史、挑衅人类正义和良知的右倾化举措。而安倍政府打着所谓"积极和平主义"的旗号、借着修订 2015 年版指针之机强化日美同盟，意图实现海外派兵，与美国联手干预地区事务，显然是以"维护和平""做贡献"之名行反和平之实。

（二）对中美关系和中日关系发展造成不利影响

由于 2015 年版指针主要意在进一步防范中国、遏制中国的影响力，因而不可避免会对中美关系、中日关系造成负面影响。2015 年版指针出台后不足半个月，2015 年 5 月 8 日美国国防部发表 2015 年度《中国军事

---

① 「首相 ポツダム宣言つまびらかに読んでない 党首討論」，http：//www. asahi. com/articles/ASH5N4D6VH5NUTFK007. html.（上网时间：2015 年 5 月 25 日）

② JCP's Shii：Abe has never read the Potsdam Declaration，May 22，2015，http：// ajw. asahi. com/article/behind_ news/politics/AJ201505220045.（上网时间：2015 年 5 月 27 日）

③ 《安倍是否认殖民统治和侵略的国粹主义者——访日本政治评论家本泽二郎》，http：// japan. xinhuanet. com/2015—05/25/c_ 134268358. htm.（上网时间：2015 年 5 月 28 日）

与安全发展报告》① （*Military and Security Developments Involving the People's Republic of China 2015*），同过去几年版本的报告一样，2015 年度的报告继续罔顾事实，对中国军力的正常发展妄加揣测和评论，大力渲染"军力不透明"和所谓的"中国军事威胁论"，质疑中国正常的国防建设和战略意图，并对中方在南海地区维护领土主权和安全利益的正当行为说三道四，歪曲中国对美国所谓的严重网络攻击和导弹、太空威胁等内容，这也充分体现了 2015 年版《日美防卫合作指针》美国压制中国崛起、美日联合遏华以维护美国在地区和世界"领导地位"的不良意图，显然这不利于加深中美的战略互信，不利于推进中美新型大国关系。

2015 年版指针的出台及日本在争议岛屿问题上顽固坚持错误主张，使得日本安倍政府暴露出对华推行"对话与遏制"双轨并重的两面派策略：② 近些年经历了严重困难局面的中日关系虽在近期出现一些缓和、改善的迹象，但目前面临何去何从的十字路口，安倍对华表面上表示要积极改善中日关系，实际上通过出台 2015 年版指针、通过解禁集体自卫权相关法案以及联手美国遏制中国的两面派做法无疑削弱了中日关系持续稳定改善的基础。美国学者克林特·理查德（Clint Richards）明确指出：种种迹象已经表明，安倍政府外交与军事安全政策当中"挟美制华"、防范与遏制中国的举措不会是一种短期应对，而是反映了一种长期的战略心态，会持续下去。③ 加之安倍政府始终不愿正视历史，反而有意淡化、回避乃至美化侵略和殖民统治历史，影响中日关系的政治障碍始终无法消除，虽然中日关系有企稳、平缓一个时期的可能性，但日本安倍政权执念于扩军修宪、大幅调整军事安全领域政策、借重美国以制衡中国的举措不仅不会改变，反而会以各种方式在新的一年表现出来，④ 这就使得在安倍今后任

---

① United States Department of Defense , "Annual Report to Congress：Military and Security Developments Involving the People's Republic of China", 2015, http：//www. defense. gov/pubs/2015_ China_ Military_ Power_ Report. pdf. （上网时间：2015 年 5 月 18 日）

② ［日］《安倍将对中国采取对话与遏制并重战略》，http：//china. kyodonews. jp/news/ 2015/04/96423. html。（上网时间：2015 年 5 月 7 日）

③ Clint Richards, "Abe's Attempt to Corner China Through Diplomacy", *The Diplomat*，May 30, 2014. http：//thediplomat. com/2014/05/abes-attempt-to-corner-china-through-diplomacy/. （上网时间：2015 年 6 月 3 日）

④ 复旦大学国际问题研究院：《失重与重构：复旦国际战略报告（2014）》，第 28 页。

期内，未来的中日关系仍将呈现缓和与紧张并存的态势，存在反复与倒退的可能。①

（三）不利于亚太地区和世界的和平与稳定

日本和美国曾多次标榜两国同盟是亚太地区和平与稳定的"基石"，但事实可能恰恰相反。② 2015 年版指针出台后，日美同盟的强化不符合世界和平与发展的潮流，可能对亚太地区和世界的和平与稳定造成更大的消极影响。在 2015 年版指针发布两天后，安倍在美国参众两院联席会议发表的演讲中特别指出："关于亚洲海域，在此我要强调三项原则。第一，任何国家在进行任何主张时，都必须遵循国际法。第二，不得使用武力或威胁来达到自身目的。第三，必须通过和平手段来解决冲突。"③ 其演讲得到了包括美国副总统兼国会参议院议长拜登（Joe Biden）在内数百名在场的美国国会议员的热烈掌声。日美两国在各种公开和国际场合将自身打造为遵循国际法和国际秩序的"和平卫士"，大肆炒作东海和南海问题，含沙射影地攻击中国是不遵循国际法并且试图以武力改变现状的国家，无疑是掩耳盗铃、贼喊捉贼。美国国防部长卡特认为 2015 年版指针的出台意味着日美同盟实现了"新的突破"（Break new ground），他鼓吹拥有共同价值观的日美两国加强同盟无疑会有助于亚太地区的"和平与繁荣"，称修订指针"将为亚洲地区及世界的和平与稳定提供保障"④。2015 年版指针多处都强调了日美两国政府将会相互密切合作，采取各种措施来维护基于国际法的海上秩序，包括海上航行自由。需要指出的是，日美声称反对以武力或者武力威胁单方面改变现状，要维护所谓的和平解决争端、维护海上秩序和航行、飞行自由，其地域范围不仅仅包括国际公

---

① 唐彦林、张磊：《日本政局与中日关系走向》，《现代国际关系》2015 年第 3 期，第 44 页。

② 吕耀东：《日本外交战略及对外海权关系探析》，载《日本蓝皮书——日本研究报告 (2015)》，社会科学文献出版社 2015 年版，第 143 页。

③ Prime Minister of Japan and His Cabinet, "Toward an Alliance of Hope" - Address to a Joint Meeting of the U. S. Congress by Prime Minister Shinzo Abe , April 29, 2015, http：// japan. kantei. go. jp/97_ abe/statement/201504/uscongress. html. （上网时间：2015 年 5 月 22 日）

④ U. S. Department of Defense, Carter：U. S, Japan Defense Guidelines "Break New Ground", http：//www. defense. gov/news/newsarticle. aspx？ id = 128678. （上网时间：2015 年 5 月 23 日）

海海域，而是美军的军舰、军机可以不受限制、无视甚至损害他国主权和合法权益及航行航空安全而在他国领海领空"任意、自由"地航行、飞行。

众所周知，中国作为一个负责任的大国，是维护亚太地区与世界和平与稳定的重要力量。中国在固有领土南沙群岛部分岛礁上的建设活动完全是中国主权范围内的合法、合理、合情的正常事情，没有侵犯他国正当利益，不影响也不针对任何国家，且建设的岛礁将主要扮演民用角色，服务于航运和区域经济发展。但近年以来，由于一些域外大国与争端当事国"相互呼应"等复杂因素使得在中国南海海域出现了一些不稳定局面：菲律宾、越南等国不顾中国政府一再警告，在侵占中国南海的海域内进行填海造地、岛礁建设等，在涉及中国领土主权和海洋权益问题上采取挑衅性举动，而域外国家美国、日本则借机大肆炒作南海问题，采取双重标准，一方面对菲越行为一再采取表面"中立"实则偏袒立场，另一方面打着"维护地区秩序和国际法""维护海上航行、飞行自由"的旗号指责中国正当合法的维权与岛礁建设行动，美国不断派出 P—8A 先进侦察机和舰船进入中国南海海域进行紧密侦查，美国国防部发言人还扬言派遣舰船飞机进入中国岛礁 12 海里海空范围内抵近侦察是美军"可能的下一步行动"。2015 年 5 月 14 日，美国主管东亚和亚太地区事务的助理国务卿拉塞尔（Daniel R. Russel）在美国国会参议院一个听证会上公然指责中国在南海正常的岛礁建设维权行动威胁到了海上航行自由与地区和平稳定，警告称美国及其盟国不会"坐视不管"，而美国的飞机舰船侦察"完全适当"，美国海军力量和军用飞机将"继续充分行使并确保"在"国际海域和空域"活动的权利。① 美国副总统拜登在 2015 年美国海军学院毕业典礼演讲时指责中国在南海岛礁填海造地"单方面引发地区紧张局势升级"，"公然挑战南海航行自由原则"。他称，在南海的争议海域内美国不偏向任何一国的主权声索，"但是我们将决不退让地维护和平公正解决争端的国际法原则以及海上航行的自由，而今天这些原则因为中国在南海的

---

① Daniel R. Russel, State's Russel at Senate Hearing on Maritime Issues in East Asia, May 14, 2015, http://translations. state. gov/st/english/texttrans/2015/05/20150514315628. html #axzz3b6k9yQlY.（上网时间：2015 年 5 月 25 日）

行动而受到考验"①。5 月 27 日，美国国防部长阿什顿·卡特在夏威夷的美国太平洋舰队司令交接仪式上发表强硬表态，称"中国并没有遵守国际法的规则，这将挑战亚太地区的安全体系以及旨在解决该问题以及其他长期存在的争议的区域共识"，"为了响应亚太盟国的强烈意愿，美国将在未来几十年在亚太地区维持主要安全力量"，② 同时日美国防务新闻网站发表文章《卡特：中国正在太平洋孤立自己》（*Carter：China Isolating Itself in Pacific*）称"中国在南海地区建设岛礁、试图以武力改变现状等试图扩大自己的影响力的种种行为最终将导致自己在太平洋被孤立"③。5 月 30 日，在新加坡举行的第十四届亚洲安全会议 [又称"香格里拉对话会"（The Shangri-La Dialogue）] 上，美国国防部长阿什顿·卡特公开点名批评中国，称"尽管对于南海争议地区存在各种主张，但美国已经注意到某个国家扩张的规模和速度远远超出了其他国家——那就是中国，中国岛礁建设的面积超过了其他国家的总和"④，他指责"中国在南海的岛礁建设等行动与国际准则和规范不'合拍'（out of step）。美方对南海岛礁军事化前景及可能带来的误判和冲突风险深感忧虑，要求立即停止'填海造地'，反对采取进一步军事化的行为。美方将继续采取行动维护航行和飞行自由"⑤。2015 年 6 月 2 日，美国总统奥巴马发表讲话公然警告称

---

① Joe Biden, Vice President Biden to Deliver Remarks at Naval Academy Graduation, http：// www. usna. edu/NewsCenter/2015/04/vice-president-biden-to-deliver-remarks-at-naval-academy-gradua-tion. php. （上网时间：2015 年 5 月 25 日）

② U. S. Department of Defense, Carter Urges Peaceful Resolution of South China Sea Disputes, May 27, 2015, http：//www. defense. gov/news/newsarticle. aspx？ id = 128922. （上网时间：2015 年 5 月 29 日）

③ Aaron Mehta：Carter：China Isolating Itself in Pacific, http：//www. defensenews. com/story/ breaking-news/2015/05/27/carter-china-warns-isolation-islands-pacific-command-reclamation-pearl-har-bor/28025723/. （上网时间：2015 年 5 月 29 日）

④ Asia-Pacific Will Continue to Rise With Strong Security Architecture, May 31, 2015, http：// foreignaffairs. co. nz/2015/05/31/secdef-asia-pacific-will-continue-to-rise-with-strong-security-architec-ture/. （上网时间：2015 年 5 月 31 日）

⑤ U. S. Department of Defense, Carter：Asia-Pacific Will Continue to "Rise" With Strong Secur-ity Architecture, May 30, 2015, http：//www. defense. gov/news/newsarticle. aspx？ id = 128941. （上网时间：2015 年 5 月 31 日）

中国的岛礁建设行动会产生"反效果"。①

　　在此背景下美国政府高官多次要求日本配合美军"巡逻南海","分管南海警戒":② 2015 年 1 月 29 日,美国第七舰队司令罗伯特·托马斯(Robert Thomas) 称"地区内的盟国、伙伴国家及友好国家都将期待日本进一步发挥'稳定作用'","日本海上自卫队未来在南海的行动将会是有意义的",公开表示欢迎日本将空中巡逻范围扩展至南海地区,与美国"一道抗衡该地区不断增加的推动领土主张的中国舰艇和船只"。③ 面对来自美国的"盛情邀请",日本显然"盛情难却":2015 年 5 月 25 日,日本防卫大臣中谷元(Gen Nakatani) 对中国在南海填海造岛表示了关切,表示日本政府将会讨论日本自卫队在南海对推进岩礁填埋和建设的中国进行监控以协助美军,"以实力改变现状的企图对稳定利用海洋而言是风险"④。5 月 28 日,首相安倍在众议院和平安全法制特别委员会接受质询时表示,不否定南海地区也在日本自卫队为美军行使武力提供后方支援的"重要影响事态"的对象范围内。⑤

　　2015 年版指针的出台使得日美同盟合作范围和领域大幅扩展,与之配套的新安保法案在日本国会获得通过,对美军等他国军队的支援不再受地理范围的限制而扩展至"全球",日本就可依照 2015 年版指针在美国的要求下,打着"维护地区和平稳定""守卫日本国民生命与和平生活"等旗号堂而皇之地介入南海问题,向菲律宾、越南等国出售巡逻船等先进的军备以及提供军事人员培训等,若南海地区发生武装冲突日本就可以以"威胁到日本本国以及关系密切国家生存与安全"的理由派遣日本自卫队

---

　　①　Obama：S. China Sea Land Reclamation "Counterproductive", June 2, 2015, http：// www. globalsecurity. org/military/library/news/2015/06/mil-150602—voa01. htm.（上网时间：2015 年 6 月 3 日）

　　②　[日]《美国希望日本分管南海警戒》, http：//cn. nikkei. com/politicsaeconomy/politicsaso-ciety/13871-20150409. html.（上网时间：2015 年 5 月 21 日）

　　③　Robert Thomas：U. S. Would Welcome Japan Air Patrols In South China Sea, Jan. 29, 2015, http：//www. businessinsider. com/r-us-would-welcome-japan-air-patrols-in-south-china-sea-2015-1.（上网时间：2015 年 5 月 28 日）

　　④　防衛省・自衛隊「防衛大臣記者会見を掲載」、http：//www. mod. go. jp/j/press/kisha/2015/05/29. html.（上网时间：2015 年 5 月 29 日）

　　⑤　「首相、南シナ海での後方支援否定せず　衆院特別委」、http：//www. nikkei. com/arti-cle/DGXLASFS28H63_ Y5A520C1MM8000/.（上网时间：2015 年 5 月 29 日）

进入南海地区行使集体自卫权，为美国和其他盟国军队提供包括武器弹药在内的支援或者直接派兵参战。在美国的支持下，日本安倍政权的军事野心已经蠢蠢欲动，2015 年 5 月初日本自卫队与菲律宾军队在南海进行了大规模军事演习，7 月日本自卫队还计划参加美国、澳大利亚代号为"护身军刀"的联合军演，其内容包括海上作战、两栖登陆、特种部队战略等。自 2014 年 4 月，日本安倍政府出台内阁决议以"防卫装备转移三原则"取代"武器出口三原则"，① 大幅放宽日本对外输出日本武器装备和军事技术的条件，日本可以以"国家安全"或"国际合作"为由，向国际机构和海上交通要道的沿岸国家出口武器，依据 2015 年版指针中拓展美日双边合作至多边合作的要求，除了向菲律宾、越南出口巡逻船外，目前日本安倍政府正在积极加强同澳大利亚、马来西亚等国的防务、军备合作，推动日本武器"大举进军国际市场"。

2015 年 6 月 1 日，日本首相安倍在众议院和平安全法制特别委员会的集中审议中明确表示：日本自卫队为美军等他国军队提供后方支援的"重要影响事态"可能会发生在中东及印度洋。② 因此在世界范围内，若日本今后追随包括美国在内的所谓"与日本关系密切国家"卷入中东、非洲、东欧等与日本自身利益关系不大的冲突地区，不仅可能使日本自卫队（也许届时已升格为"国防军"）人员成为为美国鹰派和日本右翼势力冲锋陷阵的"战争炮灰"，对日本与当事国民众造成伤亡，而且会使得日本与相关国家关系显著恶化，使得地区冲突愈演愈烈，更加难以化解。美国学者托马斯·布格（Thomas U. Berger）认为："日本民族主义引发的相关问题变得越来越糟，有可能导致日美同盟关系的弱化，增加地区军事冲

---

① "武器出口三原则"指 1967 年 4 月日本佐藤荣作政府针对出口武器问题提出三项基本原则，即"不向共产主义阵营国家出售武器""不向联合国禁止的国家出口武器""不向发生国际争端的当事国或者可能要发生国际争端的当事国出售武器"。这是第二次世界大战后日本限制性防卫政策的核心支柱，目的在于专守防卫，不对他国产生威胁，是和平国家的招牌。1976 年，三木武夫政府又对上述原则进行了增补，实际上全面禁止了日本出口武器。2014 年安倍政府的"防卫装备转移三原则"规定日本政府将基于国家安全保障、国际合作需要等判断是否许可防卫装备出口。

② 「後方支援『中東・インド洋でも』安保法案審議で首相」、http：//www. asahi. com/articles/ASH617FDNH61UTFK01R. html. （上网时间：2015 年 6 月 3 日）

突的风险。"[1] 安倍政权当前强化日美同盟、配合"亚太再平衡战略"视为获得美国支持其右倾化进程的绝好机会,而一旦日本安倍政权的政治军事冒险引发进一步的冲突升级或局势失控,美国作为日本的盟友将在不知不觉中卷入日本右翼势力、偏狭的民族主义者制造的地区争端中,要为日本"火中取栗"。若日本成为军事化大国甚至军国主义复活将使日本成为美国的"麻烦的盟国"而不是 2015 版指针设定的"全球的伙伴",日本咄咄逼人的军事大国化进程无疑将威胁到地区和世界的和平与稳定,可能将在日美同盟内部对美国在亚太的领导地位构成挑战,[2] 同时对战后国际秩序形成有力的挑战,在严重威胁到美国的国家利益的同时也会激发地区紧张局势,为亚太地区乃至世界局势埋下了潜在的不稳定因素。

（唐彦林：辽宁大学国际关系学院教授、副院长，张磊：辽宁大学国际关系学院硕士研究生）

---

① Thomas U. Berger, Abe's Perilous Patriotism — Why Japan's New Nationalism Still Creates Problems for the Region and the U. S. —Japanese Alliance, A Japan Chair Platform Special Edition, CSIS, October 2014, p. 12.

② 李振广、吕耀东：《试评析日本在美国"再平衡"战略中的角色》,《现代国际关系》2014 年第 11 期,第 37 页。

宗教自由与美国国家安全战略[*]

涂怡超

【内容提要】 自 20 世纪末以来，促进国际宗教自由成为美国国家安全战略的重要关切，并逐步机制化。美国通过传统外交、支持美国等多国宗教和人权非政府组织海外扩展而广泛介入众多发展中国家的政治和社会转型。当前美国推进国际宗教自由的话语和实践从本质上可对中国核心利益形成挑战，同时有助于美国遏制中国的海外利益。基于当前世界体系，该战略对当前中美关系的直接影响有限。但由于该战略及其机制的长期确定性、宗教和人权全球接触效应的草根性与滞后性，宗教自由可成为中美长期战略互动中的重要变量。

【关键词】 美国外交 宗教自由 美国国家安全战略

20 世纪下半叶以来，以伊朗霍梅尼革命、苏东剧变和"9·11"事件为代表的事件爆发令美国朝野对宗教在世界政治中作用的重视持续升温，并渐呈将宗教安全化倾向。在此安全视野中，如何消弭宗教恐怖主义等造成的危机及相应的衍生危机，并转危为机，这成为美国安全战略的重要议题。由此，以美国为首的西方国家进一步坚定向世界其他国家输出民主以巩固自身安全的长期战略。宗教自由逐渐成为美国国家安全战略组成部分和战略目标。2014 年 2 月 6 日，美国总统奥巴马在全国祈祷早餐会中又

* 本文是上海市美国问题研究所合作研究项目"论建设中美伙伴关系的机遇与挑战——宗教自由与美国国家安全战略"和国家社科青年项目"基督教与当代中美关系"的部分研究成果。

一次重申，"宗教自由与我们的国家安全攸关"①。

一 美式宗教自由与宗教自由民主和平论：概念阐释与相关理论

（一）美式宗教自由：概念界定

现代意义的宗教自由定义基础是《公民权利和政治权利国际公约》18 条第一款："人人有权享受思想、良心和宗教自由。此项权利包括维持或改变他的宗教或信仰的自由，以及单独或集体、公开或秘密地以礼拜、戒律、实践和教义来表明他的宗教或信仰的自由。"以及 18 条第三款："表示自己的宗教或信仰的自由，仅只受法律所规定的以及为保障公共安全、秩序、卫生或道德、或他人的基本权利和自由所必需的限制。"这一定义因该公约获 149 个成员国签署而具有国际法效力。这两款为宗教自由的完整阐释，既说明了宗教得以自由的领域，亦阐述了此类自由所受的限制。②

美式宗教自由则拥有更宽广的内涵，在美国，宗教自由往往被称作所有自由中的"第一自由"。宗教自由这一概念及对这一权利的争取在北美历史上具有重要地位，美国宪法第一修正案的主要内容即为保障宗教的自由实践（Free exercise of religion，但不是宗教自由 religious freedom）及避免建制宗教干政。宗教自由概念的丰富和完善一直贯串在殖民地时期至今的美国历史进程中，在当今美国已发展为一集群式概念。1998 年版及 2011 年版《美国国际宗教自由法》对宗教自由的表述强调《公民权利和政治权利国际公约》18 条第一款规定的内容，但未提及第三款内容；表

---

① "Remarks by the President at National Prayer Breakfast," Feb. 6, 2014, http：// www. whitehouse. gov/the-press-office/2014/02/06/remarks-president-national-prayer-breakfast. 登录时间：2014 年 3 月 17 日。

② 国际法中包含宗教自由内容的公约还包括《经济、社会及文化权利国际公约》《消除一切形式种族歧视国际公约》等。美国未加入的核心国际条约有《经济、社会、文化权利国际公约》《消除对妇女一切形式歧视条约》《儿童权利公约》和《残疾人权利公约》等。联合国先后所拟定的一系列人权条约对签字国具道德约束性而不具法律约束力。中国政府已于 1998 年 10 月 5 日签署了联合国《公民权利和政治权利国际公约》，但公约尚未对中国正式生效。迄今对签字国起法律约束作用的公约为《欧洲人权公约》。

达了对世界各国公民宗教自由权利的充分尊重，对违反宗教自由的定义极为宽泛，但并未相应提到为此应遵循之义务及明确定义宗教自由的边界，这部分体现了宗教自由这一概念的美式标准。①

尽管美国政府和社会层面均有对这一概念的一定共识，宗教自由在美国的法理和日常实践中并不是一个完全明晰化的概念。美国宪法没有规定宗教自由的明确定义，只有宪法修正案第一条和第十四条对国家与宗教之间关系做了相对模糊的界定，② 其实质在于确保在老欧洲及北美殖民地一直未能解决的问题，即宗教自由和政治自由两大自由不受对方的控制或干扰。从严格的法理意义而言，美国的行政、立法和司法三大分支并无权界定什么是宗教、什么组织是宗教组织。美国《国内税收法》仅是出于对宗教机构最大优惠免税的目的，对宗教机构有宽松的界定。并在其指导手册中做出 14 点定义。③ 这 14 点定义来源于美国社会对宗教机构的基本体认。界定宗教自由的关键在于处理宗教事务时国家与社会之间界限的界定，在美国这一界定主要分两大层面，其一是联邦层面，其二是州层面。在联邦层面，政府三大分支对处理宗教事务时国家与社会的界限一直处于不断调适之中，联邦最高法院成为美国国家与社会界限划分的最终裁决者，在州层面，州内三权对此问题也在不断平衡和界定，同时各州在具体事务的处理方面呈现一定差异性。从这一角度而言，即便在美国内部亦未形成对宗教自由理论和实践的一致认同。

美国的宪法及其修正案、最高法院 200 年来关于宗教相关问题的判

① 第一款内容为"人人有权享受思想、良心和宗教自由。此项权利包括维持或改变他的宗教或信仰的自由，以及单独或集体、公开或秘密地以礼拜、戒律、实践和教义来表明他的宗教或信仰的自由"，界定权利空间；第三款内容为"表示自己的宗教或信仰的自由，仅只受法律所规定的以及为保障公共安全、秩序、卫生或道德、或他人的基本权利和自由所必需的限制"，进一步说明了宗教自由的边界。

② 宪法第一修正案规定"国会不得制定关于下列事项的法律：确立国教或禁止信教自由"；第十修正案第一款规定："凡在合众国出生或归化合众国并受其管辖的人，均为合众国的和其居住州的公民。任何一州，都不得制定或实施限制合众国公民的特权或豁免权的任何法律；不经正当法律程序，不得剥夺任何人的生命、自由或财产；对于在其管辖下的任何人，亦不得拒绝给予平等法律保护"；所规定的自由包括宗教自由。

③ 美国《国税法》将宗教机构（church）大致界定为任何声称为教会、教会大会或协会的组织，参见 IRC170（b）（1）（A）（i）。历年法院相关判例成为重要的甄别基础，在判例的基础上逐渐发展了 14 点定义，参见 IRS manual, Section 7.26.2.2.4（4）。

例、《国内税收法》的广泛实践、美国行政部门在处理宗教问题时的立场和尺度共同构建了美式宗教自由的基本概念、内涵和外延。美国国际宗教自由委员会和美国国务院的年度宗教自由报告和特别报告等则通过对各国、各类情形的具体表达和判断在一定程度上粗描了以美式宗教自由为标准所定义的国际宗教自由之概念、内涵和外延,向全球推出并逐步推广美式宗教自由的大致标准。

从适用主体看,分为个人和团体法人两大块。宗教自由不仅是每一个人享有的自由,也是各类宗教团体享有的自由。从适用范围来看,既有信仰和不信仰的自由,亦有不加限制的自由传教、改宗和改教的自由。① 从信仰表达领域看,包括私人领域和公共领域。由这一核心向外扩展,涵盖民主、平等、自由和自治等四大版块,含纳言论自由、公民社会发展,妇女儿童权利、民族及宗教等各类少数派权利、扶贫、冲突解决等诸多方面。②

总体而言,美国的宗教自由标准因其自身历史、文化影响而具有独特性,即使是英、法、德、意等诸多西方国家现阶段的宗教自由均在不同层面无法达到美国标准。

(二)宗教自由和平论:溯源与现实发展

美国自建国以来逐渐形成"美国例外论",信奉者亦认为美国有神圣使命把新教、民主体制和自由资本主义带到全北美和其他地区。19 世纪"天定命运论"成为美国扩张主义的意识形态基石。自 20 世纪以来,美国人更为深信美国负有"特殊天命"(Special Providence),使命超越疆界,是"自由世界"的灯塔。③

---

① 美国社会总体而言认为宗教是道德和良好品行的源泉与孵化器,因此在法律和社会层面尽管肯定人有不信仰宗教的自由,但对无神论者的接纳度相较其他发达国家社会而言偏低,美国竞选公职者罕有公开自承为无神论者。

② 1999 至今美国国务院和美国国际宗教自由委员会的年度或特别宗教自由报告均涉及以上各方面。历年报告可见于美国国务院宗教自由年度报告,网址 http://www.state.gov/g/drl/rls/irf/,美国国际宗教自由委员会年度报告网址 http://www.uscirf.gov/reports-and-briefs/annual-report.html,特别报告网址 http://www.uscirf.gov/reports-and-briefs/special-reports.html,登录时间:2014 年 3 月 17 日。

③ [美]沃尔特·拉塞尔·米德:《美国外交政策及其如何影响了世界》,曹化银译,中信出版社 2003 年版。

美国历史上曾多次兴起"历史终结论","贸易和平论""民主和平论"依次成为美国企图终结多战历史、迎来永久和平而并非只是暂时的和平稳定之良方。新一轮历史终结论在冷战结束之后又喧嚣一时,但弗朗西斯·福山(Francis Fukuyama)亦提出问题:宗教或民族极端主义会否卷土重来?[①]

以"9·11"恐怖袭击为典型代表的宗教恐怖主义和冷战以来世界各地频繁发生的与宗教有密切关系的冲突让美国进一步认识到全球宗教复兴的负面效应。美国未能解决贫穷、地区动荡、羸弱国家、发展中国家的内战等边缘安全问题,而这类当代国际体系的治理空白或薄弱区域却在与全球宗教复兴的多方位结合中成为对"自由世界"严重安全威胁的滋生地。与此同时,全球宗教复兴在美国对大中东的重塑和改造,美国与新兴国家间战略格局的调整,全球治理中出现的一系列新旧问题诸如气候变化、经济安全、疾病防治等一系列方面或明或暗在不同层次发挥重要作用。在此时代变迁中,美国学界和政界对全球宗教复兴于美国履行其"特殊天命"构成的新挑战和新契机进行了多方界定和研判。

自 20 世纪 90 年代始,一众学者呼吁重视宗教自由与美国国家安全的重要关联,由此积极倡议宗教因素成为美国外交决策的基础和优先考量。就连美国前国务卿奥尔布赖特也反复强调宗教在美国国内和国际事务中均举足轻重,呼吁并实际推进美国外交决策层改变对宗教的冷漠态度,并在世界反恐和推进民主中重视宗教。[②]

面对全球宗教复兴与边缘安全问题结合形成的安全威胁,美国安全战略必须考虑的核心问题是,国际宗教自由不仅是正义问题,更是安全问题,其缺乏会导致恐怖主义与不稳定,其存在则导向稳定的民主、公民社会、经济增长和社会和谐。[③] 美国一些实证研究亦表明,缺乏宗教自由的

---

① [美]弗朗西斯·福山:《历史的终结及最后的人》,黄胜强等译,中国社会科学出版社 2003 年版。

② Madeleine Albrights, with Bill Woodward, *The Mighty and Almighty*: *Reflection on America*, *God and World Affairs*, New York: Harper Perennial, 2006.

③ Rob Moll, "The Father of Faith-Based Diplomacy: Doug Johnston is going where few foreign policy experts have gone before," *Christianity Today*, Vol. 52, No. 9, 2008, pp. 54—57.

世界是不自由的世界。① 曾在小布什总统任期内担任国家安全委员会战略
规划处高级主管的威廉·英博登（William Inboden Ⅲ）则认为"圣战恐
怖主义者，神权制度以及极权政治"限制了宗教自由，是美国国家安全
威胁的三大来源。②

　　在此基础上，对当今世界宗教复兴之于"自由世界"安全影响的政
治意义，一众知名的宗教与国际关系学者及前政府官员形成六点共识：一
是宗教团体的影响在世界诸多地区上升，政治、文化、商业和科学等社会
各方面均受显著影响；二是世界宗教认同的变化具有深远政治含义；三是
宗教有利于全球化，而全球化亦改塑了宗教，同时亦为反全球化的主要手
段；四是在政府受到经济和政治压力而缺乏能力和合法性时宗教发挥重要
公共影响；五是极端主义者常利用宗教为冲突催化剂、强化与其他宗教团
体的紧张关系；六是今日宗教的重要性不断增长，这深化了宗教自由作为
普世人权，以及社会和政治稳定源泉的政治意义。"自由美国"作为"自
由世界"的引领者，必须正视宗教复兴之于美国霸权的挑战与契机。③

　　自 20 世纪 90 年代以来，与民主和平论一脉相承的"宗教自由和平
论"逐步成型，成为新一轮历史终结理论族群中的一员。该理论认为享
有宗教自由的国家更为民主、更繁荣、更安全。宗教自由符合每一个政府
的长期利益；享有宗教自由的国家极少对周边国家构成安全威胁，拥有宗
教自由的国家间不会爆发战争。由此应将推进宗教自由置于美国外交的中
心，这不仅对海外的自由和稳定意义重大，对美国的国家安全同样至为关
键。④ 民主作为一种制度，有时和普通民众的日常生活存在距离，而宗教

---

　　① 此方面较有影响的实证研究结果是皮尤研究所的两位专家对 143 个国家宗教—自由方面
的冲突条件和事件进行的统计分析，其结论是"政府和社会对宗教自由进行限制，人身迫害和冲
突就会上升。" Brian Grim and Roger Finke, *The Price of Freedom Denied: Religious Persecution and
Conflict in the Twenty-First Century*, New York: Cambridge University Press, 2010.

　　② William Inboden, "Religious Freedom and National Security," *Policy Review*, Vol. 175,
No. 5, 2012, pp. 55—68.

　　③ Report of the Task Force on Religion and the Making of U. S. Foreign Policy, *Engaging Religious
Communities Abroad: A New Imperative for U. S. Foreign Policy*, Chicago: Chicago Council on Global Af-
fairs, 2010.

　　④ Thomas F. Farr, "Diplomacy in an Age of Faith," *Foreign Affairs*, Vol. 87, No. 2, 2008,
pp. 110—124; Thomas F. Farr, *World of Faith and Freedom: Why International Religious Liberty Is Vital
to American National Security*, New York: Oxford University, 2008.

和良心的自由是关乎世界每一个人的根本自由，能引起世界各国公民的高度共鸣。宗教自由的实现必然导致民主的实现和稳定。因此，宗教自由是通向自由和平世界的必由之路。

如何将"自由美国"扩展为"自由世界"？美国学界与政界部分人士认为美式宗教自由的全球扩张面临三大战略挑战：一是宗教团体的合法愿望是美国的利益所在，而这需要解决民主化与美国盟友两者间存在的冲突；二是提倡人权为美国利益所在，宗教自由应为美国政策之核心，但不能被他国理解为西方对本地信仰和习俗的攻击；三是美国政府应积极与宗教团体领袖展开对话，同时不仅把宗教视为工具或"问题"。① 在指导理念和具体实践层面，学者提出国家应确认宗教可能在世界各类传统安全和非传统安全领域发挥修补作用，解决发展中国家各类冲突、巩固公民社会和经济发展均不可避免含纳宗教理念、达及各层面宗教信徒、携手宗教组织。由此鼓励政府咨询对目标文化和宗教有深刻理解的国内外宗教行动者、宗教组织和学者；鼓励政府在组织国际和平构建、冲突解决、对外救援和发展事务中更多更有效地利用各类宗教渠道；鼓励宗教组织和行动者合法通过现有正常渠道大力参与多边机制和国际法的形成。由此，美国政府应增强政府部门处理宗教事务的能力和技巧，积极与海外宗教接触，甚至呼吁明晰界定宪法第一修正案"设立"条款的适用性，说明这一条款并未禁止政府为实现其外交政策而介入宗教团体。② 由于宗教的跨国性、草根性，仅凭官方外交并不能解决相应问题，应将其结合进入国家的民主项目和各类公共外交项目。还有学者认为，对信仰的重视是现实政治的扩展，在全球宗教复兴的现实背景下，外交需要新的工具，外交的形式也需要更新，外交部门和外交家应提升相关水平，进行预防性介入。宗教界也

---

① Report of the Task Force on Religion and the Making of U. S. Foreign Policy, *Engaging Religious Communities Abroad: A New Imperative for U. S. Foreign Policy*. Chicago: Chicago Council on Global Affairs, 2010.

② Thomas F. Farr and Dennis R. Hoover, *The Future of U. S. International Religious Freedom Policy: Recommendations for the Obama Administration*, Report of Berkley Center for Religion, Peace and World Affairs, Georgetown University and Center on Faith & International Affairs, Institute for Global Engagement, 2009; Report of the Task Force on Religion and the Making of U. S. Foreign Policy, *Engaging Religious Communities Abroad: A New Imperative for U. S. Foreign Policy*, Chicago: Chicago Council on Global Affairs, 2010.

应承担第二轨外交职能，进行"预防性参与"（preventive engagement）。①

进入 21 世纪以来，美国舆论一般认为《美国国际宗教自由法》发挥作用有限。多家智库认为亟须调整以适应美国国家利益和国家安全战略的需要。众多智库报告表明，将宗教自由纳入美国国家安全战略轨道，促进美国政府对宗教的介入是实现美国利益的重要手段，宗教行动者的合法政治参与空间的扩展符合美国利益，这对已扩展至全球并发挥活跃影响的美国宗教组织进一步进入全球公民社会并开展各种类型的政治参与具有重要的政策导向意义。

（三）向全球推进宗教自由的美式逻辑

美国人对宗教自由的高度重视源自建制教会在中世纪欧洲和北美殖民地时期曾拥有的高度权力和对不同信仰不同程度的压迫。数百年来，去除宗教内和跨宗教迫害、寻求宗教内和跨宗教宽容、最终走向更高意义的宗教宽容的历程成为美国的历史记忆，宗教自由成为其价值观的重要内容。美国社会和民众视宗教自由为基本价值和第一自由，基于此而关注全球宗教自由理念和实践的全球传播。同时，一神信仰为传统的社会，尤其是新教传统社会一般对事物有非常明晰的两极划分，基于标准划分什么是正确、正义，什么是错误、邪恶。由此，不符合美式宗教自由标准的其他国家的所作所为必然站在正确和正义的对立面。

美式宗教自由概念和内涵汇聚了美国人对信仰自由地位的认定，也体现了美国人对美式民主和美式法治两者普世效力的高度肯定。美式宗教自由这一集群式自由事实上涵盖了美式民主的基本层面，同时美国人肯定法治是美国社会演进过程中至为重要的协调体系，因此对宗教自由的实现至关重要。尽管美式宗教自由的形成本身是一个漫长的历史过程，且从殖民地发展而来的美国社会和国家的形成具有一定的特殊性，但美国人仍坚持美式宗教自由的普适性，这从一定程度上说是其坚持美式民主普适性的宗

① Douglas Johnston, "Faith-Based Diplomacy and Preventive Engagement," in Douglas Johnston ed., *Faith-Based Diplomacy: Trumping Realpolitik.* New York: Oxford, 2003, pp. 11-32; Douglas M. Johnston, Jr., *Religion, Terror, and Error: U. S. Foreign Policy and the Challenge of Spiritual Engagement.* Santa Barbara: ABC-CLEO, 2011.

教根源。

美国基督教福音派是海外宗教自由的主要提倡者之一，这既出于福音派教义核心对自由的渴求，也是福音派海外扩展的重要前提。基督教自由派亦承认在全球贯彻宗教自由的价值所在，尽管并不赞成福音派的激进做法。犹太人则因自身的历史记忆而成为坚定的同盟者。各类左翼人权团体则视宗教自由为基本人权而加以坚决捍卫。① 宗教自由立法重要的反对团体是以跨国大公司为主体的利益团体，他们认为宗教自由上升到美国安全战略和美国外交政策后的一些具体措施会在中短期影响美国与他国关系，从而可能较为迅速地影响公司在当地的发展，因此对一些立法、政策持反对意见。然而，另一方面这类公司的最终目标仍是通过自由市场切入全球各国经济而实现利益最大化。在最具传教热情和实力、鼓倡宗教自由方面最为坚定、最赞成凭借美国全球霸权实现这一目标的福音右翼的语境中，宗教自由指代的全面自由包括了更为彻底、不加任何限制的自由市场。福音右翼基于其神学、对海外市场极为依赖的跨国大企业基于其商业利益意愿合流，总体而言高度支持全球范围内不加限制的自由市场，因此推进宗教自由仍符合跨国公司的长远利益诉求。② 美国众多大公司对宗教组织的大力支持成为美国宗教组织繁荣发展的重要后盾之一。尽管不同个人和组织在具体措施和进度方面存在分歧，但对美式宗教自由这一主旨的追求趋向一致。塞缪尔·亨廷顿甚至认为："第三波（民主）的标识不妨设计成放置于美元图案上的十字架。"③

因此，现今宗教自由是美国跨越信仰、社会阶层和党派等众多分裂选项的全赢议题。相对而言，这一概念尽管在法理上界定难以完全明晰，但具有鲜明的道德口号性质，极易获社会各阶层和团体的普遍接受。除孤立

---

① 关于1998年美国宗教自由法制定中游说和结盟的具体情况，可参看 Allen D. Hertzke, *Freeing God's Children：The Unlikely Allianceon Global Human Rights*, Rowman& Littlefield Publishers, Inc., 2004。另1998年国际宗教自由立法立法期间，曾遭到一些主流教会的反对，他们担心立法会损害和一些国家业已建立的联系，从而将当地宗教少数派陷于更困难的境地。10余年来，总体而论各国的宗教、民族少数派对该法的评价更为正面，从而扫除了法案修正时来自一些主流教会的疑虑和阻碍。

② 对国内市场更为依赖的公司相对而言更支持贸易保护主义。

③ ［美］塞缪尔·亨廷顿：《第三波：20世纪后期的民主化浪潮》，欧阳景根译，中国人民大学出版社2013年版。

主义者外，多数美国人赞成将宗教自由列入美国外交议题，只是对实现的具体程序存在分歧。同时，就美国的国内政策环境而言。由于美国是发达国家中宗教性最强的国家，打宗教自由牌更易获得普通选民对鹰派政策的支持。

总体而言，美国政府在全球推行美式宗教自由的逻辑是，各国政府均有义务保护其公民的宗教自由，美国则有责任和义务通过外交手段来惩罚保护不力的政府，暗含的价值观是美国标准的宗教自由观具有普世价值。由此美国可通过宗教自由这一议题，倚美国的全球霸权或全球领导力，以美国标准来衡量和制约各国或各地现存的政治制度、社会结构、宗教秩序等多个层面。当前美国对美式宗教自由的全球提倡一定程度上话语上呈现半道德绑架态势，由于美国是全球唯一超级大国，在政治、经济、军事乃至宗教方面均为如此，将美式宗教自由融入其外交政策具备全球效应。

二　推进全球宗教自由：美国的社会资源和政府机制

（一）　美国社会向全球推进宗教自由的四大资源基础。

一是丰富的宗教资源。

美国宗教组织是美国最具活力的公民组织之一，其影响力深入到全球各层面。

美国宗教发展极为发达。美国是宗教最为虔诚的发达国家，不仅荟萃了世界各国的传统宗教，也是新兴宗教兴起最多的国家。美国信徒人口多、信教比例高、宗教种类多、参加宗教场所活动次数频繁、捐献总量高。2011 年人口总数达 3.11 亿人，各种宗教的信徒人数占 83.9%。[1] 美国一年捐往宗教组织（教会及跨教会机构）的金额高达 932 亿美元，捐给包括宗教慈善组织在内的慈善组织的金额则为 2603 亿美元。[2]

---

[1]　The US Religious Land Survey 2008, available at: http://religions. pewforum. org/pdf/report-religious-landscape-study-full. pdf，登录时间：2014 年 3 月 17 日。

[2]　Giving USA Foundation, *Giving USA* 2006. Glenview, Ill.: American Association of Fundraising Counsel, 2006; Robert Wuthnow, *Boundless Faith: The Global Outreach of American Churches.* Berkeley: University of California Press, 2009, p. 24.

美国是世界诸多宗教组织和网络的中心。美国成为政治和经济的超级大国之前，已在 19 世纪末成为宗教超级大国。美国是在第三世界发展最为迅猛的世界福音派的中心，世界福音派的国际网络由美国福音派创建发展，目前美国福音派在世界福音派中居强势领导地位。在主流教会方面，美国基督教协进会在世基协系统地位重要，各主流宗派自身，如美国联合卫理公会、美国福音信义宗协会、美国圣公会等多个宗派在世界相应宗派系统中具极大影响力。美国天主教会在世界天主教会中财力甚为雄厚，在罗马天主教会严密的科层系统中能做到反向对梵蒂冈产生巨大影响，甚至为梵蒂冈设置议程，美国天主教会曾在"梵二"会议中对诸多重要议题的提出和走向发挥重大作用。在东正教会系统，美国是各类东正教系统在美洲的地区中心，是海外俄罗斯正教会牧首驻跸地。众多不同亚传统的东方亚述教会亦在美国发展兴旺，有的教会信仰人数已经超过来源国。美国也是一些在全世界发展极为迅猛的新兴宗教的发源地和中心，如摩门教、耶和华见证会等。

美国是世界宗教输出的超级大国。美国宗教以传教为体、救援和发展为翼，在全世界不断扩张。各类传教组织、救援与发展组织、教育组织以美国为中心，在海外形成蛛网式分布。巨型组织成为美国宗教慈善网络海外扩展的中坚力量，而难以计数的各类小型组织则为网络之基。

美国宗教组织是全球公民社会的重要引领者和其他国家地方政治的积极卷入者。美国宗教组织在全球公民社会的各个层面均表现活跃，其影响力渗透到教育、医疗、环保、农业、人权等多个领域。美国宗教组织基于来自美国自身的经验，积极参与国际至地方各级事务，在国际、地区、国家、地方各层面往往与各级国际组织、政府和各类非政府组织展开密切合作并发挥影响力。美国宗教组织在联合国、世界银行、欧盟等多个机构行动活跃，目前多个以美国为中心的宗教组织在联合国经社理事会具有正式或非正式咨商地位。同时，与各地方的草根群众的联系也非常丰富。众多以信仰为基础的美国非政府组织积极参与世界各地的冲突解决和和平缔造，他们与美国政府、当地政府、各层各级公民社会组织联系密切，通过推动宗教间和跨宗教对话、开展各类培训、进行斡旋和调停，由此深植于众多发展中国家的腹地。

总体而言，美国宗教组织重视在海外推行宗教自由，但在推行方式上存在较大差异。

二是具有全球运行水平的国际非政府组织资源。

美国各类以救援和发展为宗旨的国际非政府组织活动范围遍及全球，一些巨型组织在国际、地区、国家和地方层面都进行多种参与。"9·11"恐怖袭击以来，越来越多的美国非政府组织不仅从事慈善工作，更以实现美式自由和人权为己任，在众多发展中国家，美国等西方大国的非政府组织，不但能在这些国家内部发起大规模行动，且可调动全球舆论的力量，乃至影响美国和西方国家的外交政策，进而影响这些国家的产业、社会政策甚至政治机制。尽管众多倡议性组织为世俗组织，一些组织甚至推动多数保守宗教组织最持反对态度的堕胎和同性恋权利，美式宗教自由是这些国际非政府组织所认定的基本人权，受到大力支持和推动。

三是覆盖面广至全球的媒体资源。

美国的公共媒体素有第四权力之喻，在舆论形成和监督政府过程中发挥重要作用。从广播、电视、报纸等传统媒体到网络媒体、移动媒体等各类新兴媒体，美国媒体的影响力均居世界首位。在社交网站和视频网站方面美国亦具备压倒性优势。在世界宗教蓬勃复兴的大背景下，宗教相关新闻的出现、传播和引起的相应关注均呈爆炸式增长，其中有关"宗教迫害"的新闻更是成为传播事件并国际化议题的重要来源。此外，自20世纪90年代后期以来，美国主流新闻界对所谓宗教迫害事件的关注不断增长，加速了相应议题的整合。同时，美国的宗教媒体亦已形成全方位多层次的全球网络。

四是遍布全球的美国跨国公司。

美国跨国公司是美国宗教组织重要的资金来源，各类传教型、救援与发展型、政治游说型宗教非政府组织所获捐赠有相当一部分来自商业机构。以美国著名保守宗教机构宗教与民主研究所的救援和发展部门为例，可口可乐公司、BP美国制造公司、莫克麦克唐纳公司（Chemonics International, Inc）等多个服务遍及全球的公司为其重要金主。[1] 同时跨国公司亦为美国宗教的跨国传播提供了众多志愿者，众多在海外服务的公司员

---

[1] Available at：http：//www.ird.org/2011report/partners-and-donors，登录时间：2014年3月17日。

工利用业余时间从事传教，有助于美国宗教的全球扩展。

（二）智库型机构与宗教自由战略推进

近几年，众多利益集团对宗教自由在美国长期安全战略中重要性的认识反映在一众智库的研究成果和各类倡议中。自 "9·11" 以来，美国以布鲁金斯学会、哈德逊研究所、美国外交政策全国委员会、皮尤论坛为代表的研究机构及大型智库纷纷加强宗教与政治、宗教与外交、宗教与公共政策方面的研究。约翰·霍普金斯大学保罗·尼采高级国际研究学院把 2009—2010 学年定为宗教之年（Year of Religion），下属研究机构均联系各自研究方向、地域，推动宗教与美国及世界各地政治研究并召开论坛、讲座或发布研究报告。

从工作类型来看，积极推进海外宗教自由的项目类型有两类。

其一是研究—倡议一体型。此类项目有哈德逊研究所的宗教自由研究中心、伦理与公共政策中心、宗教与民主研究所、宗教与公共生活研究所、乔治敦大学伯克利宗教、和平与世界事务中心 "宗教与美国外交政策" 项目等，这些机构组织进行全球宗教自由、宗教迫害方面的研究，与国内外宗教和人权组织进行密集互动，积极举办各类研讨会、成果发布会，骨干人员积极参与外交政策游说，频繁在国会相关各类听证会发表证词。

其二是研究—跨国实践—倡议一体型，如缔造和平联盟、全球参与研究所、国际宗教与外交中心等，这类机构集研究、实践与倡议为一体，以推进民主和宗教自由为终极目标，借自身在西方宗教界以及民间和政界的各类网络和资源，采取灵活姿态与其他国家当地政府和当地宗教团体、公民社会团体展开接触和合作，介入世界各地的冲突解决、和平维持，以及救援与发展，为 21 世纪美国民主输出新趋势。

美国政治的旋转门效应和美国公民社会的高度发达使智库学者的贡献并不限于理论层面，他们往往同时身兼数职，不仅在大学担任教授，也在思想库中担任研究职务，抑或进入政府任职或在政府部门担任顾问，建立、主持或服务推动政策执行的倡议组织，同时与各种教会组织、各类基金会有着密切的往来乃至深度合作。因此其影响并不局限于理论界，而是扩散到美国及全球政治、外交、公民社会组织的各个层面。

(三) 美国政府机制基础

自冷战结束以来，美国政府机制的演进为宗教组织提供了更多进入公共领域的空间，丰富了宗教组织获得政府资助的渠道，减少了宗教组织运用政府资助的限制，这为将宗教自由结合进入美国国家安全战略提供了更多空间。

其一是国会立法。

1996 年，《慈善选择法》[①] 这一具有历史意义的福利改革立法通过，法案规定宗教非政府组织与其他世俗非政府组织一样有权获得联邦资助。1998 年生效、并于 2011 年再获修订并通过的《美国国际宗教自由法》在一定程度上扭转了美国将宗教因素置于外交决策之外的局面，通过美国外交政策实施来"改善"国外的宗教自由状况，美国从联邦层面拥有通过宗教自由议题形塑外交政策的法理基础。根据法案规定，在国务院设立"国际宗教自由办公室"，并设国际宗教自由无任所大使职位，国务院须发表国际宗教自由年度报告，并要求总统对那些所谓侵犯宗教自由的国家采取行动；设立美国国际宗教自由委员会这一跨党派政治机构，并发布年度国际宗教自由报告，要求美国政府采取一系列行动来推进国际宗教自由。该立法修正案力促宗教自由和宗教参与政策融入美国民主和公民社会两大项目、引入美国反恐政策中，扩大在海外促进宗教自由的联邦资金资助，增进宗教行为体的政策行动空间，并提高宗教自由在国务院机制中的地位，同时对特别关注国的处理更为明确。这一法律的颁布和实施在美国外交界普及了这一概念，为进一步发展奠定了基础。

其二是行政法令和机制。

在行政法令方面，自 2001 年始，布什政府通过一系列以往较少有关注的行政命令去除了政府对宗教非政府组织资助的诸多限制，如在获得美国国际开发总署资助的项目中，可以对一些需要信仰声明的职位付薪；可在发挥宗教功能的建筑中进行援助工作，只要不与宗教仪式同时举行；以

---

① "The Personal Responsibility and Work Opportunity Reconciliation Act of 1996," available at：http：//www. mrsc. org/Subjects/HumanServices/welfare/welfare. aspx， http：//thomas. loc. gov/cgi-bin/query/z？c104：H. R. 3734. ENR：

信仰为基础的组织不再必须告之受益者，参加宗教活动不是接受援助的必要前提。① 减少对雇佣人员宗教信仰的要求，从而有利于这类组织内部保持宗教信仰的同质性。仅2003财政年度，联邦政府各机构对基督教组织为主体的宗教非政府组织的拨款即超过10亿美元，② 尤以美国国际开发总署的拨款为最，而该署本身的战略重点即在于世界各国的民主和政府治理，"对诸多民主过渡进程做出了积极贡献"③。

在行政机制方面。2001年1月29日，小布什总统颁布行政命令，成立白宫信仰为基及社区倡议办公室。2009年奥巴马将其重组为白宫信仰为基及邻里伙伴办公室。该办公室帮助以信仰为基础的组织和社区组织在不损害其宗教自由的基础上竞争和赢得政府拨款。在创始之初侧重于国内项目，如今也关注国际项目，如美国总统防治艾滋病紧急项目和总统疟疾项目等，而这些预算巨大的项目拨款亦通过美国国际开发总署分发，为以信仰为基础的组织进一步拓展了活动空间。2001年以来，在司法部、教育部、卫生及公共服务部、住房和城市发展部、劳工部、农业部及美国国际开发总署等11个联邦部门中设立了以信仰为基础的中心。这些中心负责与白宫信仰为基础及邻里伙伴办公室协调，以简化政府规章制度和文书工作，提高信息可及性，帮助以信仰为基础的组织获得管理政府需求必需的技术能力。同时培养政府职员有关以信仰为基础的发展组织及其工作的知识，就相关议题主办会议、组织讨论。经过多年努力，行政部门长久以来形成的教会与国家之间的隔离墙从意识上到实践上有所松动，美国官僚体系的文化逐渐从自觉与宗教隔离，转向将宗教组织视为适当的或可能的

① 除了立法倡议，小布什政府在其第一个任期还请求国会向小的社团提供"富同情心的投资基金"，以便推动它们的发展和雇用必需的专业人员，而在全国范围内这些小的社团大多为以信仰为基础的组织。这获得了国会的批准，而行政部门则运用这笔资金推动以信仰为基础的小型组织和其他社区社会服务小型组织的发展，帮助"平整竞技场"，给予小型组织公平竞争的机会。Mark J. Rozell and Gleaves Whitney eds. , *Religion and the Bush Presidency*, New York: Palgrave, 2007, p. 157.

② David K. Ryden and Jeffrey Polet, "Introduction: Faith-Based Initiatives in the Limelight," in David Ryden and Jeffery Polet, eds. *Sanctioning Religion? Politics, Law, and Faith-Based Public Services*, Boulder: Lynne Rienner, 2005, pp. 4—5.

③ Thomas Carothers. *Revitalizing Democracy Assistance: The Challenge of USAID* (Policy Report), Washington D. C. : Carnegie Endowment for International Peace, 2009, p. 1.

合作伙伴。由此，以基督教组织为主体的宗教组织在政府部门的活动空间不断得以扩展，影响力也有上升趋势。

此外，在州一级行政、立法和司法层面，均出现对宗教非政府组织更为有利的支持，如 2011 年 5 月初，佛罗里达州参议院通过"宗教自由法"，取消佛罗里达州宪法第三部分第一款的规定，撤销公共资金对宗教团体的资助限制。公共资金之前事实上资助了宗教团体，但这一行为不符合州宪法。尽管州层面资助用在美国国外用途方面很少，但说明州层面开始对政教隔离墙在法律层面有所降低，这一变动拥有相当的民意基础，将对美国政教关系、美国宗教非政府组织的资金来源产生重要影响。

三　推进美式宗教自由与美国国家安全和外交格局

民主、安全、繁荣是美国的三大外交目标，在过去的 20 世纪，促进民主的目标往往为更迫切的其他安全目标所挤占。自 21 世纪以来，美国在反恐、阿富汗战争和伊拉克战争中投入巨大，且至今未从金融危机中恢复过来，由此在国家安全战略上不得不调整军事打击战略，强调运用巧实力，更多地采用多边主义，依靠各种手段维持美国的霸权地位，应对新兴大国的崛起。21 世纪全球格局变化令美国的决策者将民主与安全更紧密地结合在一起，从而提升了民主在美国安全战略中的位序。宗教自由是美国民主和人权外交的晴雨表，在美国对他国民主和人权的衡量中成为具有优先位序的指标。

(一) 美式宗教自由与美国国家安全战略

冷战结束之后，随着美国安全战略的调整，宗教自由渐次成为美国定义国家安全的要素之一。

2002 年《美国国家安全战略报告》既强调"先发制人"战略，也提出把输出民主和促进自由作为解决恐怖主义和增进美国安全的手段，有 4 处提及宗教（religion，religious，3 处）或宗教自由（freedom of religion，

1处），表示"采取特别努力以促进宗教和良心自由"①。此后小布什政府的"大中东民主计划"贯彻这一战略，希冀在战争之后对中东进行民主改造，消除恐怖主义土壤。

2006年《美国国家安全战略报告》中，有19处提及宗教（religion，religious，14处）或宗教自由（religious freedom 或 freedom of religion，5处）。报告中强调"在行之有效的民主国家中，自由是不可分割的，政治、宗教和经济自由相互促进、相互巩固。一些政权开放其经济，但试图抑制其政治和宗教自由。这将不会有成效"②。因此，"为了终结暴政和推行有效民主，我们将根据部署，采取包括政治、经济、外交和其他手段的全面措施，包括：呼吁反对践踏人权……运用对外援助支持自由公正的选举、法治、公民社会、人权、妇女权利、媒体自由和宗教自由……响应非政府组织及其他公民社会的呼声，形成创造性伙伴关系以支持和巩固它们的事业"③。

2010年《美国国家安全战略报告》不再强调"先发制人"战略，改变布什时期的单边主义做法，强调多边外交重于军事力量，重视与外界合作对话。由此，提出利用外交、经济革新、发展援助、军事力量以及教育，达到提升美国影响力的目的。报告中有11次提到"宗教"（religion 5次，religious 6次），主要强调宗教对话和超越宗教、种族的藩篱，尊重多样性，表示要致力于在海外推进自由、民主和人权，加速持续发展，通过满足基本需要以提升人们尊严。④ 报告坚持反对恐怖主义，但强调这并非针对个别手段或信仰的战争，将恐怖主义与特定宗教划清界限。

在长期战略利益建构方面，美国官方逐渐将宗教自由和平论与国家安全战略相结合。美国将宗教自由列为人权中第一位序，且肯定对宗教自由的寻求与美国的核心利益，如推进全球民主化进程、去除恐怖主义和宗教

---

① "The National Strategy of the United States of America," September 2002, p. 4, available at：http：//www. state. gov/documents/organization/63562. pdf，登录时间：2014年3月17日。

② "The National Strategy of the United States of America," March 2006, available at：http：//georgewbush-whitehouse. archives. gov/nsc/nss/2006/，p. 4，登录时间：2014年3月17日。

③ "The National Strategy of the United States of America," March 2006, p. 6.

④ " National Security Strategy," May 2010, available at：www. whitehouse. gov/sites/default/files/rss.../national_ security_ strategy. pdf，登录时间：2014年3月17日。

极端主义息息相关，因此宗教自由地位极其重要。同时推进美式宗教自由与推进自由市场、民主制度等殊途同归。将宗教自由纳入美国全球安全战略具有两层属性。其一是宗教自由作为人权的核心和代表性价值纳入美国的全球安全战略；其二是在对外交往中打破隔离墙，将宗教团体和个人纳入美国新公共外交的范畴。

（二）美式宗教自由与战略实施

从美国国家安全战略实施的近期走向来看，出现以宗教自由为由头、以民主和人权为号召，通过外交维持美国霸权地位的态势。除了战争途径之外，美国主要通过两大途径推进全球宗教自由。[①]

途径之一是将宗教自由诉求整合进入新型外交机制。

美国现有外交机制在不断微调以适应当前非传统外交的兴起。自《美国国际宗教自由法》通过以来，美国形成一体（国际宗教自由法）两翼（国务院宗教自由办公室和宗教接触办公室、独立的国际宗教自由委员会）机制。众多国内外宗教组织成为美国评价包括宗教自由在内的全球自由的重要消息来源。《美国国际宗教自由法》在很大程度上保证了政府将宗教自由纳入外交政策及实施所具备的灵活性，可根据各方面的综合考量灵活使用这一概念和标准，成为美国政府可根据自身战略需要而方便举起和放下的巧实力。自该法通过以来，对宗教自由的关注逐渐成为美国国务院日常工作内容，以往对宗教议题陌生的国务院官员日益认识到宗教自由与美国外交政策的相关性。各驻外使领馆与美国传教组织的联系与配合日益密切与稳定，传教组织在当地的事工和当地的触角成为美国政府关于"违背人权"等方面信息的重要来源。奥巴马政府执政前期和中期在外交措辞中并未将宗教自由及人权置于外交优先考量。[②] 但宗教自由始终在美国外交政策中占一席之地。宗教自由议题在目前阶段总体而言更具公共外交意义，是为一杠杆议题，可在有损他国的软实力和国际形象的同时

---

① 有美国学者认为美国过去 70 年的战斗也是与严重侵犯宗教自由的敌人而战。这些敌人包括纳粹德国、朝鲜、越南和萨达姆·侯赛因的伊拉克。Walter Russell Mead, *God and Gold: Britain, Africa and the Making of the Modern World*, New York: Alfred A. Knopf, 2008.

② 2010 年美国国际宗教自由委员会的报告批评了奥巴马政府执政 15 个月期间的人权政策。http://www.uscirf.gov/images/0503uscirf-annualreport.pdf. 登录时间：2014 年 3 月 17 日。

为美国的软实力和国际形象加分。

途径之二是通过将宗教组织整合进入美国的民主输出战略推进宗教自由。

其一，美国注重与以美国为中心的国际宗教组织的联动。美国一直高度重视对外援助对实现美国外交政策的实效性。美国外交与发展的终极目标是"整合巧实力，明确国务院和美国国际开发总署的作用和使命"①。援助目标在于激活和培育援助地公民社会，使之成为民主运转的基石。2009 年，美国国际开发总署等美国政府部门给予基督教救援与发展组织的各项拨款在美国经济危机达到顶峰之际仍继续上升，近两年随着美国经济的复苏而有进一步增长。② 从长远而言，这为以信仰为基础的美国国际非政府组织提供了更多全球扩展的机遇与空间。美国的宗教组织，尤其是基督教组织因其组织网络、财力，以及对美国、国际组织和世界各国的切入与了解，在第三世界的巨大影响力而具有更多的先发优势。这些组织的全球救援和发展工作在一些方面有利于美国推进民主输出。这类组织在世界各国的事工中往往与当地包括宗教组织在内的各类公民社会组织密切合作，在一定程度上成为美国政府与他国公民社会联系的重要中介组织。众多组织高度关注宗教自由议题，部分保守基督教组织则以自身视角衡量所在地的各类情况，并进一步传递和整合信息、形成议题。与之形成鲜明对照的是，世俗组织获得开发总署拨款的比率出现明显下降趋势。③

其二，美国日益注重对国内外宗教组织、宗教领袖的直接接触和介入。美国行政和立法分支注重通过与国外宗教组织有密切联系的救援发展型、政治游说型组织及其领导人的直接联系；国务院日渐重视外交官与当地宗教组织、宗教领袖的直接联动，并为此进行具体培训。现国务院新进外交官须经过宗教自由课程集中培训，这一课程由对美国在海外推行宗教

---

① "Quadrennial Diplomacy and Development Review," available at: http://www.usaid.gov/policy/qddr/index.html. 登录时间：2014 年 3 月 17 日。

② 参见美国国际开发总署 2009—2012 财政年度报告（http://www.usaid.gov/policy/afr09/USAIDFY2009AFR.pdf, http://www.usaid.gov/performance/apr/APR2010—2012.pdf）及各主要美国基督教救援和发展组织财政年度报告（可在各组织官方网站下载查询）。

③ Michael Kranish, "Religious right wields clout: Secular groups losing funding amid pressure," *Boston Globe*, October 9, 2006, available at: http://www.boston.com/news/nation/articles/2006/10/09/religious_right_wields_clout/. 登录时间：2014 年 3 月 17 日。

自由持鹰派观点的专家把持，培训外交官相应理论素养和实践技巧。

其三，将公共外交与传统外交紧密结合、多轨道推进宗教自由以达成民主输出。越南曾于2001—2005年被美国国际宗教自由委员会列为特别关注国。美国宗教自由无任所大使约翰·汉福德（John Hanford）长期与越南政府斡旋宗教自由立法，全球参与研究所随之长期跟进，与越南政府签约，协助越南进行宗教自由立法、培训地方宗教领袖和地方政府官员。现该所已在越南多个省建立稳定网络，与当地新教教会的关系尤其密切。① 2010年3月，该所经过长期接触，又与老挝政府达成具有历史性突破的正式协议，在促进宗教自由等方面展开合作。② 国际宗教与外交中心成立后不久就在苏丹、克什米尔等宗教冲突绵延不绝的地方展开工作，继而在阿富汗、叙利亚开辟第二轨外交，通过高层对话、规模性师资培训等途径促进维和，对这些地方的政府和社会进行机制性参与。这类具有一定美国官方背景、与美国政府联系极为紧密，同时又得到美国社会高度支持的组织目前在多个亚非国家深入促进所在国实现美式宗教自由、培育宗教团体尤其是基督新教团体引领和组织当地公民社会的活力，进而不断引领和推进当地的民主化进程。

其四，美国在对外媒体公关外交中更为注重宗教议题和各国各地宗教组织关心的议题。如"美国之音"等媒体对相关情况大量倾向明显的报道体现或透露了美国政府的相应立场和对各国各地宗教、人权组织的道义及实际支持，事实上一定程度成为美国政府向相关组织直接喊话的工具之一。

（三）推进全球美式宗教自由对实现美国国家安全战略目标的成效与限制

目前相应政策的实施对美国实现其战略利益已带来一定实效，主要表现在以下方面。

一是为美国赢得国际话语权和修补美国形象。

---

① 参见全球参与研究所越南项目介绍，available at：http：//globalengage. org/relational-di-plomacy/countries/vietnamm，登录时间：2014年4月23日。

② Press release，"IGE's Relational Diplomacy Results in Historic Accord，"April 5，2010，avail-able at：http：//www. globalengage. org/pressroom/releases/1149-iges-relational-diplomacy-results-in-historic-accord. html，登录时间：2014年3月17日。

从字面意义而言，推行宗教自由与美国的政治、经济和军事利益似无直接联系，体现了美国的道义性追求，对宗教自由的肯定与推进令美国在人权事务上更具有国际话语权，有助于修补美国作为仁慈帝国的形象。宗教自由事关社会各阶层民众的日常生活，对宗教自由的号召将美国的国家利益和世界其他国家的众多不同群体的诉求进行对接。美国对宗教自由的推进实质上进一步密切了美国与众多发展中国家现任政府的诸多批评者乃至反对者、社会的各类少数派群体的关系，由此美国进一步成为诸多"被压迫者""边缘群体"的保护者。

二是修补和发展美国的战略机制，长铺美国国家安全的海外防线，将干涉他国内政合理合法化。

以宗教自由为由头，可直接触及世界各国内政多方面事务。目前美国已通过促进越南、老挝等国的宗教及其他相应政策和机制改变以完善美国的海外战略部署。同时丰富了美国国内政府机构与国外各类政府和非政府组织的对接，为美国国务院、国会等政府系统更为直接地切入他国地方政府、海外宗教、人权组织和个人提供了管道。

三是促进了美国对美标国际规范的推动和制定。

美国国际宗教自由法的通过和长期实践进一步推动了美式法治主义的全球化扩展，将国内政治国际化，用美国国内法律规范国际政治，不断突破其作为美国国内法的边际效应。冷战时期，美国外交强调实力与遏制这一现实主义路径，而非以"法治"促和平。如今美国亦注重成为国际规范的推动与制定者，美式宗教自由的定义和标准在美国国际宗教自由法实施后14年中为国际社会所广泛讨论，在一定程度上美国塑造了这一议题并大力推动了议程开展，在全世界发挥了示范效应。例如目前加拿大已随其后开启国际宗教自由立法进程，并已于2013年在外交部增设宗教自由办公室。

四是增进了以本国为基础的国际非政府组织的海外参与能力。

美国政府对国际宗教非政府组织及其他国际非政府组织的法律、政策、资金支持有助于这类非政府组织更广泛深入地切入世界各国腹地，将世界各国腹地的组织和个人纳入国际网络，进而提高了以美国为基础的国际非政府组织及其相应国际网络的社会事工和政治倡议能力，有利于美式价值观和各类机制更为深入地植入发展中国家。

同时，推行这一目标受到多方面的制约和反对。从美国国家的角度而言，其实施受到多重限制。

限制之一是与美国国内政教分离原则之间的矛盾。

尽管宗教与政治的边界在美国政教关系的试错演进中远非一成不变，美国国家的政教分离本质从未改变。美国在推进全球宗教自由时往往需要借助国内外宗教组织的各种力量，如何不越过政教分离的边界仍是政府需高度关注的问题。目前美国借助宗教推行民主化仍属有限介入，国家对相关因素、渠道和组织的借助持非常小心谨慎的态度。[①]

限制之二是美国自身在推进中因国家利益限制而在实践中言行不一的制约。

推行美式国际宗教自由在一些情况下与美国其他方面的具体战略利益形成对立冲突，给美国外交造成轻度困难局面，如与美国长期盟友沙特阿拉伯的关系因此议题而曾有波动，不利于美国大中东战略具体政策的实施和阶段性成果的取得。由此为实现其他战略目的，美国采取灵活政策，对不同国家的区别对待。如对沙特阿拉伯的宗教自由状况，小布什总统就曾因国家利益缘由而行使豁免权；对以色列的宗教自由情况，出于美国的战略考虑和美国福音派对以色列的无条件支持而呈现选择性失明。这使美国的国际宗教自由政策更显工具性而非目标特性。

限制之三是材料来源、议题形成和分析视角的限制。

美国在裁判他国宗教自由问题时，往往纠缠进入他国阶级、民族、移民等诸多矛盾中。国务院宗教自由办公室和美国宗教自由委员会均人力有限，两机构信息来源高度重叠，无法对每一个个案进行详细核查，同时偏信消息来源方的说法，这都不利于其报告在全球的公信度。

美国在全球推行美式宗教自由对不同国家的效应根据各国的国情、美国的相应战略和政策不同而有区别。

在应对西方发达国家的宗教议题方面，尽管美国亦对一些西方发达国

---

① 美国国内赞成宗教积极介入美国外交的政学教界人士对现状强烈不满，认为美国没有盘活制度资源和宗教资源推进全球的宗教自由，损害了美国的长远战略利益。"Report of the Georgetown Symposium on Religious Freedom and National Security Policy," Washington D. C.：Berkeley Center for Religion, Peace and World Affairs, Gerogetown University, 2010.

家的宗教自由状况进行批评，但仅只是法律或政策细节方面的批评，而非对从机制至政策的全面批评。并且，基于这些国家的机制和社会现实情况，欧盟及欧盟国家同样通过包括宗教自由在内的人权外交达成其国际战略，美国的宗教自由战略并不触动这些国家的核心利益。同时这些国家与美国之间存在长期战略同盟关系，因此以欧盟国家为首的发达国家仍是美国的国际宗教自由战略的同盟者。

在应对发展中国家宗教及相关议题方面，美式宗教自由为一包罗众多子项的整体性标准，并与美国自身的全球战略、不同国家千差万别的传统和国情相结合进行评判和推行。在短期外交政策上，美国一般对其战略盟国网开一面，对其他国家则根据其战略需要采取相应政策形成外交压力，并通过政府合作和非政府组织渗透的方式推进战略。从长期战略来看，美国采取多管齐下的方式灵活地对多个国家的转型进行渐进式推动。

美国这一战略的制定和战术的实施在不同程度上触及多个国家的核心利益或重要利益。众多国家将这一战略视作美国基于自身利益绑架宗教自由以干涉他国内政。众多社会，尤其是那些以伊斯兰教为主要宗教乃至国教的国家中的社会将美国推进美式宗教自由看作"文明冲突"的当代版本，认为美国企图摧毁当地的社会和价值体系。由此，美国的宗教自由推进在机制和实践层面均遭到不同层面的批评乃至抵制。美国对其他国家宗教自由的评判标准、资料来源乃至相关机制设置，以及将宗教自由议题扩散以配合其他战略目标的一些行为尤其引发一些外国政府和社会团体的严重关切和不满。在美国加强对一些国家和地区民主输出的举措后，往往有一些基督教基要派组织进入并进行排他性传教、救援和发展工作；在对外救援发展资金调配方面，美国偏重保守基督教组织的行为及后果亦受到国内外广泛抨击。很多国家的社会团体认为美国的宗教自由推进旨在为基督教传教和改教打开大门。

四 宗教自由与当前中美关系

（一）美国对华推进宗教自由的时代背景。

近年来中国的发展引发美国政界和思想库组织的深切关注和长远忧虑。2006年，普林斯顿大学发布普林斯顿国家安全项目最终报告《铸造法治之下的自由世界：21 世纪美国国家安全战略》，认为全球层面有法可依的自由社会是美国的安全基石，因此美国必须在全球构建自由机制。报告指出美国安全的前四位威胁和挑战是中东、全球恐怖网络、核武器的扩散与转移、中国崛起及东亚秩序。[①]

自美国最近一波金融危机发生以来，聚焦中国的研究已成为华盛顿各大智库国际问题研究的最热门主题之一。众多思想库的报告认为中国所谓"极权 + 发展"的模式从长远来看，危害美国全球领导地位，对基于资本主义的经济繁荣和以市场自由主义为核心的"华盛顿共识"这一美国软实力重要来源形成挑战，是对美国全球利益的巨大威胁。[②] 极力倡导促华宗教自由的保守基督教组织与共和党渊源深厚，而人权议题又是民主党的传统中心议题。提倡宗教自由和限制中国是美国政坛不可多得的两党重叠一致议题，因此，尽管宗教自由议题并非中美关系的核心议题，却是美方对付中国的一大抓手。

在此背景下，推行宗教自由成为消弭中国"威胁"的重要途径。基于自身立场倾向和各类研究成果，很多西方研究者认为中国目前民间意识形态具有后共产主义的碎片化倾向。目前美国有研究机构认为中国的宗教自由现状特点为政府高度限制和社会低度限制，[③] 因此实质靶心不在中国

---

① G. John Ikenberry and AnneMarie Slaughter, "Forging a World of Liberty under Law, US Strategic Security in the 21st Century," Final Report of the Princeton Project on National Strategy, September 27, 2006, available at: http://www.princeton.edu/~ppns/report/FinalReport.pdf, 登录时间：2014 年 3 月 17 日。

② 这已成为华盛顿多个思想库宏观项目或中国项目的热点议题，全面分析这一问题的著作已于 2010 年出版并获得多个保守智库组织和报纸杂志的大力推崇，可参见 Stefan Halper, The Beijing Consensus: How China's Authoritarian Model will Dominate the Twenty-First Century, New York: Basic Books, 2010.

③ 具代表性且有较大影响的研究成果为 2009 年 12 月 17 日美国皮尤宗教与公共生活论坛发布的对 198 个国家和地区 2006 年到 2008 年间情况所作的"全球宗教限制"研究报告。该研究报告把对宗教的限制分为政府限制（横轴）和社会限制（纵轴）两大类，限制程度从高到低分为非常高（严重）、高（严重）、温和、低等级别。报告综合考量两类限制，认为世界上最受限制的国家是沙特阿拉伯、巴基斯坦、印度、埃及、印度尼西亚和伊朗等国，中国为政府非常高限制、社会低限制。参见 "Global Restrictions on Religion," (Report) Washington D. C.: Pew Forum on Religion and Public Life, Dec 2009, available at: http://www.pewforum.org/uploadedFiles/Topics/Issues/Government/restrictions-fullreport.pdf, 登录时间：2014 年 3 月 17 日。另可参见徐以骅《后传教时代的宗教与中美关系》，载徐以骅、涂怡超、刘骞主编《宗教与美国社会》（第七辑），时事出版社 2012 年版，第 70—97 页。

社会、传统宗教或文化，而在于中国现行制度，推动宗教自由有利于中国公民社会形成、由下至上最终促成中国政治制度转型，这既符合美国的长远战略利益，也为美国基督教组织在中国的发展开辟空间。由此，中美均有人将在中国推行西式民主的希望寄托于美式宗教自由在中国的实现，并看重中国地下教会在"民主"进程中的引领作用。国内外均出现一批活跃的华人政治基督徒并获得美国民间乃至官方不同程度的支持或关注。

（二）美国通过推动美式宗教自由制衡中国的途径与效果。

美国以内外并举的方式推动美式宗教自由制衡中国。

其一为直接制衡。

使用宗教自由为话语和工具，直接切入中国国内的三层核心利益，对中国进行"西化"和"分化"。美国认为中国的基本制度与美式宗教自由标准存在内在冲突，将西藏、新疆等地因经济发展不平衡等原因产生的民族矛盾扭曲为宗教自由问题，危害中国的国家主权和领土完整，片面强调中国需达成美式宗教自由，相对弱化生存权、发展权等在发展中国家更为重要的权利。美方（官民双面）对中国基督教地下教会、"疆独"和"藏独"的扶持则有可能滋生、强化、激化社会、族群矛盾，甚至催生对立。

从机制角度上看，中国是美国国际宗教自由委员会和美国国务院宗教自由办公室调研的头号目标，两机构自成立至今的所有年度报告均将中国列为特别关注国，中国在特别关注国名单上长期与朝鲜、伊朗、苏丹等国为伍。2010年，美国再度加强所谓价值观外交，在中美关系中更为重视打人权政治牌。2011年美国国际宗教自由法修正案通过，宗教、人权组织获得更多机制、政策、资金扶持的空间在一定程度上增大，对在华、涉华的宗教及人权组织的扶助力度进一步加强。

在主推议题上，美国在论及中国宗教自由现状时主要聚集于以下六类问题。一是中国的法治和宗教管理问题。认为中国的法制建设还没有达到国际标准，中国的法治文化环境尚待发育，这都影响到中国的宗教自由。二是地下教会。以美国标准来看待中国的宗教登记问题，认为中国政府依法对地下教会的管理侵犯了信徒的宗教自由，对基督教徒形成迫害。三是西藏、新疆问题。认为西藏和新疆的宗教自由受到了严格的限制，低估

"藏独""东突"分子对国内和国际安全的莫大威胁，指责中国是借反恐之名约束两地的宗教自由，并以多种方式支持"藏独""疆独"分子，各届美国总统均多次会见达赖。四是中国对邪教类膜拜团体的处理问题。他们漠视部分膜拜团体对公共安全的危害，将中国对这一类组织的取缔当作中国侵犯公民宗教自由和人权的重要"罪证"。五是朝鲜脱北者问题。美国将脱北者看作逃离朝鲜信仰极度不自由的难民，要求中国接纳而不是遣返这些"难民"，并通过《北朝鲜人权法》直接表明美方立场和解决程序。六是中国香港民主化问题。近年来，国务院和宗教自由委员会的年度报告均反复提到中国香港的民主进程。总体而言，其隐含逻辑目标为中国的国家制度和中国共产党的意识形态，一定程度上将冷战思维用宗教自由进行新的包装。

在推进策略上。美国在华推行宗教自由具有两大特色。其一是将推行宗教自由与促进公共宗教并重。中国政府从管理角度而言，更倾向宗教私人化，在宣传口径上往往强调宗教为私人信仰，而美国政府则支持宗教的公共表达，多类人权组织和宗教非政府组织注重在海外宣传宗教的公共性，强调宗教的社会参与和政治参与。其二是化整为零，借助各类宗教类非政府组织，尽力绕过中国宗教事务管理部门，透过与教育、卫生、民政等部门合作在华开展各类活动。

在推进路径上。美国注重官民并举，既注重官方层次的沟通和外交压力，同时又深度认识到现阶段外交压力对中国内政的有效性，注重通过两国的民间交往逐渐推动中国的社会转型。在推进层次上则国际、双边和社会层次全面开展。通过联合国人权理事会、联合国儿童基金会等一系列国际组织将中国的宗教自由问题国际化；透过双边外交敦促中方以美方所期待的方式改善中国宗教自由情况，同时美国国会、国务院等多个机构进一步直接和间接地丰富和发展在华、涉华的中国国内外非政府组织，相关个人的联系；美国各类非政府组织，如各类基金会、智库、宗教救援与发展组织近年来在华活动更为深入，推动以宗教自由为集合概念、涵盖众多民权民生议题的法治化进程。

其二为间接制衡。这对中国的海外战略和利益在一定程度上出现围堵和侵蚀趋势。

首先，该议题的形成和传播直接损害中国的全球软实力，尤其在美国等西方发达国家的普通民众中、亚非拉多国的草根基督徒中损害中国的国家形象；其次，借助推进宗教自由逐步实现对中国的战略包抄。美国日益直接而深入地介入东亚、东南亚、南亚、非洲部分国家的广义宗教自由议题，采取制定国内法进行干涉、多层次外交等方式进行推进，并支持美国一些以信仰为基础的非政府组织直接影响越南、老挝、缅甸等多个中国周边国国家和地方的法律、政策及实施，参与当地社区建设，渐次深入各国社会转型进程。此外，获得美国政府资助的美国宗教非政府组织广泛进入中国周边国家及其他中国具有重大战略利益的国家，通过直接作业和业务发包深植当地社会。奥巴马执政以来，希拉里和奥巴马在与缅甸官方进行接触时，均持续敦促缅甸贯彻宗教自由。"缅甸回归国际社会取决于对基本自由的尊重，包括对基督徒和穆斯林基本自由的尊重。"① 美国国际开发总署亦恢复对缅援助工作。2010年以来，缅甸开始倾向于按照美国议程推行其宗教政策，同时与中国关系有疏离趋势。

对于中国这样一个发展中大国，美国在很多领域与中国既合作又竞争，但双方都趋向于保持斗而不破的格局。宗教自由议题的近期效应处在这一格局之中。

结　语

《美国国际宗教自由法》实施17年来，美国从理念、机制、组织和行动四大层面不断推进宗教自由与美国国家安全战略的结合。美国国家和社会针对世界各国的不同国情，采取灵活方式在各国对宗教自由进行理念宣传、行动推进、组织接轨和机制嵌入。美国对美式国际宗教自由的推进在多个层面对中国软实力造成影响，不同层面上有损中国海外利益，但短中期内更多体现为间接和隐性效应。基于现实世界体系，该战略对当前两国关系影响较为有限。由于该战略及其机制的长期确定性、宗教和人权全

---

① "Remarks by the President at National Prayer Breakfast," Feb. 6, 2014, available at: http://www.whitehouse.gov/the-press-office/2014/02/06/remarks-president-national-prayer-breakfast. 登录时间：2014年3月17日。

球接触效应的草根性与滞后性，宗教自由有可能成为中美长期战略互动和中国政治、社会转型中的重要变量之一。

（涂怡超：复旦大学美国研究中心副研究员）

美国的"能源独立"及其
对全球能源格局的影响[*]

潜旭明

【内容提要】本文考察了美国"能源独立"的演进、美国页岩气产业的最新进展。分析了页岩气革命对全球能源地缘政治格局的影响：美国对国际能源价格的影响增加，可再生能源发展受到影响，美国对外战略的重心向亚太转移，并对天然气市场产生影响。进而分析了美国"能源独立"对中国的启示。

【关键词】美国能源政策　页岩气革命　"能源独立"　全球能源地缘政治

一　美国"能源独立"的演进

20 世纪 70 年代到 80 年代，美国经受了两次石油危机，受石油危机影响，美国制定相关政策和法律，加快开发和使用新能源，实现能源自立。1973 年 10 月，尼克松提出了"能源自立计划"。^① 其后提出了一系列建议，要求在全国推行《能源自立计划》。主要目的是开发石油潜力而不

---

* 本文为国家社会科学基金资助项目（12CGJ009）、教育部人文社科青年基金项目（13YJCGJW016）的研究成果。

① ［美］维托·斯泰格利埃诺：《美国能源政策：历史、过程与博弈》，郑世高、刘晓青、孙旭东译，石油工业出版社 2008 年版，第 15 页。

依赖外国的石油资源，到 1980 年实现美国能源自立。① 福特总统也曾经制订了"能源独立蓝图"的计划，要求美国 1985 年完全实现能源自给自足；由于计划没有经过科学的规划，它所设定的目标没能实现。卡特总统上台之后，把能源问题置于优先地位，出台了《国家能源计划》（*the National Energy Plan*），② 计划把美国的能源需求的年增长率降至 2% 以下；把汽油的消耗量减少 10%；把石油的进口量减少到每天 600 万桶；在 90% 的美国人住宅和所有的新建筑上安上绝热设备；在 250 万套住宅里使用太阳能。③ 卡特政府还颁布《合成燃料法案》，要建立合成燃料企业，从煤页岩、沥青中制取合成燃料。布什总统签署了《1992 年能源政策法》（*the Energy Policy Act of 1992*），④ 该法律提高联邦、州的公共事业、企业、家庭建筑的能效标准，政府资助可再生能源项目研究开发和商业化，通过税收和政府补贴鼓励使用节能的或替代能源的设施；政府资助使用替代能源汽车的发展，建立利用可再生能源的研发项目，建立清洁煤技术的研发和推广项目。⑤ 21 世纪以来，美国政府通过了一系列关于能源的法律法规，加强能源的国内供给，降低对国际能源的依赖度。美国政府利用法律手段和财税杠杆，提倡能源节约，大力发展可再生能源，研发替代能源和以天然气与核能为主的清洁能源，塑造多元化能源格局。

2001 年 5 月 17 日，美国国家能源政策研究小组公布了《面向美国未来的可靠、经济和环保的充实能源》（*Reliable, Affordable, and Environmentally Sound Energy for America's Future*）报告，提出了美国新的能源政策。⑥ 该报告认为，当前美国在能源方面面临的主要挑战是：节约能源，改进能源基础设施并使之现代化，以保护和改善环境的方式扩大能源供

① Benjamin Shwadran, *Middle East Oil Crisis Since* 1973, Boulder and London: West view Press, 1986, p. 91.

② Foreign Policy Research Institute, *Oil Diplomacy: The Atlantic Nations in the Oil Crisis of* 1978—1979, Philadelphia, 1980, p. 6.

③ 华泽澎：《能源经济学》，石油大学出版社 1991 年版，第 392 页。

④ U. S. Department of Energy, Timeline of Events: 1991 to 2000, http://energy.gov/manage-ment/office-manage ment/operational-management/history/doe-history-timeline/timeline-events-3.

⑤ 王波：《美国石油政策研究》，世界知识出版社 2008 年版，第 111 页。

⑥ National Energy Policy Development Group, *National Energy Policy*, May 2001, http://www.whitehouse.gov.energy/.

应。做好这些工作对于发展经济、满足日益增长的人口的需求和提高美国人民的生活水平都极为重要。为应对这些挑战，美国政府需要致力于解决的问题是：更有效地使用能源，能源基础设施的改造和扩建，在保护环境的同时扩大能源供应。该报告认为，国家能源政策要实现五个具体的国家目标，即节能工作的现代化、能源基础设施的现代化、能源供应的扩大、保护和改善环境工作的加速、国家的能源安全的加强。①

2005 年 8 月，美国通过了《2005 年能源政策法案》（*Energy Policy Act of 2005*），该法案以确保国家能源供给、维护国家能源安全为宗旨，以节约能源、提高能效、开发新能源为内涵。② 该法案通过奖励、补贴和税收优惠等措施，鼓励提高能效和清洁能源生产。该法以增加国内能源供给、降低能源国际依存度和节约能源、"开源节流"并重的政策思路来替代以往主要依靠国外能源资源来保证能源安全，保证未来美国的能源供给。③

2007 年 12 月 19 日，美国通过了《2005 年能源独立和安全法案》（*Energy Independence and Security Act of 2007*），该法案共包括提高交通工具效率、增加生物燃料、提高家用电器和电灯的标准、在建筑和工业中节能、在政府部门和公共机构中节能、加快研发、碳捕获和隔离、提高能源政策的管理、国际能源项目、绿色工作、能源运输和基础设施、小企业能源项目、智能电网、水的安全等 14 部分。④《2007 年新能源法案》的主要目标是调整能源消费结构、实行能源多元化、大大减少对进口石油的依赖。

2009 年 2 月 17 日，美国通过了《美国复苏与再投资法案》（*American Recovery and Reinvestment Act*），该法案的重点是发展新能源和保障就业，大力发展新能源，包括发展高效电池、智能电网、碳储存和碳捕获、可再生能源如风能和太阳能等。为应对气候变暖，美国通过一系列节能环保措

---

① National Energy Policy Development Group, *National Energy Policy*, May 2001, http：//www. whitehouse. gov. energy/.

② 周敏：《美国〈2005 年能源政策法案〉评析》，环境管理专业硕士学位论文，厦门大学，2008 年 9 月，第 8 页。

③ *The Energy Policy Act of 2005*, http：//eere. energy. gov/buildings/appliance standaeds /pdfs/ epact2005 appliance stds. pdf.

④ 110th Congress, *Energy Indepenence and Secrity ACT of 2007*, Public Law 110 - 140 - DEC. 19, 2007. http：//www. afdc. energy. gov/laws/eisa.

施大力发展低碳经济。[①]

2009 年 6 月 26 日，美国众议院通过了《2009 年美国清洁能源与安全法》，该法的立法目的是创造新能源行业的就业机会来推动美国的经济复苏，减少对国外石油的依存度来实现美国的能源独立，通过减少温室气体排放来减缓全球变暖，最后过渡到清洁的能源经济。该法的主要特点为：一是强调发展新能源和可再生能源。该法要求电力公司到 2020 年通过可再生能源发电和提高能源效率满足 20% 的电力需求；新清洁能源技术和能源效率技术的投资规模将达到 1900 亿美元。二是鼓励技术创新。该法提出，到 2025 年，基础性的科学研发的投资规模达到 200 亿美元，电动汽车和其他先进技术的机动车投资规模达到 200 亿美元。到 2015 年将有 100 万辆插电式混合动力车投入使用。[②]

二 "能源独立"与页岩气革命

奥巴马总统上台以来，把能源问题放在政策的优先位置上，通过能源独立计划，推动能源产业转型，大力发展新能源和可再生能源，大规模开发页岩气。2012 年 1 月，奥巴马总统在国情咨文中指出，美国拥有满足 100 年需要的天然气（主要是页岩气），美国政府将采取一切可能的措施，安全地开发页岩气，为汽车和工厂提供更清洁更便宜的能源，这一产业将在未来十年内为美国带来 60 多万个就业岗位。并提出能源总体战略（The All-of-the-Above Energy Strategy），支持经济的发展、创造就业岗位，提升能源安全、发展低碳技术，为未来清洁能源打下基础。[③] 2014 年 1 月，奥巴马总统发表国情咨文，正式提出了以继续增加天然气供应为主，

① American Recovery and Reinvestment Act of 2009, http://en. wikipedia. org/wiki/American_ Recovery_ and_ Rein vestment_ Act_ of_ 2009.

② 杨泽伟:《〈2009 年美国清洁能源与安全法〉及其对中国的启示》,《中国石油大学学报》（社会科学版）2010 年第 1 期。

③ The White House, Office of the Press Secretary, Remarks by the President in State of the Union Address United States Capitol, January 24, 2012. http://www. whitehouse. gov/the-press-office/2012/01/24/remarks-president-state- union-address.

发展低碳经济的战略。[1]

随着美国水平井与分段压裂综合技术等一系列的技术创新与成熟完善，为页岩气等非常规天然气的商业化开采奠定了基础。利用这一技术，原先被视为不可能被开发的页岩层油气资源得以大量开采。美国本土油气产量自 2008 年开始迅猛增长。2008—2011 年，美国国内天然气产量年均增长率达 4.49%，仅以 2011 年计，同比增长达 7.81%。天然气产量的 44% 来源于非常规天然气。[2] 2011 年美国超过俄罗斯成为世界第一大天然气生产国。根据美国能源信息署预测，美国的页岩气产量将由 2012 年的 9.7 万亿立方英尺增加到 2040 年的 19.8 万亿立方英尺，页岩气在美国天然气的比重从 2012 年的 40% 上升到 2040 年的 53%。[3] 美国的石油产量也得到了提高，从 2009 年起，美国扭转了石油产量下滑的势头，2012 年美国原油产量达到了 650 万桶/天，同比增幅 13.8%，石油总产量达 23.8 亿桶。同年，美国越过了石油净进口量和进口依存度双双上升的拐点，开始出现下行趋势。[4]

美国的"页岩气革命"取得了巨大的成功，有助于美国摆脱当前的经济困境，缓解了美国的就业问题，为其经济的复苏注入活力。2012 年，页岩气和页岩油的生产在美国已经创造了 80 万个就业机会，在五年之内，仅页岩气和页岩油业收益就可使 GDP 年增长率提高超过一个百分点，并新创造 300 万个工作岗位。同时，天然气价格的下降又可使美国人均开支每年减少近 1000 美元。[5] "页岩气革命"正在推动美国工业复兴，美国天然气发电量占总发电量的比例从 2001 年的 17.1% 跃至 2011 年的 24.7%，得益于低廉的天然气价格，美国的一些高能耗企业正在回归本国，美国各

---

① The White House, Office of the Press Secretary, President Barack Obama's State of the Union Address, January 28, 2014. http：//www. whitehouse. gov/the-press-office/2014/01/28/president-barack-obamas-state-union-address.

② 张抗：《美国能源独立和页岩气革命的深刻影响》，《中外能源》2012 年第 12 期，第 1—16 页。

③ EIA, Annual Energy Outlook 2014, April 2014, pp. Mt—23.

④ EIA, Annual Energy Outlook 2012, April 2013, p. 2.

⑤ Roger Altman, "The US Economy May Surprise US All", September 3, 2012, http：//www. ft. com/cms/s/0/f7ec 3e66-f5ac-11e1-bf76-00144feabdc0. html # axzz2DDwVPqSh，访问日期：2014 年 10 月 31 日。

企业计划向造纸、化工、废料、钢铁、铝、轮胎和塑料等行业新增高达720亿美元的投入，这些投资可以在美国国内创造118万个工作岗位。[1]美国页岩气和页岩油的产量增加还有助于削减其财政赤字和政府债务。随着美国国内油气资源的开发，特别是页岩油和页岩气等非常规油气资源的大量开采，美国将逐渐降低进口能源依赖度，并有可能逐步实现其"能源独立"的目标。这就意味着美国将因此节省大量的资金，其不断恶化的财政赤字和政府债务也将有所缓解。[2]

三　美国"能源独立"对国际能源格局的影响

美国的"能源独立"不仅有利于其经济的复苏，还将对全球能源地缘政治格局产生巨大的影响。随着美国页岩气和页岩油的大规模开发，世界油气版图发生了新变化，新的能源线北起加拿大的艾伯塔，向南穿过北达科他州和得克萨斯州南部地区，再经过法属圭亚那沿海的一处新发现的大油田，最后到达巴西附近发现的海上超大油田，世界石油版图的中心从中东中亚转向西半球。[3] 全球将形成以中东中亚为核心的东半球常规油气能源中心板块和以美洲为核心的西半球非常规油气资源中心板块的"东西两极能源供应格局"。[4]

首先，页岩气革命使美国能源产量大增，对国际能源价格的影响增加。欧佩克对石油生产和定价权减弱。在短期内，在国际能源体系中，形成以中东、中亚、俄罗斯、北美为主体的四大能源供应板块，以欧洲、东亚、南亚三大区域为主体的能源需求板块的国际能源供求大格局。美国、

---

[1]　American Chemistry Council, "Shale Gas, Competitiveness and New U. S. Investment: A Cast Study of Eight Manufacturing Industries", May 2012, http://www.american-chemistry.com/policy/energy/shale-gas-com-petiiveness-and-new-US-Investment.pdf, 访问日期：2014 年 11 月 1 日。

[2]　孔祥永：《美国"页岩气革命"及影响——兼论对中国页岩气开发的启示》，《国际论坛》2014 年第 1 期。

[3]　Daniel Yergin, "Oil's New World Order", *The Washington Post*, October 28, 2011, http://www.washingtonpost.com/opinions/ daniel-yergin-for-the-future-of -oil-look-to-the-americans-not-the -middle -east/2011/10/18/gIQA xDw7L_ story.html, 访问日期：2014 年 11 月 1 日。

[4]　李扬：《非常规油气资源开发现状与全球能源新格局》，《当代世界》2012 年第 7 期，第 50 页。

俄罗斯和中东国家在国际能源市场的竞争加剧，国际石油、天然气价格将会下降。从长期来看，由于石油、页岩气是不可再生能源，随着大规模开采和使用，石油、页岩气总会有枯竭的一天。在新能源没有取得突破性进展之前，美国、欧洲、日本、印度包括中国对石油、天然气的需求不会减少。因此，调整能源结构、大力发展新能源和可再生能源，发展低碳经济成为世界各国的必然选择。

第二，页岩气的大规模开发使可再生能源的发展受到影响。美国大力开发页岩气，导致页岩气的价格下降，对可再生能源形成一种替代效应，从而对可再生能源产生巨大的冲击，美国大的新能源企业面临破产风险，美国对可再生能源的开发步伐变得相对缓慢，2012年，美国绿色能源投资为356亿美元，比之上年下跌37%。[①] 为保护本国的新能源产业，美国推行贸易保护主义政策，对中国光伏产品和风能产品实施双反调查，征以惩罚性关税，中国的太阳能和风能产业面临巨大的压力。在美国的带动下，加拿大、墨西哥、阿根廷、澳大利亚、中国、印度、印度尼西亚等国都对页岩气进行了勘探或开发。由此可以预测未来10年能源结构中天然气将超过煤炭，成为第二大能源，甚至可能与石油并驾齐驱，由此也将减缓非化石能源即可再生能源的开发力度。[②]

第三，随着页岩气的大开发，美国能源自给程度不断提高，美国对外战略的重心已从保证能源供给安全转到保护国土安全和经济安全，中东在美国的国际能源战略中地位正在下降，从而使美国在处理中东事务时具有更大的灵活性。随着亚太经济的进一步崛起，美国的全球战略重心逐渐向亚太转移。

第四，由于天然气远距离输气的成本较高，加之贸易方式和政治因素的影响，目前尚无全球性天然气市场，只有北美、亚洲和欧洲三大区域市场，这三大市场的价格几乎没有任何关联。页岩气的大规模开发将大幅提高液化天然气的供应量，液化天然气贸易的灵活性将有可能改变长期合同

① 美国有线电视新闻国际公司网站：《中国在绿色能源投资方面打败美国》，http://ww.cnn.com。

② 林珏：《美国的"页岩气革命"及对世界能源经济的影响》，《广东外语外贸大学学报》2014年第2期。

的贸易方式和三个区域市场价格各自相对独立的格局,从而使天然气价格和油价脱钩并加速全球天然气市场的一体化进程。①

四　美国"能源独立"对中国的启示

美国的"能源独立"使其成为世界上发展速度最快的天然气生产国,为美国能源态势的转变、经济复苏及外交战略调整等带来了一系列积极的变化。页岩气革命最先发生在美国,主要原因在于:第一,科研的深入与技术的创新。研究团队多年的钻研与企业的实践结合在一起,使得水平压裂法和水井钻井技术等开采技术获得突破性进展或改善。第二,政府政策的支持。政府科研资金的投入,新能源开发的补贴政策,以及在企业能源转换与替代、并网方面所做的政策引导。第三,能源价格的上涨。为页岩气的开发提供了获取利润的空间,促进了中小型私人企业投资的热情。②

根据美国政府多家机构组成的研究团队通过测量和评估发现,全球页岩气技术可采资源量29.2%在北美、27%在亚太、43.8%在其他地区,其中中国页岩气资源最为丰富,约占世界比重20%。中国陆域页岩气地质资源潜力为134.42万亿立方米,可采资源潜力为25万亿立方米,理论上可满足中国今后两个世纪的天然气需求。③ 对于中国而言,美国的能源独立提供了诸多启示:

首先,加强研发,实现技术和管理创新。中国已经制订出《页岩气发展规划(2001—2015年)》,并在试采区开发出62口页岩气井,但中国的页岩气主要分布地区不仅地表环境较差,多山区或沙漠,而且页岩气层的储层比美国的储层要深,开采成本极大,每口井成本竟高达1600万美元(而美国只有几百万美元),④ 因此需要政府在研发领域投入资金给予

---

① 孔祥永:《美国"页岩气革命"及影响——兼论对中国页岩气开发的启示》,《国际论坛》2014年第1期。

② 林珏:《美国的"页岩气革命"及对世界能源经济的影响》,《广东外语外贸大学学报》2014年第2期。

③ 中国新闻网:《国土部:中国页岩气资源潜力达134万亿立方米》,http://finance.Chinanews.com/ny/2012/03—01/3711518.shtml。

④ 数据来自中国网:《华尔街日报:中国或难以复制美式页岩气革命》,http://www.china.com.cn/international/txt/2012—10/31/content_26958093.htm。

支持。同时以技术折股方式鼓励外国投资者向中国转移开采技术，以税收优惠的条件吸引国外投资者前来中国投资。同时在开采技术上要根据地质条件进行技术创新。在页岩气开发建设中，技术创新还应与管理创新相互结合，集中配置人力、物力、投资、组织等要素，实现开发目标。①

其次，在发挥三大石油公司的主导作用的同时，赋予民营企业平等的采矿权，并激发它们在页岩气前期勘探时的积极性和活力。② 美国页岩气开发采取的是一种自下而上的模式，在页岩气开发的初期阶段，很多小公司打头阵进行勘探和开采活动，基于中小油气公司成功的前期开发，壳牌、雪佛龙、康菲等石油巨头才得以大举进军页岩气开发领域。对中国而言，由于油气专属经营权的存在，一些有实力、有条件的企业被挡在了市场之外，这使得能源开发市场的竞争难以推进。因此，在产业初期应适度开放市场准入权限，引入多元投资主体，鼓励技术开发，培育专业化分工服务体系是非常有必要的。③

最后，政府必须在企业新能源转换与替代、并网方面做好协调与服务工作，必要时可依据《环境保护法》采取行政措施，要求企业进行能源转换，政府对企业所需要的电网改造给予一定的资金补贴。

（潜旭明：上海外国语大学中东研究所副研究员）

---

① 胡文瑞、鲍敬伟：《探索中国式的页岩气发展之路》，《天然气工业》2013年第1期，第6页。

② 孔祥永：《美国"页岩气革命"及影响——兼论对中国页岩气开发的启示》，《国际论坛》2014年第1期。

③ 胡文瑞、鲍敬伟：《探索中国式的页岩气发展之路》，《天然气工业》2013年第1期，第6页。

中美关系

新常态下中美关系发展的特征与趋势[*]

吴心伯

【内容提要】2015 年的中美关系，竞争与摩擦呈上升之势，但一些领域的竞争与摩擦导向了不同的结果。另一方面，稳定双边关系的努力取得了成功，合作取得了新的进展并赋予两国关系以新的重要性。中国表现出更大的主动性和对两国关系更强的塑造能力。奥巴马执政的最后一年，对华政策不会有大的变化，但风险上升。下一任美国总统仍将在对华关系上综合运用交往、合作与制约、平衡两手，双边关系有可能出现局部紧张和对抗。与此同时，中国将继续推动中美关系的结构性变化，并加强对这一关系的战术管理。

【关键词】中美关系　中国外交新常态　美国对华政策

2015 年，中美关系大体在近年来形成的新常态下运行，[①] 摩擦、竞争与协调、合作并存，但是这并不是双边关系既有模式简单循环的一年，美国对华态度出现了新的趋势，中美在一些领域的竞争与摩擦导向了不同的结果，中美合作取得了新的进展，双边互动也有了新的特征。对这一年中美关系的分析有助于我们更好地把握其在新常态下的特征和今后的走势。

---

* 本文初发表于《国际问题研究》2016 年第 2 期。

① 关于中美关系的新常态，参见吴心伯：《论中美关系的新常态》，《复旦学报（社会科学版）》2015 年第 3 期，第 143—149 页。

一　摩擦与竞争导向不同结果

2015 年，摩擦与竞争仍是中美关系的主要特征之一。中美两国在一系列领域的分歧给双边关系带来了紧张和波动，对这些问题的处理方式和后果也对中美关系产生了不同的影响。

首先，经济层面。目前，中美经济摩擦在双边和多边层面均有体现。在双边层面，一方面，美国在中国长期关心的对华高技术出口控制和改善中国企业在美投资环境方面缺乏实质性进展。另一方面，美方继续抱怨中国商业环境的变化，认为中国调整相关经济政策、加大反垄断的力度使在华美资感受到越来越大的压力。① 中美双边投资保护协定谈判未能取得重大进展，表明中美在中国投资市场开放上仍存在较大分歧。在多边层面，作为美国亚太再平衡战略重要抓手的"跨太平洋伙伴关系"协定谈判在10 月初达成协议，奥巴马曾多次公开表示推进跨太平洋伙伴关系的目的就是不让中国制定亚太地区经济合作的规则，② 因此这个不包括中国在内的亚太地区经济合作协定是美国与中国开展地缘经济竞争的重要工具，并具有地缘政治上的影响力。与此同时，中国继续推进"地区全面经济伙伴关系"协定谈判，以期建立更符合大多数东亚国家经济发展水平的合作安排。随着中国经济实力的增长和更加积极地参与国际经贸规则的制定，中美在经济领域的规则之争更趋激烈。③

其次，亚洲基础设施投资银行。由于担心美国主导的国际金融体系受到冲击，奥巴马政府竭力反对中国关于成立亚投行的倡议。美国不仅自己不参加，还劝阻其盟友加入。然而，由于亚投行适应了亚洲基础设施建设的巨大需求，更由于国际社会对中国在国际经济事务中发挥更大作用的期

---

① 杨锐：《美国前财政部长劳伦斯萨默斯谈美中经济金融合作：美国阻挡 IMF 改革让人羞愧》，《环球时报》2015 年 11 月 24 日，第 7 版。

② For instances, Justin Sink and Carter Dougherty, "Barack Obama plays China card in TPP sales pitch", April 18, 2015, http: //www. theage. com. au/world/barack – obama – plays – china – card – in – tpp – sales – pitch – 20150418 – 1mntdv. html. （上网时间：2016 年 1 月 25 日）

③ 关于中美经贸领域竞争的新态势，参见甄炳禧《中美经贸合作竞争新态势及前景》，《国际问题研究》2016 年第 1 期，第 77—94 页。

盼，包括众多美国盟友在内的 57 个国家成为亚投行的创始成员国。中国亚投行倡议的空前成功使美国的阻挠遭到了挫败，国际社会甚至美国国内的主流舆论都认为奥巴马政府在这个问题上犯了严重错误。在 6 月份举行的第七届中美战略与经济对话上，美方与中方讨论了维持国际金融体系稳定的问题，中方表达了积极的意向，这也有助于减少美方对中方意图的疑虑。在此背景下，奥巴马政府开始调整对亚投行的立场，从抵制转向欢迎，并表示将来不排除与该机构的合作。在习近平主席访美期间，美方表示"欢迎中方不断增加对亚洲及域外地区发展事业和基础设施的融资支持。国际金融框架正不断演进，以应对在规模、范围和多样性方面都在发生的变化，并包括将高标准和良好治理作为其核心原则的新机构"。中方则表示要加强对世界银行、亚洲开发银行、非洲发展银行、泛美开发银行的捐资支持。① 这意味着中美在国际金融合作上达成了重要谅解。此后，美方支持将人民币纳入国际货币基金组织一篮子货币，美国国会也在延宕多年后批准了国际货币基金组织 2010 年的投票权改革方案。这样，中美在亚投行问题上的较量以美方失败告终，美方适时做出明智的政策调整，支持和接受中国在国际金融体系中发挥更大作用，以争取中国不"另起炉灶"，这有利于推动中美两国在国际金融体系中进一步的建设性合作。

再次，网络安全问题。网络安全问题是近年来中美摩擦的一个新领域，并且有激化的趋势。2013 年"斯诺登"事件后，美国试图在通过网络从事政治、安全情报搜集和从事经济情报搜集二者之间做出区割，指控中国政府和企业对美从事网络商业间谍活动，并在 2014 年 5 月以此为由宣布起诉 5 名中国军人，导致"中美网络安全联合工作组"对话中断。2015 年，美国联邦人事管理局宣称其网站遭到入侵，大量个人信息被黑客获取。奥巴马政府随即将矛头指向中国，并威胁要对华采取报复措施，中美在网络安全上的摩擦加剧。为防止网络安全问题影响习近平主席对美国的访问，中方派中央政法委书记孟建柱以习近平主席特使身份，率公

---

① 《习近平主席对美国进行国事访问中方成果清单》，新华网，2015 年 9 月 26 日，ht-tp：//news. xinhuanet. com/politics/2015 –09/26/c_ 1116685035. htm。(上网时间：2016 年 1 月 26 日)

安、安全、司法、网信等部门有关负责人访问美国，同美国国务卿约翰·克里（John Kerry）、国土安全部部长杰·约翰逊（Jeh Johnson）、总统国家安全事务助理苏珊·赖斯（Susan E. Rice）等举行会谈，就共同打击网络犯罪等执法安全领域的突出问题深入交换意见，达成重要共识。习主席访美期间，先后四次专门谈论网络安全问题，向美方充分表达了反对网络商业窃密等违法犯罪行为、寻求与美方合作打击网络犯罪的意愿。双方公布了在网络安全问题上达成的四点共识：各自国家政府均不得从事或者在知情情况下支持网络窃取知识产权，包括贸易秘密以及其他机密商业信息；双方对对方就恶意网络活动提供信息及协助的请求及时给予回应；建立两国打击网络犯罪及相关事项高级别联合对话机制；共同继续制定和推动国际社会网络空间合适的国家行为准则。① 中美达成的上述共识大大有利于缓解两国在该问题上的摩擦，被美方视为习主席访美期间所取得的重要成果。12 月初，中美首次打击网络犯罪及相关事项高级别联合对话在华盛顿举行，双方达成《中美打击网络犯罪及相关事项指导原则》，并同意通过桌面推演、建立热线、专家对话等一系列行动共同推进这一领域的合作。这次对话及其所取得的成就表明中美在网络安全上开启了合作的新阶段。这样，在网络安全问题上经历多年的纷争与摩擦后，中美终于能够"以建设性的方式合作解决双方在网络安全领域面临的共同挑战，"把分歧摩擦转化为合作亮点。②

最后，南海问题。随着中国南海岛礁建设的顺利推进，美国调整了介入南海问题的方式和力度。2015 年春，中国在南海的岛礁建设初具规模，美方对中方开展岛礁建设的速度之快和规模之大感到意外，认为近年来美国很大程度上以外交形式介入南海问题的努力未获成功，要阻止中国在南海的进一步"扩张"，必须采取更加强有力的方式。2015 年 5 月，美国侦察机飞越中国正在开展建设活动的南海岛礁上空，遭到中国海军多次警告。美国军方意图采取更多挑衅性行动向中方施压，但白宫考虑到习主席

---

① 《习近平主席对美国进行国事访问中方成果清单》。

② 《中美首次打击网络犯罪及相关事项高级别联合对话》，新华网，2015 年 12 月 2 日，ht-tp：//news. xinhuanet. com/legal/2015 – 12/02/c_ 128491080. htm；《2015 年 12 月 3 日外交部发言人华春莹主持例行记者会》，外交部网站，2015 年 12 月 3 日，http：//www. fmprc. gov. cn/web/wjdt_ 674879/fyrbt_ 674889/t1320960. shtml。（上网时间：2016 年 1 月 26 日）

即将对美国进行的访问、伊朗核问题谈判、联合国气候变化大会等，对军方施加了一定的制约。在 9 月习主席访美期间，奥巴马要求中方停止在南海的岛礁建设，不推进南海"军事化"，习主席则强调了中方将继续推进南海岛礁建设、无意搞军事化的立场。奥巴马在当面向习主席施压未果后，转而批准军方升级在南海的行动。10 月底，美"拉森"号驱逐舰以开展"航行自由行动"为名，进入我南海渚碧礁 12 海里活动。中方对美方的举动提出强烈抗议，中国海军司令吴胜利与美国海军作战部长视屏通话，批评美方的行为威胁了中国主权和安全，损害了地区和平稳定，极具危险性、挑衅性，并警告："如果美方继续进行这种危险的挑衅行动，双方海空一线兵力之间极有可能发生严重紧迫局面，甚至擦枪走火。"① 中央军委副主席范长龙在会见来访的美军太平洋总部司令小哈里·哈里斯（Harry B. Harris Jr.）时也指出，美方派军舰进入中国南沙群岛有关岛礁近岸水域，对中方的领土主权和岛礁安全构成威胁，极易引发误解误判和意外事件，中方对此严重不满。② 为应对美方的挑衅，中方加大了在南海地区的军事戒备。③ 然而，美方并未就此罢手。11 月，美军方两次派 B - 52 轰炸机飞近我南海岛礁，其中一次更飞进我华阳礁上空 2 海里范围内（事后美方称此次是"误闯"）。美方还表示，将在南海常态性地开展"航行自由"行动。作为回应，中国海军在 11 月和 12 月先后在南海举行大规模军事演习，以提升应对南海军事挑战的能力，提醒美方要谨慎行事。④ 中方还在 2016 年初对南沙永暑礁新建机场进行了校验飞行。美方则升级其施压模式，于 1 月 30 日派"柯蒂斯·威尔伯"号导弹驱逐舰驶入中国

① 《吴胜利与美国海军作战部长视频通话，对美舰擅自进入我南沙群岛有关岛礁邻近海域表示严重关切》，新华网，2015 年 10 月 30 日，http：//news. xinhuanet. com/mil/2015 - 10/30/c_128376148. htm。（上网时间：2016 年 1 月 27 日）

② 《范长龙就南海问题当面向美司令表不满》，中国军网，2015 年 11 月 4 日，http：//www. 81. cn/rd/2015 -11/04/content_ 6753527. htm。（上网时间：2016 年 1 月 27 日）

③ 范江怀：《南海舰队航空兵组织三代新型战机挂弹训练》，中国海军网，2015 年 10 月 31 日，http：//navy. 81. cn/content/2015 - 10/31/content_ 6748024. htm 。（上网时间：2016 年 1 月 27 日）

④ 黄子娟：《三大舰队在南海练反潜登陆，专家称可"一箭多雕"》，人民网，2015 年 11 月 24 日，http：//military. people. com. cn/n/2015/1124/c1011 - 27849482. html。（上网时间：2016 年 1 月 27 日）

西沙中建岛 12 海里海域，把其对南海的介入范围从南沙海域扩大到西沙海域。由此可见，当前中美在南海的互动态势是，中方继续推进南海岛礁建设，美国海空军常态性地进入我南沙和西沙岛礁附近，包括 12 海里范围内，并动员其盟友如日本和澳大利亚如法炮制，以加大对华压力，中方则提升南海军事存在予以反制。中美南海角逐呈现升级趋势。

以上分析表明，中美在一些领域的竞争与摩擦导向了不同的结果。在亚投行问题上的较量有可能促进中美在维护和改革国际金融体系上的合作；在网络安全问题上的摩擦得到管控；在经济领域的摩擦和竞争会长期化，但不太可能激化；在南海的角逐正在升级。之所以出现不同的结果，与问题的性质、双方在这些问题上的利益关系、力量对比和政策手段等有很大的关联。

在中美关系的新常态下，竞争与摩擦呈上升之势。由于中国力量的增长和大国外交的推进，中国正在更加活跃地维护和拓展其国家利益，而美国为了保持其优势地位，正越来越警惕来自中国的挑战，中美在地缘政治、地缘经济和国际机制领域的竞争会扩大，摩擦会增加。常态化且不时激化的竞争与摩擦，是中美力量对比变化和权力转移过程中的正常现象，双方要习惯这种状态，不能因此对整个双边关系抱过分消极悲观的态度，因为竞争与摩擦只是中美关系的一个方面，而协调与合作则是双边关系的另外一个甚至更加重要的方面，况且竞争与摩擦并不等同于对抗与冲突。①

在中美关系缺乏一个全面的战略性的合作框架而竞争和摩擦业已成为双边关系结构性特征的背景下，处理好竞争和摩擦与发展合作同样甚至更

---

① 事实上，中美两国政府都意识到这个问题。习近平主席在访美期间强调，要"以宽广的胸怀对待差异和分歧"。美国国家安全事务顾问苏珊·赖斯（Susan E. Rice）在习主席访美前就中美关系发表演讲时也指出，在媒体标题聚焦中美两国间的分歧的情况下，人们容易忽视两国关系中取得的巨大进展。外交部网站：《习近平在美国总统奥巴马举行的欢迎仪式上的致辞》，2015年9月26日，http：//www.fmprc.gov.cn/web/ziliao_ 674904/zt_ 674979/ywzt_ 675099/2015nzt/xpjdmgjxgsfw_ 684149/zxxx_ 684151/t1300765. shtml（上网时间：2016 年 2 月 24 日）；The White House, Office of the Press Secretary, "National Security Advisor Susan E. Rice's As Prepared Remarks on the U. S. – China Relationship at George Washington University", September 21, 2015, https：//www. whitehouse. gov/the – press – office/2015/09/21/national – security – advisor – susan – e – rices – prepared – remarks – us – china。（上网时间：2016 年 2 月 22 日）

加重要。这就需要双方提升争端解决能力，加强危机预防和管控。两国领导人要在战略层面给予更多重视，要像重视合作一样关注竞争和摩擦，职能部门则应在战术层面发挥积极性和创造性，不断在机制、规范和实践中丰富争端解决和危机处理能力。

二　稳定与合作卓有成效

在竞争和摩擦业已成为双边关系结构性特征的背景下，处理好中美关系的挑战一是要在动荡起伏中稳定住中美关系，把握住中美关系的大方向，防止整个双边关系出现大的震荡或下行；二是要不断扩大和深化互利合作，使合作成为双边关系的主流，为双边关系提供正能量。

从 2015 年中美关系的演变看，习近平主席 9 月对美国的国事访问对双边关系的发展起到了关键作用，中方谋求稳定、扩大合作的努力可圈可点。在习主席访美之前，美国反对亚投行、中美在南海和网络问题上的摩擦等使双边关系笼罩在消极气氛中，美国国内也出现了要求对华政策改弦易辙的呼声。① 在此情况下，习主席的访问起到了扭转中美关系发展势头、改善双边关系气氛、推进两国合作的重要作用。首先，习主席与奥巴马总统的白宫秋叙延续了庄园会晤、瀛台夜话的风格，通过深度、坦诚的对话，阐述各自的战略意图和在重要问题上的政策立场。习主席在与奥巴马的会谈中重点传递以下信息：要坚持构建新型大国关系正确方向，使和平、尊重、合作始终成为中美关系的主旋律。要坚持增进战略互信，尊重彼此利益和关切，以宽广的胸怀对待差异和分歧。要坚持互利共赢的合作理念。习主席尤其强调，要正确对待分歧，不要让分歧成为双边关系的摩擦点；合作共赢是中美关系的唯一正确选择。习主席与奥巴马建设性的战略对话有助于减少对方的疑虑、防止误判，有助于使后者在国内消极的对华气氛中保持对华政策的大致稳定，而不是一味地朝着对华强硬的方向

---

① 其中最有代表性的是 Robert D. Blackwill and Ashley J. Tellis, *Revising U. S. Grand Strategy Toward China*, Council Special Report No. 72, New York: Council on Foreign Relations, March 2015, http：//www.cfr.org/china/revising - us - grand - strategy - toward - china/p36371。（上网时间：2016 年 1 月 28 日）

走。其次，在西雅图的演讲中，习主席强调"对外开放是中国的基本国策，中国利用外资的政策不会变，对外商投资企业合法权益的保障不会变，为各国企业在华投资兴业提供更好服务的方向不会变"，① 向美国商界传递了积极信号，有助于增强他们对在华开展商务活动的信心。而习主席出席中美企业家座谈会、参观微软总部和波音公司等活动，更体现了中国政府对发展中美经贸关系的高度重视。鉴于美国商界在发展对华关系中的积极作用，争取美国商界不仅有利于中美经贸关系的发展，更有利于整个双边关系的稳定。再次，这次访问推动双方合作取得了一系列具体的进展，如美方表示要加强与中方在反腐追逃上的合作；双方达成空中相遇规则及同意建立军事危机通报机制；两国进一步加强在应对气候变化和清洁能源领域的合作；中美同意在第三国开展发展合作；美国重申在人民币符合 IMF 现有标准的前提下支持人民币在特别提款权（SDR）审查中纳入 SDR 篮子，等等。应该说，这次访问所达成的多数合作成果都是现有合作进程的一部分，但访问推动了合作进程，扩大了合作范围，凸显了两国关系的积极面，有助于对冲两国关系的负能量，减少此前笼罩双边关系的消极气氛。②

深入地看，2015 年中美间开展的一系列卓有成效的合作在内容和成果上都具有重要意义。

第一，反腐败。随着中国反腐败斗争的深入，境外追赃追逃工作成为反腐败的重点，而美国作为中国贪官外逃的三大目的地之一，是我境外追赃追逃工作的主要方向。中美两国以中美执法合作联合联络小组为主渠

---

① 习近平：《在华盛顿州当地政府和美国友好团体联合欢迎宴会上的演讲》，2015 年 9 月 22 日，西雅图，新华网，2015 年 9 月 23 日，http：//news. xinhuanet. com/world/2015 – 09/23/c_ 1116656143. htm。（上网时间：2016 年 1 月 28 日）

② 中美双方高度评价这次访问，习近平称其与奥巴马的会晤是"建设性和富有成果的"，奥巴马形容其与习近平的会晤是非常富有成效的（extremely productive）。外交部网站，《习近平同美国总统奥巴马共同会见记者》，2015 年 9 月 26 日，http：//www. fmprc. gov. cn/web/ziliao_ 674904/zt_ 674979/ywzt_ 675099/2015nzt/xpjdmgjxgsfw_ 684149/zxxx_ 684151/t1300786. shtml （上网时间：2016 年 1 月 28 日）；The White House, Office of the Press Secretary, "Remarks by President Obama and President Xi of the People's Republic of China in Joint Press Conference", September 25, 2015, https：//www. whitehouse. gov/the – press – office/2015/09/25/remarks – president – obama – and – president – xi – peoples – republic – china – joint。（上网时间：2016 年 1 月 28 日）

道，以反腐败工作组为平台，开展了卓有成效的工作，2015 年在推进追赃追逃重点案件方面取得了积极进展，从美国遣返了一批重大贪腐外逃嫌犯。反腐败是中共十八大以来新的领导集体的工作重点，是中国政治新常态的重要体现和亮点，美国在这个问题上的支持和配合对中国的政治发展具有积极意义。长期以来，美国对中国的政治制度和人权政策说三道四，因而常常作为一个负面因素投射在中国的政治光谱中，现在美国在反腐败问题上提供的合作能够促进中美在政治领域的积极互动。

第二，阿富汗问题。一个和平、稳定、世俗化的阿富汗符合中美两国的利益。随着美军作战部队撤出阿富汗，中美两国加大了在推动阿富汗国内政治和解方面的合作。2015 年 7 月，阿富汗政府与塔利班在巴基斯坦举行了首次正式会谈，中美各自派代表参会。虽然塔利班领导人奥马尔的死亡使第二轮和谈推迟，但中美两国仍积极推动阿和解进程。2015 年 12 月 9 日，中国外交部长王毅与阿富汗总统加尼、巴基斯坦总理谢里夫和美国常务副国务卿布林肯在巴基斯坦举行阿巴中美"2 + 2"会晤，讨论阿富汗问题。2016 年 1 月，由阿富汗、中国、巴基斯坦和美国高官出席的四方对话在巴基斯坦首都伊斯兰堡召开，为有可能重启的阿富汗和平谈判制定路线图。虽然阿富汗政治和解进程道路曲折，但中美两国基于各自的利益考虑将会继续合作，这一合作既凸显了中美关系的积极面，也显示了中美两国在亚太地区事务中的重要影响力。

第三，伊朗核问题。2015 年 7 月 14 日，经过长达 20 个月的紧张谈判，美、中、俄、英、法、德等伊核问题 6 国与伊朗终于就伊朗核问题达成全面协议。在此过程中，中方作为伊核问题 6 国的一员同时又与伊朗保持良好关系的国家发挥了重要作用。[①] 伊核协议达成后，奥巴马致电习近平主席表示，伊朗核问题谈判达成全面协议，中方发挥的作用十分重要。美方感谢中方为达成这一历史性协议所做的贡献。美方希望同中方继续协调合作、共同努力，确保全面协议得到实施。习近平强调，伊朗核问题全

---

① 2016 年 1 月 23 日，习近平主席访问伊朗，伊朗总统鲁哈尼表示感谢中方为推动伊朗核问题政治解决做出的贡献。外交部网站，《习近平同伊朗总统鲁哈尼举行会谈》，2016 年 1 月 23 日，http://www.fmprc.gov.cn/web/ziliao_ 674904/zt_ 674979/dnzt_ 674981/xzxzt/xjpdstaiyljxgsfw_ 685471/zxxx_ 685473/t1334373. shtml。（上网时间：2016 年 2 月 20 日）

面协议的达成，有力维护了国际核不扩散体系，为国际社会提供了通过谈判解决重大争端的有益经验，向世界发出了积极信号。[1] 在伊朗核问题谈判过程中，中美双方开展了密切沟通和协调，在全面实施伊核协议的过程中，中美将继续进行有效的合作。这既是两国共同构建新型大国关系的重要体现，又展示了中美两国携手应对全球性挑战的巨大能力和效力。

第四，巴黎气候变化大会达成协议。巴黎时间 12 月 13 日，来自 196 个国家的谈判代表通过了历史性的《巴黎协议》，这不仅是国际社会应对气候变化努力的重大进展，也是中美两国在全球治理问题上积极合作的成功典范。2014 年 11 月奥巴马访华期间中美发表关于应对气候变化的联合声明，明确了双方减排的指标，同意共同推动国际气候变化谈判于 2015 年巴黎会议如期达成协议。此举对于其他国家进一步宣布减排计划有示范效应，并使联合国气候变化谈判的前景明朗起来。2015 年，中美继续保持积极合作并率先垂范。6 月，中国在新兴大国中率先向联合国提交应对气候变化的"国家自主贡献"文件，承诺将于 2030 年左右使二氧化碳的排放达到峰值并争取尽早实现，2030 年单位国内生产总值二氧化碳排放比 2005 年下降 60% —65%，非化石能源占一次能源消费比重达到 20% 左右，森林蓄积量比 2005 年增加 45 亿立方米左右。8 月，奥巴马宣布了"清洁电力计划"，限制美国发电厂的碳排放量，这被称作美国历史上应对气候变化的最重大的举措。9 月，习近平访美期间，中美再次发表关于应对气候变化的联合声明，双方承诺携手与其他国家一道确保巴黎气候变化大会取得成功，重申各自落实国内气候政策，加强双边协调与合作，推进可持续发展及向绿色、低碳和气候适应型经济转型。[2] 中美密切合作为巴黎气候变化大会奠定了良好的基础。11 月底，习近平主席和奥巴马总统出席了巴黎大会的开幕活动并发表演讲，呼吁国际社会达成一个全面、均衡、有力度、有约束力的气候变化协议，提出公平、合理、有效的全球应对气候变化解决方案，探索人类可持续的发展路径和治理模式。在大会

---

① 《习近平同奥巴马通电话》，《新华每日电讯》2015 年 7 月 22 日第 1 版。

② 《中美元首气候变化联合声明》，2015 年 9 月 26 日，外交部网站，http://www. fmprc. gov. cn/web/ziliao_ 674904/zt_ 674979/dnzt_ 674981/xzxzt/xpjdmgjxgsfw_ 684149/zxxx_ 684151/t1300787. shtml 。（上网时间：2016 年 2 月 18 日）

期间，中美双方密切合作，并与其他国家沟通和协调，最终促成了《巴黎协定》。应对气候变化是 21 世纪最重要的全球治理问题之一，中美在这个问题上的成功合作，显示了两国各自在国内推进变革的能力和在国际上的领导力。

新常态下中美关系中的稳定与合作，比以往更需要两国领导人发挥强有力的领导力。这种领导力首先体现在对双边关系发展方向的积极引导上，中美关系的复杂性决定了其发展方向的多元性，只有予以正确的引导，才能确保其沿着新型大国关系的轨道前行。其次是两国之间有效的战略沟通，这对于增进两国间的战略互信、减少战略互疑和误判至关重要。再次是良好的内部协调。中美各自对对方的政策是两国国内众多的行为者和利益代表博弈的结果，如果没有来自高层的有效协调，对对方的政策就会缺乏清晰性和条理性，政策制定和实施的过程就会充满矛盾和混乱。

新常态下中美合作领域的扩大赋予两国关系以新的重要性。回顾冷战结束以来中美关系的发展轨迹，20 世纪 90 年代中国经济的蓬勃发展铸造了中美互利共赢的经济纽带，这一时期中美关系的重要性主要体现在双边层面。21 世纪初中国国际影响力的扩大和更加积极的外交姿态推动了中美关系的国际化，中美关系越来越具有全球影响。① 进入 21 世纪第二个十年，中国综合国力的增长和外交上更加积极有所作为的态势，使其在全球治理中发挥更加活跃、更加重要的作用。近年来中美在应对气候变化、国际金融体系改革等方面的合作，表明中美关系的重要性已上升到国际规则的制定和国际体系的改革与维护层面。

新常态下中美关系的发展方向是构建新型大国关系。虽然奥巴马政府在言辞上越来越回避"新型大国关系"的提法，但近年来中美关系的实践表明，两国仍在朝着这个方向共同努力。中美新型大国关系的实质是"不冲突、不对抗、相互尊重、合作共赢"，中美在战略层面上不断加强沟通，在战术层面上建立两军互信机制，就是要避免冲突和对抗。尽管美方尚不能完全做到尊重中国的核心利益和重大关切，但由于中国增强的实力和维护国家利益的坚定意志，美国不得不对中国的利益表现出更多的尊重。中美合作领域的扩大和深化，不断产生双赢和多赢的结果。中美新型

---

① 吴心伯：《中美关系的重新国际化》，《世界经济与政治》2009 年第 8 期，第 21—29 页。

大国关系的构建之路漫长而曲折，但"积土成山，风雨兴焉"，双方为此做出的每一份努力都是宝贵的。

新常态下中美关系的发展，中方的作用越来越重要。无论是对两国关系发展方向的规划、议程的设置，还是战略沟通、管控分歧和摩擦、扩大合作等具体措施，中方表现出更大的主动性和能动性以及对两国关系更强的塑造能力。这既与中国不断上升的综合国力有关，更与领导人的自信心和执政风格有关。实际上，这种更加积极有所作为的姿态不仅体现在对美关系上，也体现在有中国特色大国外交的方方面面。中国作为一个新兴大国和新型大国，比美国更少受旧的思维和政策行为的束缚，[1] 更能在中美关系的实践中引入新的理念和举措，因此中国在中美互动中引领作用的扩大有助于推动新型大国关系的构建。

三 中美关系走向

2015 年，美国对华态度出现了新的趋势。随着中国特色大国外交的进一步开展和国内治理方式的进一步调整，美国越来越不适应中国内外政策的新常态，对华疑虑和不满在上升，美国国会、军方以及一些专家学者纷纷鼓吹要采取更加强硬的对华政策。在此情况下，美国研究界就对华政策开展了辩论。一派认为美国长期奉行的对华接触政策已经失败，要调整对华战略，对中国实施有力的制衡甚至遏制。另一派认为在中国力量和战略进取心上升的背景下，美国要适应力量变化的新现实，尊重中国合理的利益诉求，在西太平洋与中国达成战略谅解。还有一派认为当前的对华政策是尼克松以来历届美国政府对华政策的继续，美国应该坚持这一政策，同时根据形势的变化做出一些策略上的调整。[2] 这轮对华政策辩论既折射了美方对中国和中美关系的焦虑感，也反映了美国政策精英在美国对华政策上的混乱感。

---

① 吴心伯：《构建中美新型大国关系：评估与建议》，《复旦学报》（社会科学版）2014 年第 4 期，第 88—94 页。

② 关于美国对华政策辩论的主要代表人物及其观点，请见 Harry Harding, "Has U. S. China Policy Failed?" *The Washington Quarterly* 38：3 (Fall 2015), pp. 95 – 122.

　　尽管美国国内对华情绪变得更加消极、要求采取更加强硬的对华政策的呼声上升，奥巴马政府无意大幅调整对华政策。在 2015 年 9 月，习近平访美之前，美国国家安全事务顾问赖斯就中美关系发表演讲，针对美国国内要求对华强硬的声音，赖斯指出：与中国发展富有成效的、合作的关系是奥巴马政府亚洲战略的核心支柱，奉行这一政策使中美合作取得了长足的进展；中美之间有着众多的分歧，但"我们管理分歧的能力超过分歧本身"；奥巴马政府将继续努力与中国发展惠及两国人民的富有成效的、合作的关系；未来几十年，美国领导人必须与中国保持促进合作同时允许健康竞争的关系。① 奥巴马在习近平结束访问之际强调，他"致力于扩大两国间的合作，同时我们坦诚地和建设性地处理分歧"。②

　　显而易见，在执政的最后一年，奥巴马政府不可能大幅修正其对华政策，这一政策仍将是接触加平衡的组合：通过接触促进中美合作，运用制衡牵制中国力量和影响力的增长。但是值得注意的是，虽然 2016 年中美合作预期将取得的进展有限（如中美双边投资保护协定谈判结束的可能性不大），但美国对华政策的风险有可能上升。具体而言，一是美国大选影响对华政策。美国到了大选季，候选人不仅互相攻讦，也会把矛头指向其他国家，中国躺着也会中枪，这些候选人对华强硬的言辞有可能影响奥巴马的对华政策；二是美国军方在西太平洋自行其是，破坏中美关系的稳定。美国军方是对华平衡政策的积极推手，现在美国军队和国防部门的高级官员大多是对华强硬派，如美军太平洋司令哈里斯之流，他们认为美国要在南海问题上向中国施加更大的压力，正在积极推动美军更多地介入南海问题，这有可能导致中美在南海对峙升级或发生意外冲突。③

　　那么，2017 年新一届美国政府执政是否会带来更加强硬和对抗的对

---

　　① The White House, Office of the Press Secretary, "National Security Advisor Susan E. Rice's As Prepared Remarks on the U. S. – China Relationship at George Washington University", September 21, 2015, https：//www. whitehouse. gov/the – press – office/2015/09/21/national – security – advisor – susan – e – rices – prepared – remarks – us – china。（上网时间：2016 年 2 月 22 日）

　　② The White House, Office of the Press Secretary, "Remarks by President Obama and President Xi of the People's Republic of China in Joint Press Conference", September 25, 2015.

　　③ 新华网：《国防部驳哈里斯涉南海表态：完全缺乏历史常识》，2016 年 1 月 28 日，http：//news. xinhuanet. com/world/2016 – 01/28/c_ 128681072. htm（上网时间：2016 年 2 月 24 日）；张朋辉、任重等，"美司令妄言钓鱼岛和南海"，《环球时报》2016 年 1 月 29 日，第 16 版。

华政策？要回答这个问题，需要综合考虑至少三方面的因素：美国实力地位及所处国际环境；中国对美国国家利益的威胁；中美合作对美国的重要性。从美国实力地位及所处国际环境看，虽然美国经济正在稳健复苏，但并未实现强劲增长，其前景并不令人乐观，美国的力量优势不再像克林顿政府后期和小布什政府初期那样突出；中国的崛起和俄罗斯的战略复兴削弱了美国对国际事务的影响力；美国在欧洲、中东、东亚同时面临更加复杂的外交与安全挑战。总体而言，美国力量优势和主导地位的下降将是一个长期的趋势，而美国在国际事务中需要应对的挑战越来越多。从中国对美国国家利益的威胁看，虽然中国的发展在经济、政治、安全、地缘政治和国际事务等方面都会带来更多的竞争与摩擦，但中国并不像苏联那样对美国核心利益构成重大威胁，中国影响的是美国越来越不合时宜的霸权利益，在其力量优势不断下降的背景下，美国应该调整其利益目标，适应一个多极而非单极的世界。最后，从中美合作对美国的重要性看，随着中国经济的进一步发展、国际作用的进一步发挥，美国在实现其国家利益目标方面将更加依赖与中国的合作，正如奥巴马所强调的，中美携手合作"使得两国和世界更加繁荣和安全"。[1] 对任何美国领导人来说，以中美合作为代价去推行更加对抗性的对华政策将是一个难以做出的决定，即使做出了，也难以持久。

实际上，就对中美关系的影响而言，美国对华政策不在于想做什么，而在于能做什么以及能做成什么。鉴于美国当下的实力地位、大的国际环境以及中美两国的力量和利益格局，下一任美国总统，不管是来自共和党还是民主党，都不可能对现行美国对华政策做出大的调整。下一任美国总统的对华政策基本上还是综合运用交往、合作与制约、平衡两手，在经济和国际问题上谋求与中国的合作，在安全上防范中国。当然，在一些具体的问题领域，如经贸、安全、地缘政治、人权和价值观等，美国有可能选择性地加大对华施压和竞争的力度，这会导致双边关系的局部紧张和对

① The White House, Office of the Press Secretary, "Remarks by President Obama and President Xi of the People's Republic of China at Arrival Ceremony", September 25, 2015, http://www.whitehouse.gov/the-press-office/2015/09/25/remarks-president-obama-and-president-xi-peoples-republic-china-arrival. （上网时间：2016 年 2 月 22 日）

抗，但中美关系的大局不会发生颠覆性的变化。

在展望中美关系的走向时，同样甚至更重要的是要充分考虑中国的作用。中国综合国力的进一步提升和更加积极有所作为的大国外交的推进，将使中国成为决定中美关系未来的越来越重要的一方。在当下以及可预见的未来，中美力量对比和互动态势正在并将继续发生对前者更加有利的变化，中国在双边关系中的主动性进一步上升，其塑造中美关系的能力稳步增强。从战略上看，中国正在推动中美关系的结构性优化，包括力量对比差距的缩小，利益相互依存更加对称，合作空间更加宽广，对分歧和摩擦的管理能力增强，发展方向更加健康积极等。在战术上，中国在长期的对美交往中积累了丰富的经验，对双边关系的稳定能力和引导能力不断提高，这有助于确保中美关系的相对稳定和动态发展。① 美国将在这个过程中逐渐适应中国的新角色和中美关系的新结构。

（吴心伯：复旦大学教授、美国研究中心主任、国际问题研究院常务副院长）

---

① 关于中美关系的结构性变化和中国对双边关系的处理，参见吴心伯《世事如棋局局新——21 世纪初中美关系的新格局》，复旦大学出版社 2011 年 2 月版，第 219—224 页；吴心伯：《冷战后中美互动模式的演变》，《美国研究》2015 年第 6 期，第 15—16 页。

二十国集团与基础设施：失速后的新方向

顾国平

【内容提要】金融危机期间被寄予厚望的 G20 峰会在 2010 年前后开始停滞不前，受制于凝聚力弱化、领导力缺失和执行力不足等问题，G20 向长效的全球经济治理平台的转型陷入困境。近两年，作为制约发展中国家经济增长的基础设施融资和建设，由于其横跨发展、投资和就业等多个 G20 峰会议题，更由于问题本身的长期性以及 G20 内发展中国家成员尤其是中国的大力推动，逐步凝聚了新的共识，并成为该机制向长效的全球经济治理平台转型的新的切入点。

【关键词】美国国际机制政策　二十国集团　全球经济治理　基础设施

自 2008 年首届首脑峰会召开以来，二十国集团（以下简称"G20"）在很大程度上发挥了其国际经济合作首要平台的作用。在 2013 年 9 月，圣彼得堡峰会期间发表的"二十国集团峰会五周年声明"中，该机构对前五年的成绩做了总结。简言之，在前三次峰会上，成员国进行了宏观经济政策合作，刺激世界经济的复苏与增长，发起金融行业改革计划；后来的峰会扩展了议题，在包括金融和税收改革、反腐败、发展、能源、农业、包容性绿色增长等领域展示了领导能力，并开始同 G20 之外的发展中国家合作。[①]

---

① 《二十国集团峰会五周年声明》，中华人民共和国外交部网站，2013 年 9 月 11 日，http://www.fmprc.gov.cn/mfa_ chn/zyxw_ 602251/t1075599.shtml.（上网时间：2015 年 8 月 20 日）

在取得巨大成绩的同时,不可否认的是 G20 在前进的道路上遇到了诸多障碍。早在 G20 成立之初,中外学者就指出该集团的发展将受到后续动力不足、领导缺失、成员内部分歧以及组织松散、约束力不足等瓶颈的制约。[①] 从 2008 年下半年到 2009 年,由于国际金融危机处于最为严重的时期,G20 峰会的会场内外都洋溢着同舟共济的合作气氛。但是到了 2010 年,当各国经济刺激计划已经到位,世界经济开始复苏,G20 各国分歧公开化。

一 G20 动力减缓

作为全球经济治理的主要平台,G20 峰会关注的议题十分广泛,包括全球经济复苏、国际金融机构改革、宏观政策协调、贸易、发展、能源与反腐等,而且这些主要议题各有分支,涵盖众多小议题。自 2010 年后,或者由于成员国分歧,或者由于缺乏领导力,或者因为峰会决议的执行不尽如人意,这些议题大多停滞不前,G20 失去了原有的发展势头。

(一) 集团凝聚力弱化

作为一个组织,内部成员的凝聚力是其正常运转和发挥潜力的重要条件。G20 之所以能够在 2008 年召集所有成员国领导人齐聚华盛顿议事,其向心力来源于全球经济相互依赖的现实与发端于美国的金融危机向全球蔓延恶化的趋势。防止危机蔓延恶化是成员国的利益汇聚点,从这个意义上说,G20 峰会成立之初主要是一个临时的危机救急机构。在危急时刻,成员国以国际经济合作史上少见的一致步调,齐心协力,共同出台了刺激措施,提振了市场信心,防止了危机的恶化。但是,G20 临时救急的性质却也隐含着自身的问题,即危机过后如何前进? 如何将一个应急机构转型为一个长

---

① 参见袁鹏《G20 的时代意义与现实启示》,《现代国际关系》2009 年第 11 期,第 17—18 页;Thomas Wright, "Toward Effective Multilateralism: Why Bigger May Not Be Better," *Washington Quarterly*, July 2009, 32: 3. pp. 163 – 180.

效的全球经济治理平台不仅需要时间，更需要考验领导人的政治智慧。[①]

此外，G20 在 2008 年和 2009 年前后应对危机的急迫性和目的的单一性掩盖或压制了成员国的内部差异。当各国将峰会决议带回家准备落实时，矛盾便开始显现。先不说 G20 成员国在包括经济发展阶段、政治制度、国家对经济发展的介入程度、文化思维、地缘位置等制度和宏观层面的差异，各国对于金融危机的性质、根源、严重程度和持续时间的诊断，对于各国受危机影响的程度、经济刺激措施的规模和退出时机，对于各国不同的经济政策周期和不同的经济复苏的速度等都存在巨大分歧。

这些矛盾不仅存在于 G20 内部的发达国家和发展中国家之间，在发达国家内部和发展中国家内部也是出现了巨大的共识裂痕。以集团内发达国家和发展中国家的关系为例，在 2010—2012 年间的几次峰会上其分歧的焦点主要是围绕危机的根源和对不同国家的影响、刺激计划的实施速度和退出时机、国际金融体系和国际货币体系的改革、对待贸易保护主义的态度、不同的货币和汇率政策，以及在 2009 年哥本哈根气候大会不欢而散后是否将气候谈判的主要论坛从联合国气候变化框架公约（UNFCCC）转移到 G20 等。[②] 就发达国家内部而言，也形成了两大利益阵营：美国和以法国和德国为核心的欧元区国家。美国竭力维护现行国际经济秩序中既得利益，将 G20 的作用仅限于救灾应急，在尽量少地放弃既得利益的前提下，借助集团内新兴经济体的力量帮助自己渡过难关。而欧元区国家则呼吁建立超国家金融监管机制，限制美国华尔街的过度投机行为和资本过度流动。[③] 鉴于 G20 内部这些分歧的存在和发酵，国际货币金融机构官方论坛（OMFIF）首席经济顾问加布里埃尔·斯坦在 2013 年对于 G20 内部的合作前景作出了悲观的评价："事实上，它（G20）现在并没有一个清

[①]　Andrew F. Cooper, "The G20 as an Improvised crisis committee and/or a Contested 'Steering Committee' for the World," *International Affairs*, 86：3（2010）741 –757.

[②]　Andrew F. Cooper and Ramesh Thakur, *The Group of Twenty（G20）*, London and New York：Routledge, 2013, p. 131.

[③]　王文、王瑞晶：《G20 框架中的利益阵营及新兴国家的战略空间》，载中国人民大学重阳金融研究院主编《谁来治理新世界：关于 G20 的现状和未来》，社会科学文献出版社 2014 年版，第 160 页。

晰的目标……作为一个整体,G20 各成员国及全世界其他各国处于各自经济周期的不同阶段,这也就意味着每个国家都有不同的政策需求……各国很少有政策协调的需要,更不用说达成政策协调的可能性了。"①

G20 的向心力还受到突发国际事件的影响。2013 年叙利亚危机在峰会主办国俄罗斯和美欧之间造成巨大的裂痕,而 2014 年俄罗斯与乌克兰的冲突以及围绕当年 7 月在俄乌边境坠毁的马来西亚航空公司 MH17 客机的争议,使得当年在澳大利亚布里斯班举办的第九届峰会在这一问题上陷于分裂。②

由于上述 G20 峰会成立之初的应急性质、成员国内部差异与分歧以及突发地缘政治事件的冲击,G20 向心力在 2010 年之后严重受损,"二十国集团已死"的声音此起彼伏。③ 在后危机时代 G20 合作意愿明显减弱,从危机应对的临时机制向国际经济治理的长效机制转型的进程举步维艰。

(二) 领导力缺失

G20 峰会从成立之初便缺乏强有力的领导。美国实力下降,独木难支,而且美国对 G20 采取实用主义的立场,没有真正推动 G20 进程的诚意;欧盟受困于欧债危机,忙于整顿内部事务,也难堪大任;集团内的新兴经济体初次登上全球经济治理的舞台,实力有限,经验也不足。

以美国为例,在召集 2008 年 G20 首届峰会④以及 2009 年推动各国采取经济刺激措施上确实体现了领导力,而且在 2009 年 9 月的匹兹堡第三次峰会上推出了"强劲、可持续和平衡增长框架",为今后的全球经济合

---

① 加布里埃尔·斯坦:《G20 的意义在于促成实质性成果》,载中国人民大学重阳金融研究院主编《谁来治理新世界:关于 G20 的现状和未来》,社会科学文献出版社 2014 年版,第 54—56 页。

② Jan Nolaskowski, Rob Keane, and Tom Wright, "How Unified is the G—20?" Project on International Order and Strategy at Brookings, November 14, 2014.

③ 参见 Ian Bremmer, "From G20 to G—Zero," *New Statesman*, July 6, 2013, Vol. 142, Issue 5161, pp. 22—27; TamimBayoumi and Stephen Pickford, "Is International Economic Policy Cooperation Dead?" *Chatham House Research Paper*, June 2014.

④ 2008 年二十国集团首次华盛顿峰会由法国和英国首先提议,再由美国最终决定召开并召集各国领导人,具体过程参见 John J. Kirton, G20 *Governance for a Globalized World*, Ashgate, 2013, pp. 231—237.

作设定方向和目标。但是，这一领导力建立在其国家利益之上，峰会的召开不仅帮助美国动员了 G20 内新兴经济体的力量共同推动经济的复苏，而且美国得以利用 G20 这一以更广泛与平等的合作为基础的全球经济治理新模式，为其在更广阔的范围内主导全球治理体系的重构增加了合法性。[①] 待到 2009 年下半年美国经济开始复苏，而 G20 平台也提高了美国全球经济治理的表面上的合法性，美国对 G20 便显得意兴阑珊。

对美国在 G20 内的领导力造成最严重侵蚀的是美国对待国际组织的实用主义立场。战后美国的国际机制政策历来注重实际效果，服务于维护美国霸权的总体目标，而不是从原则立场出发。奥巴马于 2009 年入住白宫后，他和他的团队一度被称为"实用主义者"。[②] 鉴于这样的传统和背景，美国的 G20 政策也深深刻上了实用主义的烙印。[③] 不管是对 IMF 改革承诺的久拖不决，还是连续采取以邻为壑的定量宽松政策，罔顾该政策对他国特别是发展中国家的负面溢出效应，还是通过提高劳工、环境和技术标准实施新的贸易保护主义，并撇开 WTO 多哈回合贸易谈判转而推动"跨太平洋伙伴关系协定"（Trans-Pacific Partnership，TPP）和"跨大西洋贸易与投资伙伴协议"（Transatlantic Trade and Investment Partnership，TTIP）等区域内贸易协议，美国都是从一国私利出发，没有体现出作为现有国际体系的创建者应有的责任与担当。当 G20 峰会的发起国和最大经济体拒绝扮演领导角色，反而以其在现行国际体系内的独特地位谋取私利，那么该集团号召成员国采取统一行动的能力就会大打折扣。

（三）执行力弱

一个组织的效力与信誉取决于其执行能力，而 G20 非正式性的组织架构使其在这一点上具有先天的缺陷。G20 属于典型的非正式国际机制，

① 洪邮生、方晴：《全球经济治理力量重心的转移：G20 与大国的战略》，《现代国际关系》2012 年第 3 期，第 39 页。

② 参见 Harvey Sicherman，"U. S. Foreign Policy after the Elections: Pragmatism, But in What Direction?" *BESA Center Perspectives Papers* No. 52，December 23，2008；Christopher Hayes，"The Pragmatist," *The Nation*，December 29，2008，pp. 13—16.

③ 关于美国实用主义外交对其二十国集团政策的影响，参见顾国平、孔祥永《美国实用主义外交与二十国集团：危机应对与议程主导》，《国际论坛》2015 年第 3 期，第 12—18 页。

这固然能够给这一机构带来灵活性的优势，使其能够快速动员全球力量应对危机，但是它的建立没有以具有法律约束力的国际"条约"或"宪章"作为基础，建立后达成的国际协议和国际承诺也不具有国际法意义上的约束力。G20 会议上通过的"公报""宣言""声明""行动计划"等对成员国只发挥着方向引导的作用，主要依靠相互监督来加以落实。①

当然，为了推动峰会决议的实施，促进全球经济的持久复苏，G20 成员在 2009 年匹兹堡第三次峰会上设计了"相互评估进程"（Mutual Assessment Process，MAP）这一政策合作方法——成员国确定全球经济的目标以及为实现这些目标所需执行的政策，并相互评估在实现这些目标方面所取得的进展。但由于缺乏有效的监督与执行制度，又没有强有力的约束力和违约处罚的压力，各成员国之间存在难以调和的分歧。特别是在美欧日不顾发展中国家的反对使用量化宽松等政策手段时，"相互评估进程"无能为力，因而无法达到预期目标。

以 IMF 改革为例，早在 2010 年 10 月的首尔峰会上 G20 就通过决议承诺增加发展中国家的份额和投票权，截至 2014 年底包括欧洲国家在内的绝大多数国家都已批准这一改革方案，唯独美国这个对 IMF 内重大事项拥有否决权的国家没有通过。2014 年 12 月 12 日，IMF 总裁拉加德（Christian Lagarde）在 IMF 官网发表声明称："美国政府已经告知我，这些改革（2010 年份额和投票权改革）没有包括在目前提交美国国会的预算立法中。"② 由此可知，该改革方案无望于 2015 年生效。对于美国拒绝执行峰会决议，G20 除了等待和呼吁，显得束手无策。由于 G20 的执行力和约束力都过于薄弱，其有效性和信誉也因而遭到极大的削弱。

二　基础设施：G20 新共识

2010 年后，G20 进程出现停滞，成员国在国际金融体系改革、宏观

---

① 朱进杰：《非正式性与 G20 机制未来发展》，《现代国际关系》2011 年第 3 期，第 41—42 页。

② IMF，"Statement by IMF Managing Director Christine Lagarde on IMF Quota and Governance Reforms," Press Release No. 14/568, December 12, 2014, at：http://www.imf.org/external/np/sec/pr/2014/pr14568.htm.（上网时间：2015 年 8 月 20 日）

经济政策协调、贸易保护主义等重要议题上都出现严重裂痕，迷失了方向。G20 经历了从临时的危机应急机制向长期的全球经济合作平台的艰难转型。但同时，正因为 G20 的转型目标是长效的全球经济治理机构，随着刺激性经济措施的退出，不少成员国开始将目光投向多年来困扰全球经济增长的根本性问题，发展问题、绿色增长、粮食安全、国际反腐、就业与投资等议题相继进入 G20 峰会的视野。作为制约发展中国家经济增长的基础设施融资和建设，由于其横跨发展、投资和就业等多个 G20 峰会议题，更由于问题本身的长期性以及 G20 内发展中国家成员尤其是中国的大力推动，在 G20 内逐步凝聚了新的共识，并成为该机制向长效的全球经济治理平台转型的新的切入点。

（一）基础设施投资缺口

大量研究文献表明，基础设施建设有助于拉动投资，创造就业，提高要素生产率，减少生产和交易成本，因而对经济增长具有积极的促进作用。[1] 放眼全球，各国的基础设施建设需求十分强劲。大多数国家都迫切期望改善本国基础设施，却又都面临融资困难、技术和组织能力不足等问题的掣肘。以亚洲为例，2009 年亚洲开发银行（Asia Development Bank，ADB）的一份报告显示，亚洲国家在 2010—2020 年间基础设施投资的需求接近 8 万亿美元，每年平均需投资 8000 亿美元左右。其中，68% 用于新增基础设施的投资，32% 用于维护现有基础设施。而最大的两个投资领域是电力设施和道路，分别占总投资需求的 51% 和 29%。[2]

在现有的多边机构中，从事亚洲地区基础设施融资业务的主要有亚洲开发银行和世界银行，但是这两家机构并不能满足亚洲地区的需求，其中既有融资能力不足，也有融资程序效率低下的问题。世界银行和亚洲开发银行各有 2800 亿美元和 1650 亿美元的资本金，但是对亚洲地区的基础设

---

[1] 参见李平、王春晖、于国才《基础设施与经济发展的文献综述》，《世界经济》2011 年第 5 期，第 93—116 页。

[2] Asian Development Bank, and Asian Development Bank Institute, *Infrastructure for Seamless Asia*, Tokyo: Asian Development Bank Institute, 2009, p. 167.

施建设提供的融资有限。以 2013 年为例,亚洲开发银行提供了 210 亿美元贷款,而世界银行每年提供给亚洲的基础设施贷款不到 5%,投资缺口很大。① 而且,现有机构的融资审批过程存在审批缓慢、官僚主义、效率低下等问题,进一步恶化了发展中国家基础设施融资供求失衡的问题。布鲁金斯学会研究员杜大伟(David Dollar)在解释亚洲其他发展中国家为何对中国的亚洲基础设施投资银行倡议反应如此热烈时说,发展中国家对这一提议有强烈共鸣,新的多边发展银行在有健全的保障机制的同时,能比现有的多边机构更快、更高效。② 可以说,亚洲地区在庞大的基础设施建设需求与实际的现有资金和资源的配置、运用能力之间存在巨大的缺口,成为制约亚洲地区经济发展的瓶颈。

不仅发展中国家,发达国家也面临基础设施的维护与更新的问题,同样重视基础设施对经济发展的推动作用。2010 年,欧盟颁布基础设施建设计划,在 2020 年前投资 1.5 万亿欧元建设公路交通,投资 150 亿欧元用于信息能源和基础设施。③ 英国政府出台的《国家基础建设规划》指出,要在能源、交通、通信和水利项目上加大投资力度,未来 10 年的基建投资需求达 3830 亿英镑。④

美国也不例外。美国政府对国内基础设施的投资向来重视,林肯总统在美国内战期间仍然致力于连通美国东西海岸的铁路系统的建设,艾森豪威尔总统期间美国又完成了州际公路网络,里根总统曾强调重建基础设施是对未来的投资。⑤ 美国于 2009 年初通过的《复兴与再投资法案》推出了总额达 7870 亿美元的经济刺激计划,其中 1500 亿美元就用于基础设

---

① 盛思鑫、曹文炼:《亚洲基础设施投资银行的地缘政治经济分析》,《全球化》2015 年第 1 期。

② David Dollar, "China's Rise as a Regional and Global Power: The AIIB and the 'One Belt, One Road'," *Horizon*, Summer 2015, p. 166.

③ 吴崇宇、刘仲仪:《基础设施建设走出去的现状及前景》,《宏观经济管理》2014 年第 5 期,第 42 页。

④ 徐惠喜:《全球基础设施建设迎来发展新机遇》,中国经济网—《经济日报》,2015 年 1 月 9 日,http://www.ce.cn/xwzx/gnsz/gdxw/201501/09/t20150109_ 4302282.shtml.(上网时间:2015 年 8 月 20 日)

⑤ 参见 The White House, "President Obama Speaks on Rebuilding Our Infrastructure," May 14 2014, https://www.whitehouse.gov/photos-and-video/video/2014/05/14/president-obama-speaks-rebuilding-our-infrastructure#transcript.(上网时间:2015 年 8 月 22 日)

建设。该项被认为是"（20 世纪 50 年代）州际公路建设投资以来最大的基础设施投资计划……不仅能够创造 40 万个工作岗位，还能在接下来的几十年内为经济增长提供持久动力。"[1] 近年来，美国政府对基础设施建设的重视可以从白宫设计基础设施的年度预算中所用的修饰词管窥一斑："面向二十一世纪的"基础设施。白宫的 2012 财年基础设施预算部分的标题是"建设面向二十一世纪的基础设施，赢得未来"，基础设施的好坏关系到美国的前途![2] 最近发布的 2016 财年预算中，白宫提出了一个为期六年总额达 4780 亿美元的地面交通再授权计划。[3]

（二）G20 新共识的形成

其实，基础设施建设本来就是发展议程中的应有之义，也是 G20 内外广大发展中国家的重要关注。但是，基础设施建设并没有在一开始就受到足够的重视，其重要性的显现经历了一个过程。就西方国家而言，尽管向发展中国家提供了最多的国际援助，但大多附加政治条件，而且更为强调"民主、人权、良治"和"市场化、自由化"等政治和经济制度层面，更具体地说，通过发展基础设施帮助发展中国家培育持久增长的条件并非是他们关注的焦点。[4]

对发展议程具有里程碑意义的是 2010 年 11 月的 G20 第五次首尔峰会。在韩国的主导和 G20 内发展中国家的支持下，发展问题成为此次峰会的主要议题，基础设施建设开始受到普遍重视。峰会主办国韩国本身作

---

① The White House, "American Recovery and Reinvestment Act: A $150 Billion Investment in Our Nation's Infrastructure – The Largest New Investment Since the Construction of the Interstate Highway System," February 17, 2009, https://www.whitehouse.gov/assets/documents/Recovery_ Act_ Infrastructure_ 2—17.pdf. （上网时间：2015 年 8 月 22 日）

② The White House Office of Management and Budget, "Win the Future with a 21st Century Infrastructure," The Federal Budget, Fiscal Year 2012, https://www.whitehouse.gov/omb/factsheet/21st-century-infrastructure. （上网时间：2015 年 8 月 22 日）

③ The White House, "Middle Class Economics: Building a 21st Century Infrastructure," The President's Budget, Fiscal Year 2016, p.1, https://www.whitehouse.gov/sites/default/files/omb/budget/fy2016/assets/fact_ sheets/building-a-21st-century-infrastructure.pdf. （上网时间：2015 年 8 月 22 日）

④ 张严冰、黄莺：《中国和西方在对外援助理念上的差异性辨析》，《现代国际关系》2012 年第 2 期，第 44 页。

为新兴经济体,对于发展中国家对经济发展的需求感同身受,而且韩国在短时期内经历了快速成功的发展变化,使其在这方面有宝贵的发展经验可供他国分享。时任韩国总统李明博谈到对发展中国家的援助时指出,"授人以鱼不如授人以渔",他希望国际社会能够一起努力通过"授人以渔"的方式,建立公正的世界经济秩序和公正的"地球村"。① 首尔峰会通过了"首尔发展共识",确定了九大支柱领域,而基础设施成为其中的第一项。② 与之相适应,首尔峰会上成立了基础设施投资高级别工作组。根据学者库珀(Andrew F. Cooper)的解读,"首尔发展共识"将 G20 对不发达国家的援助从西方式的发展援助转向了对基础设施、教育、卫生、技术和制造业等领域的投资,帮助发展中国家培养依靠自身力量寻求发展的潜力。③

首尔峰会之后,G20 的发展议题明显呈下降趋势,但对基础设施问题的关注热度不减。在 2011 年的法国戛纳第六次 G20 峰会上,发展议程主要强调了基础设施和粮食安全。④ 2013 年俄罗斯圣彼得堡 G20 第八次峰会同样关注基础设施建设,当年 2 月成立的长期投资融资研究组在 G20 内部上升成为一个独立的投资与基础设施工作组,专门从事与基础设施和投资相关的国际协调。

在 2014 年澳大利亚布里斯班的 G20 第九次峰会,基础设施建设得到了突破性进展,表明 G20 成员国在这一点上形成了新的共识。此次峰会发布的 G20 领导人公报,认为基础设施对促进增长、创造就业和提高生产力至关重要。而作为 G20 领导人公报的附件,峰会通过了"G20 全球基础设施倡议计划",与现有的全球性、区域性或国家开发银行展开合作,应对和弥补全球在基础设施投资领域的缺口和问题。峰会决定成立一个总部位于悉尼为期 4 年、致力于信息和知识共享的"全球基础设施中心"(Global Infrastructure Hub, GIH),促进政府、私人部门、开发银行

① 《李明博提出 G20 首尔峰会四大议题》,新华网,2010 年 11 月 1 日,http://news. xinhuanet. com/world/2010-11/01/c_ 12724659. htm.(上网时间:2015 年 8 月 22 日)

② 参见 "Seoul Development Consensus for Shared Growth", Seoul, November 12, 2010, http://www. g20. utoronto. ca/2010/g20seoul-consensus. html.(上网时间:2015 年 8 月 22 日)

③ Andrew F. Cooper and Ramesh Thakur, *The Group of Twenty*(*G20*), London and New York: Routledge, 2013, p. 117.

④ 约翰·柯顿:《G20 与全球发展治理》,《国际展望》2013 年第 4 期,第 18 页。

和其他国际组织间的合作，改进基础设施市场的运行和融资。①

随着各国对基础设施作为创新发展的新方式达成共识，2014 年成为了全球基础设施融资和建设历史上具有里程碑意义的一年。除了 G20 峰会上的相关新倡议之外，其他多个国际机构也都推出了与基础设施建设相关的重要决定和举措。先是世界银行于 2014 年 10 月 9 日牵头专门成立了全球基础设施基金（Global Infrastructure Facility，GIF），调动各方资金投资于发展中国家的基础设施建设。世行行长金墉（Jim Yong Kim）在世行 GIF 成立会议上指出，近年来新兴经济体和发展中国家在基础设施领域的私人投资出现了下降的趋势，从 2012 年的 1860 亿美元跌落到了 2013 年的 1500 亿美元。发展中世界巨大的"基础设施赤字"是限制全球减贫和共同繁荣事业的最大瓶颈之一，而世行成立 GIF 的目的就是要动用各方资源消除这一赤字。② 此外，10 月 5—11 日在北京举办的 APEC 峰会上，"加强全方位基础设施与互联互通建设"成为与会领导人重点讨论的三项议题之一。会议首次批准了"亚太经合组织互联互通蓝图"，认为加强全方位基础设施与互联互通建设有助于开拓经济增长新动力。由此可见，基础设施建设将成为今后亚太区域经济一体化和互联互通建设的重点领域。

（三）中国领导力的展现

G20 成员国在基础设施议题上形成新共识的过程中，中国政府功不可没。从 G20 首次峰会召开伊始，中国政府就已开始向该集团成员国说明基础设施建设在经济发展中的作用。胡锦涛主席早在第一次峰会上就呼吁发达国家和国际社会"切实保持和增加对发展中国家的援助"，而其中一个重要的内容就是"尽最大力量帮助其进行基础设施建设，以增强其自

---

① 2014 Brisbane Summit, "G20 Note on the Global Infrastructure Initiative and Hub," November 14, 2014, http://www.g20.utoronto.ca/2014/g20 _ note _ global _ infrastructure _ initiative _ hub.pdf. （上网时间：2015 年 8 月 22 日）

② The World Bank, "World Bank Group Launches New Global Infrastructure Facility," Press Release, October 9, 2014, http://www.worldbank.org/en/news/press-release/2014/10/09/world-bank-group-launches-new-global-infrastructure-facility. （上网时间：2015 年 8 月 22 日）

我发展能力"。[①] 可以说,从一开始基础设施建设就是中国政府的 G20 主张的重要内容,这既是中国国内促进经济长期发展的重要措施和宝贵经验,也是反映中国关注发展中国家挖掘内生发展动力的发展新视角。基础设施建设在 2010 年 G20 首尔第五次峰会上一度受到关注。在之后举行的 2011 年 G20 第六次法国戛纳峰会上,中国政府又一次突出了基础设施。胡锦涛主席在此次峰会发言中一共 5 次使用了"基础设施",向成员国介绍了中国在南南合作框架内帮助其他发展中国家进行基础设施建设的成就与计划。[②] 这既是表明中国政府对该议题一贯的推崇,也是履行对首尔峰会的承诺。

到了 2014 年,中国在基础设施领域的主张和行动出现了前所未有的跨越,基础设施也成为了中国政府在 G20 内展现领导力、为全球经济治理开辟新方向的主要领域。在当年举行的澳大利亚布里斯班 G20 第九次峰会上,习近平主席呼吁 G20 成员国创新发展理念、政策和方式,专门提到了基础设施对经济的拉动效应,表示中国将通过建设丝绸之路经济带、21 世纪海上丝绸之路、亚洲基础设施投资银行、丝路基金等途径,为全球基础设施投资做出贡献。[③] 至此,中国政府将基础设施建设上升为有助于发掘和培育持久增长动力的新理念和新方式,成为中国以创新的方式参与全球经济治理的一个重要支柱。

与中国政府在 G20 峰会上的新主张相比,中国的实际行动意义更大。从 2013 年下半年开始,中国政府积极筹建以基础设施投资和建设为主要业务的亚洲基础设施投资银行(Asia Infrastructure Investment Bank,AI-IB)、金砖国家开发银行和丝路基金。以亚投行为例,从 2013 年 10 月习近平主席在访问印度尼西亚时提出倡议到 2014 年 10 月首批意向创始成员

---

① 胡锦涛:《通力合作,共度时艰——在金融市场和世界经济峰会上的讲话》,人民网——《人民日报》,2008 年 11 月 16 日,http://politics.people.com.cn/GB/8346583.html.(上网时间:2015 年 8 月 20 日)

② 胡锦涛:《合力推动增长,合作谋求共赢——在二十国集团领导人第六次峰会上的讲话》,新华网,2011 年 11 月 4 日,http://news.xinhuanet.com/world/2011—11/04/c_122235131.htm.(上网时间:2015 年 8 月 20 日)

③ 习近平:《推动创新发展,实现联动增长——在二十国集团领导人第九次峰会第一阶段会议上的发言》,新华网,2014 年 11 月 15 日,http://news.xinhuanet.com/2014—11/15/c_1113263795.htm.(上网时间:2015 年 8 月 20 日)

国的财长和授权代表在北京签约，共同决定成立亚洲基础设施投资银行，用时仅仅一年。2015年6月29日，亚投行57个意向创始成员国签署《亚洲基础设施投资银行协定》，2015年年底之前亚投行正式运行。此外，中方主导的丝路基金也已于2014年12月29日成立，而筹备已久的金砖国家新开发银行于2015年7月21日正式开业，预计2015年底或2016年初启动运营。

到目前为止，世界上没有哪个国家像中国一样在亚洲或全球基础设施投资和建设领域提出过如此多的倡议和主张，并以切实的行动加以保障。可以说，通过彰显基础设施在全球经济增长中的重要性，中国展现出了负责任大国的领导力，开创了全球经济治理的一片新的天地，有望为G20的进程注入新的活力。

三　结语

G20峰会自2008年召开以来，从刚开始的被寄予厚望到后来的停滞不前，体现了当前国际经济治理的困境。在向全球经济合作的长效机制转型的过程中，G20通过不断地摸索，逐渐在基础设施融资和建设领域找到了新的前进方向。基础设施是否能真正为困境中的G20注入前进的动力，尚有待观察。

如果以凝聚力、领导力和执行力作为G20今后在基础设施议题上能否获得进展的衡量标准，今后最大的挑战来自执行领域。就领导力而言，中国政府近两年的主张与行动，以及中国国内30多年建设积累起来的在基础设施领域的产能和技术优势，将能很好地补充亚洲地区以及其他地区发展中国家的基础设施建设需求。就G20内部共识而言，虽然美国、日本、加拿大、墨西哥、阿根廷5个国家成员国和欧盟没有创始成员国加入亚投行，但其他14个成员国的加入足见对基础设施建设重要性的普遍认同。目前，还不排除未加入亚投行的G20国家在今后以非创始成员国加入的可能性。而且，美国和日本还各自通过世界银行和亚洲开发银行支持世界和亚洲的基础设施建设。因此，对基础设施重要性的认识，G20成员国不存在根本性的分歧。

由于亚投行、金砖国家开发银行和丝路基金等都还处在初创时期,虽然获得各国热烈反响,但是今后项目的实施才是真正的挑战。美国和日本选择不加入亚投行的口头理由是对亚投行的管理方式、配资结构和透明性等存在担忧,这固然有其特殊的政治和经济考量,但其实也已经涉及亚投行的项目执行的问题。为了能够在基础设施领域长期发挥领导力,并为 G20 注入活力,必须认真考虑和研究通过上述机构在发展中国家开展基础设施融资与建设的具体执行过程,包括项目风险评估、项目决策效率与民主化的平衡以及高标准与务实性的平衡等。

(顾国平:北京第二外国语学院英语学院副教授)

全球地缘政治变化与中国
第三次重要战略机遇期

刘建华

【内容提要】"重要战略机遇期"不能简单地以某个特定时期无世界大战或大国战争为判断标准，而应该以国际地缘政治局势是否发生有利于缓解重大战略压力为主要判定标准。克里米亚加入俄罗斯及随后"伊斯兰国"在中东的崛起，很可能开启了中国改革开放以来的第三次重要战略机遇期。中国可通过筹划"东稳""南下""西进"的全球地缘战略，采取审慎、适度、有为的外交以进一步拓展国际影响力。

【关键词】中美关系　亚太再平衡　第三次战略机遇期　全球地缘政治

党的十六大报告明确提出"二十一世纪头二十年是一个必须紧紧抓住并且可以大有作为的重要战略机遇期"。十八大报告界定了未来十年"我国发展仍处于可以大有作为的重要战略机遇期"。在对中国为何仍处于大有作为的重要战略机遇期的问题上，已有的研究或从党代会的报告中寻找依据；① 或以"和平与发展仍是当今时代主题，世界大战打不起来"

---

① 参见王陈、佘海舟《"重要战略机遇期"的内涵探析》，《淮北煤炭师范学院学报》2006年第2期，第57—58页；刘建宁：《21世纪头20年重要战略机遇期与中国和平崛起》，《江苏教育学院学报》（社会科学版）2006年第4期，第52页。

"中国未来卷入大规模外部冲突的可能性很小"加以论证;① 或是以"中国 20 多年的改革开放积累起来的财富为中国和平崛起奠定雄厚的物质基础"和"经济全球化和新科技革命方兴未艾为中国的和平崛起提供了难得的机遇"为证据;② 或是从美国对华战略调整导致中美关系缓和来论证。③ 这些论证虽然各有其理,但有的过于简单,有的没抓住关键点,有的比较片面。过于简单如将"和平与发展仍是当今时代主题,世界大战打不起来"作为中国面临重要机遇期的主要证据。因为就像仅以国际社会无政府状态是否改变作为判断国际体系是否发生变化的标准过于简单一样,由于无政府状态难以改变,因此,除非成立世界政府,否则以国家为主要行为体的国际体系则难以改变,这样的划分标准很难导致理论创新。若肯尼兹·沃尔兹只以无政府状态是否改变作为国际体系是否发生变化的唯一标准,那么他绝对创造不出结构现实主义的国际政治理论。同样,自20 世纪 50 年代以来,和平与发展一直是世界的主题,若以"和平与发展仍是当今时代主题"作为判断重大战略机遇期的主要标准,则中国一直面临重要的战略机遇期。同样,自从核武器问世后,大国之间的战争基本消除,若以是否爆发大国战争或世界大战作为判断有无战略机遇期的主要依据,则同样过于简单,这几乎等于什么都没说。以"中国通过多年的改革开放积累了雄厚的物质基础及经济全球化和科技革命方兴未艾"为判断战略机遇期的依据则显得没有抓住关键点。因为尽管中国通过多年的改革开放积累了雄厚的物质基础,增加了中国应对外部复杂国际环境的抗压性,但随着中国越来越融入西方主导的国际体系,中国经济与安全对外依存度越来越高,由此导致中国的和平发展在相当程度上受制于外部国际环境的状况。而作为超级大国的美国无疑是影响或制约中国和平发展的关键因素。在界定中国的战略机遇期时,不考虑欧亚大陆地缘政治的变化对

---

① 吕杰、王道云:《当前中国重要战略机遇期内涵与条件变化探析》,《社科纵横》2014 年第 4 期,第 1—2 页;李庆四:《中国战略机遇期是否还存在?》,《黑龙江社会科学》2011 年第 4 期,第 1—2 页。

② 刘建宁:《21 世纪头 20 年重要战略机遇期与中国和平崛起》,《江苏教育学院学报》(社会科学版)2006 年第 4 期,第 52 页。

③ 刘建飞:《"战略机遇期"与中美关系》,《瞭望新闻周刊》2003 年第 3 期,第 57 页;杨洁勉:《美国的全球战略和中国的战略机遇期》,《国际问题研究》2003 年第 2 期,第 11—16 页;李庆四:《中国战略机遇期是否还存在?》,《黑龙江社会科学》2011 年第 4 期,第 1—2 页。

美安全战略的影响进而对中国战略环境变化的影响则似乎有点不得要领。另外，经济全球化深入导致的国家间相互依存加深并不能阻止大国间发生武装冲突。第一次世界大战前英德之间的经济相互依赖并没阻止两国之间后来兵戎相见。此外，一些学者以中美关系或美国安全战略调整作为中国"'战略机遇期'的重要支点"，[①] 此种界定虽然抓住了中国战略机遇期形成的关键点，即作为超级大国的美国，其安全战略的调整及其对华政策的变化对于中国战略机遇期的形成基本上具有决定性的作用，但未能讲清楚美国的全球安全战略为何调整及如何影响中国的战略环境进而导致中国重要战略机遇期形成。

总之，已有的研究大都缺少从重大的地缘政治事件导致的全球地缘政治变化对美国安全战略影响在中国重大战略机遇期形成中所起作用的细致分析。诸如苏联入侵阿富汗、"9·11"事件、乌克兰危机、"伊斯兰国"在中东的崛起等重大的地缘政治事件或能改善美国和其他大国与中国的关系，或有助于分散美国的战略资源进而减轻其对中国施加的战略压力。因此，本文提出"战略机遇期"不能简单地以某个特定时期无世界大战或大国战争为判定标准，而应该以重大的地缘政治事件所引发的美国安全战略变化是否有利于改善中国战略环境或缓解战略压力为主要判定标准。按此判定标准，自 1978 年开始改革开放到 2013 年，中国经历了两次重要战略机遇期：第一次是由苏联入侵阿富汗引起的。1979 年 12 月 29 日，苏联入侵阿富汗，此事促使美国充分意识到中国在其遏制苏联战略中的重要地位，开启了中美战略合作的"蜜月期"，中美准同盟关系的建立不仅使两国在战略上的互信与合作外溢到科技、农业、民航、商务、教育等领域，而且有力缓解了苏联及其支持的越南对中国施加的战略压力，从而为中国刚刚开启的改革开放赢得了一个非常难得的外部宽松环境。第二次则肇始于"9·11"恐怖袭击。"9·11"事件导致小布什政府调整美国全球战略重心，小布什对中国的认知由事件发生前的"战略竞争对手"转变为"建设性合作伙伴"。中国利用美国在中东、中亚十年反恐的难得机遇大力发展自己，GDP 一路赶超德日等发达国家跃居世界第二。而 2014 年相继爆发的乌克兰危机和"伊斯兰国"的崛起引发了不利于美国霸权稳

① 刘建飞：《"战略机遇期"与中美关系》，《瞭望新闻周刊》2003 年第 3 期，第 57 页。

定的欧洲和中东地缘政治危机，很可能开启了中国改革开放以来的第三次
重要战略机遇期。

一　乌克兰冲突对美国"亚太再平衡"的干扰

乌克兰危机发生后，克里米亚公投后克里米亚并入俄罗斯，俄罗斯对
乌东部亲俄分裂势力提供大力支持，这些激起了美国及其欧洲盟友的强烈
反弹，使美国不得不分散资源和精力来对抗俄罗斯，从而导致其"亚太再
平衡战略"弱化，中国无疑是乌克兰危机的最大战略受益者。乌克兰危机
发生后，中国的战略地位得到提高，"中国成为乌克兰危机的赢家"。[①]

之所以说乌克兰冲突在客观上为中国创造了重要战略机遇期，是因为
乌克兰危机引发的美俄冲突既是深刻的，又是严重的，还是持久的。深刻
性表现为乌克兰危机是美欧与俄罗斯在战略力量平衡、俄周围地区的地缘
政治争夺等重大和深层次问题上存在的结构性矛盾激化的产物。双方的行
为都触碰了对方不能容忍的底线。西方指责俄罗斯"吞并"克里米亚和
支持乌东部亲俄势力破坏了边界不得改变的国际法准则。若对此予以接
受，则很可能助长俄罗斯对苏联的加盟共和国扩张领土或势力范围，从而
使美欧冷战后东扩的成果前功尽弃。俄支持乌东部分裂地区的行为使
"冷战后西方自由主义观念向东扩展的进程被阻断"，[②] 也使美国通过控制
乌克兰这一地缘支轴国家来最大限度地压缩俄罗斯战略空间、阻断俄罗斯
帝国梦的计划落空。而俄罗斯对于北约通过几轮东扩将战略前沿推进到自
己家门口早已怀恨在心。乌克兰倒向西方将使普京的"欧亚联盟"失去
重要一员，也将使普京重建欧亚大陆帝国，恢复俄在苏联加盟共和国、特
别是斯拉夫人占多数地区的影响的梦想落空。俄罗斯指责西方通过"颜
色革命"将乌克兰纳入西方势力范围严重侵犯了俄罗斯的安全利益，使
俄罗斯在欧洲的战略边疆失去了缓冲，因而决不允许乌克兰投入欧盟和北
约的怀抱。普京在参加完澳大利亚 G20 峰会回国后对西方展示强硬态度，

---

① 《中国成为乌克兰危机赢家》，英国《金融时报》2014 年 9 月 2 日。

② Lawrence Freema，"Ukraine and the Art of Crisis Management," *Survial*，June – July 2014，
p. 18.

决不允许乌克兰政府消灭乌东部反叛武装,指责西方扩张触碰了俄罗斯的底线。普京还在 2014 年索契召开的瓦代尔俱乐部年会上再次警告西方不要试图用军事手段解决该国东部的冲突。而美国国务院发言人普萨基说虽然美国不寻求与俄罗斯对抗,但如果"涉及欧洲和北美安全所依赖的原则",美国不会退缩,美国坚持维护乌克兰的主权和领土完整。

严重性表现为乌克兰冲突重创了美俄关系,导致美俄关系近乎全面恶化,使两国走到"新冷战"边缘。[①] 虽然奥巴马总统认为俄罗斯只是一个没有技术创新的二流大国,但俄罗斯作为核大国、安理会常任理事国、能源大国,其与美国的较量将会波及整个国际社会,会将其他大国、中等强国卷入其中,并将影响到伊核、朝核、反恐等重大国际问题的解决。与俄的争斗将不得不消耗美国相当一部分战略精力和资源。美俄较量的广度和烈度不仅超过两国间的历史较量,而且成为"冷战后大国间首次公开的、直接的对抗"。[②] 这种对抗表现在外交上,俄遭到西方孤立,被"踢出"八国集团,与经合组织(OECD)的合作终止。经济上美俄发起"相互制裁",波及双方在经贸、投资、金融、航天等领域的交流合作。尤其是美欧对俄的制裁不断升级,扩大到俄金融、能源和军工等关键行业。军事上,乌克兰危机则开启了两个前冷战对手进行高度对抗甚至直接冲突的新时期。美俄围绕导弹防御系统的谈判中断,北约也暂停与俄的合作,并强化在中东欧、黑海和波罗的海的军力部署和扩大军演规模,重新审视"俄罗斯的传统威胁和本土防御"。乌克兰危机似乎复活了冷战时期的作为有明确假想敌的军事同盟北约组织。北约在东欧的加强部署也招致了俄罗斯的强硬反击。俄罗斯派遣大量战机飞越波罗的海、黑海和大西洋,恢复战略轰炸机巡航,以此向北约示强。此外,俄罗斯在公开和私下场合都越来越明显地提及核武器,俄罗斯"希望让西方明白,任何事态升级都将引发俄罗斯的强烈反应,甚至可能会促使俄罗斯动用核武器"。[③] 这种全方位和多领域的对抗,成为全球化时代最接近美苏冷战的一种对抗形

---

① Rober Legvold, "Managing the New Cold War," *Foreign Affairs*, July/August, 2014, p. 15.

② Slobodan Lekie, "Despite Cuts, NATO Still Accounts for Most of World's Military Spending," *Stars and Stripes*, February 25, 2014.

③ 吉迪恩·拉赫曼:《核战危机教训不应被遗忘》,英国《金融时报》中文版 2014 年 12 月 5 日。

式，标志着冷战后西方"与俄罗斯接触政策的终结"和"打造与俄建设性伙伴关系的努力已经失败"①。持久性表现为美俄在乌克兰问题上的矛盾是难以调和的，过程是反复的，因而较量将是长期的。美欧要求俄吐出克里米亚，放弃对乌东部分裂势力的支持，否则不会解除对俄罗斯的制裁。而俄罗斯则不仅不会将梦寐以求、具有重要战略价值的克里米亚吃进去后吐出来，而且也不会放弃对乌东部的介入，甚至不允许乌克兰放弃不结盟中立地位加入北约。可以说，克里米亚不仅在乌克兰与俄罗斯之间，而且在西方与俄罗斯之间打了个死结，双方矛盾难以调和。尽管美俄双方都意识到围绕乌克兰问题的对抗对彼此都没好处，比如美国意识到对俄制裁会损害其欧洲盟友的经济和内部团结，与俄对抗也会影响其"亚太再平衡"，让中国从中获得战略利益，客观上促使中俄走向隐形结盟。俄罗斯也不想因制裁而致经济严重受损，也不想因遭受制裁而过分依赖中国。正因为如此，双方都不想彻底决裂，美欧对俄的制裁留有余地，俄罗斯也在支持乌东部分裂势力上有所保留。然而，由于美欧与俄罗斯之间在国际和平理念、地缘战略利益等问题上存在结构性矛盾，双方之间的严重冲突特别是制裁加剧了彼此的互不信任甚至敌对，尤其是俄罗斯民众对美国的敌视，高达73％的俄民众敌视美国，而2008年仅为25％。②从美国制裁古巴、朝鲜、缅甸、苏丹、伊朗等国的历史来看，制裁短期内虽难以改变对象国的决策，但会重创对象国的经济并导致双边关系长期紧张。西方制裁导致俄出现资本外流、股市下跌和卢布贬值等经济遭受沉重打击的现象，但俄罗斯并未被制裁吓倒，反而摆出了宁可牺牲经济也要与西方对抗的姿态。西方似乎低估了俄从来就是一个重视国家安全战略利益甚于经济利益的国家，也低估了俄罗斯人民忍受巨大灾难的民族坚忍性，何况俄罗斯幅员辽阔，自然资源丰富，又拥有与美国几乎势均力敌的核武库，这些都使俄罗斯的抗压性相当强。特别是俄罗斯还是欧亚经济联盟、金砖国家、上合组织等国际组织的重要成员，它还可以寻求另一备受美国战略遏制的第

---

① Dmitri Trenin, "Get Ready World: The U. S. -Russia Rivalry Is Back", May 28, 2014, http: //carneigie. ru/2014/05/28/get-ready-world-u. s. -russian-rivalry-is-back/hbvg. （上网时间：2014年6月1日）

② 《逾半俄民众认为中国最友好》，塔斯社莫斯科2015年1月28日电。

二大经济体的中国的合作来缓解西方制裁的压力,其在经济上的回旋余地较冷战时期的苏联大得多。所以,俄罗斯不会轻易在乌克兰问题上向西方让步。作为力量对比强大的一方的西方更不会放弃原则立场,在俄罗斯没吐出克里米亚、放弃对乌东部亲俄分离主义者的支持之前取消制裁。双方之间的对峙僵局很可能将在未来十年延续。更兼乌国内政府与东部分离主义者之间在国家体制、身份归属等问题上存在重大分歧,乌内部的分裂也导致美俄关系不会实质性改善。虽然西方与俄罗斯对各自的"代理人"都有影响力,但双方"代理人"不一定彻底顺从各自主子的意志。迄今为止,亲西方的乌克兰政府一直不承认俄罗斯"吞并"克里米亚,不承认乌东部由两个分裂"共和国"组成的"新俄罗斯",也不想通过联邦制给予乌东部分离主义地区更大的自治权,并已修法放弃不结盟地位,为加入北约做准备。而乌东部亲俄势力则不承认乌中央政府,并谋求加入俄罗斯联邦。由于双方都不愿意做出重大让步,即使在各自背后支持者的压力下达成停火协议,那也只是暂时的、脆弱的和平,双方都没有彻底遵守协议的诚意,从而导致停火协议很容易遭到破坏,使危机解决过程充满反复性,比如2014年9月份达成的明斯克停火协议事实上很快被双方违反,双方一有机会就大打出手。

二 "伊斯兰国"崛起给美国"亚太再平衡"添乱

除了乌克兰冲突干扰了美国"亚太再平衡"外,"伊斯兰国"组织在中东的异军突起也给美国"亚太再平衡"战略添乱。虽然奥巴马政府在经过一番犹豫后对"伊斯兰国"发动空袭,但美国与"伊斯兰国"在中东的较量才开始不久。跟基地组织与西方的冲突一样,两者之间的较量在某种程度上可说是亨廷顿所言的"文明冲突"。始于2011年的阿拉伯之春(西方称为"民主革命")并没有给阿拉伯伊斯兰世界带来稳定和尊严,相反却是依旧贫困和更加动荡。美国在冷战后对海湾地区一次又一次的兴兵讨伐给这一地区带来的不是民主、繁荣与秩序,而是混乱、贫穷与屈辱。美国从伊拉克撤军后留下的地缘政治真空被伊斯兰不同教派间的冲突填补。作为极端伊斯兰势力的"伊斯兰国"组织更是趁机崛起。"伊斯兰国"的崛起在某种程度上是阿拉伯人在饱受长期屈辱、落后后期盼复兴公元 7—15 世纪统一的阿拉伯帝国梦的反映。虽然奥巴马政府建立了要削弱乃至摧毁"伊斯兰国"的"国际联盟",但加入美国"国际联盟"的中东国家对于"剿灭""伊斯兰国"动机不一、各怀心思。与美国目标的轻重缓急不同,沙特阿拉伯、土耳其、卡塔尔等中东参与国的首要打击目标是巴萨尔政权,而不是"伊斯兰国"。而被美国寄予厚望的、也是构成消灭"伊斯兰国"地面部队主力的伊拉克政府军,则在夺回伊拉克西部和北部的战事中,几乎一半的伊拉克军队不能有效地配合美军打击"伊斯兰国",而另一半伊拉克军队也需要和美军进行更多的训练以及获得更多的装备才能上战场。另一支被美国扶持和寄予希望的叙利亚反政府武装的温和派同样与美国目标不一致,而且似乎成了扶不起的阿斗。2014年 11 月中旬,得到西方支持的在叙利亚同圣战分子作战的"温和"反对派拒绝打仗,因缺少武器和其他承诺提供的支持而向"基地"组织投降,这使美国扶植代理部队打击"伊斯兰国"的计划受挫。

就连打击"伊斯兰国"的"国际联盟"盟主美国自己也存在着战略目标与手段的不匹配。奥巴马政府定下的目标是要毁灭"伊斯兰国",但却仅限于空袭和为伊拉克政府军及库尔德武装提供武器和情报支持,这使美国打击"伊斯兰国"的战争没有限度,含混不清,缺少退出战略,让美国很难将重心转向另一地区。继是否打击"伊斯兰国"组织的问题上犯下战略犹豫的错误后,奥巴马政府内部在如何消灭"伊斯兰国"问题上出现分歧。表现为奥巴马曾在 2014 年 9 月 10 日作出"美军绝不踏上伊拉克领土"的承诺。而美国参谋长联席会议主席邓普西则在参议院外交委员会听证会上做证时称"如果空袭不能有效打击 ISIS,那么我将向总统建议向伊拉克派遣地面部队"。[1] 而且以美国为首的联盟空袭加上伊拉克政府军、库尔德人武装的地面进攻模式之所以难以奏效的另一重要原因是"伊斯兰国"较"基地"组织拥有地盘、装备精良、资金充裕、组织更为有力,还擅长运用 YouTube、脸谱、推特等网络媒体开展筹资、招募、恐吓等宣传活动,其让来自发达国家的圣战分子返回母国发动恐怖袭击的战

---

[1]　Michael R. Gordon and Helene Cooper,"U. S. General Says Raiding Syria Is Key to Halting I-SIS",2014. http：//www. nytimes. com/2014/08/22/world/middleeast/isis-believed-to-have-as-many-as-17000-fighters. html? _ r = 0. （上网时间：2014 年 8 月 30 日）

术套路及利用人质危机分化"国际联盟"的策略也令美国防不胜防，因而较"基地"组织更难对付。美国领导的空袭行动虽然阻止了"伊斯兰国"继续攻城略地，但无法阻止其势力向北非、中亚扩张。与"伊斯兰国"的战争"将是一场持久战。即使最终获得战争胜利，从整体角度看，在未来 10 年美国消耗的人力、物力、财力将大于所得利益"。① 美军的有限战争、伊军的孱弱，以及"伊斯兰国"的跨界存在，注定了"伊斯兰国"如塔利班一样难以剿灭且有卷土重来的可能。② 美国防长哈格尔在访问南美时强调：美国领导的"国际联盟"与在伊拉克和叙利亚夺取了大片土地的"伊斯兰国"的斗争将是长期的，"这是一场持久战。打这场战役很难，非常复杂。需要很多因素"。③ "即使经过了 13 年的努力，美国也远未能彻底铲除基地组织"，④ 何况要毁灭较"基地"组织更难对付的"伊斯兰国"？如果美国的空袭与由美国人担任军事、情报顾问的伊拉克政府军和库尔德武装相配合的进攻模式不能奏效的话，不排除奥巴马政府不得不向伊拉克派出地面部队的可能，那样会重蹈小布什政府时期美国消耗巨资、损兵折将、深陷战后维稳泥潭的覆辙。尽管近来伊拉克政府军和库尔德武装在美军空袭的支持下收复了一些被"伊斯兰国"占领的地盘，但即使"伊斯兰国"被迫转入地下，它将像美军占领伊拉克期间那样以路边炸弹、恐怖袭击、游击战等方式扰乱伊拉克国内的治安。除非美国时时保持高压严打的态势，否则伊斯兰极端势力仍然会像塔利班一样东山再起。

三　欧洲与中东的地缘政治变局给中国带来的战略红利

俄罗斯在乌克兰问题上奋起反击和"伊斯兰国"在中东的异军突起给中国带来的战略好处如下：

---

① Peter Certo, Here's Everything Wrong with the White House's War on the Islamic State, October 1, 2014. http://fpif.org/heres-everything-wrong-white-houses-war-islamic-state/. （上网时间：2014 年 10 月 8 日）

② 钮松：《空袭 ISIS：美国难以从中东"转身"》，《中国社会科学报》2014 年 8 月 13 日。

③ US Defense Secretary sees long-term fight against Islamic State, http://www.news.nom.co/us-defense-secretary-sees-long-term-12885697-news/. （上网时间：2014 年 10 月 12 日）

④ 弗朗西斯·福山、艾江山：《美国无法毁灭 ISIS》，英国《金融时报》中文版 2014 年 9 月 25 日。

首先，这两起重大的地缘政治事件吸引了美国的战略资源和关注，打乱了奥巴马政府的全球战略部署，减轻了美通过"亚太再平衡"给中国带来的战略压力。虽然奥巴马政府一直致力于推进"亚太再平衡"战略，但乌克兰危机使"作为前提的欧洲的稳定已经不复存在，未来再平衡战略也可能受到影响"。[1] 奥巴马政府虽然将美全球战略重心转向亚太，但乌克兰危机和"伊斯兰国"的崛起搅乱了其全球战略部署，客观上造成了美国同时对中、俄和中东伊斯兰极端势力"三重遏制"的局面，这让霸权实力相对衰落的美国顾此失彼。"美国同时跟（中俄）两个大国对抗，在外交政策上正在铸成大错。"[2] 在美国面临国防开支吃紧的情况下，美国难以协调如下三项承诺：确保将60%的军事力量放在太平洋以防范崛起的中国、加大在伊拉克和叙利亚对"伊斯兰国"的作战力度，以及增强北约在东欧的军事存在以遏制普京领导的俄罗斯。虽然乌克兰危机不大可能使美国放弃对中国的重点盯防，改变其在2020年将60%的海军和60%的在海外驻扎的空军部署在亚太的决定或承诺（事实上，已有部分美国学者认为美应从俄罗斯的行为中吸取教训，加大对中国的威慑，防止中国效仿俄在亚洲"攫取领土"）[3]，但美在中东肃清"伊斯兰国"及在欧洲加强遏制俄罗斯必将消耗大量资源，不排除中东战局僵持不下或与俄罗斯关系进一步恶化（同一方向的事情往往具有彼此借力的联动性）的可能。未来客观形势的变化势必延缓或搅乱美国在亚太承诺的海空军力部署。虽然乌克兰危机和"伊斯兰国"的崛起使民主党的奥巴马政府在其剩下的任期内调整全球战略部署的可能性不大，但不排除下届总统选举共和党上台后将全球战略重心重新转向欧亚大陆西边，以重点应对怀有帝国野心的俄罗斯和伊斯兰反美势力，只在亚太对中国采取守势。

其次，美欧对俄的制裁将俄推向中国，使俄罗斯在能源、军工等领域

---

① 《美军力将回归欧洲应对俄罗斯》，2014 年 8 月 30 日，新华网，http：// news. xinhuanet. com/world/2014-08/30/c_ 126936466. htm.（上网时间：2014 年 9 月 1 日）

② Ted Galen Carpenter, Washington's Biggest Strategic Mistake, April 18, 2014, http：//nationalinterest. org/feature/washingtons-biggest-strategic-mistake-10285.（上网时间：2014 年 5 月 20 日）

③ Brad Glosserman, "Why Crimea Matters to the US and Aisa", *PacNet*, March 26, 2014；Victor Cha, "Crimea's Demonstration Effect in Asia", *PacNet*, March 25, 2014.

与中国加深合作。乌克兰危机使中俄从战略协作升至"准盟友"。乌克兰危机激化了俄与西方的矛盾，而西方对俄的打压，促使俄加大对华的借重，中俄战略协作和经贸合作具备了新内涵。乌克兰危机爆发后，普京主动与习主席通电话，派外长拉夫罗夫和俄总统办公厅主任伊万洛夫先后访华，并率团赴上海参加第四届亚信峰会等，有借重中国的战略考量。"美国的制裁提升了中国对俄的重要性，使中国成为世界上不易受美国领导的制裁行动影响的主要经济体。"① 此外，乌克兰危机促使中俄经贸和能源合作取得突破性进展。西方的制裁和欧盟致力于减少对俄油气的依赖，增加了俄与中国能源合作的紧迫性。历经十多年谈判的中俄天然气合作项目尘埃落定。这份合同标志着中俄在建立"全面的能源合作伙伴关系"上取得了重大进展，并"正在向形成战略能源同盟迈进"。② 西方的制裁还促使俄罗斯银行和企业寻求通过中国市场融资并扩大对华业务规模。随着制裁的持续，俄将在财政金融领域寻求与中国密切合作，包括在中俄贸易、投资和借贷中扩大中俄本币直接结算的规模。此外，双方在交通基础设施建设、远程客机、航天、核能、军工等领域和项目上的合作也迈上新台阶。伊万诺夫访华期间表示将中国倡导的"丝绸之路"计划与俄西伯利亚大铁路和贝加尔—阿穆尔铁路相结合将实现双赢。俄罗斯也打算与中国签订出售 S—400 导弹系统和苏—35 战机的协议。总之，制裁导致普京"抛弃西方转向了东方，中国从俄罗斯的需求中获益最多"。③

再次，乌克兰危机及"伊斯兰国"的崛起导致美国在亚太的盟友、伙伴国在挑衅中国上不得不有所收敛。欧洲和中东的大变局除了减轻美国对中国的战略压力外，也从两个方面减轻了日本对中国的战略压力。其一，由于乌克兰危机导致美国对俄罗斯制裁，依赖美国安全保障的日本不得不跟进对俄实施制裁，从而使日本通过改善与俄关系来缓解其北方战略

---

① Jack Farchy and Kathrin Hille, " Putin Courts China as West Turns Away", http：//www. ft. com/intl/cms/s/0/0344dc50-df44-11e3-86a4-00144feabde0. html#axzz35upn0000. （上网时间：2014年11月15日）

② 《普京谈中俄战略能源联盟：正在建设 600 亿美元项目》，人民网，http：// world. people. com. cn/n/2014/0519/c1002—25033400. html. （上网时间：2014年7月15日）

③ Nathan Vanderklippe, "The bear and the dragon：Russia pivots to China in the face of Western Sanctions," *The Globe and Mail*, April. 25 2014.

压力的愿望落空。危机前，日本安倍政府妄图实施对华"战略包围"，在紧贴美国以突破和平宪法和解禁集体自卫权的过程中，对俄实施缓和与拉拢的政策。乌克兰危机迫使日本追随西方一起制裁俄罗斯。俄罗斯为了报复日本追随美欧对俄制裁，与中国在东海举行联合军演以牵制美日，承诺于 2015 年共同纪念世界反法西斯战争胜利 70 周年。俄还在南千岛群岛军演和推迟普京 2014 年秋访问日本，并在日俄争议的岛屿择捉岛修建新机场以加强对北方四岛的控制。这些举措不仅打击了日本右翼的嚣张气焰，而且使日本通过缓和日俄关系，稳定北方，将战略重点放在西南方向重点遏制中国的战略企图落空。其二，在围绕乌克兰问题与俄交恶的情形下，美国不想在亚太强化对中国的施压，将中国彻底推向俄罗斯一边。因为中国迄今为止没有明确承认克里米亚并入俄罗斯。美国甚至还幻想让中国加入西方对俄制裁行列。这个时候美国既不会怂恿、也不愿看到其亚太盟友像 2010—2013 年间挑衅中国。在盟主的"亚太再平衡"战略遭受东欧、中东地缘政治乱局干扰时，日、菲、越等美国的盟友、伙伴国对中国的挑衅、刺激行动会有所收敛，它们明白过激行为在遭到中国强有力反击而又得不到美国强有力支持下只会自取其辱。其三，与法国一样，日本加入美国打击"伊斯兰国"的"国际联盟"也遭到了"伊斯兰国"的报复。"伊斯兰国"拿日本人质换取巨额赎金或恐怖分子的策略将安倍政府置于外交困境，令日本国内民众和在野党对政府在打击中东伊斯兰极端势力上紧跟美国表示怀疑，甚至批评。

最后，为了拉拢中国共同打击"伊斯兰国"和孤立俄罗斯，美国及其盟友不得不缓和对华关系，从而使中国作为各方都争取的对象而在外交上获得更多的自由选择空间。2014 年 9 月上旬，奥巴马国家安全事务助理赖斯访问北京预示着华盛顿一改自钓鱼岛危机发生以来，首先访问日本或其在东亚的其他盟国，然后再访问中国，以此彰显美国与其盟友的关系比中美关系重要的惯例。尽管华府对外宣称赖斯的此次北京之行并没有改变美国对将其力量转向亚洲的承诺，但分析人士认为在美国为首的北约因乌克兰危机逐渐加大对俄制裁、美正筹组打击中东"伊斯兰国"的背景下，赖斯此番访华具有谋求与中国合作，至少不让两国关系继续恶化或动荡，将中国推向与俄罗斯结成地缘政治同盟的考虑。在华盛顿方面被乌克兰和中东危机牵制，在国内面临经济困境的日本首相安倍晋三也不得不转向对华实施缓和外交。安倍在 2014 年没有参拜靖国神社，并派人到北京转达其想在 APEC 会议上见习主席的愿望，还与中方达成了缓和双边关系的四点共识。在中国与东盟关系方面，虽然奥巴马政府近年来加紧利用南海问题离间中国同东盟的关系，但在促进美国与东盟的合作却未见长足进展，反而因为乌克兰和中东危机分心，令中国有机会凭着推动"海上丝绸之路"等构思，积极争取东盟国家。虽然华盛顿力挺盟友、伙伴国对华强硬，但"如果中国的邻国除了华盛顿的口头承诺外，感觉不到其他支持的时候，这些国家就会寻求与中国达成和解"。[①] 尽管美国一直努力煽动其亚洲盟国对北京牵头的亚洲基础设施投资银行的怀疑，但新加坡、泰国、菲律宾、越南等美国亚太的盟友都同意参加。

四　如何利用好第三次重大战略机遇期

进入 21 世纪第二个十年，中国又一次遇到天赐良机。机遇来临是好事，但如果抓不住，就会错失良机。若利用或维护得好，不仅可以在机遇期内快速发展自己，为迎接机遇期消失后的严峻挑战打下坚实的基础，而且有可能延长机遇期。应该来讲，中国比较好地抓住了前两次重大的战略机遇期。苏联入侵阿富汗后，以邓小平为首的中国领导人开启了与美国共同抗苏的战略合作，既减轻了中国承受的安全压力，又为中国改革开放赢得了一个相当宽松的国际环境。"9·11"事件发生后，以江泽民为首的第三代中国领导人不失时机地谴责恐怖袭击，并随后与美国开展反恐合作，由此赢得了小布什政府及美国民众对"中美建设性伙伴关系"的认同。面对第三次机遇，党的十八大总揽全局，准确做出了"未来十年我国发展仍然处于可以大有作为的重要战略机遇期"的形势判断，并通过 2014 年卓有成效的大国外交、周边外交、发展中国家外交和多边外交，显示出利用第三次重要战略机遇期的良好势头。然而，与前两次战略机遇期相比，中国面临的第三次战略机遇期可能更加复杂、难以利用或维护。由于中国已被锁定为美国霸权的"主要战略竞争对手"，奥巴马在中东、

---

①　《境外媒体：中国争取东盟国家，对美策略反守为攻》，2014 年 11 月 19 日，参考消息网，http://china.cankaoxiaoxi.com/2014/1119/569087.shtml.（上网时间：2014 年 11 月 20 日）

东欧出手打击"伊斯兰国"和遏制俄罗斯时,念念不忘在亚太防范、敲打中国。所采取的主要手段是军事上通过尖端武器升级、与盟友联合军演、战机与核潜艇巡弋、向台湾售武等方式威慑中国;在外交上则通过重申"再平衡"战略,警告中国勿要学俄罗斯,支持其盟友与伙伴国对华强硬,离间中俄合作,在涉疆、涉藏、涉港、人权等内政问题上干扰或牵制中国。如美国敦促中国停止在南沙岛礁填海建机场和奥巴马不顾中方抗议再次接见达赖。不像前两次美国的全球战略重心或者在欧洲,或者在中东、中亚,这次美国并没有因为乌克兰危机和中东乱局而放弃将全球战略重心放在亚太,因此,在第三次重大战略机遇期内,美国对中国战略压力减轻的程度可能不如前两次大。不排除未来一段时间(十年左右)后美国可能在平息"伊斯兰国"中东之乱及与俄就乌克兰问题达成战略和解后重新大张旗鼓地向国势进一步壮大的中国施压,使中国承受类似2010—2013年期间的战略压力。因此,中国应利用美国忙于在中东打击"伊斯兰国"和在乌克兰问题上与俄罗斯较量之际,进一步发展壮大自己,为应对未来美国及其盟友可能的高强度施压打下更加坚实的基础。只要中国未来再经历一个像"9·11"后十年那样的战略机遇期发展,中国承受美国及其盟友围堵的抗压性将会显著增强,中国在东海、台海、南海等周边问题及新旧国际秩序博弈上的筹码也将显著增加。

面对乌克兰冲突和"伊斯兰国"崛起带来的战略机遇,中国除了在国内深化改革、加快经济增长方式转型和科技创新、持续强力反腐、大力推进法治国家建设进程、加强环境治理外,在国际上筹划以欧亚大陆为轴心,以非洲和拉美为两翼的全球地缘战略,通过"东稳""南下""西进"三条线的运作,采取审慎、适度和有为的外交,最大限度地拓展中国外交的国际舞台,使中国在日趋复杂、激烈的国际竞争中获得更多的转圜空间。

"东稳"就是在美国"亚太再平衡"的背景下,面对美国及其盟友在东海、南海、台海对中国的围堵,中国应与美国及其盟友建立起危机或争端管控机制,采取"预防性外交",防止周边领土争端升级或意外冲突发生。"东稳"的主要对象是美国与日本,需要妥善处理的争端地区包括朝鲜半岛、东海钓鱼岛和台海,确保从朝鲜半岛到南海的热点问题不失控,海洋领土争端不激化。在构建中美新型大国关系的框架下,贯彻落实两国国防部签署的关于建立重大军事行动相互通报信任措施机制的谅解备忘录和关于海空相遇安全行为准则的谅解备忘录。当然，此种避免冲突的举措属于消极维稳措施。中国还需通过与美在应对埃博拉、气候变化、恐怖主义、防核扩散等全球性问题上的合作来冲淡两国在亚太"战略场"的地缘战略博弈，为两国新型大国关系注入增信释疑的积极内容，力推两国"在务实合作与管控分歧的基础上推动新型大国关系建设持续取得实质性进展"。[①] 在对日问题上，中国应密切关注日本整军经武、修宪翻案的动向，与日本政府落实 2014 年北京 APEC 峰会期间两国就处理和改善中日关系的四点原则性共识。当务之急是要围绕钓鱼岛领土争端建立起危机管控机制，以避免东海发生不测事态。同时敦促日本政府正视历史，在发展与中日战略互惠关系上与中国相向而行。

"南下"主要是与东盟、南亚、南太和拉美四个在地理位置上位于中国以南地区的国家发展经济、政治、安全、社会、人文等领域的交流与合作，拓展中国在这些地区的经济利益和政治互信。东盟因其在地理位置上与中国毗邻、在战略上位于印度洋与太平洋的战略通道上、在经贸上与中国联系密切、在安全上其部分成员国与中国存在南海领土之争而成为中国"南下"战略的重点对象。虽然因南海领土争端、域外大国介入、小国对邻近大国强势崛起近乎本能的担忧或恐惧而导致东盟对中国的政治互信并没因经济合作的深入而加深，但中国仍应继续贯彻"以经促政"的战略，通过在基础设施上推进互联互通、在经贸投资上落实"海上丝绸之路"规划、在人文交流上秉持"亲、诚、惠、容"的理念，同时管控好南海问题上争端分歧，让东盟充分享受从中国经济发展中获得的实实在在的利益，以此减轻或化解其对中国崛起的战略疑虑。

"西进"主要是在风险评估的基础上稳步推进"新丝绸之路经济带"的建设，发展与俄罗斯、中亚、中东、欧洲、非洲等地区国家的政治、经济、安全合作及人文交流，拓展中国在这些地区的影响力。西进的首要对象是俄罗斯。中国大可以借美欧制裁俄罗斯之际推进与俄的深度经贸合作，提升俄对华军售水平。对于俄因油价暴跌、西方制裁、卢布贬值而出现的经济困难，中国可选择适当时机、通过适当方式施予援手，毕竟俄经

---

① 《中美元首在北京会晤主要共识和成果》，新华社，北京 2014 年 11 月 12 日电。

济垮掉将使中国失去牵制美国"亚太再平衡"的有力筹码，对中国改善国际战略地位相当不利。中俄发展深度经贸关系客观上有助于俄罗斯化解西方制裁产生的压力，同时招致西方的疑虑在所难免。因此，需要强调的是，中国一方面与俄罗斯"相互给力借力，共同抵御外部风险和挑战"，[1]另一方面必须避免让美欧产生一种中俄结盟抗击西方的印象，一旦美欧确信中国已经与俄罗斯结盟，同后者共同抵抗自己的结论，中国将会承受比现在大得多的战略压力，更何况中俄过去有过痛苦的结盟经历，两国之间不针对第三国的战略协作伙伴关系似乎比结盟关系更易为两国所接受，也不易引起美欧的猜忌。

"西进"的另一个重要战略区域是被称为"霸权流沙区"的中东。中东地区虽然是中国石油进口的主要来源地，该地区的稳定关系到中国能源进口的安全，但中东地区充斥着各种难以化解的矛盾冲突，如迁延日久的叙利亚内战、逊尼派与什叶派之间的教派纷争、周期性爆发的阿以冲突、伊斯兰极端主义与阿拉伯世俗政权及美国的仇怨，等等，是世界有名的地缘政治破碎地带。即使美国在中东实行战略收缩，中国也既无能力、也无必要填补所谓的"权力真空"。中国对中东的介入应以贸易和投资为主，当然要在审慎评估地缘政治风险的基础上开展经贸合作。在地区安全秩序方面，则一方面对冲突各方的诉求相对超脱，一方面通过特使斡旋、参与国际多边机制等途径促进中东和平进程。

结 语

讳言乌克兰冲突和"伊斯兰国"在中东的崛起客观上给中国造成"重要战略机遇期"不是实事求是的科学态度。中国并非希望美国与"伊斯兰国"一直缠斗下去，也不希望西方与俄罗斯在乌克兰问题上斗狠而获利。相反，中国在道义上支持美国打击伊斯兰极端势力，一直主张相关各方以和平方式解决乌克兰危机。然而在客观上，乌克兰危机和"伊斯

---

① 外交部：《中方愿同俄方共同抵御外部风险和挑战》，中国网，2014 年 9 月 12 日，ht-tp：//news. china. com. cn/world/2014—09/12/content_ 33497891. htm. （上网时间：2014 年 9 月 15 日）

兰国"的崛起带来了欧洲和中东地缘政治大变局,牵制了美国对亚太的战略资源投入,相当程度上减轻了中国在亚太所承受的战略压力,增加了中国与俄、美、日等各方打交道的筹码,使中国继美国陷入十年反恐提供的战略机遇期后,再一次获得国力进一步发展壮大的新的重要战略机遇期。在其霸权实力因遭遇两场局部战争失利和金融危机打击而处于相对衰落之际,俄罗斯的强硬反击、"伊斯兰国"的异军突起和中国的强势崛起,使美国自冷战结束以来首次同时遭遇到来自欧洲、中东和亚太三大地缘政治板块的重大挑战。为维护其全球霸权,美国不得不通过重振经济来维持自己的实力优势,同时通过加强与其地区盟友、伙伴的军事、经济、外交合作来遏制、打击竞争对手或敌人。然而,三大挑战使美国难以同时应对。尽管美国经济目前呈现出强劲的复苏势头,但欧洲经济陷入通缩、日本"安倍经济学"后劲乏力、以中国为首的新兴经济体大都增长放缓、国际石油价格的大幅下降也对美国经济赖以复苏的重要刺激因素——国内页岩油繁荣构成挑战。外需上的疲弱和美元走强不利于出口或将拖累美国经济的复苏势头。虽然美国一再重申其"亚太再平衡"战略不变,但乌克兰危机、"伊斯兰国"的崛起、国际油价的大跌,这些因素叠加在一起,使中国和平发展的外部环境变得宽松,不仅有利于中国对外发展伙伴关系,加强自己在国际事务中的话语权、创制权和议程设置权,而且有利于中国集中精力深化国内改革,加快产业升级和结构转型,使"中国梦"越来越接近于实现。

(刘建华:中南财经政法大学国际问题研究所副教授)

美国对中国"一带一路"倡议的认知与反应[*]

马建英

【内容提要】"一带一路"倡议需要沿线国家的积极响应,也离不开域外关键大国的理解和支持。本文通过对美国媒体、学界、智库等各方的考察指出,美国国内虽然不乏理性和客观的声音,但是总体上对中国的"一带一路"倡议意图存在疑虑,认为倡议是中国拓展国际影响力的战略工具,将为中美之间带来广泛的竞争,并会威胁到美国在欧亚大陆的利益和领导地位。美国官方对"一带一路"倡议采取了选择性回应:从整体上对该倡议进行"冷处理",较少公开提及甚至有意淡化其积极意义;在需要借助于中国的特定领域,则表达了谨慎的欢迎与合作态度。

【关键词】 中美关系　 "一带一路"　 中国周边外交

一　引言

近年来,随着全球金融危机的冲击和美国亚太"再平衡"战略的推进,中国的周边环境发生了复杂而深刻的变化。在此背景下,中国新一届领导集体上任后采取了更为积极进取的外交姿态,提升了对周边外交的布局意识,并加大了相关工作的力度。其中,尤为引人瞩目的是 2013 年

---

*　本文为作者主持的国家社科基金青年项目(13CGJ024)和教育部哲学社会科学重大课题攻关项目(13JZD041)子课题的阶段性成果。最初发表于《世界经济与政治》2015 年第 10 期。

9—10月，习近平主席在访问哈萨克斯坦和印度尼西亚期间，先后提出了共建"丝绸之路经济带"和"21世纪海上丝绸之路"（简称"一带一路"）的倡议。此后，经过2014年前后各部门紧锣密鼓的座谈、规划和部署，这一倡议在国内进一步凝聚了共识。在此期间，中国还与有关国家发起成立亚洲基础设施投资银行（AIIB，简称"亚投行"），并为此专门设立丝绸之路基金，以直接支持"一带一路"建设。2015年3月28日，经国务院授权，中国国家发展和改革委员会、外交部和商务部又联合发布了名为《推动共建丝绸之路经济带和21世纪海上丝绸之路的愿景与行动》的官方文件，① 标志着"一带一路"倡议正式成为中国的一项国家大战略。

"一带一路"倡议在国内激起广泛讨论的同时，在国际上也引发了强烈反响和不同解读。目前，"一带一路"沿线各国，特别是中亚、西亚和南亚的中小国家，由于其基础设施相对落后，资金严重匮乏，经济发展内生动力不足，所以对"一带一路"倡议总体上持欢迎态度。② 还有一些沿线大国，既想分享"一带一路"倡议可能带来的好处，又担心这一倡议在实施过程中存在着某些不确定性、潜在风险甚至战略隐患，因而持怀疑、观望的态度。例如，印度对"一带一路"倡议的看法就存在着较大分歧，"机遇论"和"挑战论"并存，官方则采取了"没有态度"的表态，显示出谨慎应对的立场。③ 除了"一带一路"沿线国家外，域外国家的态度也至关重要。一方面，"一带一路"倡议本身的开放性、包容性和共赢性决定了它的参与国家不是固定不变的，更不会局限于沿线各国，而是对所有国家开放。另一方面，在一个相互依存、互联互通的全球化时代，"一带一路"倡议的顺利实施与否不仅需要沿线国家的积极响应，也离不开域外国家，尤其是域外关键大国的理解和支持。显而易见，在众多域外国家中，美国的角色无疑是最为突出、最值得关注的。

---

① 《中国三部门发布推动共建"一带一路"的愿景与行动》，http：//news. xinhuanet. com/2015 –03/28/c_ 1114795089. htm，登录时间：2015年8月16日。

② 《郑永年重磅演讲深度解读"一带一路"战略》，http：//www. china. com. cn/opinion/think/2015 –03/27/content_ 35169987. htm，登录时间：2015年8月17日。

③ 林民旺：《印度对"一带一路"的认知及中国的政策选择》，《世界经济与政治》2015年第5期，第42—57页。

美国的重要性主要体现在：第一，作为当今世界上唯一的超级大国，美国的利益触角早已遍及包括"一带一路"辐射地区在内的全球各个角落。不仅如此，美国还是塑造中国周边环境最为重要的外部因素之一。[①]因此，"一带一路"倡议的规划及其后续推进过程中，将不可避免地受到美国的影响。第二，美国是现有国际秩序和游戏规则的主要创设者和主导者，是既得利益国家。面对中国"一带一路"倡议所折射出的新理念以及设立的亚投行、丝路基金、金砖国家开发银行等新机制，美国会竭力维护其既得利益。第三，美国虽然不是"一带一路"域内国家，但是在沿线却遍布着诸多盟国和伙伴国家。借助于同盟体系和军事实力，美国具有介入"一带一路"沿线地区事务乃至一些国家内政的多种资源和手段。第四，美国也提出过"新丝绸之路"计划，其涵盖范围和中国的"一带一路"倡议所辐射地域具有重叠部分，未来双方将面临如何在"重叠区"进行协调与合作的问题。第五，"一带一路"倡议分别涉及欧亚大陆和"印—太"两洋，它们对美国的地缘重要性不言而喻：主宰欧亚大陆将能控制世界上最先进和经济最发达的三个地区中的两个，而掌控"印—太"两洋也会对其海洋实力地位走势具有决定性意义。因此，"一带一路"倡议将会对美国继续"管理"欧亚大陆和维持海洋霸权方面产生影响，美国势必会予以战略关注。第六，作为世界上最为复杂的一对大国关系，中美两国任何一方的对外战略选择都有可能会对彼此产生一定影响。在"一带一路"问题上，如果双方因沟通不畅或误解误判而引起不必要的纠葛，那将是得不偿失的。因此，中国在推进"一带一路"倡议过程中，有必要照顾到美国的关切和反应。

那么，美国社会究竟如何看待中国的"一带一路"倡议？令美国社会产生相应认知的内在原因是什么？面对中国发起的"一带一路"倡议规划，美国已经或将会采取什么样的回应政策？中国又将如何应对？迄今为止，虽然美国官方尚未对中国的"一带一路"倡议做出明确回应，但是通过对美国媒体、智库、学界的讨论和部分官员的言论进行深入研究，可以在一定程度上为我们对上述问题进行初步解答。

---

① 邢广程：《理解中国现代丝绸之路战略》，《世界经济与政治》2014 年第 12 期，第 22—23 页。

二 美国对"一带一路"倡议意图的认知

自从"一带一路"倡议提出以来，美国新闻媒体、学术界和智库机构等都对之予以了一定关注，并进行了多角度报道和分析。尤其是 2015 年 3 月英国宣布加入亚投行，极大地刺激了美国的外交神经。有美国官员公开指责英国"不断迁就"中国，声称这种做法"不是同一个崛起中的大国打交道的最佳方式"。白宫还为此发表了一份措辞尖锐的声明，希望"英国加入后能够利用自身的影响力，确保这个由中国主导的新投资银行坚持高治理标准"。① 此后，又有澳大利亚、韩国等美国盟友依次加入，更是出乎美国决策层的预料，并由此引发了主流媒体和重要人士对政府"误判形势"的广泛批评。② 从总体上来看，美国国内对中国的"一带一路"倡议抱有警惕和防范心理，甚至不乏偏见、误解和矛盾，认为中国在新时期提出的这一周边外交战略构想具有地缘政治和地缘经济等多重动机和目的。根据报道内容和学术观点差异，可以将美国对"一带一路"倡议意图的认知分为如下几种论调。

(一)中国版"马歇尔计划"论

众所周知，亚洲拥有全球超过 60% 的人口，其经济总量已占全球的 1/3，是当今世界上最具经济活力和发展潜力的地区。然而长期因建设资金不足，一些国家的公路、铁路、桥梁、机场、港口和通信等基础设施严重滞后，这在一定程度上制约了该地区的经济发展和社会进步。鉴于此，中国在共建"一带一路"倡议规划中，着重加强了基础设施资金筹措问题。2013 年 10 月，国家主席习近平在出访印度尼西亚期间提出筹建亚投行的倡议，向包括东盟国家在内的本地区发展中国家基础设施建设提供资金支持，以促进本地区互联互通建设和经济一体化进程。③ 2014 年 11 月，

---

① "US anger at Britain joining Chinese-led investment bank AIIB," *The Guardian*, March 13, 2015, http://www.theguardian.com/us-news/2015/mar/13/white-house-pointedly-asks-uk-to-use-its-voice-as-part-of-chinese-led-bank，登录时间：2015 年 8 月 18 日。

② Michael Curtis, "The White House Loses Face", April 4, 2015.

③ 《中国印尼关系提升为全面战略伙伴关系》,《人民日报》2013 年 10 月 3 日第 1 版。

习近平主席又宣布中国将出资 400 亿美元成立丝路基金,为"一带一路"沿线国家基础设施、资源开发、产业合作和金融合作等与互联互通有关的项目提供投融资支持。同时,他还向外界明确表示,丝路基金是开放的,可以根据地区、行业或者项目类型设立子基金,欢迎亚洲域内外的投资者积极参与。①

中国宣布设立亚投行和丝路基金之后,一些美国媒体和观察人士迅速将"一带一路"倡议和美国历史上的马歇尔计划联系起来,声称"一带一路"倡议是中国版的马歇尔计划,② 其中亚投行和丝路基金是相互联系的重点战略安排。例如,波士顿大学的凯文·加拉赫(Kevin Gallagher)教授就认为,"一带一路"倡议是 21 世纪中国的马歇尔计划,它将通过帮助缩小地区资金差距而改变亚洲国家的面貌。③ 前美中政策基金会研究人员香农·蒂耶齐(Shannon Tiezzi)也曾撰文指出,随着经济实力的不断增强,中国自然会尝试利用其经济优势来提升外交影响力。舆论将中国的丝绸之路经济带和 21 世纪海上丝绸之路倡议同第二次世界大战后美国发起的马歇尔计划相提并论并非巧合。因为二者情形相似:都是一个正在崛起的全球大国试图用经济力量来实现其外交政策目标,当然也包括维持其国内经济发展的基本目标。马歇尔计划帮助美国成为了一个真正的超级大国,中国也寄希望于通过两个"丝路"倡议来达到同样的效果。④ 自由撰稿人米歇尔·彭纳(Michele Penna)则进一步指出,仅仅从经济的角度来看待"一带一路"倡议是错误的和不完整的,因为该倡议还蕴含着地缘政治"再定位"。向邻国资助基础设施建设这一具有中国特色的马歇尔计划将会为中国提供巩固其扮演亚洲最重要力量角色的影响力。⑤

在美国有关中国"一带一路"倡议与马歇尔计划类比的讨论中,也

---

① 《丝路基金的"五个 W 和一个 H"》,http://news.xinhuanet.com/2015—04/21/c_127716693.htm,登录时间:2015 年 8 月 19 日。

② "China's 'Marshall Plan'", *The Wallstreet Journal*, Nov. 11, 2014.

③ "Is Infrastructure Bank China's new Marshall Plan for Asia?", March 30, 2015.

④ Shannon Tiezzi, "The New Silk Road: China's Marshall Plan?" *The Diplomat*, November 6, 2014.

⑤ Michele Penna, "China's Marshall Plan: All Silk Roads Lead to Beijing?" *World Politics Review*, December 9, 2014.

不乏一些客观的声音。在记者佩普·埃斯科巴尔（Pepe Escobar）看来，中国不仅正在打造横贯欧亚大陆的丝绸之路经济走廊，也在重拾明朝郑和下西洋的历史壮举。"一带一路"规划可以与当年美国的马歇尔计划相媲美，但是又有所超越。因此，不能简单地将 21 世纪中国的"一带一路"倡议与马歇尔计划画等号，事实上前者更富有雄心，涉及的范围也更为广阔。① 与此相应，2015 年 5 月 27 日，美国国务院经济和商业事务局首席副助理国务卿科特·桐（Kurt Tong）也表示，马歇尔计划的目的主要是帮助欧洲国家快速恢复"战后"的基建与生产，促进经济回归"战前"水平。而中国倡导的"一带一路"，建立在完全不同的历史环境下，是一种主要针对南亚、中亚，以及东南亚地区发展的战略性理论。由此可见，虽然中国倡导的"一带一路"规划和美国的马歇尔计划存在着一定的"经济共性"，但是二者在本质上却有着天壤之别。"一带一路"倡议以共同发展为根本属性，以平等互利为基本原则，以务实合作为主要导向，而马歇尔计划服务于美国的对苏冷战战略，是一项具有附加条件的援助。同时，与马歇尔计划相比，"一带一路"沿线国家的利益诉求更为多样化，其实施的外部环境也更为复杂，并且将面临更多的挑战和域外因素干扰。②

（二）中国版"再平衡"战略论

自从 2011 年奥巴马政府高调推出亚太"再平衡"战略以来，美国不仅加大了在亚太地区的军事存在，加强了与地区盟国和伙伴国家的安全合作，还在经济上推动具有排他性质的"跨太平洋伙伴关系协议"（TPP）谈判，在海洋争端问题上持续向中国施压，美国一再声称亚太"再平衡"战略不是针对包括中国在内的某些特定国家，更不是为了围堵和遏制中国，但是白宫的一系列战略布局和举措使外界很难相信其真正的战略意图不是针对中国。实际上，"'再平衡'政策几乎被全世界大多数媒体和分

---

① Pepe Escobar, "The 21st Century Belongs to China: Why the New Silk Road Threatens to End America's Economic Dominance", Feb. 24, 2015.

② 金玲：《"一带一路"：中国的马歇尔计划?》，《国际问题研究》2015 年第 1 期，第 88—99 页。

析人士看作是美国与中国在亚太地区展开的战略竞争"。①

在美国的部分人士看来，为了缓解上述战略压力和安全难题，中国开始积极筹划"西进"，推出"一带一路"倡议，谋求在陆上和海上两个方向拓展战略空间，以打破美国的战略包围圈。因而，"一带一路"倡议可以称得上是中国对美国亚太"再平衡"战略的一种回应，它构成了中国版的亚洲战略"再平衡"。例如，美国西东大学和平与冲突研究中心主任汪铮就认为，自从美国宣布亚太"再平衡"战略以来，中国虽然感到不快，但是一直没有予以直接回应。"一带一路"倡议则是中国对美国转向亚洲战略的首次正式回应。从表面上来看，"一带一路"只是对该区域有深远影响的经济发展计划，旨在加强贸易、基建和联通性，其实这一倡议的真正目的也涉及安全问题。只不过，中国非常巧妙地借用了丝绸之路的历史符号，降低了地缘政治含义中的敏感性。② 蒂耶齐则进一步指出，"一带一路"倡议为中国提供了在经济和外交上拉近本国与南亚、中亚和包括沙特阿拉伯在内的海湾国家关系的政策工具。③ 如同陆上"丝绸之路经济带"一样，"海上丝绸之路"也不完全是一种经济策略，具有明显的战略含义。中国将与伙伴国联手修建包括港口在内的海上基础设施，这与中国已在斯里兰卡、巴基斯坦布局的"珍珠链"战略形成对接，连通西太平洋与印度洋海域及海上基础设施，使中国的海上力量进一步西进。④

对于中国的"一带一路"倡议与美国的亚太"再平衡"战略之间的逻辑关联，布鲁金斯学会也曾刊文分析认为，随着美国深入实施亚太"再平衡"战略，中美关系越来越显现出冲突和零和博弈性质。为了应对美国的战略"再平衡"带来的冲击，中国发起"一带一路"倡议，试图将注意力从竞争激烈的东亚地区转向中亚、南亚和中东等幅员辽阔的西部地带。该文援引中国著名国际关系学者王缉思的著述，指出中国选择

---

① 魏红霞：《对奥巴马政府"再平衡亚洲"战略的再评估》，《美国问题研究》2013 年第 1 期，第 55 页。

② Zheng Wang, "China's Alternative Diplomacy," *The Diplomat*, January 30, 2015.

③ Shannon Tiezzi, "Why China Needs the U. S. in Afghanistan," *The Diplomat*, March 25, 2014.

④ Shannon Tiezzi, "The Maritime Silk Road VS. The String of Pearls," *The Diplomat*, February 13, 2014.

"西进"战略的主要逻辑在于：其一，在战略"再平衡"背景下，美国将战略重心由中东"转向"东亚，中国可通过"一带一路"计划向西推进，借机填补因美国的相对"转离"而显现的地区战略真空。其二，由于实力不济，如果中国在东亚地区与美国进行针锋相对的对抗，显然会处于下风，并且将自身置于不利境地。而通过"西进"，则可以进一步避免同美国发生正面碰撞。其三，不同于东亚，中美两国在包括中亚和中东在内的广大西部地区具有更多的合作空间，因为双方在该地区的经济投资、能源、反恐、核不扩散和维护地区稳定等领域拥有诸多共同利益。[①]

此外，还有学者认为，"一带一路"倡议也有出于抗衡美国 TPP 战略的考量。卡内基国际和平基金会的高级研究员黄育川（Yukon Huang）就指出，在美国加紧推进 TPP 谈判的背景下，许多人将区域全面经济伙伴关系协定谈判（RCEP）视为中国对美国 TPP 战略的平衡，然而，这些努力与习近平主席提出的复兴"海上丝绸之路"相比要逊色许多。[②] 事实上，即便是中国所乐意推动的亚太自由贸易区（FTAAP）也无法发挥这一平衡作用，更无法助推中国成为与美国一样的全球经济和贸易制度创设者。真正能够帮助中国回击美国 TPP 谈判的是其领导人倡导的"新丝绸之路"战略，它没有 TPP 所强调的那种高标准的市场化和开放性，而是推崇平等互利和相互尊重。未来围绕全球贸易影响力的真正较量，也要看中国的"新丝绸之路"战略。[③]

（三）中国经济自我救赎论

近年来，中国经济增长速度开始从高速增长回落。在此背景下，如何加快国内经济结构调整、解决产能过剩问题、促进经济增长模式转变等，都成为摆在中国决策者面前的艰巨任务。基于此，相当一部分美国学者和

① Yun Sun, "March West: China's Response to the U. S. Rebalancing", Brookings, Jan. 31, 2013.

② Yukon Huang, "Courting Asia: China's Maritime Silk Route vs America's Pivot," *The Diplomat*, April 25, 2014.

③ Min Ye, "China's Silk Road Strategy: Xi Jinping's real answer to the Trans-Pacific Partnership," *Foreign Policy*, November 10, 2014, http://foreignpolicy.com/2014/11/10/chinas-silk-road-strategy/，登录时间：2015 年 8 月 24 日。

媒体认为，中国发起的"一带一路"倡议是其在经济面临的新形势下做出的政策调整，实质上是一种经济上的自我救赎行为。例如，美国战略与国际研究中心（CSIS）弗里曼（Freeman）、中国研究项目副主任甘思德（Scot Kennedy）和西蒙（Simon）政治经济研究项目研究人员戴维·帕克（David A. Parker）就认为，"一带一路"倡议对中国而言具有重要的经济与地缘政治意义，考虑到目前中国国内经济所面临的挑战，前者或许更为重要。① 海军战争学院的专家詹姆斯·霍姆斯（James Holmes）也表示，"一带一路"不是现代版的柏林—巴格达铁路工程，它目前看起来只是一个间接带有外交、安全和军事内涵的经济计划。②

中国提出"一带一路"倡议的时机似乎也印证了上述学者的论断。泰勒·德登（Tyler Durden）指出，"一带一路"倡议的出台适逢中国经济步入"新常态"、增速出现下滑之际，这意味着该倡议的首要目标是服务于中国国内经济建设。因此，那些认为"一带一路"主要是出于战略和政治考虑的看法具有一定的片面性。泰勒还分析认为，"一带一路"倡议在经济上可以为中国带来如下三种利益：第一，向沿线发展中国家投资基础设施建设不仅可以帮助中国的国有企业获得比国内高得多的投资回报率，还可以借此疏解国内严重的产能过剩。第二，在"一带一路"沿线新兴的、快速发展的经济体建立中国的经济存在，将会促进当地对中国产品的需求，继而帮助中国向消费驱动型经济增长模式过渡。第三，通过亚投行使用人民币进行借贷，还将有助于中国降低对美元的依赖，甚至会开启人民币霸权的新时代。③ 与此同时，亦有美国媒体指出，"一带一路"计划还可以促进中国出口市场的多元化。作为中国传统的主要出口对象，美国和西欧的市场规模虽然庞大，但是由于近年受到经济危机冲击，市场需求已显疲软。更为重要的是，在一些行业，例如太阳能电池、机械、通信和建筑设备领域，这些传统市场要么已经饱和，要么充斥着贸易保护主

---

① Scott Kennedy, David A. Parker, "Building China's 'One Belt, One Road'", April 3, 2015.

② Wendell Minnick, "China's 'One Belt, One Road'strategy", April 12, 2015.

③ Tyler Durden, "'One Belt, One Road' May Be China's 'One Chance' to Save Collapsing Economy", June 8, 2015.

义和投资限制。① 考虑到"一带一路"沿线发展中国家的市场潜能还远未得到挖掘，因而完全可以成为中国商品新的出口目的地。

除了以上分析外，还有学者认为"一带一路"倡议具有对内统筹不同地区协调发展，对外推进区域经济一体化的战略目标。例如，曾供职于小布什政府时期的国家安全委员会官员佛林特·莱弗里特（Flynt Leverett）和希拉里·曼恩（Hillary Mann）等人认为，经过数十年的经济改革，中国东部地区取得了举世瞩目的发展成就，在新的历史关键时刻，"一带一路"倡议则有利于提升中国西部地区的经济现代化，促进东西部地区更为协调和均衡地发展。② 美国海军学院的马伟宁（Brendan S. Mulvaney）中校也认为，中国试图利用这两个全球项目去指导和影响中国国内的改革，并推出相应配套的国际和国内政策，以达成改革发展的总目标。③ 蒂耶齐也发表评论称，"一带一路"与实现中国国内的经济目标相关联，是发展中国内陆经济的重要手段，它既能确保经济增长的高效率和科技含量，又能提升中国在全球价值链中的地位。④

此外，甘思德和帕克还分析指出，在区域基础设施缺口数万亿美元的背景下，"一带一路"强调了中国不断增长的巨额资源，并表示中国将为亚洲各国提供金融支持，以激励它们深化与中国的合作。中长期而言，该项倡议的成功实施有助于深化区域经济一体化，促进欧亚国家同外界的跨境贸易和金融流动，并进一步巩固以中国为中心的贸易、投资及基建模式。这将增强中国作为其邻国经济伙伴的重要性，并将潜在地提高中国在该地区的外交杠杆作用。⑤ 值得注意的是，随着中国经济规模的扩大，其

---

① Shuaihua Wallace Cheng, "China's New Silk Road: Implications for the US", Yale Global, 28 May, 2015.

② FlyntLeverett, Hillary Mann Leverett, Wu Bingbing, "China's Drive for a 'New Silk Road'", *World Financial Review*, January 29, 2015, http://consortiumnews.com/2015/01/29/chinas-drive-for-a-new-silk-road/, 登录时间：2015年8月24日。

③ 《国外学者谈"一带一路"》, http://news.hexun.com/2015—04—10/174858810.html, 登录时间：2015年8月21日。

④ Shannon Tiezzi, "The Belt and Road: China's Economic Lifeline?", *The Diplomat*, July 14, 2015.

⑤ Scott Kennedy, David A. Parker, "Building China's 'One Belt, One Road'", April 3, 2015, http://csis.org/publication/building-chinas-one-belt-one-road, 登录时间：2015年8月21日。

对能源的需求也日益加剧，能源获得越来越成为事关中国经济命脉的重要因素。基于此，有媒体分析认为中国推动的"一带一路"计划也有出于维护能源安全的考量。例如，2013 年 9 月《纽约时报》的一篇报道中就提及，在中国能源消费持续攀升、对中东地区的石油依赖有增无减的情况下，中国更希望将能源进口来源多元化和近距离化。而通过陆上管道输入来自中亚的能源，显然要比通过脆弱的海上航线进口中东的能源更为安全。①

（四）中国的新怀柔政策论

当前，有部分美国学者认为，习近平时代的中国正在放弃"韬光养晦"的外交原则，代之以扩张性的、强硬的外交政策。② 尤其是在南海问题上，中国的外交政策正变得具有进攻性，试图利用其日益增强的军事实力来逼迫南海周边弱小声索国就范和退让。③ 在此类学者看来，虽然 2014 年国务院总理李克强宣称"愿与各方共建和平之海，将坚定不移走和平发展道路，坚决反对海洋霸权，致力于在尊重历史事实和国际法基础上，通过当事国直接对话谈判解决海洋争端"。④ 但是在追求海上领土主张上咄咄逼人的举动已经引发了整个亚洲的警觉，引起了周边国家对中国真实意图的怀疑，并促使相关国家进一步寻求美国的支持。⑤ 毋庸置疑，如果因持续的海洋争端而加剧周边国家对中国的"信任危机"和"不安全感"，那么这将会显著增加美国对中国周边海洋争端的介入机会，甚至会导致中国在地区国际关系上的"孤立"。

基于此，不少美国学者认为中国发起的"一带一路"倡议实际上是

---

① Jane Perlezsept， "China Looks West as It Bolsters Regional Ties"， *The New York Times*， Sept. 7， 2013.

② Elizabeth C. Economy， "China's Imperial President: Xi Jinping Tightens His Grip"， *Foreign Affairs*， Vol. 93， No. 6， November/December， 2014， pp. 80—91.

③ 笔者于 2015 年 7 月 16 日同美国麻省理工学院南海问题学者傅泰林（Taylor Fravel）博士的交流中，他也表达了类似的观点。

④ 参见李克强在 2014 年 6 月 20 日访问希腊时的演讲：《李克强阐释"海洋观"：共建和平、合作、和谐之海》，http://www.chinanews.com/gn/2014/06—21/6305312.shtml，登录时间：2015 年 8 月 20 日。

⑤ John C. K. Daly， "China Focuses on its Maritime Silk Road"， July 17， 2014，

一种对周边国家的"新怀柔政策",其目的在于稳定因海洋争执而恶化的周边局势,防止"中国威胁论"发酵。同时,通过丝绸之路合作对相关国家加以拉拢,还可以提升中国的地区影响力。例如,美国国防大学中国军事研究中心主任菲利普·桑德斯(Phillip C. Saunders)就分析称,中国的周边外交试图"左右兼顾",其在涉海领土主权问题上日渐强硬的同时,也开始在周边展开魅力攻势。① 詹姆斯·霍姆斯也指出,中国通过"一带一路"计划向邻国施以"经济恩惠"并不令人奇怪。"如果中国希望同美国针对其邻国的情感展开竞争,那么向它们提供一些有形的好处不失为一种合理的方式。事实上,这一方式也植根于中国的传统当中:中国历史上的王朝通常都会以各种各样的途径向周边邻国提供馈赠和其他物质利益,以换取后者对中国的政治顺从。"② 具体来看,美国学界认为中国实施"新怀柔政策"的主要意图包括:

一是施展安抚外交。霍普金斯大学高等国际问题研究院的研究人员威廉·耶鲁(William Yale)认为,如同中国过去发起的很多倡议一样,21世纪海上丝绸之路倡议也具有外交、经济和战略等多重目标。其中,这一计划的最重要的考量在于安抚周边国家,消除它们因中国在南海问题上咄咄逼人的领土索求而产生的威胁感。③ 与此相应,亚洲研究所(NBR)的高级研究员纳德吉·罗兰(Nadege Rolland)也表示,中国的"基建外交"反映了其在与沿海周边国家发生领土争端的背景下,加强与其陆上邻国关系的必要性。规划中的丝绸之路经济带将会促进中国与周边国家的经济联系,将沿线国家置于一个以中国为中心的贸易、交通和多边机构关系网络,从而提升在贫弱的周边国家中的影响力。④ 二是投射软实力。例如,新美国安全研究中心(CNAS)的高级顾问和亚太安全研究项目主任帕特里克·克罗宁(Patrick Cronin)就分析称,"一带一路"倡议是中国努力提升其软实力的一部分,以抵消因在东海和南海的主权争端中使用强制外交而付出的声誉成本。其中,亚投行用于援助地区邻国进行基础设施

① Phillip C. Saunders , "Commentary: China's Juggling Act", April 14, 2014.

② Wendell Minnick , "China's 'One Belt, One Road'strategy", April 12, 2015.

③ William Yale, "China's Maritime Silk Road Gamble", *The Diplomat*, April 22, 2015.

④ Nadege Rolland, "China's New Silk Road", *Commentary*, The National Bureau of Asian Research, February 12, 2015.

建设和推动沿线国家支持"一带一路"倡议，即是中国向沿线周边国家投射软实力的一个例证。[①] 三是提供公共产品。2014 年 8 月，习近平主席在访问蒙古时公开表示欢迎周边国家搭乘中国快速发展的便车，这被外界广泛解读为是对此前奥巴马指责中国在过去 30 年来一直是一个"搭便车者"，没有承担起相应国际责任的回应。对此，有美国学者指出，中国过去向来是一个国际事务的参与者、追随者，而非活跃的领导者、发起者或者公共产品供给者。随着国力的日渐增强以及国际形势的变化需要，中国开始转变国际姿态，努力承担起更多的国际责任。"一带一路"倡议无疑是中国从一个"搭便车者"向"公共产品提供者"转变的现实写照。[②]

上述四种论调基本上反映了美国社会对中国"一带一路"倡议意图的主流看法。事实上，单纯地从一种视角来审视"一带一路"倡议意图的并不多见，大多数观察家都认为中国的"一带一路"倡议既有地缘战略的考量，也有地缘经济的谋略。当然，由于研究人士的背景差异和观察视角的不同，一些分析和评论难免带有"过度解读"之嫌，甚至不乏一些偏见和误解。这也正表明中国需要向包括美国在内的一些域外国家进行沟通说明、增信释疑的必要性，以尽可能地获得对方的理解、支持和参与。

三　美国对"一带一路"倡议的影响与前景认知

美国各界对中国提出的"一带一路"倡议的意图进行了多角度揣测之外，还围绕该倡议对美国可能产生的影响以及面临的现实挑战进行了深入分析。在美国部分观察家和媒体看来，"一带一路"倡议构想将会对美国在亚洲乃至全球的影响力产生潜在冲击，美国需要密切关注这一倡议的实施进程，并积极应对之。与此同时，也有美国分析人士"一分为二"地指出，中国实施"一带一路"计划所面临的机遇与挑战并存。尽管中国拥有雄厚的资金优势，也积累了丰富的基础设施建设经验，但是"一带一路"沿线国家国情差别巨大，一些国家政局复杂而多变，再加上某些周边国家的疑虑，印度、俄罗斯等关键大国的战略顾忌等，这些因素都

---

① Wendell Minnick，"China's 'One Belt, One Road' strategy"，April 12，2015.

② Zheng Wang，"China's Alternative Diplomacy"，*The Diplomat*，January 30，2015.

会影响到"一带一路"倡议的发展前景。

(一)影响认知

自从中国提出"一带一路"倡议以来,美国学者就对该倡议产生的潜在影响进行了多维度解读,其中也不乏一些理性客观的声音。例如,战略与国际研究中心的甘思德和戴维·帕克在其访谈中就指出,抛开动机而言,"一带一路"倡议本身彰显了中国与日俱增的经济实力以及进行海外部署的目的。若执行得当,"一带一路"将有助于提升区域经济增长、发展一体化。根据亚洲开发银行估计,亚洲每年基建开支的供求缺口高达8000亿美元。既然"一带一路"以基础设施建设为核心,那么其无疑将会在区域经济体系中发挥建设性的作用。此外,若该项倡议能导致更为持续与包容性的增长,还将有利于强化区域内的政治体制,继而减少恐怖主义活动的动机和机会。[1] 然而,相较中肯的评价,美国国内更多地以竞争性思维来审视中国的"一带一路"倡议,普遍认为该计划对美国产生的消极影响大于积极影响,挑战也多于机遇。

首先,"一带一路"倡议对美国的区域主导地位构成了挑战。在相当一部分美国学者看来,"一带一路"倡议是中国试图在亚洲取得对美国竞争优势的重要举措,它将会挑战美国在亚洲、非洲和中东地区的影响力。例如,美国战略与国际研究中心太平洋论坛主席拉尔夫·科萨(Ralph Cossa)和执行主任布拉德·格洛瑟曼(Brad Glosserman)曾联合撰文指出,"一带一路"或将改变亚太及欧亚地区的大国力量对比和权力架构。在新一轮权力竞争中,美国在某种程度上似乎已经处于劣势地位。因为中国在该地区提出了一系列重大经济举措,并且有实际投入,而美国只能扮演防守的角色,例如让其盟友和伙伴国远离亚投行。同时,作为一个强有力的领导人,习近平主席正带领着中国实现民族复兴;而中期选举后的奥巴马成了"跛脚鸭"总统,在推进 TPP 等议题上步履蹒跚。美国看起来像是一个衰落大国在一个崛起国家面前挣扎着维护自身霸权。[2]

---

[1] Scott Kennedy, David A. Parker, "Building China's 'One Belt, One Road'", April 3, 2015.

[2] Ralph Cossa and Brad Glosserman, "A Tale of Two Tales: Competing Narratives in the Asia", *Pacnet* No. 84, Pacific Forum CSIS, Dec. 1, 2014.

詹姆斯·霍姆斯也认为，长期而言，"一带一路"倡议将会帮助中国将美国挤出亚洲，同时使其盟友逐渐疏远美国。"假如中国想要在欧亚地区创建一个平行体系，并让其他国家相信该体系比美国的更强，那么中国就必须兑现（经济）承诺。一旦这些国家上钩了，中国就可以从它们那里要求更多，包括要求它们限制或者拒绝美国进入其海港。"① 特别是在中亚地区，中国领导人正利用俄罗斯的相对衰落和美国从阿富汗撤军的时机，通过复兴"丝绸之路经济带"来扩大本国在该地区的影响力。对此，战略与国际研究中心的克里斯·约翰逊（Chris Johnson）就表示，"中国正在做出一个非常大胆的举动，习近平在中亚地区发现了充满着贸易与经济机会的窗口，而美国迄今却不加利用"②。还有学者声称，长期以来，美国中亚政策的重要目标在于限制中亚五国对俄罗斯的政治经济依赖，现在看来更应该担忧中国与中亚日渐紧密的贸易和投资关系。③

其次，"一带一路"倡议使美国的"新丝绸之路"计划相形见绌。早在 2011 年 7 月，美国前国务卿希拉里·克林顿在印度参加第二次美印战略对话期间就提出了构筑以阿富汗为枢纽，将南亚、中亚与西亚连接起来，以实现"能源南下""商品北上"的"新丝绸之路"计划。④ 然而由于种种原因，"新丝绸之路"计划的后期推进力度并不大，该计划中的两大核心项目 TAPI（土库曼斯坦—阿富汗—巴基斯坦—印度）天然气管道项目和 CASA—1000 输变电项目（塔吉克斯坦、吉尔吉斯斯坦、阿富汗、巴基斯坦）的进展亦十分缓慢。⑤ 与之相应，随着中国"一带一路"倡议的提出及其推进，其自然而然地引起了美方的关注和类比。例如，《华盛

---

① Wendell Minnick ，"China's 'One Belt, One Road'strategy"，April 12，2015.

② Simon Denyer，"China bypasses American 'New Silk Road' with two if its own"，*The Washington Post*，October 14，2013.

③ Jeffrey Mankoff ， "Work with Moscow in Central Asia"，*The National Interest*，March 21，2013.

④ Hillary Rodham Clinton，"Remarks on India and the United States：A Vision for the 21st Century"，Chennai，India，July 20，2011，http：//www. state. gov/secretary/rm/2011/07/168840. htm，登录时间：2015 年 8 月 22 日。

⑤ Reid Standish，"The United States' Silk Road to Nowhere"，*Foreign Policy*，September 29，2014，http：//foreignpolicy. com/2014/09/29/the-united-states-silk-road-to-nowhere-2/，登录时间：2015 年 8 月 23 日。

顿邮报》于 2013 年 10 月的一篇报道中就指出，中国正在利用本国的两条丝绸之路还击华盛顿。中国领导人借助于数百亿美元的投资协议和古老探险家的浪漫故事，推广其新版本的"丝绸之路"倡议，目的是将中国与西方连接起来并确保能源供给安全，一条在海上，另一条在陆上。中国的"一带一路"倡议使得美国的"新丝绸之路计划"黯然失色，两个计划相比，一个已经将巨额资金摆在台面上，另一个却迟迟难以面世，足以凸显出中国在亚洲日益增长的影响力正在向美国发起挑战。①

此外，从官方层面上来看，虽然美国国务院发言人艾米丽·霍恩（Emily Horne）极力淡化中美"丝绸之路"计划的竞争性色彩，表示中国的倡议"反映了我们对于新丝绸之路的想法，美国的战略为该地区带来了实际的利益，但是中国的合作也是受欢迎的"，"中国和该地区其他国家对当今世界上经济最为分散的地区的和平、稳定与繁荣发挥着重要的作用"②。然而，由于美国的"新丝绸之路计划"是"纵向"或曰"南向"计划，意在将中亚国家"引向"南方，背离俄罗斯或中国；而中国的"丝绸之路经济带"是"横向"战略，首先是要加强与中亚国家的互联互通，并由此贯通中国西向之路。二者虽有交叉点，但在战略方向上却背道而驰。③ 因此，中美两国的"丝绸之路"规划在事实上具有明显的竞争性。目前，随着中国"一带一路"倡议的全景呈现，美国对中国的战略疑虑趋向加深，认为中国通过拓展贸易、修建油气管线等方式不断深入欧亚大陆，紧密加强了与相关国家的联系，但是"扩展的范围还远远不够"，中国力量还将继续在陆上向西延伸，在海上加速扩展，追求陆权和海权的齐头并进及再平衡。④

最后，"一带一路"倡议对美国长期主导的国际经济金融体系造成冲击。众所周知，自第二次世界大战以来，美国一直扮演着国际公共产品的

---

① Simon Denyer, "China bypasses American 'New Silk Road' with two if its own", *The Washington Post*, October 14, 2013.

② Ibid. .

③ 陈宇、贾春阳：《美国"新丝绸之路计划"现在怎样了》，《世界知识》2015 年第 6 期，第 31 页。

④ 袁胜育、汪伟民：《丝绸之路经济带与中国的中亚政策》，《世界经济与政治》2015 年第 5 期，第 35 页。

主要供给者角色，这不仅表现在传统的政治和安全领域，还体现在全球经济和金融治理方面，例如世界贸易组织、国际货币基金组织、世界银行和亚洲开发银行的建立等。不过，随着全球化时代地区国家的多元化崛起、全球金融危机的打击以及美国霸权的式微，世界不断增长的对公共产品的需求与落后的供给制度之间的矛盾日益突出。在此背景下，以亚投行、金砖国家开发银行和丝绸之路基金等为代表的新兴机构的创建可谓是顺势而为，正逢其时。它们既是对实现"一带一路"倡议构想的有力支撑，也是对当前国际公共产品供给不足的有益补充，更是中国积极承担国际责任的现实抉择。

然而，在美国决策者看来，随着上述由中国发起的经济金融机构的成长和运行，其势必会对美国长期主导的国际经济金融体系造成冲击。一个典型的例子是美国对亚投行的抵触情绪。亚投行被一些人士视为对美国主导的既有国际金融秩序的直接挑战。在其筹建之初，美国就曾游说并施压其全球盟友，要求它们慎重加入。即便是在美国盟友纷纷宣布加入亚投行以及美国国内也出现了支持加入亚投行的声音后，美国财长雅各布·卢（Jacob Lew）也只是作出了希望亚投行与世界银行等现存国际金融机构加强合作的表态。[1] 美国的担忧在于：其一，亚投行的治理标准是否能够满足借贷所需的社会和环保标准要求；其二，该机构中的多数投票权流向中国使其拥有绝对的发言权与否决权，这意味着美国将居于边缘化地位；其三，新机构将贷款给那些从其他多边机构无法融资的项目，导致后者的借贷约束性条件失去效力；其四，中国利用亚投行作为提升自身领导地位和实现战略利益的工具，继而影响到美国及其盟友的主导地位。[2] 事实上，一国将金融资本转化为政治影响力并不是什么新鲜事，19 世纪的英国和第二次世界大战后的美国无一不是如此。"正如当年进入美洲市场和资本曾经是美国外交的关键要件一样，中国也正在利用其金融和贸易'肌肉'来赢得更多的朋友和影响力。"[3] 因而，美国的各种担忧可以说是多余的，

---

[1] 《美日抵触亚投行，担心挑战其主导的世界金融秩序》，http: //world. huanqiu. com/hot/ 2015 - 04/6066960. html，登录时间：2015 年 8 月 23 日。

[2] John Kemp, "China's Silk Road challenges U. S. dominance in Asia", Reuters , Nov. 10, 2014.

[3] Ibid. .

美国"忘却"了世界金融和政治的互动规律。

(二)前景评估

在美方看来，尽管"一带一路"倡议规划"振奋人心"，中国政府也为此采取了切实的行动，但是该倡议能否顺利推进，还面临着诸多挑战。其中，在"一带"建设上，宗教极端和恐怖主义将构成威胁沿线安全的重要因素，而中国能否处理好与俄罗斯的关系也将影响"一带"建设的前景。在"一路"建设上，中国固然可以充分利用海外华人的影响力增强与东南亚的友好关系，但是其在南海等问题上日益强势的立场也会加剧东南亚国家的不安。[①] 综合而言，美国各界认为中国"一带一路"倡议的发展前景将主要面临着如下五个障碍。

第一，投资与回报隐藏的潜在风险。"一带一路"规划涉及国家众多，资金巨大，将不可避免地遭遇形形色色的执行风险问题。新美国安全研究中心的研究人员雅各布·斯托克斯（Jacob Stokes）就认为，"一带一路"计划表面上看起来高歌猛进，但是其在前进的道路上依然存在着诸多绊脚石。例如，该计划弥补亚洲基础设施建设的努力虽然受到了普遍欢迎，但是宽松的借贷标准或将会破坏计划的进展。如果"一带一路"沿线国家由于使用资金来开展不合理且缺乏可行性的项目而导致还贷困难，那么中国的投资将蒙受损失。同时，如果项目产生了意料之外的环境方面或者人权上的丑闻，也将会直接影响中国在全球舞台上一贯良好亲切的形象。[②] 甘思德和帕克也分析指出，中国过去在基建投资方面遭遇的困难表明，许多拟建项目最终可能会以一系列"劳民伤财"而告终。考虑到中国建筑企业在海外运营的不良记录（包括对当地工人的虐待），这些企业对外活动的扩张增加了破坏性的政治压力的风险，可能有损中国形象或引发东道国动荡，尤其是当"一带一路"无法为当地经济带来持久利益时。此外，当借款者无法还贷、企业无法收回投资时，中国经济面临的额外压

---

① 龚婷：《"一带一路"：美国对中国周边外交构想的解读》，载孙哲主编《中美外交：管控分歧与合作发展》，时事出版社 2014 年版，第 388 页。

② Jacob Stokes, "China's Road Rules: Beijing Looks West Toward Eurasian Integration", *Foreign Affairs*, April 19, 2015, http://www.foreignaffairs.com/articles/asia/2015—04—19/chinas-road-rules，登录时间：2015 年 8 月 24 日。

力无疑会陡增,从而无法缓解经济衰退趋势。①

第二,周边一些国家对中国的疑虑。虽然"一带一路"沿线国家中大都对中国的基建资金充满期待,但是也不乏个别国家囿于现实的利益纠纷和战略考量而对该计划充满不安和猜忌。特别是在近年中国对外政策趋于所谓"强势",在边海领土争端上的立场愈加"自信"的背景下,"一带一路"倡议构想引发了不小的地缘政治恐惧。在美国观察家眼里,"一带一路"倡议很容易让一些周边国家联想到中国历史上的"朝贡"体系,担心当代丝绸之路是中国恢复向古代"天下"观念努力的一部分。有媒体甚至妄加臆断,认为中国提出的"新型大国关系"理念实质上是同美国瓜分太平洋水域,而"21世纪海上丝绸之路"的目的则在于将东盟海洋空间划归到自己的太平洋水域势力范围。② 尽管中国坚持"海上丝绸之路"只是一个经济倡议,并且会给东道国带来经济利益,但是相关海上邻国并不完全相信中国的好意。因为在精心设计的外交辞令背后无法掩盖这样一个事实,即中国与周边国家存在着大面积的海上领土争端。与中国有领土争端的小国在前者的"恫吓"面前必然会寻求美国的支持。除非中国能妥善解决与越南、菲律宾、马来西亚和印度尼西亚的海上争端,否则东南亚国家很可能会成为其通向印度、非洲和欧洲道路上难以逾越的障碍。③

第三,宗教极端势力和恐怖主义的威胁。在有关"一带一路"倡议所面临的诸多挑战中,美国学界均不同程度地提及了宗教极端分子和恐怖主义的威胁。在他们看来,"一带一路"涉及的中东、中亚和南亚地区民族和宗教问题复杂,一些国家甚至存在政局不稳的内患,这些都对"一带一路"建设构成了现实挑战。例如,在中东地区,近期也门局势的激变和"伊斯兰国"的兴起,表明中东乱局仍在恶化中,使得"一带一路"

---

① Scott Kennedy, David A. Parker, "Building China's 'One Belt, One Road'", April 3, 2015.

② 转引自龚婷《"一带一路":美国对中国周边外交构想的解读》,载孙哲主编《中美外交:管控分歧与合作发展》,时事出版社 2014 年版,第 385 页。

③ John C. K. Daly, "China Focuses on its Maritime Silk Road", *Silk Road Reporters*, July 17, 2014, http://www.silkroadreporters.com/2014/07/17/china-focuses-maritime-silk-road/,登录时间:2015 年 8 月 23 日。

倡议在中东的布局充满了变数。在中亚地区，随着美国及"北约"撤离阿富汗，塔利班势力很可能卷土重来，继而威胁到"一带"沿线的稳定。在南亚地区，"一带"的西端是海上连接能源运输通道的瓜达尔港和陆上连接中国的喀喇昆仑公路，两者均位于恐怖势力、极端势力和分裂势力集中的巴基斯坦境内，如何确保相关港口和道路不受上述"三股恶势力"的干扰，成为摆在中国和巴基斯坦政府面前的重要课题。① 对于上述挑战，《外交政策》杂志资深记者基思·约翰逊（Keith Johnson）表达得更为直接：如果无法有效打击"一带一路"沿线国家的激进分子，那么中国所寄希望于其能源来源多元化的"新丝绸之路"在很大程度上将是一场"白日梦"。② 此外，还有学者指出，新丝绸之路经济带的重要动机在于推动中国西部地区的发展，包括穆斯林占多数的新疆地区。问题在于，中国能否在对新疆维吾尔族穆斯林群体中日益上升的极端事件的担忧和深化与中亚、中东以及其他穆斯林世界的关系之间保持恰当的平衡？③

第四，地区关键大国的掣肘。在美国分析家看来，中国的"一带一路"倡议覆盖了俄罗斯和印度等关键大国的传统地缘范畴，因而必然会引起对方的警惕和防范。就俄罗斯而言，战略与国际研究中心的弗吉尼亚·马兰泰德（Virginia Marantidou）等人认为，中俄表面上在政治、经济、军事和能源领域的合作越来越紧密，两国的战略关系也处于历史上最好的时期，然而双方实际上互信不足，可谓"同床异梦"。俄罗斯对于中国通过新丝绸之路经济带建设介入其传统后院中亚地区而感到"担忧"，中俄在中亚的战略竞争将不可避免。同时，中国试图通过上海合作组织推动地区经济一体化的努力也遭到俄罗斯的"冷眼相对"，因为后者反对该地区任何不以自身为主导的多边框架。④ 雅各布·斯托克斯和罗里·梅德卡夫（Rory Medcalf）等人也指出，印度方面同样对中方的"地区雄心"

---

① 《美国为何对中国的"一带一路"疑虑重重?》，http://copy.hexun.com/172628783.html，登录时间：2015年8月23日。

② Keith Johnson, "Rough Ride on the New Silk Road", *Foreign Policy*, May 1, 2014.

③ FlyntLeverett, Hillary Mann Leverett, Wu Bingbing, "China's Drive for a 'New Silk Road'", *World Financial Review*, January 29, 2015, http://consortiumnews.com/2015/01/29/chinas-drive-for-a-new-silk-road/，登录时间：2015年8月24日。

④ Virginia Marantidou and Ralph A. Cossa, "China and Russia's great game in Central Asia", *The National Interest*, October 1, 2014.

持保留意见。并且，印度对中国在斯里兰卡的投资特别警惕，新德里一直将后者视为其后院的一部分。此外，中国通过"一带一路"倡议在印度洋上的扩张，特别是可以用于中国海军作战的港口，也会增加印度的不安和疑虑。由于美国在阿富汗的作用降低导致其在中亚的戏份减弱，中国对于欧亚地区、印度洋和中东地区事务的介入将考验其平衡竞争与合作的能力，即与邻国及全球其他政治力量合作而非对抗的能力。①

第五，"心心相通"任重而道远。持这一观点的分析人士普遍认为，"一带一路"倡议面临的主要挑战并非来自"物质"层面，而是"精神"层面，即中国能否树立起沿线国家对自身的认同，以推动该倡议从地理上的"互联互通"到价值上的"心心相通"的飞跃。例如，威廉·耶鲁就认为，"一带一路"建设面临的最大挑战恐怕还不是基础设施建设和贸易协定签订，虽然这些无疑也是"宏基伟业"，但它们在本质上属于工具性的任务，不会受到地区国家太多的反对。对中国而言，更为艰巨的目标还在于如何将投资和贸易转化为地区性联盟建设，以使相关国家的价值观和外交政策目标与中国的相互协调，认同中国而不是其竞争对手（例如美国）的理念。中国将来可能会发现承受他国"搭便车"的行为十分困难，当真的到那一步的时候，海上丝绸之路计划或将像流沙一样被冲刷殆尽。② 美籍华人学者汪铮也指出，在国际关系中，金钱买不到忠诚。对他国的影响力并非来源于一国的"小金库"，而是来自共同的价值观和软实力的提升。中国能否通过"一带一路"建设实现其战略目标，将在很大程度上取决于中国是否能够激发邻国与其共享"一带一路"的愿景。就此而言，仅仅通过修建铁路、公路和输油管道并不能促进亚洲一体化的达成，而更应当取决于亚洲各国是否能够建立起共同的身份和价值观。③

四 美国对"一带一路"倡议的政策回应

"一带一路"倡议所涉及的主要地缘范畴欧亚大陆对美国的重要性不

---

① Jacob Stokes, "China's Road Rules: Beijing Looks West Toward Eurasian Integration", *Foreign Affairs*, April 19, 2015.

② William Yale, "China's Maritime Silk Road Gamble", *The Diplomat*, April 22, 2015.

③ Zheng Wang, "China's Alternative Diplomacy", *The Diplomat*, January 30, 2015.

言而喻。美国著名地缘战略学家布热津斯基曾经指出，"对美国来说，欧亚大陆是最重要的地缘政治目标"，"能否持久、有效的保持在欧亚大陆举足轻重的地位，将直接影响到美国对全球事务的支配"。[①] 从美国霸权的逻辑来看，美国对欧亚大陆的大战略并不受体系结构的主导，而是受经典地理政治思想中蕴含的权力政治逻辑的支配，正是这点从根本上决定了冷战期间与冷战后美国大战略的延续。[②] 由此可知，尽管中国一再强调"一带一路"倡议规划的目标在于实现欧亚大陆各国的互利共赢，它具有开放性和包容性特点，不排斥域外国家，不谋求势力范围，更不搞军事扩张。但是该规划贯穿欧亚大陆这一美国极为看重和推崇的地区意味着，它必然会触动美国敏感的权力政治神经，并引起其战略关注和潜在的政策回应。

目前，面对中国的"一带一路"倡议规划及其推进，美国社会的心态可谓五味杂陈，不同群体和部门所提出的政策建议也不尽一致。那些呼吁美国应当面对现实，积极参与者有之；主张美国审时度势，有选择性地参与者有之；而建议美国密切关注，加紧应对者亦有之。从美国官方的有限表现来看，其对"一带一路"倡议则采取了选择性回应：一方面从整体上对该倡议进行"冷处理"，官员较少公开提及甚至有意淡化其积极意义；另一方面，在需要借助于中国的特定领域，例如大中亚地区的"维稳"和"发展"方面，则表达了谨慎的欢迎与合作立场。不难理解，基于惯有的"霸权护持"思维，美国私底下并不希望中国倡导的"一带一路"规划"做大做强"，因为在美方看来这将会挑战其在亚洲的主导地位，侵蚀其全球影响力。尽管如此，通过对美国官员已有的零星表态以及智库、学界等发表的相关看法，大体上还是可以管窥到美国的一些政策选项和主张。

(一) 为"一带一路"建设设置障碍

虽然美国无法直接阻止中国提出"一带一路"倡议，但是却可以在

---

① 兹比格纽·布热津斯基：《大棋局：美国的首要地位及其地缘战略》，中国国际问题研究所译，上海人民出版社2007年版，第26页。

② 吴征宇：《霸权的逻辑：地理政治与战后美国大战略》，中国人民大学出版社2010年版，第27页。

其实施过程中设置各种各样的障碍甚至对抗,以延缓"一带一路"建设的脚步。例如,奥巴马政府就将亚投行的创建视为中国对现行国际金融秩序的挑战,并一直质疑亚投行是否能够达到世界银行和亚洲开发银行等现有机构的标准。早在中国筹划建立亚投行之初,美国就表达了"关切"。2014年10月,美国国务院发言人珍·普萨基(Jen Psaki)声称,"国务卿克里(Kerry)已经明确向中国以及其他伙伴国家表示,美国对成立亚投行的想法表示欢迎,但是我们强烈要求该银行必须符合国际的管理和透明标准"。① 2015年8月,克里在新加坡的一次演讲中还不忘继续"敲打"亚投行,声称美国支持中方创建亚投行的努力,但美方需要这种努力同其他国际金融机构一样的透明和可靠,必须达到其他银行类似的高标准。② 显而易见,美国所谓的"欢迎"和"支持"只不过是一种表面说辞,其真正目的在于从外部利用现有的国际标准、国际规则以及它自己假设的一些问题来干预、干扰亚投行的筹建进程。

更为值得注意的是,在亚投行筹建谈判期间,美国还被曝出试图劝阻日本、韩国和澳大利亚等美国盟友的加入。虽然后来美国的劝阻计划多半落空,同时奥巴马也对外界流传的美国的"劝阻行为"予以了否认,③ 但是美国至今一直游离于亚投行之外本身就说明了白宫的真正"隐忧",即担心亚投行会动美国的"奶酪",冲击由美国主导的亚洲秩序,包括世界银行和亚洲开发银行的地位。④ 正如美国前财长劳伦斯·萨默斯(Lawrence Summers)所顾虑的那样,"美国政府未能成功劝阻盟国加入亚投行这一事件或将成为美国丧失全球经济体系担保人地位的标志而载入史册。"⑤ 从美国的态度和阻挠行为不难看出,亚投行之争背后的本质是一场规则与制度的竞争,是一场关于亚洲甚至世界经济金融控制权、主导权

---

① Finbarr Bermingham, "China Launches AIIB to Rival World Bank Without US Allies After Pressure from Washington", *International Business Times*, October 24, 2014.

② John Kerry, "Remarks on America and the Asia Pacific: Partners in Prosperity", Singapore Management University, Singapore, August 4, 2015, http://www.state.gov/secretary/remarks/2015/08/245634.htm, 登录时间:2015年8月23日。

③ Geoff Dyer, "Obama says AIIB could be 'positive' for Asia", *The Financial Times*, April 28, 2015.

④ 贾秀东:《亚投行折射出美国战略心病》,《人民日报海外版》2014年11月3日第1版。

⑤ Larry Summers, "A global wake-up call for the U. S. ?", *The Washington Post*, Apr. 5, 2015.

的争夺。

与此相应，美国的一些智库机构还纷纷发表报告，呼吁政府应对中国的崛起和在亚洲的"扩张"。例如，2015年3月美国外交关系委员会在其发布的一份特别报告中就强调美国应当改变对华大战略。该报告声称，中国在当前和未来几十年都将是美国最强有力的战略竞争对手。虽然华盛顿一直致力于将北京"纳入"自由的国际秩序之中，但是中国并未朝着美国所希望的"负责任的利益攸关方"迈进。与之相反，中国正在施展自身的大战略，包括加强对国内社会的控制、安抚邻邦、巩固在国际体系中的地位以及试图取代美国成为亚洲最重要的力量。因此，华盛顿需要调整对华大战略，将重点放在制衡崛起的中国，而非继续扶持其不断上升的地位。① 几乎与此同时，新美国安全研究中心的埃利·拉特纳（Ely Ratner）和埃尔布里奇·科尔比（Elbridge Colby）等人也指出，在习近平的领导下，中国正在努力将自身打造成为海洋强国，并发布了陆上丝绸之路和海上丝绸之路愿景，力图通过贸易和投资将中国与中东、欧洲地区更为紧密地连接起来。现如今，在许多重要的方面，中国已不再"韬光养晦"，而是要等待时机"有所作为"。美国对此需要保持高度警惕，有必要在解放军日益活跃的地区增加军事介入和存在、维持和深化与关键盟国和伙伴国家的关系、推进区域和多边合作。同时，还要密切注视中国加强和建立多边机构的努力（例如金砖机制、亚投行、上海合作组织等）及其推动和强调的"亚洲人的亚洲"区域安全架构。②

（二）发挥比较优势，积极参与经济竞争

在应对中国的"一带一路"挑战面前，美国国内也不乏一些现实和理性的声音。例如，美国全球安全分析研究所主任盖尔·拉夫特（Gal Luft）就认为，美国应当积极参与"一带一路"倡议，因为如果华盛顿继续以"沉默"回应或蓄意破坏中国的"一带一路"计划，这不仅缺乏逻

---

① Robert D. Blackwill, Ashley J. Tellis, *Revising U. S. Grand Strategy Toward China*, Council Special Report, No. 72, March 2015, p. 7—8.

② Ely Ratner, Elbridge Colby, Andrew Erickson, Zachary Hosford, and Alexander Sullivan, *More Willing & Able: Charting China's International Security Activism*, Report of Center for a New American Security, May 2015, p. 8.

辑清晰、有建设性的地缘政治根据,并且在道德层面上也站不住脚。在拉夫特看来,美国应该努力发挥其比较优势:首先,华盛顿的"钱袋子"或许不如北京丰厚,但美国拥有超强的投放能力、国土安全和网络防御能力,美国能够在保护"一带一路"走廊沿线的重要基础设施方面发挥作用。其次,参与"一带一路"项目的美国科技、工程和建筑公司可以提供最佳实践、高质量和安全标准。最后,通过参与"一带一路",美国还可以敦促中国坚守国际劳动、环境和商业标准。为了实现上述设想,华盛顿首先应该下决心在"一带一路"框架内发挥更具建设性的作用。对美国而言,增强中国的项目不一定会削弱美国,但站在一边生闷气而任由中国打地基,则注定会削弱美国。①

面对"一带一路"倡议,美国的另一个现实选择是重振和推进美国版的"新丝绸之路"计划。2014年9月,美国副国务卿伯恩斯(Burns)在亚洲协会(Asia Society)上发表的名为"扩展大中亚地区经济联系"的演讲中表示,无论是"新丝绸之路"还是"丝绸之路经济带",现在都是携起手来恢复这一地区作为全球商业、思想和文化枢纽的历史角色的时候了。为了实现这一愿景,美国将继续支持如下四大任务:建立地区能源市场、促进贸易和交通建设、简化海关和边境手续以及加强地区人文交流。在伯恩斯看来,虽然打破彼此边界是一项艰巨工作,但是幸好这在该地区的历史上有先例可循。基于此,美国将和亚洲开发银行、世界银行、伊斯兰开发银行以及"伊斯坦布尔进程"(Istanbul Process)中的伙伴国家合作,尽可能地帮助中亚地区和人民早日迎来一个和平与繁荣的新时代。② 与此相应,针对外界对美国"新丝绸之路"计划的一系列质疑和批评,美国国防大学的艾瑞卡·马拉特(Erica Marat)还给出三项政策建议:其一,美国应该将对该地区的安全援助和民主发展脱钩,更加重视经营人权和民主化,因为这是俄罗斯和中国的政策中所缺失的要素。其二,安全援助应以军事训练和知识交流的形式,而不仅仅是武器和装备供应,

---

① 盖尔·拉夫特:《美国应积极参与"一带一路"》,http://opinion. huanqiu. com/opinion_world/2015 – 06/6762476. html,登录时间:2015 年 8 月 21 日。

② William J. Burns, "Expanding Economic Connectivity in Greater Central Asia", September 23, 2014, http://www. state. gov/s/d/2014/232035. htm,登录时间:2015 年 8 月 22 日。

这将有利于避免该地区的独裁者利用西方馈赠的先进武器对付其人民。其三，援助应当聚焦于商业阶层，因为中亚的中小企业有能力要求对政府更好问责。①

还有学者认为，既然中国的"一带一路"倡议是经济发展规划，那么美国也可以"以其人之道还治其人之身"，通过聚焦经济事务，在该地区与中国展开经济竞争。2014 年 11 月，著名的《外交事务》杂志发表了战略与国际研究中心的马修·古德曼（Matthew Goodman）和新美国安全研究中心的埃利·拉特纳（Ely Ratner）的分析文章，认为中国的"一带一路"规划来势汹汹，超出了所有人的预期，而针对中国的经济活动采取防守政策将是一个失败的策略。在两位学者看来，在亚洲，经济才是王道，并且在未来若干年内，经济将一直是美国政策的重中之重。尽管亚洲确实存在军事竞争和领土争端，然而在事实上，领导力和影响力源自于"钱袋子"，而非"枪杆子"。基于此，奥巴马政府努力推动的 TPP 谈判无疑是正确的选择。此外，从更广泛的意义上讲，美国的贸易政策和经济决策不能再局限于美国贸易谈判代表甚至财政部门，总统、国家安全顾问和国务卿等应考虑将经济、贸易、投资和发展作为美国外交政策的核心要素。这就要求美国发挥敢为人先的精神，在诸如清洁能源、金融和高等教育等领域提出有意义的倡议，以满足该地区的需求，并发挥美国的优势。②

（三）在大中亚地区事务上拉中国合作

随着俄罗斯在中亚实力的相对下降和美国从阿富汗的撤军，中国在中亚经济和安全事务上的角色日益凸显。尽管美国对中国影响力的崛起保持警惕，但是美国官员一直以来还是鼓励中国在阿富汗国家重建和地区稳定方面发挥更大作用，包括利用中国对巴基斯坦的深厚影响力。2013 年 9 月，美国阿富汗和巴基斯坦特别代表詹姆斯·多宾斯（James F. Dobbins）曾表示，中美两国经常就阿富汗和巴基斯坦相关问题进行密切磋商，美国

---

① Erica Marat, "Following the New Silk Road", *The Diplomat*, October 22, 2014.

② Matthew Goodman and Ely Ratner, "China Scores: And What the United States Should Do Next", *Foreign Affairs*, November 23, 2014.

支持中国在阿富汗国家稳定和经济发展问题上发挥更大作用，包括中国已经或未来在阿富汗进行的投资。同时，美国也很清楚中国与巴基斯坦之间存在的亲密关系。中美两国在该地区事务上拥有许多共同的利益，双方都关注该地区暴力事件的增长，都希望看到该地区更加安全，也都希望巴基斯坦和阿富汗不再成为地区不稳定因素之源。① 同年 10 月，美国国务院南亚和中亚局助理国务卿帮办特蕾西（Lynne M. Tracy）亦声称，虽然美国也是中亚各国的重要伙伴，但是由于邻国关系和强劲的经济增长，中国将成为中亚地区贸易和投资领域天然的"领头羊"。美国欢迎中国为中亚国家的能源和交通基础设施建设所做的努力，并以务实的态度来看待这一互惠互利行为。美国希望与中国以及本地区其他国家共同促进中亚地区的和平、稳定和繁荣，也愿意在丝绸之路项目上与中国展开合作。②

值得提及的是，针对社会上盛行的中美"丝绸之路竞争论"，美国官员和学者还予以了解释和澄清。2015 年年初，助理国务卿比斯瓦尔（Nisha Desai Biswal）在华盛顿伍德罗·威尔逊中心的一场讲话中指出，一些人将中国实施的丝绸之路经济带和美国的新丝绸之路计划描绘成一种竞争关系，但是事实上美国欢迎中国在该地区的建设性参与，并且认为这种参与对美国的努力发挥着巨大的补充作用。美国只会敦促中国在该地区追求经济合作项目的过程中，利用全球标准和最佳实践来确保中亚地区人民的经济实现可持续增长。③ 2015 年 3 月，美国常务副国务卿布林肯（Antony J. Blinken）在布鲁金斯学会就"中亚的长久愿景"发表的演讲中也宣称，中国在中亚是一个非常重要的参与者。中国的参与并非"零和游戏"，可以加强亚洲在陆上和海上的互联互通。而中亚基础设施的发展可以成为美国努力的重要补充。④ 同年 6 月，美国第一副助理国务卿理查

① James F. Dobbins, "Current U. S. Policy in Afghanistan and Pakistan", Washington, DC, September 16, 2013, http: //fpc. state. gov/214229. htm，登录时间：2015 年 8 月 23 日。

② Lynne M. Tracy, "The United States and the New Silk Road", October, 25, 2013.

③ Nisha Desai Biswal, "The New Silk Road Post—2014：Challenges and Opportunities", The Woodrow Wilson Center, Washington, DC, January 22, 2015, http: //www. state. gov/p/sca/rls/rmks/2015/236214. htm，登录时间：2015 年 8 月 23 日。

④ Antony J. Blinken, "An Enduring Vision for Central Asia", Brookings Institute, Washington, DC, March 31, 2015, http: //www. state. gov/s/d/2015/240013. htm，登录时间：2015 年 8 月 23 日。

德·霍格兰德（Richard Hoagland）在访问中国时再次重申，美国的新丝绸之路计划与中国的丝绸之路经济带建设具有相通之处，可以互为补充，特别是在中亚地区能源资源开发以及基础设施互联互通等方面具有广阔的合作前景。美国希望与中方加强沟通交流，探寻开展在第三国合作的具体形式，实现双赢甚至多赢的局面。[①] 几乎与此同时，美国外交关系委员会、进步研究中心的研究员阿里拉·维耶赫（Ariella Viehe）在出席中国"2015 丝绸之路经济带城市国际论坛"时也强调指出，中美两国一起致力于全球发展以及全球经济的进一步增长方面拥有共同的、可持续发展的目标。中国提出的"一带一路"倡议和美国所提出的倡议有很多相似之处，双边合作互补性远大于竞争。尤其是在中亚、巴基斯坦和阿富汗地区，中美是互补的，而不是竞争的关系。[②]

（四）适度调整亚太"再平衡"战略

众所周知，"一带一路"倡议被普遍视为对美国亚太"再平衡"战略的回应。随着该倡议在陆上和海上两个方向上的不断推进，它将在某种程度上对美国的战略"再平衡"形成对冲作用。甚至有美国学者声称，中国的丝绸之路战略将产生全球地缘政治影响，连接三大洲的贸易路线一旦完成，将会对欧亚经济区和北美贸易网的持久性构成挑战。[③] 鉴于此，有分析人士认为美国应当对其亚太"再平衡"战略进行适度调整，以应对新的地缘环境变化和挑战。具体来看，美国亚太"再平衡"战略调整的方向包括：

首先，在空间上将西亚纳入亚太"再平衡"战略的视域。例如，约翰斯·霍普金斯大学国际问题高级研究院（SAIS）院长瓦利·纳斯尔（Vali Nasr）教授就认为，长期以来，美国人提及亚洲时，他们所想到的首先是东亚，而不是西亚。奥巴马政府提出的"转向"亚洲战略，也是

---

① 《美国第一副助理国务卿赴中国商谈"一带一路"》，http://intl. ce. cn/sjjj/qy/201506/05/t20150605 – 5559494. shtml，登录时间：2015 年 8 月 23 日。

② 《美研究员：一带一路上的中美合作互补远大于竞争》，http://intl. ce. cn/specials/zxxx/201506/19_ 5694156. shtml，登录时间：2015 年 8 月 23 日。

③ Lauren Dickey，"China Takes Steps Toward Realizing Silk Road Ambitions"，*China Brief*，Vol. 14，Issue 11，p. 3—4.

意指从西亚转向东亚。然而,亚洲国家当前正着眼于连接中欧贸易的丝绸之路将如何改变"亚洲"概念和全球秩序。丝绸之路的概念实际上指的是东亚和西亚的联系与融合,其反映的是亚洲作为一个整体性的崛起,而不是单就亚太地区而言。虽然过去亚洲并没有像欧洲那样,发挥出整体的效应,但是如今局势正在发生变化。因此,美国需重新思考"重返亚洲"战略,关注整体的亚洲概念,将西亚也纳入其亚太战略布局之中。①

其次,在内容上将新丝绸之路计划整合进新亚洲战略之中。与上述第一点相适应,在一些美国学者看来,基于历史和文化的关联,中国对亚洲的理解与美方并不一致。在中国人眼里,亚洲不仅包括东亚,还涵盖了俄罗斯的北部、中亚和阿富汗的西部、巴基斯坦和印度的西南部等广大区域。随着奥巴马政府高调实施"重返"亚洲战略,中国的战略分析家们也向政府建议推出本国的"西进"战略,即将中国的经济影响和利益触角向西穿越中亚,扩展至伊朗和大中东地区,以缓解美国在亚洲东部方向上给中国带来的战略压力。考虑到中国的战略触角如此之广泛,美国不能再无视新丝绸之路计划和"转向"亚洲战略之间的割裂状态,而应当将前者整合进后者,以确保美国新亚洲战略的持续性和有效性。②

最后,在安全上加大对"印—亚—太"地缘战略的关注力度。2015年3月,美国海军在其发布的新版《21世纪海上力量合作战略》文件中,首次提出了"印度洋—亚洲—太平洋"地区概念(意指从美国西海岸到非洲东海岸的广泛地区),声称目前全球安全环境的特点是印度洋—亚洲—太平洋地区的重要性日渐增长,一些国家正在构建和部署的反介入/区域拒止能力对美国全球海上进入能力构成了挑战。③ 不仅如此,新的海洋战略文件还公开指责中国在领土争端问题上使用武力或恐吓其他国家,再加上中国军事意图缺乏透明度,这导致了地区局势的紧张和动荡,可能带来形势误判甚至紧张升级。为此,美国除了在威慑、海上控制、力量投

---

① 瓦利·纳斯尔:《美国需重新思考"重返亚洲"战略》,http://www.ftchinese.com/story/001053790?full=y,登录时间:2015年8月23日。

② Andrew C. Kuchins, "Why Washington Needs to Integrate the New Silk Road with the Pivot to Asia", *Asia Policy*, No. 16, July 2013, pp. 175—178.

③ U. S. Department of the Navy, *A Cooperative Strategy for 21st Century Seapower*, March 2015, p. 1.

送和海事安全这四大传统的海上力量上加强支撑能力外，有必要引入第五大支撑能力"全域进入"——在竞争区域投送军事力量，并拥有足够行动自由实现有效部署的能力，以表达美国的决心，保护美国的利益，促进全球的繁荣。[①] 新版的海上战略文件表明美国已经将安全视野扩展到"一带一路"倡议规划的大部分区域，或将在一定程度上对后者构成"反制"。

五　中国的策略选择

一如前文所述，美国虽然不是"一带一路"沿线国家，但是美国的全球性影响力以及中美关系的复杂性和重要性都决定了"一带一路"倡议规划必须考虑美国的角色。"一带一路"倡议并没有设立国别范围，更不会搞排他性制度设计。在中国政府2015年3月发布的《推动共建丝绸之路经济带和21世纪海上丝绸之路的愿景与行动》的官方文件中，即写明了要坚持开放合作、和谐包容、市场运作、互利共赢的共建原则，强调"一带一路"相关的国家基于但不限于古代丝绸之路的范围，各国和国际、地区组织均可参与，让共建成果惠及更广泛的区域。[②]

然而，就美国方面而言，进入21世纪尤其是2008年全球金融危机之后，中国在全球的实力地位日益凸显，相对而言，美国掌控世界政治和经济事务的能力则有所下降。中美两国的实力对比正在朝着不利于美国的方向发展，这使得美国社会看待中国的心态发生了明显变化，对华防范心理和危机感骤升。基于此，面对中国在21世纪推出的"一带一路"大战略，尽管美国国内也不乏一些客观、理性、合作的声音，但是整体上对中国的意图还是存在较大疑虑，认为"一带一路"倡议是中国拓展其国际影响力的战略工具，将为中美之间带来更广泛的竞争，并会威胁到美国在欧亚大陆的利益和领导地位。

① U. S. Department of the Navy, *A Cooperative Strategy for 21st Century Seapower*, March 2015, pp. 3—18.

② 《中国三部门发布推动共建"一带一路"的愿景与行动》，http：//news. xiiihuanet. com/ 2015 - 03/28/c_ 1114795089. km，登录时间：2015年8月21日。

中美两国对于"一带一路"倡议的不同看法无疑会置中国于两难境地：一方面，中国欢迎美国以积极、建设性的姿态参与"一带一路"建设，因为没有美国参与的"一带一路"计划是不完整的，并且"一带一路"沿线的一些事务在事实上也离不开美国的支持与合作；另一方面，如何破解"一带一路"上的"美国风险"，发挥其积极角色而非麻烦制造者，成为摆在中国决策者面前的一道难题。对此，笔者尝试提出如下几项策略选择。

第一，增信释疑，向美方解释"一带一路"倡议的共赢价值。"一带一路"倡议强调共商、共建、共享原则，谋求不同种族、信仰、文化背景的国家共同发展。美国国内普遍存在着对"一带一路"倡议的误解和认知偏差，中国应当积极通过各种渠道对美开展公共外交，不断向美国政界、商界、学界、舆论界等说明和强调中国"一带一路"倡议的开放性、合作性、包容性和共赢性，淡化该倡议的"抗美"色彩和战略属性，进一步提升其人文色彩和经济属性。同时，在对美宣传上还要注意审慎原则，一方面要本着实事求是的态度，恰当表述中国的"愿景"，不宜夸大"一带一路"倡议的作用，避免给人以浮夸之嫌。另一方面要注意倾听美国各界的不同声音。

第二，从最易处着手，树立示范工程。毫无疑问，"一带一路"战略将是一项长期、复杂而艰巨的系统工程，其实施过程中必然会面临着诸多不容忽视的风险和挑战，主要表现在：其一，"一带一路"横贯欧亚大陆，覆盖区域人口总量庞大，沿线各国在政治制度、经济发展水平、宗教信仰、文化传统以及对华亲疏关系等方面都存在诸多差异，这意味着其在建设过程中必然隐藏着众多潜在的地缘政治、经济、法律甚至道德风险。[①] 其二，"一带一路"的建设内容极为庞杂繁多，不仅包括政策协调、经济贸易、基建投资、人文教育等方面，还涉及交通物流、能源运输、产业合作、科技交流等领域。内容的繁多固然有利于多样化选择，但同样也会给实际操作带来选择性难题。其三，"一带一路"建设还面临着诸多现实障碍，例如区域内国家的疑虑、大国暗中掣肘、内部步调不统一、潜在

---

① 王义桅、郑栋：《"一带一路"战略的道德风险与应对措施》，《东北亚论坛》2015年第4期，第39—47页。

的高昂运营成本等。① 笔者建议遵循"轻重缓急、先易后难"的顺序原则,优先从那些风险最小、最能体现互利共赢和最容易取得成效的国家和项目入手,在"一带一路"沿线树立起若干个共建、共享的"示范工程",让包括美国在内的域内外国家领略到参与"一带一路"建设的正面价值。

第三,争取与美国的"新丝绸之路"计划对接,避免双方恶性竞争。目前,虽然美国倡议的"新丝绸之路"计划面临着诸多困难和挑战,例如地区内相关国家基础设施滞后、基建资金匮乏、相互信任缺失以及恐怖主义和极端主义威胁等,但是美国从未放弃该计划。事实上,2015年1月,美国负责南亚事务的助理国务卿比斯瓦尔就"新丝绸之路"发表的演讲中还强调,该计划是"奥巴马政府对该地区持久承诺的体现",声称"在该地区内扩大贸易联系并通过巴基斯坦和印度将其引向南方,将会起到'游戏改变者'的作用。通过连接新的市场,这种贸易联系还会促进地区内的政治稳定,以及激励各国合作共同应对挑战"②。更为重要的是,美方深知中国在"后阿富汗战争时代"所享有的地缘政治和经济优势,因而一再表示中美两国的"丝绸之路"计划并非竞争关系,美国鼓励中国在地区稳定和经济建设等方面发挥独特的作用。这无疑为中美两国在"丝绸之路经济带"沿线创造了巨大的合作空间。基于此,中国应寻求将"一带一路"倡议与美国的"新丝绸之路"计划进行对接,寻找和扩展两国能够深度合作的领域和项目。

第四,妥善处理好海洋争端,持续加强与周边国家的战略互信。在中国的"一带一路"倡议规划中,海洋争端始终是一个无法回避的议题,处理不当将会直接影响到"一带一路",尤其是"海上丝绸之路"建设的质量乃至成败。以南海问题为例,众所周知,东盟是"海上丝绸之路"建设的关键"枢纽区",争取东盟国家的支持和参与,对"海上丝绸之路"的顺利推进至关重要。在中国与东盟的关系中,南海争端仅仅是中

---

① 何茂春、张冀兵、张雅芃、田斌:《"一带一路"战略面临的障碍与对策》,《新疆师范大学学报》(哲学社会科学版) 2015年第3期,第37—41页。

② Nisha Desai Biswal, "The New Silk Road Post—2014: Challenges and Opportunities", The Woodrow Wilson Center, Washington, DC, January 22, 2015, http://www.state.gov/p/sca/rls/rmks/2015/236214.htm,登录时间:2015年8月23日。

国与部分东盟成员国之间的矛盾,并且也只是中国与直接争端方关系的一部分。面对菲律宾、越南等国在南海挑起的争端,中国理应做出相应的维权举措。然而,中国在南海问题上正当的维权行为很容易被外界炒作为"海上威胁",相关负面影响很可能会外溢至中国与东盟关系大局,继而波及"海上丝绸之路"建设。① 更为棘手的是,在当前东亚地区逐步形成了"经济上依靠中国,安全上依赖美国"这一经济中心与安全中心相互分离的二元格局下,一些东南亚国家希望在分享中国经济增长红利的同时,为自己购买"安全再保险",持续强化与美国的安全关系。② 其结果是,中国与周边国家之间的海洋争端易于被美国、日本等域外大国利用,成为它们联合向中国施压、曲解"海上丝绸之路"本质、破坏"一带一路"建设的工具。因此,中国未来需要妥善处理好与周边国家的海洋争端,不断加强与周边国家的政治和战略互信,防止它们加速"倒向"美国,沦为制衡中国崛起的棋子。

第五,坚持市场机制主导地位,为包括美国在内的域外企业创造平等参与机会。作为"一带一路"的倡导者,中国还面临着一个如何处理政府和市场或企业关系的问题。"一带一路"走出去的主体是资本、企业,其运行过程中需要遵循国际通行规则,充分发挥市场在资源配置中的决定性作用。政府则在外交倡议、宏观布局、信息传递、平台建设、海外保护、合作机制以及政府间融资机构建立等方面扮演引导和保障角色。可以说,没有政府的支持,"一带一路"就无从谈起。反之,没有企业跟进,"一带一路"也会失去可持续发展的基础,演变为对外援助项目。③ 与此同时,多元化参与也是"一带一路"建设成功的前提条件之一。在"一带一路"建设所涉及的跨国项目中,中国应该通过多方参与实现"多渠道融资、多样化所有权"。具体来看,政府不仅要创造条件引导国内企业(无论是国有企业还是民营资本)跟进,鼓励它们落实"亲诚惠容"理

① 傅梦孜、楼春豪:《关于21世纪"海上丝绸之路"建设的若干思考》,《现代国际关系》2015年第3期,第5页。

② 薛力:《中国"一带一路"战略面对的外交风险》,《国际经济评论》2015年第2期,第72页。

③ 李向阳:《构建"一带一路"需要优先处理的关系》,《国际经济评论》2015年第1期,第56—57页。

念，服务于经济外交目标，还应当为包括美国在内的国外企业提供平等的参与机会，促进各企业根据产业链分工合作，以最大限度地发挥市场机制的作用。

第六，注重与美国主导的国际机构合作，化解多边阻力和政治风险。随着亚投行、丝路基金等"一带一路"建设融资机构的逐步运转，其必然会面临着如何与现有的、美国主导的国际金融机构（例如世界银行、亚洲开发银行等）进行"合作共处"的问题。不可否认，亚投行与亚洲开发银行、世界银行等机构存在竞争的一面，但亚投行不是，也无法取代后两者的地位，双方更多的是一种互补关系，都在于为亚洲国家的经济发展发挥作用。正如中国财政部长楼继伟所言，由于定位和业务重点不同，亚投行与现有多边开发银行是互补而非竞争关系。亚投行侧重于基础设施建设，而现有的世界银行、亚洲开发银行等多边开发银行则强调以减贫为主要宗旨。

因此，在"一带一路"建设项目实施过程中，中国应注意与相关国际机构进行协调合作，通过构建多方利益共同体，减少外界的疑虑和阻力，提高合作的可持续性。例如，在一些大型项目建设方面，亚投行就有必要利用多边金融机构，联合世界银行、国际货币基金组织、亚洲开发银行等国际金融组织共同提供融资，以化解信贷风险。[①] 此外，亚投行、丝路基金等机构才刚刚起步，还处于经验摸索和积累阶段。它们不仅在"建章立制"上，在如何促进自身决策机制与管理方面贯彻市场化、国际化、专业化原则，如何结合利用投票与协商机制达到既高效决策又充分集思广益等领域，[②] 也都存在向现有国际同类机构学习的空间。

（马建英：广东外语外贸大学国际战略研究院美国研究中心副教授，21 世纪海上丝绸之路协同创新中心研究人员）

---

① 蒋希蘅、程国强：《国内外专家关于"一路一带"建设的看法和建议综述》，《中国外资》2014 年第 10 期，第 33 页。

② 卢锋、李昕等：《为什么是中国？——"一带一路"的经济逻辑》，《国际经济评论》2015 年第 3 期，第 33 页。

奥巴马政府台海政策及其
对两岸关系的影响[*]

夏立平

【内容提要】 奥巴马政府将中国台湾作为其"亚太再平衡"战略的组成部分，台海两岸关系稳定是符合其战略利益的方针，改善对台关系，继续向台湾出售武器，赞成两岸签署经济合作框架协议，同时加深与扩大美台之间的经济联系，支持台湾扩大国际空间。影响奥巴马政府对台政策的主要因素包括：美国国内的战略辩论、国会亲台势力的影响、军方和军工集团的影响、对两岸关系和台湾岛内局势的评估、亚太政策团队的组成等。奥巴马政府台海两岸政策有一定的稳定性，但存在变数。

【关键词】 中美关系　美国台海政策　两岸关系　奥巴马政府

美国的台海政策是其全球战略、亚太战略和对华战略的重要组成部分之一。自 2008 年 5 月马英九就任台湾地区领导人以来，两岸关系有较大发展。与此同时，美台关系也有较大改善。面对民进党蔡英文赢得 2016 年台湾地区领导人大选，美国对台政策更加强调目的性。由于台湾问题仍是中美关系中最敏感的问题，奥巴马政府的对台政

* 本文是国家社科基金重点项目"构建新型大国关系的理论建构与方略选择"（项目批准号：14AZD060）的中期成果之一，也得到中国海洋发展研究会"美国印太战略与中国应对方略研究"（项目编号：CAMAZD20140）和同济大学人文社科跨学科研究团队项目"中国海洋强国战略"的资助。最初发表于《美国问题研究》2015 年第 2 期，收入本集时略有修改。

策，不仅由其全球战略和对华战略来决定，而且将对台海两岸关系和中美关系产生重要影响。

一　奥巴马政府台海政策的主要特点

对影响两岸关系的美国因素，国内专家学者已有一些研究。林冈教授认为："美国对两岸和谈的政策立场，是出于维系台海不统、不独、不战局面的战略考虑，以保证自己在台海地区的最大战略利益。美国既不希望两岸举行统一谈判又希望两岸达成和平协议的复杂心态，表现在一方面希望两岸进行谈判，降低敌对状态，另一方面又长期对台提供军售，使其增加与大陆相抗衡的资本。此双轨政策对两岸和平关系的构建，有着不同方向的影响，往往起了互相抵消的作用。"① 邓凡指出："在台湾问题上，美国历来是一个敏感而不可忽视的外部干预因素。奥巴马政府干预台海关系的姿态更为积极，原因在于美国不想被两岸对话时代抛弃，不想出让在该地区的影响力，更不愿两岸出现朝向统一向度的快速融合。"② 谢郁提出："台湾是中国不可分割的领土，台湾问题纯属中国的内政，这是毋庸置疑的。但同时，台湾问题的形成又是美国干涉中国内政的结果，这就使得两岸关系的发展过程错综复杂，在很大程度上受美国因素的影响。"③

奥巴马政府上台后，其台海政策有着延续性的一面，但面对东亚局势的新变化和中美关系的"新常态"，也展现出一些新特点。总体来说，奥巴马政府台海政策有以下主要特点：

（一）美国将台湾作为其"亚太再平衡"战略的组成部分，但还未放弃台海两岸关系稳定是符合其战略利益的方针

美国的台海政策从来都是根据其全球战略和对华战略决定的。2010

① 林冈：《美国因素在两岸关系和平发展进程中的影响》，《台湾研究集刊》2008 年第 3 期，第 1—16 页。

② 邓凡：《马英九执政后两岸关系中的美国因素》，《太平洋学报》2010 年第 11 期，第 96—102 页。

③ 谢郁：《美国对台政策的走向及其对两岸关系的影响》，《台湾研究》1996 年第 2 期，第 59—64 页。

年下半年以来，美国奥巴马政府推出以"再平衡"为核心的新亚太战略，将其全球战略和军事战略的重点转向亚太地区，特别是东亚地区。在"亚太再平衡"战略下，奥巴马政府对中国实行"两面下注"战略。一方面，美国在反恐、防止大规模杀伤性武器扩散、朝核问题、伊朗核问题、打击"伊斯兰国"等方面都需要中国合作。因此奥巴马指出，美中两国是"合作与竞争"关系，应建立伙伴关系，"与世界上人口最多，经济发展最快的国家保持一种建设性的关系是符合美国利益的。我将为实现这一目标做出努力"①。另一方面，美国防范中国成为美国的威胁，确保中国不以不利于美国的路径和方式崛起。奥巴马认为，"中国的崛起必须是和平的，这一点至关重要。美国不能单方面保证达到这样的效果，但可以通过长期的努力营造一种环境，使中国可以在这种环境下做出正确的选择。"②

在这种战略思维框架下，虽然美国国务卿克里提出："台湾是美国重要的安全和经济伙伴，更是美国亚太再平衡的亚太政策中的关键要素"，但奥巴马主张，"如果能为两岸稳定和可预见的关系奠定基础"，美国支持台湾与大陆建立更紧密联系。他指出："我欢迎台北和北京为缓和海峡两岸的紧张局势而采取的步骤，并支持双方进一步的和解。"同时，他"支持台湾海峡两岸建立信任的举措，同时也支持中国大陆与台湾之间关系的改善"。③

在 2009 年 11 月 7 日美国总统奥巴马访华期间，中美两国政府发表的联合声明中，美方表示"欢迎台湾海峡两岸关系和平发展"。④ 在 2011 年 1 月 19 日中国国家主席访美期间，中美两国政府发表的联合声明中，美

① Text of Barack Obama Speech in Columbus, Ohio on February 27, 2008, http://irregular-times.com/index.php/archives/2008/02/27/recording-of-barack-obama-speech-in-columbus-february-27—2008/.

② Text of Barack Obama Speech in Columbus, Ohio on February 27, 2008, http://irregular-times.com/index.php/archives/2008/02/27/recording-of-barack-obama-speech-in-columbus-february-27—2008/.

③ "Letter from Barack Obama to Ma Ying-jeou," May 22, 2008, available at: http://www.china.usc.edu/ShowArticle.aspx? articleID=1066&AspxAutoDetectCookieSupport=1.

④ 《中美联合声明》（2009 年 11 月 7 日），《人民日报》2009 年 11 月 8 日。

方进一步表示"支持台湾海峡两岸关系和平发展"。① 在这两个联合声明中，美方都表示"期待两岸加强经济、政治及其他领域的对话与互动"。②

美国希望这些对话与互动是逐步的。2008 年 3 月，台湾地区领导人选举后，美国在台协会理事会主席薄瑞光（Raymond Burghardt）在拜访马英九时，建议两岸对话可分三个阶段发展：第一阶段先处理包机议题；第二阶段在经济、贸易、投资等经贸合作事项更加开放；第三阶段再触及两岸和平协议、减少军事威胁与参与国际组织等敏感课题。③

但奥巴马政府支持台海两岸改善关系是有一定限度的，即这种关系的改善不能损害美国的国家利益。2008 年 3 月马英九刚当选台湾当局领导人时，当时的美国总统候选人奥巴马在贺电中提出两岸应该建立军事互信机制。2011 年 1 月 14 日，时任美国国务卿希拉里·克林顿在讲话中说，美国"寻求鼓励和希望看到海峡两岸有更多对话和交流，以及减少军事紧张和军事部署"。④美国一些智库的专家认为，一旦两岸开始就建立军事互信机制进行谈判，美国应随时深入了解其进展情况。⑤

同时，奥巴马政府更强调两岸关系的稳定。奥巴马提出，将"继续促进和平解决台海紧张"，"希望台海两岸对话，解决分歧，保证台湾海峡永远不会发生军事冲突"⑥。在 2009 年 11 月和 2011 年 1 月两个中美联合声明中，美方都表示期待两岸"建立更加积极、稳定的关系"。⑦ 美国在台协会理事会前主席卜睿哲（Richard Bush）认为，两岸关系的未来发

① 《中美联合声明》（2011 年 1 月 19 日），《人民日报》2011 年 1 月 20 日。

② 《中美联合声明》（2009 年 11 月 7 日），《人民日报》2009 年 11 月 8 日；《中美联合声明》（2011 年 1 月 19 日），《人民日报》2011 年 1 月 20 日。

③ Chen, Edward I-hsin, "China-US-Taiwan Relations after Ma Ying-jeou Being Elected as President of the Republic of China," March 26, 2009, available at: http://www.docin.com/p-12168542.html.

④ Remarks by U. S. Secretary of State Hillary Clinton on U. S. -China Relations at the Inaugural Ambassador Richard C. Holbrooke Lecture at the Council of Foreign Relations, New York, January 14, 2011, available at: http://www.theglobeandmail.com/news/world/americas/prepared-text-of-clintons-speech/article1870858/.

⑤ Talks by Bonnie Glaser with the author in Washington D. C. on May 23, 2010.

⑥ Remarks by President Barack Obama at Town Hall Meeting with Future Chinese Leaders.

⑦ 《中美联合声明》（2009 年 11 月 7 日），《人民日报》2009 年 11 月 8 日；《中美联合声明》（2011 年 1 月 19 日），《人民日报》2011 年 1 月 20 日。

展有两种可能：一是实现大陆倡导的"一国两制"模式；二是出现两岸关系的长期稳定化。这种长期稳定化的内容包括：增加双向联系，减少彼此恐惧，增加信任和可预期性，扩大合作领域以及互动的机制化等。① 卜睿哲提出，台海两岸新互动的目标应该是实现"稳定化"。美国负责东亚及太平洋事务副助理国务卿施大伟（David A. Shear）明确说："美国不做两岸关系的调停人，也不会压台湾与大陆谈判。"②

但 2013 年以来，美国国内极少数保守派主张用台湾来遏制中国，奥巴马政府虽未接受这一主张，但对两岸关系发展态度转冷。

另一方面，美国也担心如果台湾不承诺统一这一终极目标理念，大陆会动用武力加速解决台湾问题。美国在台协会前理事主席卜睿哲认为，如果北京认为国民党领导人不再有助于统一，或至少以统一作为终极目标理念，北京或许就会失去耐心而重估形势，所以国民党保持统一承诺很重要；同时，卜睿哲担心台湾民众不愿迈向统一，而大陆又失去耐心，最后诉诸施压和恐吓，那样会使形势复杂化，并将给美国带来巨大挑战。因此，卜睿哲曾提出"相互说服范式"（Paradigm of mutual Persuasion），建议两岸双方借由互惠宽容交往，寻求相互有利结果。目前两岸只停留在经济与社会文化交流，具有政治敏锐性的和平协议讨论，或建立军事互信机制等，均停滞不前。与此同时，两岸综合实力差距已明显扩大，2014 年大陆 GDP 是台湾的 20 倍，国防预算是台湾的 15 倍，因此，卜睿哲担忧这个范式是否还能继续维持。

随着中美战略互信不足、美俄关系恶化、中日对峙升温、美日深化军事同盟以及俄日互动趋紧等，已隐现中俄对抗美日战略态势，并冲击两岸和解制度化进程，导致两岸脆弱互信基础，面临国际战略变局新考验。目前，两岸双方正透过经贸互动与人员交往累积善意，为未来两岸关系进入政治协商绸缪。不过，在美中战略互信不足的形势下，两岸关系面临变量

---

① Richard C. Bush's Testimony before the U. S. -China Economic and Security Commission，March 18，2010，available at：http：//www.uscc. gov/hearings/2010hearings/transcripts/10 _ 03 _ 18 _ trans/10 _ 03 _ 18 _ final _ trans. pdf. pp. 15 – 16.

② David A. Shear's Testimony before the U. S. -China Economic and Security Commission，March 18，2010，http：//www. uscc. gov/hearings/2010hearings/transcripts/10 _ 03 _ 18 _ trans/10 _ 03 _ 18 _ final _ trans. pdf，pp. 9 ~ 10.

复杂化的新挑战。

在民进党蔡英文赢得 2016 年台湾地区领导人大选可能性极大的背景下，奥巴马政府担心蔡英文执政后将导致两岸关系紧张，开始调整对台政策强调的侧重点。在 2015 年 5 月 30 日蔡英文访问美国前，美国国务院负责东亚与太平洋事务副助理国务卿董云裳（Susan Thornton）表示，美国对两岸继续保持稳定有持久的利益，美国欢迎和鼓励过去几年两岸关系的改善和对话与交流。① 2015 年 9 月 21 日，美国总统国家安全顾问苏珊·赖斯（Susan Rice）指出，两岸关系稳定是美国的根本利益，美国“反对两岸任何一方片面改变现状”。② 同一天，美国国家安全委员会亚洲事务高级主任康达（Daniel J. Kritenbrink）和负责东亚与太平洋事务助理国务卿拉塞尔（Daniel R. Russel）在共同主持的“习奥会”简报记者会上做了相同的表述。③ 关于如何达到保持两岸和平稳定的目标，美国国家安全委员会亚洲事务前高级主任麦艾文（Evan Medeiros）9 月 22 日在美国智库演说中强调，未来台湾不论谁胜选，都必须找到能确保两岸稳定的“政治架构”。④

（二）改善对台关系，继续向台湾地区出售武器

在马英九 2008 年 5 月 20 日就职之际，当时的美国民主党总统候选人奥巴马特地委托美国在台协会理事会前主席卜睿哲转交致马英九的信函。信中奥巴马除了高度评价台湾过去 20 年来在建设民主政治上的成绩外，还明确强调将“深化美国与台湾的关系”，其中包括“强化与贵政府官员的沟通管道”。不过，奥巴马并无意改变美国多届政府对台政策的一贯立场。在这封信函中，奥巴马表示他将“支持一个中国政策，遵守美中有

① "Taiwan: A Vital Partner in East Asia", remarks by Susan Thornton, Deputy Assistant Secretary, Bureau of East Asian and Pacific Affairs, at the Brookings Institution, Washington, DC, May 21, 2015, http://www.state.gov/p/eap/rls/rm/2015/05/242705.htm.

② National Security Advisor Susan Rice Addresses U. S. -China Relationship, at the Gorge Washington University, DC, USA, September 21, 2015, http://gwtoday.gwu.edu/national-security-advisor-susan-rice-addresses-us-china-relationship.

③ 赵建民：《中美交易 冲撞蔡英文模糊战略》，《联合报》2015 年 9 月 27 日。

④ 同上。

关台湾的三份联合公报，并遵守《与台湾关系法》"①。奥巴马政府上台后，美台政治关系较陈水扁时期有较大恢复性改善。美国已将马英九过境美国访问的礼遇恢复到陈水扁当政时期的接待规格。美台之间高层沟通"畅通"。

在人文交流领域，2012 年 10 月，美国政府正式宣布台湾地区成为免签证计划成员，这也是马英九上台后加强对美关系的一个重要着力点。

在对台售武方面，奥巴马政府十分积极。在写给马英九的信函中，奥巴马宣称："我们欣赏台湾的民主，台湾的民主应该得到我们的保护。"他以《与台湾关系法》和"保卫台湾民主"为理由，主张美国"继续向台湾提供慑止可能的侵略所必需的武器"。② 在参加美国总统竞选期间，奥巴马发表声明，支持小布什政府 2008 年 10 月 3 日宣布的向台湾地区出售价值 64.63 亿美元先进武器的决定。

2010 年 1 月 30 日，奥巴马政府宣布向台湾地区出售"黑鹰"直升机、"爱国者—3"反导系统、扫雷艇等总额近 64 亿美元的武器装备。这虽然是小布什政府时期已定下的军售项目，但也可看出奥巴马政府坚持美国对台军售政策的决心。对此，中国政府向美方提出强烈抗议，并暂停了中美之间的军事交流。

2011 年 9 月 21 日，奥巴马政府又宣布了一波价值 58.52 亿美元对台军售计划，核心是为台军 145 架 F—16A/B 战斗机进行性能提升，还包括售台军用飞机相关设备、配件，以及提供有关的训练项目、后勤支持等。

2014 年 12 月 18 日，美国总统奥巴马签署 1683 号"军舰移转法案"，正式同意对台湾地区出售 4 艘"佩里级"护卫舰。

从 2008 年 5 月至 2015 年 5 月，美国对台湾地区的军售总额超过 183 亿美元，是 1979 年以来军售的频率和数量最多的时期。

2015 年 2 月，美国国防部长阿什顿·卡特（Ashton Carter）在美国国会参议院的听证会上表示，美国将会持续遵循《与台湾关系法》，提供维

---

① "Letter from Barack Obama to Ma Ying-jeou," May 22, 2008, available at: http://www.china.usc.edu/ShowArticle.aspx? articleID = 1066&AspxAutoDetectCookieSupport = 1.

② "Letter from Barack Obama to Ma Ying-jeou," May 22, 2008, available at: http://www.china.usc.edu/ShowArticle.aspx? articleID = 1066&AspxAutoDetectCookieSupport = 1.

持台湾自我防卫能力的安全保证。

2015 年 12 月 16 日，美国政府正式通知国会对台军售计划，美国将向台湾地区出售两艘"佩里级"退役护卫舰、"标枪"反坦克导弹、两栖突击战车、毒刺防空导弹等设备，价值 18.3 亿美元。

（三）赞成两岸签署经济合作框架协议，但同时加深与扩大美台之间的经济联系

2010 年 6 月，大陆海协会与台湾海基会签署《海峡两岸经济合作框架协议》（ECFA）。这标志着两岸经济进入双向合作互利共赢新阶段。奥巴马政府对此给予积极肯定。2011 年 1 月 14 日，时任美国国务卿希拉里·克林顿公开表示，美国"受到大陆与台湾更大的经济合作的鼓舞，特别是历史性的《海峡两岸经济合作框架协议》协议"。[1] 美台商会会长韩儒伯（Rupert Hammond）认为，两岸签署《海峡两岸经济合作框架协议》的短期目的是使两岸经济来往正常化和自由化，但它们的长期目的完全不同。大陆主要是出于政治考量，把《海峡两岸经济合作框架协议》作为对台统一战略的一部分，而台湾主要是出于经济考量。[2] 美国专家梅里特·库克（Merritt T. Cook）指出，造成马英九当局极力促成《海峡两岸经济合作框架协议》的刺激因素是 2010 年 1 月中国与东盟自由贸易区的正式建立。《海峡两岸经济合作框架协议》不仅有助于台湾经济结构的调整与整合，更重要的是有助于台湾通过大陆与东南亚国家实现经济上的区域衔接，实现台湾经济的全球化。[3] 而且，美国认为，《海峡两岸经济合作框架协议》导致的两岸经济合作的加强也有利于美国在两岸投资和

---

[1] Remarks by U. S. Secretary of State Hillary Clinton on U. S. -China Relations at the Inaugural Ambassador Richard C. Holbrooke Lecture at the Council of Foreign Relations, New York, January 14, 2011, available at: http: //www. theglobeandmail. com/news/world/americas/prepared-text-of-clintons-speech/article1870858/.

[2] Rupert J. Hammond's Testimony before the U. S. -China Economic and Security Commission, March 18, 2010, available at: http: //www. uscc. gov/hearings/2010hearings/transcripts/10_ 03_ 18_ trans/10_ 03_ 18_ final_ trans. pdf, pp. 12 – 14.

[3] Merritt T. Cook's Testimony before the U. S. -China Economic and Security Commission, March 18, 2010, available at: http: //www. uscc. gov/hearings/2010hearings/hr10_ 03_ 18. php, pp. 13 – 16.

与两岸贸易的发展。

同时，奥巴马政府主张加深和扩大美台经济联系。2010 年，美国负责东亚及太平洋事务副助理国务卿施大伟（David Shear）提出，美国和台湾 1994 年签署的"贸易与投资框架协议"（TIFA）为美台提供了主要的贸易磋商机制。美国政府应扩大美台经济联系，使"贸易与投资框架协议"进程恢复活力，进一步消除美台经济障碍，采取新的措施扩展美台双边贸易关系。[①] 美国前副助理国务卿薛瑞福（Randall G. Schriver）认为，美国必须与台湾开始美台自由贸易协定的谈判，这不仅有利于美国经济和增强美台关系，也是台湾抵抗大陆经济影响的有效防御手段。[②] 台湾当局希望美国支持台湾加入"跨太平洋战略经济伙伴关系"（TPP）。美国政府及智库学者对台湾最终加入 TPP 持积极欢迎态度。国务卿克里、"美国在台协会理事主席"薄瑞光（Raymond F. Burghardt）、美国众议院外交委员会主席罗伊斯（Ed Royce）、美国传统基金会亚洲中心资深研究员威尔逊（William Wilson）等政府官员、国会议员和智库学者，都在不同场合表达过对于台湾地区加入 TPP 会谈的支持。而美国布鲁金斯学会近期更连续发布三份评估地区报告，认为美国应支持台湾地区加入 TPP。[③]

（四）支持台湾扩大国际空间

奥巴马在 2008 年 5 月祝贺马英九就职的信中表示，希望台海两岸在扩大台湾地区国际空间方面取得进展。他说："对北京来说，向台湾人民显示讲求实际和非对抗的路线非常重要。"[④]

---

① David A. Shear's Testimony before the U. S. -China Economic and Security Commission，March 18，2010，available at：http：//www. uscc. gov/hearings/2010hearings/transcripts/10 _ 03 _ 18 _ trans/10_ 03_ 18_ final_ trans. pdf，p. 20.

② Randall G. Schriver's Testimony before the U. S. -China Economic and Security Commission，March 18，2010，available at：http：//www. uscc. gov/hearings/2010hearings/transcripts/10_ 03_ 18_ trans/10_ 03_ 18_ final_ trans. pdf，p. 6.

③ 钟厚涛：《浅析美国对于台湾加入 TPP 的政策走向及其影响》，《台湾研究》2015 年第 3 期，第 53 页。

④ "Letter from Barack Obama to Ma Ying-jeou，" May 22，2008，available at：http：// www. china. usc. edu/ShowArticle. aspx？ articleID = 1066&AspxAutoDetectCookieSupport = 1.

　　小布什政府时期，美国只支持台湾参与不以主权国家为会员资格的国际组织。[①] 奥巴马政府执政后，转而声称支持台湾"有意义地参与国际组织"。[②] 在台湾 2009 年以观察员身份参加"世界卫生大会"后，美国认为这还不够。奥巴马政府提出，台湾是在美国的努力下作为成员加入"世界贸易组织""亚洲开发银行"和"亚太经合组织"的，今后台湾应该以类似模式参加其他国际组织，如"世界卫生组织""国际民用航空组织"等"对台湾人民有直接影响的重要国际组织"。[③]

二　影响奥巴马政府对台政策的主要因素

　　奥巴马政府的两岸政策受到多种复杂因素的影响，其中包括美国国内战略辩论、美国国会亲台势力的影响、美国军方和军工集团的影响、美国对两岸关系和台湾岛内局势的评估，以及奥巴马政府政策团队的人员构成等。

（一）美国国内的战略辩论。

　　近年来，美国国内围绕美国两岸政策及对台湾战略定位的战略辩论中形成两派观点。

　　第一派认为，亚太地区面临新一轮陆权与海权的互动，中国作为陆权国家，未来不可避免地将在东亚大陆居于优势地位，只要中国不挑战美国作为海权国家在西太平洋的势力范围，美国可以容许大陆与台湾最终实现和平统一。这一派中也有人认为，中国面临的主要问题在国内，在今后很

---

　　①　2008 年 3 月 27 日，时任美国国务院东亚局台湾协调处处长史伯明（Douglas Spelman）在位于华盛顿的美中政策基金会就台湾"大选"后美国政府的两岸政策发表演讲，表示美国政府未来对两岸有五个期待的目标。其中，第四个目标是，美国继续支持台湾参与不以主权国家为会员资格的国际组织，期待北京也能在国际上放松对台湾的打压。见 Peng Bernice, "The Study of U. S-China-Taiwan Triangular Relationship under the Globalization," 2008, available at: http://c030. wtuc. edu. tw/ezcatfiles/c030/img/img/743/1093209042. pdf.

　　②　David A. Shear's Testimony before the U. S. -China Economic and Security Commission, March 18, 2010, available at: http://www. uscc. gov/hearings/2010hearings/transcripts/10_03_18_trans/10_03_18_final_trans. pdf, p. 19.

　　③　David A. Shear's Testimony before the U. S. -China Economic and Security Commission, p. 19.

长时期，中国将不得不把主要精力放在国内发展。随着中美经济相互依存关系的发展，以及中美在许多全球和地区问题上的合作，台湾对美国的战略重要性在下降。两岸和平解决台湾问题可以去掉一个可能导致中美之间发生武装冲突的触发点，符合美国的国家利益。2011 年 4 月 8 日，曾任美国驻华大使的美军太平洋总部前司令普理赫（Joseph Prueher）表示，美国为了拓展与北京的关系并维系区域安定，应重新审视对台军售。[1]2010 年 1 月，美国波特兰州立大学政治学助理教授季礼（Bruce Gilley）在美国《外交》杂志发表文章认为，台湾正在"芬兰化"。美国应重新遵守 1982 年对北京做出的承诺，大幅减少对台军售。若台湾实现"芬兰化"，美国逐渐从台海事务中脱身，就能打破中美关系的恶性循环，大大改善中美关系，从而有利于美国乃至全球的安全。[2]

兰德公司 2007 年发表的研究报告《台湾地位解决之后的中美关系》进一步认为，如果台湾的挑衅引起中国大陆以武力实现统一，美国也是可以理解的。该报告分析了包括"在美国不干预条件下以武力实现统一"的解决台湾问题的 10 种可能模式。报告认为，"如果美国不协助台湾防卫的决定被认为是台湾无理挑衅北京或者随后其他一些破坏美台关系的行为所造成，那么中国的武力行动虽然不受欢迎，却也许会被视为可以理解的（甚至是必然的）。这样并不会造成中美关系的根本改变"[3]。报告中提出的"在美国不干预条件下以武力实现统一"的可能模式，代表了美国战略思维的一种新趋势。[4]

第二派主要由美国一些亲台人士组成，他们认为，中国崛起肯定会对美国构成挑战和威胁。中国海空军、战略核武器和太空、网络力量近年来

① 《钜亨早报》，2011 年 4 月 8 日，参阅网页：http：//news. cnyes. com/content/20110408/kdw66pci040ba_ 4. shtml。

② Bruce Gilley，"Not So Dire Straits：How the Finlandization of Taiwan Benefits U. S. Security," *Foreign Affairs*，Jan. /Feb. 2010，pp. 44 - 45.

③ Roger Cliff and David A. Shlapak， " US-China Relations After Resolution of Taiwan's Status," RAND Corporation， 2007， available at：http：//www. rand. org/pubs/monographs/2007/RAND _ MG567. pdf，p. 32.

④ Roger Cliff and David A. Shlapak， " US-China Relations After Resolution of Taiwan's Status," RAND Corporation， 2007， available at：http：//www. rand. org/pubs/monographs/2007/RAND _ MG567. pdf，p. 32.

迅速发展，而且缺乏透明度，美中军事关系也曾在 2010 年跌入低谷，这些表明中国军队对美国深刻的不信任，中国民族主义情绪上升，这种趋势表明中国将不可避免成为美国的对手，在亚太地区中国将挑战美国的主导地位。因此美国绝不能轻视台湾对美国的战略价值，不能放弃台湾，而必须利用台湾来制约中国。2010 年 4 月，美国海军指挥学院战略与政策系副教授詹姆斯·赫麦斯（James R. Holmes）和古原俊井（Toshi Yoshihara）发表文章认为，台湾是第一岛链防御的关键环节，美国绝不能放弃。2008 年美国大选前，美国前负责东亚与太平洋事务助理国务卿帮办薛瑞福和企业研究所研究员卜大年（Dan Blumenthal）合作发表研究报告《巩固亚洲民主：21 世纪的美台伙伴关系议题》，提出一系列全面加强美台关系的建议，甚至主张"允许台湾领导人访问华盛顿，直接和美国领导人进行交流"。① 这在一定程度上反映了美国政界和智库少数重要人士的想法和主张。美国甚至还有一些人批评奥巴马政府太粗心，应防止两岸太接近。②

这两派观点对奥巴马政府台海两岸政策的制定都有所影响。奥巴马政府一方面支持海峡两岸缓和紧张关系，以避免两岸发生冲突迫使美国面临是否进行干涉的选择的尴尬局面；另一方面又继续向台湾地区出售武器，加强美台军事关系。奥巴马政府将继续在这两种看似矛盾的政策中寻找平衡点。

（二）美国国会亲台势力的影响

美国国会中一直存在亲台势力，他们利用各种手段在台湾问题上向奥巴马政府施加压力。2009 年 2 月，美国国会众议院提出一项决议案，纪念国会通过《与台湾关系法》30 周年。决议案重申美国国会对台湾的支持，甚至对美国没有设驻台湾大使表示遗憾。2009 年 11 月 17 日，奥巴马访华时，有国会议员提出跨党派提案，要求行政部门就对台军售事宜向国会提交详细报告，以确保"台海安全"。提案称，《与台湾关系法》责

---

① Dan Blumenthal and Randall Schriver：《巩固亚洲民主：21 世纪的美台伙伴关系议题》，美国企业研究院与阿米蒂奇国际顾问公司台湾政策工作小组报告，http：//www. aei. org/docLib/20080222_ TaiwanReportChinese. pdf.

② Bonnie S. Glaser and Brittany Billingsley，"Tensions Rise and Fall，Once Again，" available at：http：//csis. org/publication/comparative-connections-v12-n3-us-china.

成美国向台湾提供足够的防御性军备，可是过去一年，美国没有向台湾出售任何军备。而与此同时，中国大陆的军事现代化却大幅前进，对台湾构成更大的威胁。该提案给奥巴马政府造成了很大的压力。

2011 年 1 月 5 日，美国第 112 届国会正式开始运作。民主党在中期选举中失利，共和党掌控众议院，民主党仅以微弱优势保住联邦参议院多数。美国再次进入"府院分立"时期。一般来说，共和党亲台的历史更悠久，亲台议员的比重也更大，共和党议员更喜欢炒作台湾问题，特别是在民主党执政时期。共和党控制众议院及"府院分立"的体制会强化国会打"台湾牌"的力度。美政府在 1994 年推出《对台政策评估》和 1996 年允许李登辉访问美国，便是在民主党总统执政而共和党控制众议院的"府院分立"时期。有些亲台议员在国会任要职，如有着强烈的反华亲台倾向的共和党古巴裔众议员伊利安娜·罗斯—莱赫蒂宁（Ileana Ros-Lehtinen），2011 年 1 月至 2012 年 11 月任众议院外委会主席。2011 年 1 月中国国家主席胡锦涛访美前夕，美国众议院"台湾连线"4 名共同主席联名致函奥巴马总统，要求在中美首脑会谈时，美国勿牺牲台湾利益。25 名联邦参议员也联名致函奥巴马总统，要求他在中美首脑会谈时，应关注台湾的安全利益。这些表明了美国会亲台势力活跃的程度。

2013 年 1 月，美国第 113 届国会正式宣誓就职。和上一届国会相比，尽管两党席位的数目有所变化，但是国会的基本格局未变。美国国会于 2013 年年底开始推动售台"佩里级"军舰，法案历经 13 个月完成立法程序。参议院于 2014 年 12 月 4 日正式通过法案，众议院于 12 月 10 日再行口头表决通过。

（三）美国军方和军工集团的影响

美国军工复合体（Military industrial complex）在美国台海两岸政策中有重要影响。军工复合体，又名"军工铁三角"，是由美国军队、军工企业和部分国会议员组成的庞大利益集团。美国军工复合体的主要目的是获取军工产品的巨额利润。这种巨额利润一方面来源于美国军队的军品采购，另一方面来源于向国外，包括向台湾出售武器。这个集团曾经高效地将权力、资本和技术集中，快速推进了美军的现代化和高技术化，但是目前已经走到了极端。由于美军希望有更先进的武器装备和更高的待遇，军工企业希望有更多的订单，国会议员希望其选区内的军工企业能提供更多的就业机会，以获得更多的选票。这些相互关联的利益需求，决定"军工铁三角"成为了一个靠军备竞争发财的特殊利益集团。1961 年，时任美国总统艾森豪威尔在向全国发表的著名的告别演说中就曾经提出要"谨防军事工业集团在政府的一些部门里取得不应有的影响"，并认为这种"不应有的权力的灾难性增长的可能性是存在的，并将持续存在下去"，而这将损害美国国家利益。①

但半个世纪过去了，美国军工铁三角这头"怪兽"仍然强大，而且打着"爱国""公众安全"等口号为其自身利益服务。2010 年 5 月 8 日，时任美国国防部长盖茨再次严厉批评"军工铁三角"，指责其为了拿到巨额订单，对美国所面临的安全威胁进行不实渲染。盖茨指出，"军工铁三角"过分夸大美国面临的威胁。"在美军已经拥有 3200 架各种战术飞机的情况下，我们是否应继续强化力量？当前美国拥有和在建的作战舰艇数量比其他 13 个海军大国的舰艇总数还要多，这是否意味着美国还处在危险当中？到 2020 年，美国拥有的先进隐形战斗机的数量是中国的 20 倍，中国是否将对美国构成直接的威胁？"通过这一连串的诘问，盖茨表达出对"军工铁三角"的强烈不满。盖茨表示，"军工铁三角"的危害之一在于催生了国防官僚主义，通过在国防各环节层层设卡，"铁三角"捞取更多油水。该利益集团已经渗透进美国军政界的方方面面，像前副总统切尼、前国防部长拉姆斯菲尔德都曾经在军火公司任职，盖茨本人当初能够进入前总统小布什的视野，也与"军工铁三角"的推荐有密切关联。② 要打破"铁三角"，意味着同整个美政坛为敌，其阻力可想而知。

美国很多大公司都承担政府的国防订货项目并对外销售武器。但美国最大的一百家工业公司的订货额只占它们销售总额的不到 10%。换句话说，"美国工业的大部分收入或销售都不靠战争或战争威胁"③。而且，"一般来说，美国企业对发动战争或制造不稳定的国际局势并不感兴趣。

① ［美］托马斯·R. 戴伊：《谁掌管美国》，张维等译，世界知识出版社 1985 年版，第 126 页。

② "Gates Criticize Military industrial complex," Report of Associated Press, May 15, 2010, available at: http://mil.news.sina.com.cn/2010—05—15/1042594131.html.

③ ［美］托马斯·R. 戴伊：《谁掌管美国》，第 127 页。

国防工业被认为是不稳定的企业——对工业公司来说，可能大赚其钱，也可能大亏其本。偏重军工生产的公司其价格与盈利的比例，要比生产民用品为主的公司小得多。更为重要的是，美国的大公司追求的是有计划的稳定增长，可靠的投资和有保证的利润。而战争会破坏这些条件。当宣布实现和平时，反映企业界人士愿望的股票市场会上涨，而不是下跌"。① 少数几家实力雄厚并与台湾有大宗军火买卖或企图向台湾地区出售大批武器的美国公司，非常依赖军事订单。其中最突出的是洛克希德—马丁公司、通用动力公司、诺思罗普飞机公司等。这些公司的军事合同销售额占总销售额的比率分别高达 88%、67%、61%。类似的公司还有向台湾地区出售"爱国者"导弹的美国雷神公司等。1992 年老布什总统宣布向台湾出售价值 60 亿美元的 150 架通用动力公司制造的 F—16A/B 型战斗机，既是出于大选需要和战略考虑，也是通用动力公司、洛克希德飞机公司对美国政府和国会，特别是对这些公司所在地得克萨斯州的国会议员和出生于该州的老布什本人进行游说的结果。这些军工企业多年来经过并购重组更加庞大。例如，通用动力公司的军用飞机业务（包括为台湾制造 F—16 战斗机的业务）1992 年被洛克希德飞机公司收购，洛克希德飞机公司 1995 年 3 月又与马丁—玛丽埃塔公司合并成立洛克希德—马丁公司，成为美国最大的军工企业。

近年来，为了实现巨额军工利润，美国军工复合体及其在美国政界、智库的代言人千方百计夸大中国大陆的军事实力，渲染所谓中国大陆对美国和台湾的军事威胁。即使盖茨担任国防部长，美国防部 2010 年 8 月向国会提交的《中国 2010 年军事与安全发展报告》仍认为："在过去 10 年的时间里，中国军事现代化的速度增快，范围也得到扩展，这使中国武装部队能够发展其他能力，并增加中国使用军队获得外交优势或以对自己有利的方式解决冲突的选择"，"中国其他的行动似乎旨在扩展解放军的兵力投射范围，尽管中国当前维持远距离兵力的能力依旧有限"。该报告提

---

① ［美］托马斯·R. 戴伊：《谁掌管美国》，第 128 页。

出："两岸军事力量平衡仍在朝对大陆有利的方向倾斜。"① 这实际上是在为向台湾出售武器制造根据。

(四) 美国对两岸关系和台湾岛内局势的评估

对两岸关系的评估是美国制定对台海政策的重要依据之一。奥巴马政府愿意用欢迎海峡两岸关系和平发展，来换取中国在其他一些领域的合作，而且这样做也符合美国的国家利益。美国防部负责亚洲及太平洋事务副助理国防部长迈克尔·希弗尔认为，北京的长远战略是运用政治、外交、经济、文化等手段谋求与台湾的统一，与此同时建立可靠的军事力量以便在事态向坏的方向发展时攻击台湾。只要大陆认为从长远看与台湾有统一的希望，就不会轻言使用武力，但北京坚信，保持可靠的军事威慑是促进两岸政治关系进步的重要条件。② 奥巴马政府认为："2009 年，两岸经济及文化交流继续取得重大进展。不过，尽管出现了这些积极趋势，中国大陆并未减少针对台湾地区的军事建设。当前，中国正在发展相关能力，以阻止台湾地区独立，或对台湾地区施加影响使其按照北京政府的条件解决该冲突。与此同时，中国也在努力阻止、延缓或否定美国在冲突中为台湾地区提供支持的任何可能。"③

同时，有美国智库专家认为，当前研究两岸关系必须看台湾内部。台湾内部现在分歧极大。民进党继续走极端路线，反对两岸改善关系，指责马英九放弃了太多的台湾"主权"。马英九为了 2012 年连任"总统"，一直试图在两岸关系改善与减少泛绿阵营反弹和反对方面保持平衡。

一些美国专家认为，两岸经济整合与两岸政治统一没有必然联系，在可预见的将来，两岸经济整合不可能导致两岸统一。美台商会会长韩儒伯

---

① Office of U. S. Secretary of Defense, "Military and Security Developments Involving the People's Republic of China 2010," Annual Report to Congress , August 19, 2010, available at: http: // www. airpower. au. af. mil.

② Michael Shiffer's Testimony before the U. S. -China Economic and Security Commission, March 18, 2010, available at: http: //www. uscc. gov/hearings/2010hearings/transcripts/10 _ 03 _ 18 _ trans/10_ 03_ 18_ final_ trans. pdf. p. 26.

③ Office of U. S. Secretary of Defense, "Military and Security Developments Involving the People's Republic of China 2010," Annual Report to Congress , August 19, 2010, available at: http: // www. airpower. au. af. mil.

认为，两岸经济依存加深并没有对台湾人有关台湾地位和身份的认同产生影响。在涉及两岸政治与军事议题上，马英九当局在岛内没有联盟的支持。民调显示，超过90%的台湾人赞成台湾维持现状，即事实上的独立。随着时间的流逝和1949年移居台湾的大陆人口的减少，台湾公众对蒋介石时代的记忆日益消退，相反，"台湾人"意识却日益增强，包括独特的文化、民主政府机制和法制。这就造成"希望与大陆统一的诉求"在台湾极弱，并且随着时间的推移越发减弱。[①] 美国有的专家甚至指出，随着两岸经济交往的日益加深，认为自己是台湾人的人数不减反增，而且台湾内部极少人支持统一。[②]

美国戴维森学院东亚政治教授和美国外交政策研究所高级研究员任雪莉（Shelley Rigger）提出，现在中国大陆一些人对两岸关系发展期望值过高，而实际上台湾民众并未做好准备。[③] 最近的民调显示，两岸民众的认知差距非常大。在大陆，52.3%的人认为台湾民众是（祖国）"（大）家庭成员"，而在台湾，53.6%的人认为中国人只是"生意伙伴"；在大陆，64.2%的人相信两岸将会统一；而在台湾，60%的人主张不改变现状，只有16.1%的人说两岸将会统一，8.9%的人说台湾将会独立。[④]

2015年12月，美国布鲁金斯学会东北亚政策研究中心主任卜睿哲（Richard C. Bush）认为："从1996年台湾选举开始，华盛顿就面临着两难境地。一方面，作为一个原则问题和实用性问题，对一个友好的民主政体，支持一名候选人而不支持另一个是不适当的，因为它必须与胜者打交道。另一方面，胜者的政策可能影响美国的利益。对这些利益保持沉默等于否认选民们可能会考虑与他们的选择有关的信息。美国处理这一困境的

---

① Rupert J. Hammond's Testimony before the U. S. -China Economic and Security Commission, March 18, 2010, available at: http: //www. uscc. gov/hearings/2010hearings/transcripts/10_03_18_ trans/10_03_18_final_ trans. pdf. pp. 12－14.

② Scott L. Kastner's Testimony before the U. S. -China Economic and Security Commission, March 18, 2010, available at: http: //www. uscc. gov/hearings/2010hearings/transcripts/10_03_18_ trans/10_03_18_final_ trans. pdf. p. 15.

③ Shelley Rigger, "Accentuating the Positive and Eliminating the Negative in Taipei, Washington and Beijing", available at: http: //www. fpri. org/pubs/Obama-Hu. Summit2011. rigger. pdf

④ 《台湾民调显示称两岸战争可能性低 处于缓和状态》, available at: http: //internal. dbw. cn/system/2010/09/11/052719437. shtml.

做法在每次台湾选举中有变化。"① 卜睿哲分析，北京对民进党可能胜选发出的警告，外界解读有三种情境：第一种是，北京采取战术措施，以期影响台湾舆论，甚至施压蔡英文来包容大陆。如果民进党上台，大陆可能对台湾施加代价，最有可能的是冻结两岸关系于目前的状况，不谈判新的协议，同时保留全盘的惩罚。第二种是，北京采取没有"九二共识"就没有两岸关系和平发展的"或取或舍"手法，做好充分准备对民进党执政施加短期成本，包括一系列惩罚措施。这将是一种战略而不只是战术。第三种是，大陆的警告只是"虚张声势"，并无意去实施。生活和两岸关系将照旧，台湾不会因为民进党胜选而招致代价。卜睿哲指出，如果发生第三种情境，美国将可能要回到"双重威慑"（dual deterrence）策略。他强调，美国不能从两岸竞争中完全撤出，因为美国的盟友和伙伴可能会将撤出解读为美国的安全承诺不再可靠。美国不能无条件地支持蔡英文的政策，因为这会产生"空头支票"动力的可能性，就像在陈水扁政府最后 6 年那样令美台关系复杂化。他提出，美国敦促各方行使克制和灵活性行为，并警告反对任何一方单方面改变现状的手法将继续有意义。②

2015 年 12 月 4 日，美国卡内基国际和平基金会副会长包道格（Douglas H. Paal）在评论习近平与马英九 11 月 7 日新加坡会面时说："既然蔡英文承诺维持海峡两岸现状，那么此次两岸领导人的会面等于给'现状'设置了非常高的标准。如果蔡英文当选且不再像马英九那样坚持'九二共识'，未来台海关系将迎来新基础，届时主动权将更多掌握在北京手里。通过此次与马英九会面，习近平展现出友善的一面，未来如果蔡英文没能妥善处理两岸关系，大陆方面将在与美国的交涉中占据有利地位。"③

（五）奥巴马政府亚太政策团队的组成

在奥巴马政府执政后的头两年半中，其亚洲政策团队以知华派为主，

① Richard C. Bush Ⅲ，"Taiwan's January 2016 elections and their implications for relations with China and the United States"，"Asia Working Group Paper 1，Order from Chaos：Foreign Policy in a Troubled World"，http：//www. brookings. edu/ – /media/research/files/papers/2015/12/taiwan-elections-china-us-implications-bush/taiwan-elections-china-us-implications-bush-final. pdf.

② Ibid. .

③ Douglas H. Paal，"Taiwan and Mainland Leaders Meet for First Time"，November 4，2015，http：//carnegieendowment. org/2015/11/04/taiwan-and-mainland-leaders-meet-for-first-time/il16.

对台海两岸事务较为熟悉。其中有一些知华派担任与制定及执行台海两岸政策有关的要职，其中包括：常务副国务卿詹姆斯·斯坦伯格（James B. Steinberg）、国家安全委员会亚太事务资深主任贝德（Jeffery Bader）、负责东亚与太平洋地区安全的副助理国防部长迈克尔·希弗（Michael Schiffer）和米德伟（Derek J. Mitchell）、国家安全委员会亚太事务主任麦艾文（Evan Medeiros）等人。这些知华派人士对台海两岸事务比较熟悉，有助于奥巴马政府避免在两岸政策方面走较大弯路。

2011 年上半年起，奥巴马政府政策团队进行较大调整。詹姆斯·斯坦伯格和贝德相继离任。

2013 年 5 月接替坎贝尔（Kurt Campbell）任负责东亚与太平洋地区助理国务卿拉塞尔（Daniel Russel）与前任一样是日本问题专家。拉塞尔是奥巴马总统的亲密助手，自 2011 年以来，拉塞尔担任总统特别助理和国家安全委员会亚洲事务高级主管，帮助奥巴马政府充实其将外交重心转向亚太的政策。拉塞尔 1985 年进入美国国务院驻外事务处，曾在国务院主管日本事务，担任过美国驻日本大阪—神户总领事等职务。2009 年至2011 年，他在白宫国家安全委员会主管日本、韩国和朝鲜事务。在专注于整个亚洲事务的同时，拉塞尔花了大量时间研究日本。与前任东亚事务助理国务卿坎贝尔比起来，拉塞尔被认为在言论上较为温和。但他对台海两岸事务并不十分熟悉。

麦艾文接替拉塞尔任国家安全委员会亚太资深事务主任，他对台海两岸事务比较熟悉，但于 2015 年 6 月辞职。接替他的是美国驻华大使馆公使康达（Daniel Kritenbrink）。康达 1994 年进入美国国务院，曾两次在日本东京的美国大使馆常驻。但过去 10 年中大部分时间都在从事与中国有关的工作。康达会汉语和日语两门外语，他的妻子奈美是日裔美国人。康达是从对日外交起家的职业外交官，熟悉日本，相对亲日。美日同盟是美国亚太"再平衡"战略的重要支点，选择康达作为亚洲政策高参，符合奥巴马政府眼下加强美日关系的政策倾向。康达 2009 年至 2011 年曾在美国国务院担任中国和蒙古国事务办公室主任，其中 4 个月担任分管东亚和太平洋事务的代理副助理国务卿。因此康达对台海两岸事务也比较熟悉。

至此，奥巴马政府主管东亚事务的两个主要官员东亚与太平洋地区助理国务卿拉塞尔和国家安全委员会亚太资深事务主任康达都是知日派人士，虽然康达对中国事务也较为熟悉。这些将对奥巴马政府亚太政策的制定产生影响。

三　美国因素对两岸关系前景的影响

（一）美国积极看待台海两岸缓和关系，有助于中美关系稳定和发展，但美国现在并不愿意看到两岸谈统一

奥巴马政府对台海两岸恢复制度化协商、实现直接"三通"（通邮、通商、通航）、签署《海峡两岸经济合作框架协议》，持欢迎态度。这有助于中美关系和两岸关系的健康发展。但是美国也担心两岸关系发展超出美国的预期。

奥巴马政府执政后，中美关系高开低走再升高，呈现 V 字形。在 2010 年中美关系低潮时，奥巴马政府并未将美国"重返亚洲"战略与其对台政策紧密互动，大陆也未因美国售台武器而改变对台政策，因此中美关系这段时间的低潮未对两岸关系产生重大负面影响。

从历史上看，当两岸关系有较大发展时，美国曾调整对台政策，从而对中美关系与两岸关系都造成严重负面冲击。20 世纪 90 年代初，美国企图提升美台关系层级，并允许李登辉访美，就是一个例子。今后美国是否会重蹈覆辙，值得观察。

蔡英文胜选对台海两岸关系带来冲击，奥巴马政府现在也对此考虑应对措施。

（二）美国希望维持其在台海地区的主导地位，这促使马英九在台美关系与两岸关系之间寻求平衡，在某些两岸关系问题上有可能屈服于美国和民进党的压力

长期以来，美国在大部分时间里在两岸关系中占有主导地位。为了继续保持这种主导地位，美国不希望两岸关系发展超出其预期和掌控。而美国在两岸关系问题上，则既可以直接向马英九施加影响，也可以通过绿营间接向马英九施加压力。但美国如果做得过头，将给中美关系带来负面影响。

马英九希望在改善两岸关系与避免美国担心之间保持平衡，也希望在改善两岸关系与避免绿营强烈反对之间保持平衡。这使马英九的对大陆政策有一定的摇摆性，在某些改善两岸关系的问题上甚至有可能屈服于美国和民进党的压力。例如，有美国专家担心两岸的政治谈判可能成为和平统一的谈判，[①] 民进党则攻击马英九"卖台"，因此马英九在两岸政治谈判开始的时间问题上持谨慎态度。

（三）美国对台军售将对中美关系带来负面影响

小布什政府由于担心中国方面的强烈反应，并未做出向台湾地区出售F—16C/D 战斗机的决定。在对台军售问题上，奥巴马表示，他继续提供台湾"吓阻可能遭受的侵略"所需的武器。[②] 但奥巴马政府在售台武器方式上比较谨慎，采取减少每批数量的方法，但不停止售台武器。

据报道，美国国防部门已经完成了对台湾空军的战力评估，认为在两岸军力平衡向大陆倾斜的情况下，有必要售台 F–16C/D 战斗机，但奥巴马政府内部并未对相关的时程安排达成一致意见。在 2011 年 1 月中国试飞"歼—20"战斗机后，美国亲台派人士要求向台出售 F—35 战斗机的呼声在上升。[③] 但奥巴马担心损害美中关系，以及先进战机技术落入中国大陆手中，台湾也没有足够购机经费，因此奥巴马政府一直未就售台先进战斗机做出决定。

（四）美国与台湾商签自由贸易协议如涉及中国主权问题，将对中美政治关系带来冲击

美国一些政界人士和专家认为，美台签署自由贸易协议（FTA）只涉及双方经贸关系，并不违反美国"一个中国"政策。2010 年 6 月，美国史汀生中心研究员容安澜（Alan Romberg）提出，台湾在与其他国家洽签自由贸易协议时，应技巧地避开带有主权的意涵，否则中国必定会施压反

---

① William Lowther, "Taiwan not briefing US: Glaser", *Taipei Times*, December 10, 2010, available at: http://www.taipeitimes.com/News/front/archives/2010/12/10/2003490551.

② Arthur Waldron, "Letter from Taiwan: Taipei and the New, Assertive China", *China Brief*, Volume 10, Issue 21, October 22, 2010, available at: http://www.jamestown.org/programs/chinabrief/single/? tx_ ttnews%5Btt_ news%5D.

③ "Taiwan Seeks to Move U.S. on Arms Sales", April 13, 2011, available at: http://www.china-defense-mashup.com/taiwan-seeks-to-move-us-on-arms-sales.html.

对。只要不涉及主权问题，台湾是有机会和其他国家签署自由贸易协议
的。① 今后美国很可能寻找适当时机开始美台自由贸易协议谈判，并将签
署这一协议作为对台政策目标之一。2015 年 10 月 5 日，美国、日本、澳
大利亚等 12 个国家结束"跨太平洋战略经济伙伴关系协定"（TPP）谈
判，达成 TPP 贸易协定。如果"跨太平洋战略经济伙伴关系协定"生效，
美国也会想把台湾拉入该机制之中。

2010 年 4 月底，马英九在和驻台湾外国记者联谊会座谈时说，一旦
两岸签署《海峡两岸经济合作框架协议》，他会立即提升自由贸易协议工
作小组的层级，由他亲自担任召集人，与台湾的主要贸易伙伴洽签自由贸
易协定。② 2010 年 6 月 2 日，台湾陆委会说，签订自由贸易协定是台湾身
为世界贸易组织一员的权利，中国大陆不应加以阻挠。③

《海峡两岸经济合作框架协议》是两岸之间单纯的经济协议，而如果
台湾地区和外国签署自由贸易协议，包括"跨太平洋战略经济伙伴关系"
（TPP），将涉及台湾国际空间问题，有一定的敏感性和复杂性。所有跟大
陆有邦交的国家，尽管形式不同，但都公开承诺奉行"一个中国"政策，
并据此跟台湾展开经贸交往，这是客观的国际政治现实。只要台海两岸保
持良性互动，不断增进互信，双方就可以在台湾与其他国家商签自由贸易
协议方面找到切实可行的解决之道。

**（五）　美国在推动台湾扩大国际空间方面如违反"一个中国"原则，
将对中美关系产生不利影响**

奥巴马政府现在实际上支持台湾以"世界贸易组织模式""亚洲开发
银行模式"或"亚太经合组织模式"参与国际组织，其中包括以主权国
家为会员资格的国际组织。如果台湾在未与大陆协商的情况下，以这些模
式参与"世界卫生组织"或"国际民用航空组织"或"国际气象组织"，
则会对中美关系和两岸关系造成不利影响。

---

①　Alan D. Romberg, Comments on ECFA, the Cross-strait Economic Agreement, June 30,
2010, http://www.stimson.org/summaries/alan-d-romberg-comments-on-ecfa-the-cross-strait-economic-
agreement/.

②　《马英九与驻台湾外国记者联谊会座谈》，《联合报》2010 年 5 月 1 日。

③　《陆委会谈台湾与外国签订自由贸易协定》，《联合报》2010 年 6 月 3 日。

结 语

美国政府一直是从全球战略和对华战略的角度来制定和推行其对台政策和两岸政策。2015 年 2 月 6 日，美国白宫发布最新国家安全战略报告，奥巴马总统在报告中宣布，美国将继续推进"亚太再平衡"战略。但报告也说，美国欢迎"一个稳定、和平与繁荣的中国崛起"，寻求同中国建立"建设性"关系。报告写道，尽管美中之间有竞争，但美方不接受双方必然走向对抗的说法。与此同时，美方将从"实力的立场"出发来管控美中竞争，要求中方在海洋安全、贸易和人权等议题上遵守国际准则。美方将"密切监控"中国军事现代化进程以及在亚洲扩大存在的相关动向，同时想办法降低出现误解、误判的风险。①

在 2010 年白宫发布的国家安全战略报告中，美国呼吁将合作对象从传统盟友扩展至中国、印度等新兴大国；表示将继续寻求与中国建立"积极合作全面的"关系，欢迎中国与美国及国际社会一道，在推进经济复苏、应对气候变化与核不扩散等优先议题中担当起负责任的领导者角色。对比这两份报告，美方对美中关系的评述有所不同，对中国的戒备感加强。这将对奥巴马政府台海两岸政策产生一定的影响，同时该政策将继续受到美国国内其他多种因素的影响。尽管奥巴马政府台海两岸政策有一定的稳定性，但仍存在变数。

（夏立平：同济大学教授、同济大学国际与公共事务研究院院长、教育部国家领土主权与海洋权益协同创新中心学术委员会委员）

---

① http：//www. whitehouse. gov/blog/2015/02/06/presidents-obamas-national-security-strategy-2015-strong-and-sustainable-american-le.

奥巴马政府南海政策解读[*]

韦宗友

【内容提要】 奥巴马政府的南海政策日益朝着"积极干预"和"选边站"立场转移，给中美关系及南海问题的解决增添了新变数。奥巴马政府在南海问题上日益积极的干预立场与举措，不仅折射出美国对中国战略意图和海洋抱负与日俱增的忧虑，也反映出美国维护亚太领导权、安抚亚太盟友及维护其海洋霸权的战略决心与考量。中国需要综合平衡各种利害关系，妥善应对南海困局。

【关键词】 中美关系 南海争端 美国南海政策

自 2010 年奥巴马政府高调、积极介入南海争端以来，南海问题逐渐演化为东亚地区热点问题和影响中美关系大局的一个重要负面因素。尽管奥巴马政府一再宣称其南海政策遵循了美国政府在南海问题上的一贯立场，但实际上奥巴马执政时期的南海政策，无论是战略考量、政策取向，还是应对举措，都发生了一些显著的新变化。这些新考量和新举措，不仅在某种程度上激化了南海争端，也给中美关系的健康发展投下了阴影。

一 美国在南海地区的"利益"与政策立场：延续与变化

美国不是东亚国家，更不是南海争端的当事方，但冷战结束后，美国

---

* 本文系笔者主持的国家社科基金一般项目"美国印太地区安全布局困境及中国应对之策研究"（项目批准号：14BGJ049）的阶段性成果，也是复旦大学中美新型大国关系协同创新中心的研究成果。

政府逐渐改变了冷战时期对于南海争端相对超脱的"中立"和"不介入"立场，向积极介入和干预立场转变。[①] 1995 年 5 月 10 日，正值中国和菲律宾在美济礁发生对峙期间，美国国务院发布了冷战后美国第一份关于南海问题的官方政策声明，表达了美国对南海问题的关注和美国在南海地区的利益主张。声明指出，美国对南海地区单方面的行为和紧张局势升级感到担忧，强烈反对使用武力或威胁使用武力解决南海争端，敦促各方保持克制，避免采取导致局势不稳定的行动。声明宣称："美国在维护南海和平与稳定方面拥有始终不变的利益，呼吁有领土要求的各方加强外交努力，考虑各当事方利益，以解决相互竞争的领土主张，有利于地区的和平与繁荣。美国愿意以有领土要求的国家认为有帮助的任何方式给予帮助。"声明进一步指出，"维护航行自由是美国的根本利益。所有船只和飞机在南海不受阻挠的航行和飞越对于包括美国在内的亚太地区的和平与繁荣至关重要。美国对各方竞争性的南海岛礁主权要求的法律优劣不持立场，但是美国对于任何不符合国际法，包括不符合 1982 年国际海洋法公约的海洋宣示或对在南海地区海洋活动的限制都将表示严重关注"[②]。

这一政策宣示涵盖了此后美国在南海问题上的基本政策主张和利益诉求：第一，反对单方面导致南海局势紧张的行为；第二，反对以武力或武力威胁解决南海问题；第三，呼吁争端各方以外交方式解决南海争端；第四，美国在维护南海和平、稳定及飞越和航行自由方面拥有利益；第五，美国对争议各方在南海岛礁的主权要求不持立场；第六，美国对任何不符合国际法，包括不符合 1982 年国际海洋法公约的海洋宣示和行为表示关注；第七，美国愿意对南海争端提供帮助。这一政策宣示也表明，尽管美国对南海岛礁的主权要求不持立场，但对于不符合国

---

① 鞠海龙：《美国南海政策的历史分析：基于美国外交、国家安全档案相关南海问题文件的解读》，《学术研究》2015 年第 6 期，第 106—114 页；周琪：《冷战后美国南海政策的演变及其根源》，《世界经济与政治》2014 年第 6 期，第 23—44 页；信强：《"五不"政策：美国南海政策解读》，《美国研究》2014 年第 6 期，第 51—68 页。

② Christine Shelly, "US Policy on Spratly Islands and South China Sea," U. S. Department of State Daily Press Briefing, May 10, 1995, http：//dosfan. lib. uic. edu/ERC/briefing/daily _ briefings/1995/9505/950510db. html，登录时间：2015 年 4 月 20 日。

际法，包括国际海洋法的南海海洋主张和限制表示关注，这为后来奥巴马政府公开质疑中国"九段线"主张埋下了伏笔；同时，美国愿意对南海争端提供帮助，也为美国日后积极介入和干预南海问题预留了政策空间。

15 年后，美国国务卿希拉里·克林顿借出席东盟地区论坛之机，于 2010 年 7 月，高调宣布美国在南海地区的利益与政策立场。她指出，"如同任何国家一样，美国在南海航行自由、亚洲海洋公域的开放进入及尊重国际法拥有国家利益"。这些利益不仅美国及东盟成员国应该享有，"其他海洋国家及更广泛的国际社会也享有"。

希拉里指出，美国"反对任何声索方使用或威胁使用武力。美国对于南海岛礁的竞争性领土争端不持立场，但是认为声索方的领土主张及相伴随的海洋空间权益诉求应该符合联合国海洋法公约。根据国际习惯法，陆地地貌应该是南海海洋空间合法主张的唯一来源"。美国支持 2002 年东盟与中国达成的南海各方行为宣言，鼓励各方就全面的行为准则达成协议。"美国准备促进与宣言相符的倡议和信任构建措施，因为在合法情况下不受阻碍的商业活动符合声索各方及更广泛的国际社会的利益。尊重国际社会利益及负责任地处理这些悬而未决的领土主张有助于创造解决这些分歧及降低地区紧张局势的条件。"①

表面上看，希拉里关于南海问题的发言似乎与 1995 年的政策声明没有多少变化，但结合希拉里这番表态时南海争端的新发展及美国的亚太新战略，可以发现奥巴马政府在南海问题立场上的微妙变化。

首先，对中国"九段线"主张的隐含质疑。2009 年 5 月 6 日，马来西亚和越南向联合国大陆架界限委员会提交了 200 海里外大陆架划界案，将中国在西沙和南沙的部分或全部岛礁划入其大陆架范围。② 同年 2 月，

---

① Hillary R. Clinton, Secretary of State, Remarks at National Convention Center, Hanoi, Vietnam, July 23, 2010, http://www.state.gov/secretary/20092013clinton/rm/2010/07/145095.htm, 登录时间：2013 年 3 月 12 日。

② 宋燕辉：《中菲南海仲裁案：有关低潮高地、岩礁和岛屿的主张》，《中国海洋法学评论》2015 年第 1 期，第 296 页。

菲律宾国会通过领海基线法案，将中国的黄岩岛和南沙群岛部分岛礁划为菲律宾领土。① 面对越、马、菲对中国南海主权及海洋权益的非法主张，中国常驻联合国代表团于 5 月 7 日向联合国秘书长潘基文提交了照会，指出中国对南海诸岛及其附近海域拥有无可争辩的主权，对相关海域及其海床和底土享有主权权利和管辖权，指出越南等国的南海主张严重侵害了中国在南海的主权、主权权利和管辖权。照会同时还附属了一幅中国关于南海"九段线"主张的地图，这是中国政府时隔几十年后向国际社会提交"九段线"地图及提出"九段线"主张，② 也引起部分国家对中国南海主张的疑惑。希拉里关于"声索方的领土主张及相伴随的海洋空间权益诉求应该符合联合国海洋法公约""陆地地貌应该是南海海洋空间合法主张的唯一来源"的主张，实际上是对中国"九段线"主张的隐含质疑和间接批评，暗示中国"九段线"主张不符合联合国海洋法的相关规定。同时，对于南海主权争议的表态，希拉里的措辞与 1995 年的政策声明也有微妙变化，即不再提"美国对各方竞争性的南海岛礁主权要求的法律优劣不持立场"，而是改为"美国对于南海岛礁的竞争性领土争端不持立场"，也有质疑中国"九段线"主张的含义。

其次，对中国"阻碍"美国南海航行自由的不满。2009 年上半年，中美两国在中国南海及黄海专属经济区内发生多起船只对峙事件，特别是 3 月份中美两国船只在距离中国海南岛 120 公里处的海上对峙事件（"无暇号事件"）被国际媒体炒得沸沸扬扬，引起美国对于南海"航行自由的

---

① 《外交部紧急召见菲驻华使馆临时代办就菲通过"领海基线法案"提出严正抗议》，中国外交部网站，2009 年 2 月 19 日，http://www.fmprc.gov.cn/mfa_chn/wjbxw_602253/t537943.shtml，登录时间：2015 年 7 月 12 日。

② 中国于 1947 年首次发行标示南海区域的"十一段线"地图，1953 年中国政府出于中越友好关系考虑，将地图上位于北部湾的两段线划去，成为"九段线"，这也是"九段线"地图首次在中国大陆发行。See Zhiguo Gao and Bing BingJia, "The Nine-Dash Line in the South China Sea: History, Status, and Implications," *The American Journal of International Law*, Vol. 107, No. 98, 2013, pp. 101-103; People's Republic of China, Letter to the U. N. Secretary General, Doc. CML/17/2009, 7 May 2009, http://www.un.org/Depts/los/clcs_new/submissions_files/mysvnm33_09/chn_2009re_mys_vnm_e.pdf，登录时间：2013 年 3 月 13 日。

担忧"。[①] 此外，美日媒体报道，2010 年上半年中国政府相关官员在与美方官员交谈时提到"南海地区涉及中国国家核心利益"，引起美国政府的高度警觉，担心中国在维护南海权益方面正在变得日益强硬。希拉里关于美国在南海航行自由拥有国家利益的宣称，被认为是对中国关于"核心利益"及专属经济区军事侦察活动限制的直接回应。[②] 尽管 1995 年的美国国务院政策声明也提到了航行自由，但只是原则性声明，当时美国并没有认为中国妨碍其南海航行自由，也并非针对中国。[③]

再次，推动南海问题的多边化与国际化。与 1995 年相比，希拉里的发言更多强调国际社会（而不仅仅是美国）在"航行自由"和"不受阻碍的商业活动"方面拥有的利益，同时极力推动南海问题的东盟化和国际化，支持东盟作为一个整体与中国就南海问题进行谈判磋商，并达成南海行为准则。

最后，将南海问题纳入亚太再平衡战略框架中。相对于以前的美国东亚战略，奥巴马亚太再平衡战略在战略空间上明显向南移动，关注从西太平洋到印度洋的弧形地带（印太地区）。位于印太两洋通道的南海被赋予重要战略地位，也是美国对中国进行战略牵制、平衡中国地区影响力的重要抓手。希拉里在南海问题上的高调表态，是奥巴马政府实施亚太再平衡战略、平衡中国影响力的重要举措之一。[④]

随着南海问题持续升温，奥巴马政府在南海问题上的立场也更明确地针对中国，日益体现出"选边站"和"积极干预"倾向。2012 年 8 月 3 日，美国国务院发表了冷战后第二份关于南海问题的政策声明，也是奥巴

---

① Scot Marciel, Deputy Assistant Secretary, Bureau of East Asian & Pacific Affairs, U. S. Department of State, Testimony before the Subcommittee on East Asian and Pacific Affairs, Committee on Foreign Relations, United States Senate, "Maritime Issues and Sovereignty Disputes in East Asia", July 15, 2009, p. 5；周琪：《冷战后美国南海政策的演变及其根源》，第 33—34 页。

② Dustin E. Wallace, "An Analysis of Chinese Maritime Claims in the South China Sea", *Naval Law Review*, Vol. 63, No. 128, 2014, pp. 132—135.

③ James B. Foley, "China's Military Building-up in South China Sea", US Department of State Daily Press Briefing, February 11, 1999, http：//1997—2001. state. gov/www/briefings/9902/990211db. html, 登录时间：2014 年 4 月 4 日；周琪：《冷战后美国南海政策的演变及其根源》，第 31 页。

④ 时永明：《美国的南海政策：目标与战略》，《南洋问题研究》2015 年第 1 期，第 5—6 页。

马政府首次就南海问题专门发表的政策声明。声明强调，作为太平洋国家，美国在维护南海地区的和平与稳定、尊重国际法、航行自由及不受阻碍的合法商业方面拥有国家利益。声明对中国政府决定建立三沙市、在南海争议地区派驻新的驻军进行公开批评，认为这些举措与解决分歧的合作性外交努力背道而驰，增加了地区紧张局势的风险，但对此前越南和菲律宾在南海问题上的挑衅和单方面行动不置可否，立场明显偏袒。声明还敦促中国与东盟加快南海行为准则谈判，尽早达成协议。值得注意的是，声明还首次提出鼓励声索方探索解决南海争端的一切可能的外交及和平渠道，包括在需要时借助仲裁或其他国际法律机制。[①] 而就在同年 4 月 26 日，菲律宾外交部向中国驻马尼拉大使馆发出照会，邀请中国将双方在南海的争议提交国际海洋法法庭或国际海洋法公约下的其他争端解决机制，受到中国的严词拒绝。[②] 美国国务院的这份南海政策声明可以视为对菲律宾仲裁主张的间接回应和支持。

2014 年 2 月 5 日，国务院负责东亚与太平洋事务助理国务卿丹尼尔·罗塞尔（Daniel Russel）在出席众议院外交事务委员会亚太小组委员会听证会时，进一步阐释了美国在南海问题上的政策立场，并首次对中国的 "九段线" 做出官方回应。罗塞尔说，捍卫海上自由一直是美国的外交政策，"我们在维护东海及南海和平与稳定，尊重国际法，不受阻碍的合法商业及航行与飞越自由方面拥有国家利益"。他同时对美国关于东海及南海岛礁主权纠纷不持立场的含义进行了澄清：第一，美国对涉及任何海洋权益声索的行为立场鲜明，即反对在主张领土要求时使用恫吓、强制或武力；第二，我们强烈认为海洋声索必须与国际法相一致，即所有海洋主张必须源于陆地地貌或与国际海洋法相一致，而那些不是从陆地地貌延伸的海洋主张具有根本性缺陷。

罗塞尔宣称，中国模糊不清的南海主张在该地区产生了不确定、不安全和不稳定。"我想强调的是，……中国利用 '九段线' 宣称的任何非源

---

① Patrick Ventrell, Acting Deputy Spokesperson, Office of Press Relations, US Department of State, "South China Sea", Press Statement, Washington, DC, August 3, 2012, http：//www. state. gov/r/pa/prs/ps/2012/08/196022. htm，登录时间：2014 年 5 月 3 日。

② 宋燕辉：《中菲南海仲裁案：有关低潮高地、岩礁和岛屿的主张》，《中国海洋法学评论》2015 年第 1 期，第 300 页。

于陆地地貌的海洋权益都将不符合国际法。国际社会欢迎中国澄清或调整其九段线主张，使之与国际海洋法相一致。"美国支持与此相关的外交和政治努力，包括诉诸国际仲裁的努力。①

12 月 5 日，美国国务院首次发表针对中国南海海洋主张的官方研究报告《海洋界限：中国南海海洋主张》。报告宣称，中国迄今为止没有按照国际法对其"九段线"地图的海洋主张进行澄清，认为中国的法律、宣示、官方行为和声明对于中国南海主张的性质和范围彼此矛盾，对于"九段线"的含义至少存在三种不同的理解：一是对"九段线"之内的岛屿及联合国海洋法公约规定的岛屿毗邻海洋区域拥有主权；二是将"九段线"视为国家疆界线；三是将"九段线"视为各种历史性海洋主张的分界线。报告在对这三种理解的国际法基础进行逐条分析后认为，"除非中国澄清其'九段线'主张只是针对线内的岛屿及国际海洋法（如联合国海洋法公约）规定的岛屿海洋区域，否则中国'九段线'的主张就不符合国际海洋法的规定"。② 这是美国政府在官方报告中对中国的"九段线"主张作出明确的否定性评价。

二 奥巴马政府在南海问题上的新举措

奥巴马政府对南海问题的立场和利益考量的变化，不可避免地影响其南海应对举措，日益朝着积极干预和选边站的方向演进。具体来说，奥巴马的南海政策新举措主要包括以下几个方面。

第一，加大对南海问题的外交关注力度。自 2010 年希拉里国务卿在东盟地区论坛公然声称美国在南海拥有"国家利益"以来，美国政府利用各种外交和公共场合，表达对南海问题的"关注"。一是利用国务院的

① Daniel R. Russel, Assistant Secretary, Bureau of East Asian and Pacific Affairs, Testimony Before the House Committee on Foreign Affairs Subcommittee on Asia and the Pacific, "Maritime Disputes in East Asia", Washington DC, February 5, 2014, http://www.state.gov/p/eap/rls/rm/2014/02/221293.htm, 登录时间：2014 年 4 月 23 日。

② United States Department of State, Bureau of Oceans and International Environmental and Scientific Affairs, *Limits in the Seas*, No. 143, *China：Maritime Claims in the South China Sea*, December 5, 2014, pp. 23—24.

每日新闻发布会，传播美国对南海问题的政策立场和态度，放大南海问题，塑造有利于美国政策立场的舆论环境。据统计，2010—2014 年间，在美国国务院的每日新闻发布会中，涉及南海议题的多达 60 场，并呈现逐年上升趋势。2010 年仅 2 场，2014 年则跃升至 28 场。2015 年 1—7 月，涉及南海议题的发布会更是高达 20 场，差不多每月 3 场。通过这些高频度的新闻发布会，美国政府将其对于南海问题的态度和立场，通过国际媒体迅速向国际社会传播，扩大了美国在南海问题上的外交和舆论影响力。[①] 二是通过政府高级官员的发言、表态及发布关于南海问题的官方文件，提升对南海问题的外交关注度。奥巴马政府先后在 2014 年 8 月和 11 月，发布了两份关于南海问题的官方文件，全面阐释美国政府对南海问题的态度和政策立场，并具体针对中国提出的"九段线"主张逐条分析，提出质疑。此外，包括国务卿、国防部长及负责亚太事务的助理国务卿在内的美国政府官员在各种不同国际国内场合阐释美国对南海问题的政策主张，或对中国的南海主张和行为进行批评。三是利用东盟地区论坛、东亚峰会、香格里拉安全对话会、亚太经合组织会议、七国集团峰会等各种多边论坛，"热炒"南海问题，借助多边舞台向中国施压。

第二，积极推动南海问题的国际化与多边化。南海问题本质上是中国与越南、菲律宾等国之间的双边海洋纠纷，但自 2010 年以来，美国政府一直积极鼓动南海问题的多边化和国际化。在美国看来，越南、菲律宾等南海声索国与中国存在严重的权力不对称，如果与中国一对一谈判，很容易被中国各个击破，无法有效捍卫其海洋权益。[②] 美国鼓动南海问题国际化及多边化的努力主要体现在三个方面。一是推动在东盟、东盟地区论坛、东亚峰会、七国集团等地区及全球性多边组织框架下讨论南海问题。[③] 二是鼓励东盟在南海问题上统一口径，以一个声音说话，与中国谈判南海问题。美国政府多次敦促中国尽快与东盟就南海问题行动宣言的后

---

① 具体数据由笔者通过对美国国务院网站 2010—2015 年（截至 7 月）每日新闻发布的文本搜索统计得来。

② Donald K. Emmerson，"China Challenges Philippines in the South China Sea"，*East Asia Forum*，March 18，2014.

③ Ely Ratner，*A Summer Calendar for Advancing U. S. Policy toward the South China Sea*，Center for a NewAmerican Security，May 2014，pp. 1—9.

续落实问题进行谈判，尽早达成具有约束力的南海问题行为准则，为此设置最后日期，甚至推动东盟单独就南海问题行为准则达成协定，借此向中国施压。[1] 三是鼓动日本、澳大利亚、印度，甚至欧盟等与南海问题无关的域内外国家关注南海问题，强调它们在南海航行和飞越自由上的共同利益。美国还敦促东盟国家在南海地区进行联合海上巡逻，支持日本在南海地区进行海上巡逻，[2] 试图在南海问题上形成"域内国家联合，域内外国家联动"的"统一战线"效应。

第三，鼓励声索方采取法律行动。美国国务院在 2012 年 8 月发表的针对南海问题的政策声明中，首次透露出鼓励声索方诉诸国际仲裁或其他国际法律机制来解决南海争端的政策意向。2013 年 1 月菲律宾政府正式将南海争端诉诸国际仲裁后，美国政府通过多种方式对菲律宾诉诸仲裁的行为进行支持。如美国国务院在 2014 年 12 月发表的质疑中国九段线主张的研究报告，罗塞尔在国会听证会上对中国"九段线"主张的公开质疑以及其他政府官员在各种场合对菲律宾将南海问题诉诸国际仲裁的支持。与此同时，一些智库研究人员还敦促政府在必要时推动越南采取类似的法律行动，与中国打"法律战"。[3]

第四，向越南、菲律宾等国提供军事援助，提升其海上能力。鉴于菲律宾、越南等与中国存在海洋纠纷的东盟国家的海洋执法和海上军事力量与中国差距悬殊，美国将提升它们的海上军事能力和执法能力作为支持的重中之重。2013 年，国务卿克里宣布向菲律宾提供 4000 万美元军事援助，用于提高菲律宾的海上安全及海洋态势感知能力，[4] 向东南亚地区追加 3250 万美元军事援助促进海上军事能力建设，其中向越南提供 1800 万

---

[1]　Bonnie S. Glaser, "Conflict in the South China Sea", *Council on Foreign Relations*, April 2015, pp. 1—4.

[2]　Sam LaGrone, "U. S. 7th Fleet CO: Japanese Patrols of South China Sea 'Makes Sense'", *USNI News*, January 29, 2015; Sam LaGrone, "U. S. 7th Fleet Would Support ASEAN South China Sea Patrols'", *USNI News*, March 20, 2015.

[3]　Patrick M. Cronin, "US Should Help Vietnam Counter China's Coercion", *Asia Pacific Bulletin*, pp. 1—2, No. 269, June 26, 2014.

[4]　John Kerry, Secretary of State, Remarks With Philippine Foreign Secretary Albert del Rosario, Manila, Philippines, December 17, 2013, http: //www. state. gov/secretary/remarks/2013/12/2183 5. htm, 登录时间: 2013 年 12 月 29 日。

美元。在接下来两年里向该地区提供超过 1.56 亿美元的地区海上能力建设军事援助。① 在总统 2016 财年的拨款请求中，针对东亚及太平洋地区的外援总额为 8.456 亿美元，用于实施再平衡战略的五大领域：加强地区安全合作，特别是海上安全；促进包容性的经济增长和贸易；促进民主发展；增强地区制度与论坛；解决东南亚及太平洋地区的战争遗留问题。其中 6400 万美元用于建设东南亚国家的海洋态势感知能力和海上执法能力，其中菲律宾、越南和印度尼西亚是主要受援国。② 2015 年，美国参议院军事委员会提交的 2016 财年国防授权法案中，提出拨款 5000 万美元用于向东南亚国家提供装备、设施和训练，建设其海洋态势感知能力，解决南海地区日益增长的海洋主权挑战。在 2015 年的香格里拉安全对话会上，美国国防部长卡特（Ash Carter）宣布一项为期五年的东南亚海洋安全倡议，向东南亚国家提供 4.25 亿美元的援助以提升东南亚国家的海洋能力。③

第五，通过在南海地区执行"航行自由"行动和进行军演，向中国施压和"威慑"，直接干预南海问题。美国一直宣称有权在他国的专属经济区内进行军事侦察和情报收集活动，美国所谓的维护南海航行自由更多是涉及这方面的航行和飞越自由，而不仅仅指商业航行自由，中美两国在这一问题上存在根本性分歧。④ 美国不顾中国多次抗议和反对，也无视中美两国因美国的抵近侦察而发生的多起海空摩擦，甚至意外事故，坚持在中国专属经济区内对中国进行抵近军事侦察。美国将这一行动冠名为维护

---

① Michael Fuchs, Deputy Assistant Secretary, Bureau of East Asian and Pacific Affairs, Remarks at Fourth Annual South China Sea Conference, Center for Strategic and International Studies, Washington, DC, July 11, 2014, http://www.state.gov/p/eap/rls/rm/2014/07/229129.htm, 登录时间：2014 年 8 月 2 日；Puneet Talwar, Assistant Secretary, Bureau of Political-Military Affairs, Remarks at The U. S. -Vietnam Relationship: Advancing Peace and Prosperity in 2015, Diplomatic Academy of Vietnam, Hanoi, Vietnam, January 23, 2015, http://www.state.gov/t/pm/rls/rm/2015/236213.htm, 登录时间：2015 年 2 月 21 日。

② Daniel R. Russel, Assistant Secretary, Bureau of East Asian and Pacific Affairs, Testimony Before the House Foreign Affairs Committee Subcommittee on Asia and the Pacific.

③ PrashanthParameshwaran, "US Announces New Maritime Security Initiatives at Shangri-La Dialogue 2015", *The Diplomat*, June 2, 2015.

④ Ronald O' Rourke, "Maritime Territorial and Exclusive Economic Zone (EEZ) Disputes Involving China: Issues for Congress", *CRS Report*, April 22, 2015, pp. 25—28.

海上"航行自由"行动，自 20 世纪 80 年代以来，一直在全球公海（包括在他国专属经济区内）进行。[①] 据美国国防部公布，自 2013 年以来，美国加大了在中国南海地区的"航行自由"行动力度，宣示美国在捍卫"航行自由"方面的强硬态度和立场。[②] 不仅如此，美国还通过频繁与菲律宾、越南、澳大利亚、日本等国在南海地区举行双边或多边联合军事演习，间接支持越南和菲律宾，表达美国对中国南海政策的不满。在中菲因仁爱礁发生摩擦时，美国甚至出动反潜机在争议地区盘旋。2015 年 5 月，美国更是派遣最先进的海上巡逻机 P—8A 飞抵南沙在建岛屿附近侦察，美国濒海战斗舰"沃斯堡号"也首次驶入南海争议海域，直接向中国"示威"和施压。

第六，要求中国停止南海造岛、冻结南海现状。自 2014 年美国智库战略与国际问题研究中心的"亚洲海洋透明倡议"项目将中国的南海填海造地行动公布于众后，美国政府明显加大了对中国南海填海造地的关注。2014 年 5 月 31 日，美国国防部长哈格尔（Chuck Hagel）在出席香格里拉安全对话会时，对中国的南海行为进行了公开指责，认为中国在南海的填海造地等行为加剧了南海地区紧张局势。2015 年 3 月 31 日，时任美国太平洋舰队司令哈里·哈里斯（Harry Harris, Jr.）在澳大利亚智库会议上指责中国"正在建造伟大的沙城"，"当你审视中国对其他小国声索国的挑衅性行为——模糊的、与国际法不相符合的、包揽一切的九段线及中国与小国之间不对称的能力——中国填海造地的规模和速度无疑会让人们对中国的意图感到担忧"。[③] 5 月 13 日，罗塞尔在国会听证会上指出，尽管中国不是此轮填海造地的始作俑者，但是中国填海造地的规模和速度

---

① 时永明：《美国的南海政策：目标与战略》，《南洋问题研究》2015 年第 1 期，第 4 页。

② *U. S. Department of Defense Freedom of Navigation Report for Fiscal Year* 2014，Quoted in Ronald O'Rourke，"Maritime Territorial and Exclusive Economic Zone（EEZ）Disputes Involving China：Issues for Congress"，*CRS Report*，April 22，2015，p. 28.

③ Admiral Harry B. Harris Jr，Commander，U. S. Pacific Fleet，Remarks to Australian Strategic Policy Institute，Canberra，Australia，March 31，2015，Quoted inRonald O'Rourke，"Maritime Territorial and Exclusive Economic Zone（EEZ）Disputes Involving China：Issues for Congress"，*CRS Report*，June1，2015，p. 62.

令人担忧。① 7 月 21 日，罗塞尔在出席美国智库战略与国际问题研究中心举办的"第五届南海会议"上呼吁中国停止南海的填海造岛行为，停止建设新设施，以及停止对既有设施的军事化。罗塞尔危言耸听地表示，"南海争端的本质，既不是岛礁也不是资源，而是规则之争，关乎我们希望生活在一个什么样的周边环境。我们将继续捍卫规则，鼓励他人也捍卫规则。我们鼓励所有国家践行睦邻原则，避免进行危险的对抗"。② 8 月 6日，克里在东亚峰会上再次指出，美国对中国在南海的填海造地速度和规模感到担忧，认为在岛礁上建造用于军事目的的设施只会增加地区紧张局势，并导致其他声索方采取军事化的破坏稳定的风险，敦促声索方承诺不再继续填海造地或在有争议的岛礁上建设新设施或使其军事化，并加快外交谈判在 11 月份领导人会晤前在南海行为准则方面迈出实质性步伐。③

三　奥巴马南海政策变化的战略动因

奥巴马政府在南海问题上日益积极的干预立场与举措，不仅折射出美国对中国战略意图和海洋抱负与日俱增的忧虑，也反映出美国维护亚太领导权、安抚亚太盟友及维护其海洋霸权的战略决心与考量。

第一，对中国战略意图的疑虑。在奥巴马政府看来，中国在南海问题上"咄咄逼人"的态度和立场，可能预示着一个日益自信和不愿在既有秩序规则下行事的中国。美国认为，南海问题只是近年来中国强硬外交的

---

① Daniel R. Russel, Assistant Secretary, Bureau of East Asian and Pacific Affairs, Testimony Before the Senate Foreign Relations Committee, "Maritime Issues in East Asia", Washington DC, May 13, 2015, http：//www. state. gov/p/eap/rls/rm/2015/05/242262. htm, 登录时间：2015 年 5 月 20 日。

② Daniel R. Russel, Assistant Secretary, Bureau of East Asian and Pacific Affairs, Remarks at the Fifth Annual South China Sea Conference, The Center for Strategic and International Studies, Washington DC, July 21, 2015, http：//www. state. gov/p/eap/rls/rm/2015/07/245142. htm, 登录时间：2015 年 7 月 24 日。

③ John Kerry, Secretary of State, Remarks at Intervention at the East Asia Summit, Kuala Lumpur, Malaysia, August 6, 2015, http：//www. state. gov/secretary/remarks/2015/08/245758. htm, 登录时间：2015 年 8 月 10 日。

一个突出写照。① 2010 年以来中国在中日钓鱼岛争端上的强硬立场，2013年宣布成立东海防空识别区，2014 年提出"亚洲安全主要由亚洲人负责"的亚洲新安全观，在布雷顿森林体系外另起炉灶建立金砖国家银行和亚洲基础设施投资银行，提出"一带一路"陆海两翼齐头并进的新丝绸之路战略等，都预示着中国对既有秩序安排的不满，并试图排除美国在东亚地区建立一个以中国为中心的政治、经济及安全秩序。针对这一战略新变局，美国国内展开了新一轮对华战略大讨论，包括外交关系理事会、新美国安全中心等在内的有影响力的智库发表了多份研究报告，要求重新思考美国对华政策，要求奥巴马政府对华展示强硬，加大对中国的制衡和压力。② 奥巴马政府南海政策的变化，显示出美国国内对华战略意图疑虑加深和奥巴马政府对华政策正在趋向强硬。

第二，对中国海洋抱负的担忧。作为世界头号海洋强国，美国对任何国家的海洋抱负和海上军事能力发展都保持警觉。21 世纪以来，随着中国经济的快速增长和中国对海外能源、资源及市场依存度的不断加深，中国政府认识到必须加强海上力量建设，提升捍卫国家海外利益及海洋权益的能力。为此中国政府提出建设海洋强国的海洋战略目标，并加大了海上军事能力建设。与此同时，面对中国海洋权益不断受到一些国家侵蚀的严峻局面，中国政府提出了海洋"维权"与"维稳"并举的目标，加强海洋维权力度。③ 美国对中国加强海上军事力量建设以及强化海洋维权力度

---

① Howard W. French, "The South China Sea Could Become a Dangerous Contest of Military Might", *Foreign Policy*, June 5, 2015, http://foreignpolicy.com/2015/06/05/south-china-sea-dangerous-contest-military-united-states-navy/? utm_ source = Sailthru&utm_ medium = email&utm_ term = ＊Editors%20Picks&utm_ campaign =2015_ EditorsPicks_ German_ Embassy_ JuneRS5%2F6，登录时间：2015 年 6 月 13 日。

② Ely Ratner, et al., *More Willing and Able: Charting China's International Security Activism*, Center for A New American Security, May 2015；Murray Scot Tanner and Peter W. Mackenzie, *China's Emerging National Security Interests and Their Impact on the People's Liberation Army*, VA: Marine Corps University Press, 2015；Robert D. Blackwill and Ashley J. Tellis, *Revising U. S. Grand Strategy Toward China*, Council on Foreign Relations Special Report, No. 72, March 2015；Kevin Rudd, *The Future of U. S. -China Relations Under Xi Jinping: Toward A New Framework of Constructive Realism for A Common Purpose*, Harvard Kennedy School Belfer Center for Science and International Affairs, April 2015.

③ 中华人民共和国国务院新闻办公室：《中国的军事战略》（2015 年中国国防白皮书），2015 年 5 月 26 日，新华网，http://news.xinhuanet.com/mil/2015—05/26/c_ 127842934. htm，登录时间：2015 年 5 月 26 日。

的措施极为担忧，认为中国日益增长的海上军事力量，特别是不断改进的反介入和区域拒止能力不仅在打破台海地区的军事平衡，更有可能对美国在西太平洋地区的海上军事行动构成威胁。[①] 美国还担心，如果听任中国的海洋维权行动，中国可能将南海变成中国的"内湖"，并利用南海岛礁投射军事力量，威胁到美国在南海地区的"航行自由"和从太平洋到印度洋的海上通道安全。[②]

第三，抑制中国影响、维护美国亚太领导权。制衡中国在亚太地区的影响，维护美国亚太领导权是奥巴马政府亚太再平衡战略的核心目标。所谓亚太再平衡，从全球角度来看，是将美国的战略关注从中东地区向亚太地区转移；从亚太角度看，是将美国的战略重心从传统的东北亚向东南亚及南亚地区转移。作为连接西太平洋及印度洋的南海地区，战略地位十分重要，是包括中国在内的东亚各国的重要海上交通线。通过积极介入南海争端，美国不仅可以向盟友展示兑现同盟承诺的可信性，也可以有效牵制中国的南海行为，离间中国与周边国家关系，抑制中国地区影响和海上抱负，维护美国亚太霸权。

第四，安抚亚太盟友。在涉及南海问题的六国七方中，除中国外，其他声索方都是美国的军事盟国或安全伙伴。与中国有着较为严重海洋纠纷的菲律宾和越南，是美国的长期军事盟国和亚太再平衡战略中的重要安全伙伴。奥巴马的亚太再平衡战略，其中重要一环就是加强和深化与菲律宾、越南等亚太盟友及伙伴的军事安全关系。通过加大对南海问题的关注力度和介入深度，在南海问题上给予菲律宾和越南外交支持及军事援助，支持菲律宾将南海问题诉诸国际仲裁，与菲律宾及越南在南海进行军事演习，在争议地区进行海空巡逻，向中国展示强硬，可以安抚其亚太盟友，缓解它们"被抛弃"的担忧，维护美国作为地区安全提供者的可信度。[③]

① Evan Braden Montgomery, "Contested Primacy in the Western Pacific: China's Rise and the Future of U. S. Power Projection", *International Security*, Vol. 38, No. 4, Spring 2014, pp. 115—149; US Department of Defense, *Annual Report to Congress: Military and Security Development Involving the People's Republic of China* 2015, April 2015, pp. 31—43.

② Ben Dolven, et al. , "Chinese Land Reclamation in the South China Sea: Implications and Policy Options", *CRS Report*, June 18, 2015, pp. 4—19.

③ Patrick M. Cronin, Testimony before Subcommittee on Asia and Pacific, House Committee on Foreign Affairs, "America's Security Role in the South China Sea", July 23, 2015, p. 6.

第五，维护美国海上霸权。海上霸权是美国全球霸权的重要基石。强大的海上军事力量，星罗棋布的海外军事基地，对全球重要海上交通线和交通咽喉的控制，以及对全球海洋航行规则的主导，是美国海上霸权的重要组成部分。美国国防部 2015 年 8 月 21 日发布的最新《亚太海洋安全战略》指出，美国在亚太地区有三大海洋目标：维护海上航行自由、遏止冲突与强制以及维护国际法和国际准则。① 这三大目标归结到一点，就是维护美国的海上霸权及对海洋规则的主导权。美国认为，中国在南海的维权行为、特别是中国可能将南海变成中国内湖的前景，将严重威胁美国在该地区的航行自由及海上通道安全。美国还认为，中国在南海的权益主张，特别是关于"九段线"的权益主张及对待专属经济区内军事侦察行为的立场，不符合联合国际海洋法规定。美国担心，一旦中国关于专属经济区军事侦察活动的主张在南海地区得以实施，不仅影响美国在南海地区的军事抵近侦察行动，甚至将改写全球海洋秩序规则，危及美国全球海上霸权。② 因此，奥巴马政府不仅从南海争端本身，更是从全球海洋秩序规则及维护美国海洋霸权角度来看待南海问题，积极介入争端。

四 美国南海政策前景

目前，美国国内对华强硬声音在抬头，中美在亚太地区的竞争加剧和互疑上升，加之美国政治正进入大选周期，这些因素叠加在一起可能导致美国在南海问题上立场进一步趋于强硬，采取一系列不利于中国及南海局势稳定的举措。

第一，选边站、拉偏架的立场进一步明朗化，在实质上偏离其一贯宣称的在主权问题上不持立场的政策。自南海争端出现以来，美国政府一直宣称在南海主权归属问题上不持立场。但近年来美国的这一立场逐渐有所变化，从隐晦提出主权声索应符合国际海洋法到明确指出中国的"九段

① US Department of Defense, *The Asia-Pacific Maritime Security Strategy: Achieving U. S. National Security Objectives in A Changing Environment*, Washington D. C. , August, 2015, p. 1.

② Ronald O'Rourke, "Maritime Territorial and Exclusive Economic Zone (EEZ) Disputes Involving China: Issues for Congress," *CRS Report*, June 1, 2015, p. 26－34.

线"主张不符合国际海洋法规定，从对中国外交施压到直接派飞机、军舰进入争议地区和向越南、菲律宾等争议方提供军事及安全援助，其选边站立场日益明朗化。随着国际仲裁法庭将对菲律宾的仲裁诉求进行裁决，美国政府会加大对菲律宾的外交及法律支持力度，并施压中国澄清"九段线"主张。① 而一旦国际仲裁法庭作出不利于中国的裁决，美国将会裹挟其他国家进一步对中国的南海主权诉求提出质疑和批判，在事实和法理上偏离其长期以来宣称的"不偏不倚"态度。

第二，鼓动东盟国家必要时单独制定南海行为准则，孤立中国。当前，美国对中国迟迟未能与东盟国家落实南海海上行动宣言，尽快制定具有约束力的南海行为准则感到不满，甚至要求中国制定时间表，确定落实时间。与此同时，美国诸多有影响力的智库也敦促政府在必要时绕开中国，让东盟国家单独制定南海行为准则，以此向中国施压，迫使中国就范。如果中国与东盟在最近一两年内未能制定一个双方都满意的南海行为准则，美国很有可能推动东盟国家单独制定南海行为准则。②

第三，提出南海争议地区非军事化，牵制中国南海岛礁建设。尽管中国在 2015 年 6 月宣布南海填海造地行动已基本结束，接下来进入地面设施建造阶段。但美国对此并不放心，一方面指责中国并未完全停止在南海岛屿的填海造地行为，另一方面担心中国将在填海岛屿上建设大规模军事设施。③ 如果美国认为其呼吁停止南海填海造地及冻结南海现状的主张并未得到中国响应，或中国开始在岛礁上大规模建设军事设施，美国可能以维护南海地区航行自由和海上通道安全为借口，呼吁南海争议地区的非军事化，以此牵制中国。

第四，派遣飞机和军舰进入争议岛礁 12 海里以内。2015 年 5 月份以

---

① Ben Dolven, et al., "Chinese Land Reclamation in the South China Sea: Implications and Policy Options", *CRS Report*, June 18, 2015, p. 24.

② Mira Rapp-Hooper, Testimony before Subcommittee on Asia and Pacific, House Committee on Foreign Affairs, "America's Security Role in the South China Sea", July 23, 2015, p. 9; Patrick M. Cronin, Testimony before Subcommittee on Asia and Pacific, House Committee on Foreign Affairs, "America's Security Role in the South China Sea", July 23, 2015, p. 4.

③ Kevin Baron, "China's New Islands Are Clearly Military, U. S. Pacific Chief Says", *Defense One*, July 24, 2015, http://www.defenseone.com/threats/2015/07/chinas-new-islands-are-clearly-military/118591/? oref = d-dontmiss, 登录时间：2015 年 7 月 24 日。

来，美国已经派遣飞机和濒海战斗舰进入南海填海造地岛礁 12 海里外海
域进行侦察。美国国防部多次表示，美国将派遣飞机和舰只"在国际水
域自由航行"。军方内部也在讨论一旦中国在南海地区填海造地行为加剧
或试图将其军事化，美国将派遣飞机和军舰进入部分中国所建岛礁 12 海
里内侦察，以此表达对中国南海行为的不满。①

第五，在南海争议地区进行常态化联合巡逻和联合军事演习。美国以
维护海上航行自由为名，联合东盟、日本、澳大利亚、印度等国在南海地
区，包括争议地区进行常态化联合巡逻。目前，美国、日本、澳大利亚等
国已经表现出在南海联合巡逻的兴趣。② 不排除未来在南海地区形成以美
国为首、联合域内和域外国家的联合海上巡逻阵线。同时，随着南海局势
升级，美国、日本、澳大利亚等国很有可能与越南、菲律宾等国在南海争
议地区进行常态化联合军事演习，向中国施压。

第六，建立南海海上态势监测网络，加强东盟国家的海上态势感知能
力。目前美国国会已经拨款用于加强越南、菲律宾等东盟国家的海上态势
感知能力。诸多知名智库学者也积极鼓吹美国在南海地区建立统一的地区
海上安全信息共享中心，提升海洋安全和地区海上信息协调能力。③ 与此
同时，澳大利亚、日本等国也对此兴趣盎然，并且在海上信息共享方面一
直与美国进行合作。不排除在条件成熟时，美国以东盟为中心，建立一个

---

① Gregory B. Poling, *Grappling with the South China Sea Policy Challenge*: *A Report of the CSIS Sumitro Chair for Southeast Asia Studies*, Center for Strategic and International Studies, August 2015, p. 4; Kirk Spitzer, "Kerry to Confront China over Island-Building in South China Sea", *USA Today*, May 14, 2015; Adam Entous, Gordon Lubold, and Julian E. Barnes, "U. S. Military Proposes Challenge to China Sea Claims", Wall Street Journal, May 12, 2015, http: //www. wsj. com/articles/u-s-military-proposes-challenge-to-china-sea-claims-1431463920, 登录时间: 2015 年 5 月 12 日。

② MeghaRajagopalan, "China Plans Naval Expansion Amid South China Sea Tensions", *The Huffington Post*, May 26, 2015, http: //www. huffingtonpost. com/2015/05/26/china-naval-expansion_n_ 7441430. html? utm_ hp_ ref = mostpopular, 登录时间: 2015 年 6 月 20 日; Kelly, Tim, and Nobuhiro Kubo, "Testing Beijing, Japan Eyes Growing Role in South China Sea Security", *Reuters*, March 10, 2015, http: //www. reuters. com/article/2015/03/10/us-japan-southchinasea-idUSKBN0M 62B920150310, 登录时间: 2015 年 3 月 10 日。

③ Mira Rapp-Hooper, Testimony before Subcommittee on Asia and Pacific, House Committee on Foreign Affairs, "America's Security Role in the South China Sea", July 23, 2015, p. 9; Patrick M. Cronin, Testimony before Subcommittee on Asia and Pacific, House Committee on Foreign Affairs, "America's Security Role in the South China Sea", July 23, 2015, p. 5.

覆盖南海地区的海上态势监测中心，提升东盟国家海上态势感知能力和应对中国南海行为的能力。

第七，支持台湾与南海争议方达成协议，牵制大陆。台湾是南海问题的重要争议方之一，其对南海的诉求与大陆基本一致。美国一些智库学者认为，台湾是美国可以争取的重要对象。2012年8月，台湾地区领导人马英九曾提出"东海和平倡议"，主张中国大陆、日本、中国台湾地区三方对钓鱼岛主权采取"搁置主权争议、合作资源开发"主张，并随后与日本就钓鱼岛渔业问题达成了《台日渔业协议》。2015年5月26日，马英九在出席世界国际法学会与美国国际法学会亚太研究论坛上再次提出"南海和平倡议"，希望在坚持"主权在我、搁置争议、和平互惠、共同开发"原则基础上，与其他当事方共同开发南海资源，并通过对话与合作，和平解决争端，共同维护南海地区的和平与发展。台湾民进党主席蔡英文2015年5月下旬至6月上旬在美国访问期间，尽管坚决捍卫钓鱼岛主权，但对南海问题刻意保持低调，被认为是为日后上台的南海政策预留空间。如果美国支持蔡英文，那么蔡英文上台后有可能通过放弃南海"九段线"主张的方式来回报美国。[1] 美国学者认为，应该支持台湾的"搁置争议、合作开发"立场，或借台湾岛内选举之际鼓励台湾就南海"九段线"含义进行澄清，以此向中国大陆施压，消解大陆和台湾在南海主权及海洋权益声索上的共同利益，进一步孤立中国大陆。[2]

结 论

奥巴马政府南海政策的立场变化及新举措是在其亚太再平衡战略开始实施、中美竞争日益加剧的战略背景下发生的，它是美国亚太再平衡战略的一个重要组成部分，也是中美亚太竞争加剧的一个缩影。一些美国官员和学者甚至危言耸听地表示，中美南海竞争，其意义不限于岛礁归属和海

---

① 孙建中：《"当前南海权益斗争与法理交锋研讨会"综述》，《亚太安全与海洋研究》2015年第2期，第120—121页。

② 任成琦、吴亚明：《南海激荡，海峡两岸如何携手》，《人民日报》（海外版）2015年6月2日003版；Kelsey Broderick, *Chinese Activities in the South China Sea: Implications for the American Pivot to Asia*, Project 2049 Institute, May 2015, p. 12.

洋权益本身，而是关乎在亚太要建立一个什么样的秩序规则及谁将主导亚太及全球海洋规则的原则性问题。

美国南海政策的变化及其发展前景，无疑对中国的南海政策和海上维权斗争构成挑战。在维护我国领海主权及海洋权益时，如何努力化解南海困局，不让南海争端成为中国与周边国家关系的导火索、中美关系的绊脚石和中国崛起的拦路虎，让南海真正成为和平、和谐与繁荣之海，是一个需要认真思考的战略性问题。中国需要真正从战略高度和长远角度来看待南海纠纷，在维权与中华民族复兴大业、维权与周边战略、维权与中美关系大局、维权与共同开发，以及历史主张与国际海洋法多重视角中努力寻求平衡点，并结合其他国家处理海洋纠纷及中国处理陆地纠纷的成功经验，制定一个既能维护中国领海主权及海洋权益，又能有效降低南海局势温度，并为他国和国际社会逐渐接受的可行性方案。

（韦宗友：复旦大学美国研究中心教授）

中美两国在南海问题上的
利益碰撞与战略博弈[*]

李家成

【内容提要】 近年来，美国积极介入南海争端，美国自认为是南海利益攸关方，在南海拥有广泛的利益：维护航行飞行自由、在南海的经济利益以及反对通过武力解决争端。中国能源需求增长以及中国海军战略扩展，都要求中国大力保护南海所有岛礁主权、海域资源以及海空安全。中美在南海问题上的利益碰撞导致两国在南海问题上展开了一系列战略博弈。

【关键词】 中美关系　南海争端　东南亚声索国

奥巴马政府上台后，积极推进"亚太再平衡"战略，大规模重返东南亚，^② 一改中立模糊的南海政策传统，高调介入南海争端，积极抵制中国的南海诉求，阻止中国南海维权行动，以应对中国崛起，维持权力平衡、维护区域稳定。作为南海问题复杂难解最重要的外部因素，美国对南海问题的未来走向及最终解决发挥着举足轻重的作用。因此，有必要深入解析美国南海政策与利益、中国南海权益和举措以及中美南海博弈。

＊ 本文是笔者所主持的 2014 年度国家社会科学基金青年项目"中国海外军事基地建设的必要性与可行性研究"（立项批准号：14CGJ015）的阶段性研究成果。

② See Jackie Calmes, "Obama'sTrip Emphasizes Role of Pacific Rim", *The New York Times*, November 18, 2011, http://www.nytimes.com/2011/11/19/world/asia/obamastrip – sends – message – to – asian – leaders. html? _ r_ 1.

一 美国在南海问题上的利益、角色与作用

东南亚地区是美国的传统势力范围。南海公域安全（海空域安全）不仅与南海沿岸国休戚相关，也受到在南海地区有着重大利益的美国的严重关切。为了避免处于被边缘化的离岸地位以及被排除在西太平洋之外的前景，美国清晰地表达了南海的利益——维护航行飞行自由、在南海的经济利益以及反对通过武力解决争端。[①] 此外，美国在南海的利益还包括打击海盗、海上劫掠等跨国犯罪活动与海上恐怖主义活动。

（一）维护南海航行飞行自由

南海是连接太平洋与印度洋的海上交通要道，扼守着世界三大战略航道——望加锡海峡、巽他海峡、马六甲海峡，处于东亚大陆外侧"第一岛链"的怀抱之中。海域之内，东沙、西沙、中沙、南沙四个群岛由北向南依次分布。南海海底蕴藏着丰富的油气和矿藏资源，水体中海洋生物资源极为丰富，海面又是经马六甲海峡沟通东亚、南亚、西亚、非洲和欧洲的众多海上航道的必经之处。南海诸岛及其周边水域独特的地缘战略位置和丰富的海洋资源，注定了它特有的极高的战略价值，也决定了与其相关的国际争端的尖锐性和复杂性。美国认识到，南海不仅是东南亚地区的中心，也是连接美国在西太平洋、印度洋和波斯湾地区的海空军基地的枢纽。[②] 谁控制了南海这一战略要地，谁就掌握了西太平洋海上运输的生命线和制海权，从而在争夺东南亚和亚太地区主导权的斗争中取得主动。[③] 因此，美国一直着力加强对南海的控制，压制对所有海域进行排他性控制

---

① Patrick Ventrell, "South China Sea", http：//www. state. gov/r/pa/prs/ps/2012/08/196022. htm. Marciel S. , Maritime Issues and Sovereignty Disputes in East Asia. Washington, DC. , July 15, 2009, http：//www. state. gov/p/eap/rls/rm/2009/07/126076. htm. Mark Landler and Sewell Chan, "Taking Harder Stance Toward China, Obama Lines Up Allies", *The New York Times*, October 25, 2010, http：//www. nytimes. com/2010/10/26/world/asia/26china. html.

② Ian Storey, "Impeccable Affair and Renewed Rivalry in the South China Sea", *China Brief*, April 30, 2009, http：//www. james - town. org/uploads/media/cb_ 009_ 9_ 02. pdf.

③ Colin Mac Andrews and Chia Lin Sien. , *Southeast Asian seas*, *Frontiers for Development*, McGraw - Hill International Book Company, 1981, pp. 226 - 234.

的其他诉求，以确保南海航行飞行的安全性和自由度。① 2010 年 7 月，美国国务卿希拉里·克林顿在越南河内召开的东盟地区论坛上重申了美国在南海的生死攸关的核心利益（vital interests）——保护南海航行自由（freedom of navigation）和海洋安全。②美国公开表态不惜武力介入以确保这一关涉美国国家安全的核心利益，以此慑止各南海声索国不要主张影响航行与飞越自由的海洋权利。

南海航行飞行自由涉及军舰在专属经济区（Exclusive Economic Zones，EEZ）内的通行权问题。美国认为，为了防止冲突发生，它需要预先知道中国海空军在这一带的基本动向。因此，美国坚持南海非沿岸国军舰和战机有权到专属经济区活动，所有各方都要充分尊重与遵守航行飞行自由。美国力图继续在南海地区保持进行与情报收集有关的侦察活动的权利，以及为维护国际水域航行和飞越自由采取一切行动的权利。③ 中国对此无法接受，认为这危及了自己的安全，要求美国海空军在这一地区活动时，每次都要提出申请，甚至排除外国在这些海空域从事与军事相关的航行和飞越等活动的权利。美国认为这限制了自己的行动自由（freedom of action）和全域介入，中国没有权利限制航行飞行自由。这是中美双方在南海地区发生军事摩擦的主要原因。

进一步追根溯源，中美在南海的这一战略利益冲突缘起于中美双方对《联合国海洋法公约》（the United Nations Convention on the Law of the Sea，UNCLOS）第 58 条及其他相关条款的适用与解释持不同立场。④《联合国海洋法公约》认为，国家领空（national spaces）止于领海基线 12 海里处，超过领海基线 12 海里即属于国际空间（international spaces），各国军舰和战机有权在国际空间进行军事侦察、情报收集。这是国际通行的航行

---

① 张明亮：《超越航线：美国在南海的追求》，香港社会科学出版社有限公司 2011 年版，第 396—398 页。

② Hillary Rodham Clinton, "Remarks at Press Availability", http：//www. state. gov/secretary/rm/2010/07/145095. htm.

③ U. S. Senate Unanimously "Deplores" China'sUse of Force in South China Sea, http：//webb. senate. gov/news - room/pressreleases/06 - 27 - 2011. cfm.

④ Sam Bateman, "The South China Sea：When the Elephants Dance", RSIS Commentary, 91/2010, August 16, 2010.

和飞越自由观念。2001 年的中美撞机事件和 2009 年的"无暇号事件",[①]
促使中国认为有必要改变这一国际法条款在中国沿海的实施方式。连美国
学者也认为,没有一个国家能够容忍外国空军侦察机和海军调查船开到本
国沿岸进行情报侦察和搜集工作。[②] 然而,美国却以"反恐"和"保护航
道安全"为名,每年均出动数百架次的电子侦察机和反潜巡逻机以及海
洋测量船进入南海地区侦测,有时甚至逼近中国的领海、领空进行侦察活
动,广泛搜集该水域的水文、地质以及海洋生态资料,伺机窥探中国军队
部署乃至战备情况,与东南亚声索国共享关于南中国海的情报资源,应对
南中国海的突发事件。[③] 可见,美国忌惮中国的海军现代化发展及其在南
海地区影响力的增长,会限制美军在亚太的自由行动。[④] 对此,美国要求
中国接受美国版的航行飞行自由观念。

(二) 维护在南海的经济利益

南海是美国诸多工业原料和资源的重要产地。在美国进口的各种原料
中,亚太地区提供的天然橡胶占 88%、棕榈油占 99%、椰油占 95%、钛
占 97%、锡占 82%,其中大部分原料要通过南海航线。[⑤] 南海的油气资
源极为丰富,整个南海盆地群的石油地质资源量在 230 亿—300 亿吨,天
然气总地质资源量约为 16 万亿立方米,南海油气储量堪称"第二个波斯
湾"。[⑥] 东盟还是美国对外贸易迅速增长的重要市场,东盟国家所拥有的
巨大市场对美国摆脱经济危机、重振国内经济有着不可替代的拉动作用。
并且,南海航线还是美国远东贸易的重要海上通道,美国及其东亚盟国日

---

① 2009 年 3 月 9 日,美国海军舰艇"无暇号"(the USNS Impeccable) 冒险进入海南 121 公
里处,5 艘中国海军船只与之对垒,这反映出中国对美国监测船的敏感性。

② Mark J. Valencia, "The South China Sea Brouhaha: Separating Substance from Atmospherics",
Policy Forum 10 –044, August 10, 2010, http://www. nautilus. org/publications/essays/naps – net/fo-
rum/2009 – 2010/the – south – china – sea – brouhaha – separating – substance – from – atmospherics.

③ 王传剑:《南海问题与中美关系》,《当代亚太》2014 年第 2 期,第 8 页。

④ Susan V. Lawrance and Thomas Lum, U. S. – China Relations: Policy Issues, CRS Report for
Congress, 2011 – 01 – 12, p. 1.

⑤ Bernara Fook wang Loo, "Transforming the Strategic Landscape of Southeast Asia", Contempora-
ry Southeast Asia, Vol. 27, No. 3, 2005, p. 404.

⑥ 《南海的石油储量》,中国网,2012 – 05 – 07, http://news. china. com. cn/txt/2012 – 05/
07/content_ 25321229. htm。

本和韩国从中东和东南亚产油国进口石油和天然气等战略能源的运输很大一部分也要经过南海。

此外，美国企业在南海拥有着重要的海外利益——商业利益、投资利益以及贸易利益，尤其是油气开发和石油贸易利益。美国据此认为，南海问题关系到美国和盟国的经济安全。美国反对南海争端的任何一方对美国公司或其他国家公司施压或采取胁迫行动，以确保美国公司或其他国家公司在南海的经济活动自由、合法经济活动不受干扰和合法商务不受阻碍以及与美国海外贸易和投资直接相关的南海航线安全。① 部分东南亚声索国不仅通过单边强行开采南海油气资源来宣示主权，而且还拉拢美国公司介入南海油气资源开发，企图使南海问题复杂化和国际化。而美国也愿与东南亚声索国共同开发，共享南海资源。双方可谓一拍即合。美国公司几乎参与了所有南海周边国家在南海水域的油气勘探或开发，南海争端相关方"共同开发"南海由此变成东南亚声索国与美国等国"合作盗取"南海油气资源。美国默许其石油公司同东南亚声索国在有争议的南海海域签署共同开采石油协议，实质上是将自己与东南亚声索国捆绑在一起，变相支持东南亚声索国，并与该地区形成更强有力的经济联系，寻求东盟支持以在南海问题上形成统一立场，从而维护在南海地区的巨大经济利益。

（三）反对通过武力解决争端

南海争端方都认为有必要通过军事力量来保护自己的利益，尤其是海上军事力量弱小的东南亚声索国。因此，南海存在爆发意外冲突和不测事故的潜在风险。对此，美国以貌似"公允"的姿态积极介入南海问题，继续宣称对南海争端"不持立场，不支持任一争端方，不偏袒南海争议任何一方"；反对任何声索方使用武力或以武力相威胁，关切对抗性言论、胁迫性经济行动，要求各方保持克制，避免采取令局势动荡的行动；强调要通过开展"预防性外交"防止南海问题升级，维护南海的和平与

① Scot Marciel, Maritime Issues and Sovereignty Disputes in East Asia. Washington, DC., July 15, 2009, http: //www. state. gov/p/eap/rls/rm/2009/07/126076. htm. The Department of Defense, Remarks as Delivered by Secretary of Defense Robert M. Gates, http: //www. defense. gov/speeches/speech. aspx? speechid = 1483, 2010 – 06 – 05.

稳定、确保国际法受到尊重①、保护航道安全或航行和飞越自由；为南海争端"确立行事规则及和平处理分歧的程序"，以主导该地区的建章立制进程。② 美国反对通过武力解决争端，表面上是在维护南海的和平与稳定，实际上是在对中国敲山震虎，反对的是中国通过武力改变南海现状。

2015 年 4 月 15 日，在德国吕贝克举行的 G7 外长会单独通过了一份关于海洋安全问题的声明，涉及南海和东海局势，这在 G7 近 40 年历史上尚属首次。七国集团表示"继续关注东海和南海局势，对类似大规模填海造地等改变现状及增加紧张局势的任何单方面行为表示关切。强烈反对任何试图通过威胁、强迫或武力手段伸张领土或海洋主张的做法"，"呼吁所有国家依照国际法，寻求和平管控或解决海域争端，包括通过国际社会承认的合法争端解决机制"，呼吁各方加快制定全面的"南海行为准则"。③ 通过这份声明，美国和日本意在强拉 G7 其他成员国，为其政策站台和背书，乃至进一步向中国施压。

美国认为，在南海地区出现的单方面行动和反应加剧了本地区的紧张，可能诱发南海地区出现军事冲突。④ 中国的"军力膨胀"正在打破南海的军事平衡，谴责中国在南海地区"旨在改变领土现状"的"胁迫或示强行为"，指责中国"提升三沙市行政级别以及在南海争议地区建立一个新的警备区"。⑤ 对此，美国将海外军力向亚太地区倾斜，保持并扩大在南中国海的前沿军事存在，形成强大的军事威慑力量，显示军事存在和

---

① 美国要求各方在南海地区的行动必须尊重并符合国际法，尤其是《联合国海洋法公约》的规定。

② 郭文静：《美官员呼吁美加入海洋法公约加强在南海话语权》，环球网，2012 年 5 月 24 日，http：//world. huanqiu. com/roil/2012 - 05/2752198. html.

③ G7 Foreign Ministers' Declaration on Maritime Security, Lübeck, April 15, 2015, http：//www. g8. utoronto. ca/foreign/formin150415 - maritime. html.

④ Christine Shelly, US Policy on Spratly Islands and South China Sea, http：//dosfan. lib. uic. edu/ERC/briefing/daily_ briefings/1995/9505/950510db. html, 1995 - 05 - 10.

⑤ Hillary Rodham Clinton. , "Remarks at Press Availability", Hanoi, Vietnam, July 23, 2010, http：//www. state. gov/secretary/rm/2010/07/145095. htm. Christine Shelly, "US Policy on Spratly Islands and South China Sea", May 10, 1995. http：//dosfan. lib. uic. edu/ERC/briefing/daily_ briefings/1995/9505/950510db. html. Jim Webb, Jr. , "U. S. Senate Unanimously 'Deplores' China's Use of Force in South China Sea", Reuters? June 27, 2011, http：//webb. senate. gov/newsroom/pressreleases/06 - 27 - 2011. cfm. Patrick Ventrell, "Statement on South China Sea", August 3, 2012, http：//iipdigital. usembassy. gov/st/english/texttrans/2012/08/20120803134096. html # axzz2dnaix5sZ.

军事优势，以增强盟友的安全感、提高美国的国际信誉度，偏袒并支持东南亚声索国，加强对南海地区的军事渗透，向东南亚声索国出售先进武器装备、转让先进军事技术，加强与东南亚声索国的军事交流、培养高素质军事人才，联合东南亚声索国在南海地区频繁举行联合军事演习，[①] 致使南海成为全球军演最频繁的地区。

二 中国南海权益诸项主张的依凭

南海是中国极为重要的能源和贸易通道，是关系到中国安全、发展与繁荣的"海上生命线"。根据中国《领海法》《专属经济区与毗连区法》等有关法律，中国主张南海所有岛礁为领土、以岛礁为基点向外延伸12海里为领海、以岛礁为基点向外延伸200海里为专属经济区，对南海享有主权权利与管辖权。然而，美国强势介入南海问题，削弱了中国南海权益诉求的合法性，减少了中国南海行动的自由度。这就促使中国大力保护南海。

随着全球能源需求的增长，作为主要消费国的中国正在寻求新的能源来源来满足其日益增长的经济发展需要。在1993年变成石油净进口国后，中国于2009年成为仅次于美国的世界第二大石油消费国，其消费量很可能到2030年翻倍，届时将成为世界最大的石油消费国。在2010年，中国从中东进口了52%的石油，加上沙特阿拉伯和安哥拉，占到了石油进口的66%，中国进口石油的约80%通过印度洋和马六甲海峡（the Strait of Malacca）运输。[②] 这就要求中国保护日益扩展的贸易航线和能源供给。中国一直在对能源供应多元化建设，以减少对进口石油的依赖，一直寻求增

---

① 美国不仅组织了印度尼西亚、日本、马来西亚、荷兰、秘鲁、韩国、新加坡和泰国等14国参加的"环太平洋军事演习"，而且组织了与文莱、印度尼西亚、马来西亚、菲律宾、新加坡、泰国的"卡拉特"多国联合水上战备训练（Cooperation Afloat Readiness and Training, CARAT），与菲律宾联合举行了"肩并肩"军事演习（Balikatan），与东帝汶举行了代号为"鳄鱼"的联合军事演习，还与越南在南海举行了海上人道主义救援演习，与新加坡、澳大利亚、日本及韩国举行了代号为"太平洋援手"的区域拯救潜艇联合演习等。美国牵头的东南亚区域联合军演，形式多样，既有双边又有多边，内容丰富，既有传统安全又有非传统安全。

② Office of the Secretary of Defense, "Military Power of the People'sRepublic of China 2008", http：//www. mcsstw. org/www/download/China_ Military_ Power_ Report_ 2008. pdf.

加珠江盆地和南海周围的离岸生产。① 由于南海能源储备的巨大存在和油气资源的发现，越南、菲律宾竞相开发新的油田，存在着与中国发生新的冲突的可能性，中国一贯反对越南试图与国际石油公司在南海缔结开发协定。中国宣布计划到 2015 年使海上监管力量达到 16 架飞机和 350 艘舰船，它们将被用来监管运输，执行调查责任，"保护海上安全"，以及检查外国船只在"中国水域"的活动。②

随着中国经济力量的崛起，海上利益以及海军力量也随之扩展，中国海军战略③更加积极主动、自信进取，并部署新的海军力量，有能力对南海实施更强有力的控制。自从海军司令（1982—1988）刘华清第一次呼吁建设远洋海军来保护中国的海上利益以来，中国一直在稳步地发展海军力量，被视为大国地位的必备条件。在刘华清的治下，中国海军战略从离岸或沿岸防御（offshore or coastal defense）转向"近海防御"（near seas defense），覆盖直到"第一岛链"的区域。④ 自他岛链概念继续塑造着中国的海军思维，作为识别和划分利益区的一种方式。⑤ 海军总司令吴胜利在 2009 年 4 月宣称，中国将建立一个"海上防御系统"来保护"海上安全和经济发展"。⑥ 一支远洋海军需要航母，中国第一艘航母"辽宁舰"

---

① U. S. Energy Information Administration, "China", May 2011, http：//205. 254. 135. 7/countries/cab. cfm? fips_ CH; and "BP Energy Outlook 2030", January 2011, http：//www. bp. com/live-assets/bp_ internet/globalbp/globalbp_ uk_ english/reports_ and_ publications/statistical_ energy_ review_ 2011/STAGING/local_ assets/pdf/2030_ energy_ outlook_ booklet. pdf.

② Wang Qian, "Maritime Forces to be Beefed up Amid Disputes", *China Daily*, June 17, 2011, http：//www. chinadaily. com. cn/china/2011 – 06/17/content_ 12718632. htm.

③ 中国海军战略有三大任务，它们指引着中国海军力量的发展。第一个是防止台湾地区宣布独立，同时慑止美国在冲突中通过海军部署来支持台湾独立。第二个任务是保护中国日益扩张的贸易航线和能源供给。第三个任务是在西太平洋部署海基第二次核打击力量，可以对美构成根本威慑。

④ Bernard D. Cole, *The Great Wall at Sea：China's Navy in the Twenty – First Century*, Naval Institute Press, 2nd edition, 2010, pp. 174, 177; and Yu Wanli, "The American Factor in China'sMaritime Strategy", in Andrew S. Erickson, Lyle J. Goldstein, and Nan Li China eds. , *The United States, and 21st Century Sea Power*, Naval Institute Press, 2010, p. 483.

⑤ Bernard D. Cole, *The Great Wall at Sea：China's Navy in the Twenty – First Century*, p. 178.

⑥ Cui Xiaohuo and Peng Kuang, "Navy chief lists key objectives", China Daily, April 16, 2009, http：//www. chinadaily. com. cn/cndy/2009 – 04/16/content_ 7681478. htm; also see "China planning huge navy upgrade", channelnewsasia. com, April 16, 2009, http：//www. channelnewsasia. com/stories/afp_ asiapacific/view/422735/1/. html.

改建于 32000 吨的苏联航母"瓦良格号"（Varyag），于 2012 年入列。中国希望到 2015 年自主建造一艘 5 万—6 万吨的航母，到 2020 年建造一艘核动力航母。[1]

就海基核力量而言，中国有 4 艘携带弹道导弹的潜艇，即弹道导弹战略核潜艇（SSBN）。两艘更为现代和可靠的"晋"级弹道导弹战略核潜艇自 2004 年后一直在部署——它们每个都携带 12 枚 JL-2 潜射弹道导弹，射程可达 8400 公里，赋予其跨越洲际的力量。中国在未来希望部署至少 5 艘"晋"级核潜艇。[2]

中国需要为海上武器平台寻找安全的庇护所，以免受海空打击。[3] 中国海军要求在海南的安全基地能够防御潜艇和空中袭击。航母和核潜艇同样需要保证通过南海进入外部开阔海域的通道安全，以完成被指派的任务。沿着中国的海岸线只有少数几个地方可以为海军提供安全的庇护所，一个是黄海，另一个便是海南区域和南海北部的半封闭区域，南海地区对中国而言变得更为重要。

出于这一原因，中国一直在海南岛的三亚建设一个地下基地，不但能容纳核潜艇还有航母以及护卫舰。[4] 2008 年，一艘"晋"级核潜艇被部署在那里。2010 年 10 月，2 艘"商"级核潜艇停靠在三亚。[5] 随着海南岛发展成为一个海军基地，南面的西沙群岛在对海南提供空中掩护和海上

---

① Kenji Minemura, "China's 1st aircraft carrier sets sail for sea tests", Asahi Shimbun, August 10, 2011, http: //ajw. asahi. com/article/asia/china/AJ201108105890; and Sam LaGrone, "China reveals aircraft carrier ambitions", Jane's Navy International, December 23, 2010, http: //www. janes. com/products/janes/defence - security - report. aspx? id_ 1065926372.

② Office of the Secretary of Defense, "Military and Security Developments Involving the People'sRepublic of China 2010", http: //www. globalsecurity. org/military/library/report/2010/2010 - prcmilitary - power. pdf.

③ Toshi Yoshihara and James R. Holmes, Red Star over the Pacific: China's Rise and the Challenge to U. S. Maritime Strategy, Naval Institute Press, 2010, pp. 141 - 142.

④ See Thom Shanker and Mark Mazzetti, "China and U. S. Clash on Naval Fracas", *The New York Times*, March 10, 2009, http: //www. nytimes. com/2009/03/11/world/asia/11military. html.

⑤ "New attack sub docked at China'snavy base in Hainan Island", *Mainichi News*, October 21, 2010, http: //www. china - defense - mashup. com/new - attack - sub - docked - atchinas - navy - base - in - hainan - island. html.

保护方面承担着重要作用。[1]

对海南的保护是其一，而为航母和核潜艇提供可靠的进入开阔海域的通道是其二。为此，中国需要控制南沙群岛，或至少能够阻止外部大国干涉中国在延伸至马六甲海峡的地区的海军行动。中国人民解放军副总参谋长张黎上将在 2009 年呼吁，在菲律宾所宣称的区域内的南沙群岛的美济礁（Mischief Reef）修建海空基地。[2]

刘华清为中国发展提出的"区域联防"（zonal defense）概念包括将黄海和南海作为容纳海军平台的安全庇护所和通往开阔海域的安全通道，还包括为弹道导弹战略核潜艇的定期巡航和它们部署在海上发射场提供充足的海上领土和保护性的海上空间。[3] 这就要求中国被迫寻求对海域的更强控制，不使美国海军迫近，并使其处在一个足够远的安全距离上。为了达此目的，中国已经发展出东风—21 型弹道导弹（DF－21D），它一直被视为能够打击美国航母和其他大型海上舰只的反舰弹道导弹（Anti-Ship Ballistic Missile，ASBM）。[4] 美国太平洋司令部司令罗伯特·威拉德（Robert F. Willard）上将说，这种导弹和中国潜艇对美国海军造成了严重的威胁，甚或使美国的力量投射能力"失效"。[5] 美国国防部宣称，这种导弹拥有有效的地理定位和目标追踪能力，将使美国海军舰只在 1500—2100

① Mark Mcdonald, "U. S. navy provoked South China Sea incident, China says", *The New York Times*, March 10, 2009, http: //www. nytimes. com/2009/03/10/world/asia/10iht－navy. 4. 2074 0316. html.

② Nong Hong and Wenran Jiang, "China'sStrategic Presence in the Southeast Asian Region", in Andrew Forbes ed. *Maritime Capacity Building in the Asia Pacific Region*, Department of Defense, Australia, 2010, pp. 141－156.

③ Peter Howarth, *China's Rising Sea Power: the PLA Navy's Submarine Challenge*, Frank Cass, 2006, p. 175.

④ See Richard Fisher, Jr., "New Chinese Missiles Target the Greater Asian Region," International Assessment and Strategy Center, July 24, 2007, http: //www. strategycenter. net/research/pubID. 165/ pub_ detail. asp; Mark Stokes and Dan Blumenthal, "Why China'smissiles should be our focus", *The Washington Post*, January 2, 2011, http: //www. washingtonpost. com/wp－dyn/content/article/2010/ 12/31/AR2010123102687. html.

⑤ See Yoichi Kato, "China's new missile capability raises tensions", *Asahi. com*, January 27, 2011, http: //www. asahi. com/english/TKY201101260340. html; "'Carrier killer' won't stop US: admiral", *Taipei Times*, February 16, 2011, http: //www. taipeitimes. com/News/front/archives/2011/ 02/16/2003496000.

公里范围内处于危险之中。①

美国将中国海军现代化的发展视为正在改变亚太军事平衡的军事扩张，足以使中国建立外交优势或在争端中占据上风，东南亚声索国在南海的战略压力将会升高，与美国的战略对抗将会增加。② 但中国一直宣称不寻求霸权，不想"把美国排挤出亚洲"③，中国与美国在许多麻烦问题上进行合作，中国是"美国可以依靠的伙伴"。④

三　中美两国在南海问题上的战略博弈

奥巴马对亚太的重视、快速发展的中国海军、重要的地缘战略地位和巨大的地缘经济价值，使得美国南海政策从相对中立、不介入到介入以至深度介入，致使美国对华遏制、中美战略互疑、中美海权矛盾和中美东南亚主导权之争凸显。

（一）中国南海主权诉求：合法 Vs 非法

中国是最大的南海沿岸国，基于历史依据于 1946 年提出"九段线"主张，声称对南海整个海域及其之内的岛屿享有主权和管辖权。中国认为，诉求早于《联合国海洋法公约》（1982 年达成，1994 年在第 60 个国家批准后实施），《联合国海洋法公约》应当调整以容纳历史权利，根据法不溯及过往的时际法原则，不能用后来的法律否定前面的历史事实。

但在美国看来，南海是公海，而非主权水域（sovereign waters）。中国对南海地区的权利主张不符合国际法。中国对"九段线"内的岛礁的

---

① Office of the Secretary of Defense, "Military Power of the People's Republic of China 2009," http：//www. defense. gov/pubs/pdfs/China＿ Military＿ Power＿ Report＿ 2009. pdf.

② Office of secretary of Defense, Military Power of the People's Republic of China 2010, p. 37. Leszek Buszynski, "The South China Sea：Oil, Maritime Claims, and U. S. – China Strategic Rivalry", *The Washington Quarterly*, SPRING 2012, p. 152.

③ 《戴秉国东盟演讲"中国无意也不可能排挤美国"》，《东方早报》2010 年 1 月 24 日，http：//news. sohu. com/20100124/n269790739. shtml.

④ Dai Bingguo, "China'sPeaceful Development Is Good for America", *The Wall Street Journal*, May 10, 2011, http：//online. wsj. com/article/SB10001424052748703730804576312041320897666. html.

主权诉求基于历史，但却不能从国际法中找到依据，反而违背了国际海洋法的三项原则。第一个原则是"陆地统治海洋"，这是国际海洋法的第一原则。"九段线"周围显然没有什么陆地，是在水上画出来的一条线，没有遵循这一原则。第二个原则是"有效占领"（effective occupation），这是由常设仲裁法院（the Permanent Court of Arbitration）于1928年4月在帕尔马斯（Palmas）岛案例所建立的先例。① 有效占领意味着实施持续和不被打断的管辖的能力与意图，它有别于征服。虽然中国占据着西沙群岛，有效占领原则却相悖于中国对南沙群岛的主权宣称，除了中国在1988—1992年占据的9个岛，其他岛屿都被东南亚声索国占据着，中国有效管辖南海岛礁的证据不足，不具备坚实基础。第三个原则是《联合国海洋法公约》所规定的对资源的诉求，必须基于专属经济区②和大陆架（continental shelves）。《联合国海洋法公约》并不支持超越专属经济区或公开宣布的大陆架的诉求。然而，中国的诉求恰好超过了专属经济区，并与东南亚声索国的诉求相重叠。③ 此外，《联合国海洋法公约》第121条第三款规定：可居住（inhabitable）、能支撑经济活动的岛屿有权主张专属经济区。可居住性（inhabitability）是指有永久居民，不依赖于外部供应，诸如水这样的物资。如果严格依据法律条款进行测试，南沙地区确定符合这一条件的只有一个岛屿，那就是太平岛（Itu Aba island）。中国于1992年通过的领海与毗连区法④与1998年专属经

① 关于诉求的合法性，see Mark J. Valencia, Jon M. Van Dyke, and Noel A. Ludwig, *Sharing the Resources of the South China Sea*, University of Hawaii Press, 1999, pp. 39 – 59; and R. Haller – Trost, *The Spratly Islands: A Study on the Limitations of International Law*, Centre of South – East Asian Studies, University of Kent at Canterbury, Occasional Paper No. 14, October 1990.

② 一个专属经济区是一块从海岸延伸至320千米的海上区域，它支持着沿岸国对那里资源的诉求。

③ Leszek Buszynski, "The South China Sea: Oil, Maritime Claims, and U. S. – China Strategic Rivalry", *The Washington Quarterly*, SPRING 2012, p. 140.

④ 1992年2月全国人大通过的《中华人民共和国领海与毗连区法》第二条第一段为：中华人民共和国的陆地领土包括中华人民共和国大陆及其沿海岛屿、台湾及其包括钓鱼岛在内的附属各岛、澎湖列岛、东沙群岛、西沙群岛、中沙群岛、南沙群岛以及其他一切属于中华人民共和国的岛屿。第三条第一段的内容为：中华人民共和国领海基线采用直线基线法划定，由各相邻基点之间的直线连线组成。

济区法①，把南海所有的小岛屿当作岛群，视作自己的主权领土，确立了
所有岛礁都拥有专属经济区，即便有些岛礁非常小。

美国要求各声索国依据国际法相关原则对南海海域空间提出合法主
张，美国主张中国应该把历史权利放在一边。而国际法则有助于解决这类
争端，而且国际法也考虑到了历史因素。提出领土主权的国家应当以法律
验证为起点并围绕法律来展示其历史证据、组织其历史主张，以便使得主
张具有说服力。中国政府依据历史证据对远离本国海岸、地理上没有关联
的水域推进管辖权的那些做法，在国际法上难以成立。中国不愿意把
"九段线"拿到桌面上来讨论，也不提"九段线"与大陆架等的关系，拒
绝依据 UNCLOS 来阐明自己的主张。② 可见，美国开始更倾向于认为有关
南海问题的"挑战"或"威胁"是由中国对南海的"非法"主权要求引
起的。2010 年 7 月，美国国务卿希拉里·克林顿在越南东盟地区论坛上
强调，声索国应当寻求符合《联合国海洋法公约》和陆地特征的领土诉
求。这挑战了中国基于历史和首次发现的权利而非陆地特征的法律延伸的
诉求。③ 在美国的鼓动下，越南向联合国大陆架界限委员会（CLCS）提
交了两份关于外大陆架（extended continental）的划界提案。④ 菲律宾公布
了领海基线法。美国要求中国尽早公布领海基线。但是，具有讽刺意味的
是，美国至今仍然不是《联合国海洋法公约》的缔约国，但却以此来要

---

① 中国政府在 1996 年 5 月公布了大陆领海的部分基线和西沙群岛的领海基线，全国人大
1998 年 6 月 26 日通过了《中华人民共和国专属经济区和大陆架法》。两者都没有提到哪些岛礁
可以拥有专属经济区。但后者主张岛屿四周海域向外延伸 200 海里为中国所属的专属经济区。

② 2012 年 12 月 19 日，中国社会科学院薛力博士在布鲁金斯学会采访海军战争学院中国海
事研究所所长 Peter Dutton 教授如何看待南海问题，http://blog. sina. com. cn/s/blog _
c50390f90102v94f. html。

③ See Li Jinming and Li Dexia, "The Dotted Line on the Chinese Map of the South China Sea: A
Note", Ocean Development & International Law 34（2003）: pp. 287 - 295, http://
community. middlebury. edu/_ scs/docs/Li% 20and% 20Li - The% 20Dotted% 20Line% 20on% 20the%
20Map. pdf。

④ 越南与马来西亚向联合国提交外大陆架划界的申请案主张，南海所有岛礁均应视为《联
合国海洋法公约》第 121 条第 3 款所称的"岩块"，这样所有南海争端均不得以此类"岩块"
主张 200 海里专属经济区与大陆架。这主要针对中国以南海诸岛为基础主张对南海海域的领海与
专属经济区等海域主权与管辖权。美国学者山姆·贝特曼认为，这种将南海各岛一概而论、等量
齐观的做法并不符合实际情况。Sam Bateman, "The South China Sea: When the Elephants Dance",
RSIS Commentary, 91/2010, August 16, 2010.

求中国，公开支持南海争端的司法化。这彰显出美国的虚伪做作和双重标准。

（二）南海问题的解决方式：双边或小多边解决 Vs 大多边解决

关于南海争端的解决方式，中国主张南海争端应该仅限于南海声索国之间双边或小多边谈判解决，非声索国不能直接参与谈判，排除美国、日本、印度，以免将南海争端扩大化、复杂化和政治化。[①] 并且，中国不同意把岛礁主权与海域划界争端付诸国际仲裁。不过，鉴于南海争端重叠海域涉及三、四、五个等不同数量的国家，中国可以接受在小多边框架下谈判解决。

东南亚声索国则主张依靠东盟进行多边谈判，提请国际机构调停或裁决。对此，美国支持东南亚声索国"抱团取暖"，这样可以弥补在双边对话中单个力量的不足。美国政府强调，所有争端方必须以《联合国海洋法公约》等现行的国际海洋法为依据主张海洋权益，通过多边谈判与和平对话的方式，按照通用国际法解决南海争端，支持制定一份"充分的、有完全约束力的南海行为准则"。[②] 表面上看，美国支持由所有南海争端方采取负责任的方式通过合作性的外交进程解决南海问题，但其实此举无疑迎合了东南亚声索国将南海问题东盟化、多边化、地区化乃至国际化的

---

① See Li Jinming and Li Dexia, "The Dotted Line on the Chinese Map of the South China Sea: A Note", Ocean Development & International Law 34 (2003): pp. 287 – 295, http://community. middlebury. edu/_ scs/docs/Li% 20and% 20Li – The% 20Dotted% 20Line% 20on% 20the% 20Map. pdf.

② Roberts Gates, Remarks at ASEAN Defense Ministers Meeting Plus, http://www. defense. gov/transcripts/transcript. aspx? transcriptid = 4700. The Department of Defense, Remarks as Delivered by Secretary of Defense Robert M. Gates, http://www. defense. gov/speeches/speech. aspx? speechid = 1483. 2010 – 06 – 05. The White House, Office of the Press Secretary, Joint Statement of the 2ND U. S. – ASEAN Leaders Meeting, http://www. whitehouse. gov/the – press – office/2010/09 /24/joint – statement – 2nd – us – asean – leaders – meeting. Stephen Kaufman, Clinton Urges Legal Resolution of South China Sea Dispute, http://www. america. gov/st/peacesec – english/2010/July/20100723154256 esnamfuak4. 879177e – 03. html, 2010 – 07 – 23.

图谋,① 而与中国所力主的双边或小多边解决南海问题的主张相悖。美国的行为客观上削弱了中国解决南海问题的话语权和主导性地位,并使南海问题进一步复杂化,增加了中国解决南海争端的难度,进而以此阻止中国的实力扩张。② 可见,美国正在从南海争端的"局外旁观者"变成"局内介入者",使南海问题成为美国遏制中国的工具和平衡中国的支点。

(三)中国南海作为:维权 Vs 示强

中国一向认为自己在南海维护主权和管辖权的行为合法合理。近年来,由于南海海域面积较大,地区安全局势严峻,美国"亚太再平衡战略"加紧在南海地区的部署,日本也插足南海,中国在南海的执法巡航常态化,先后派出海巡船、直升机、无人机以及水上飞机加入到南海的巡航执法队伍中,以更好地维护中国南海海洋权益。

美国认为,中国崛起是东南亚地区和平稳定最具影响力的不确定因素。中国的强势政策和作为是导致南海地区局势紧张的根本原因。③ 中国日益增长的军事力量,处理与邻国领土纠纷问题过程中的强硬态度以及过于自信,正在改变美国长期掌控西太平洋的状态。2009 年以来,美国多次将中国在南海的维权行动视为"示强或独断行为"(assertiveness),并予以公开谴责,指责中国在南海的合理权益主张,更倾向于表达与东南亚声索国相近的共同利益,偏袒、庇护、支持菲律宾、越南等东南亚声索国的领土主权主张,帮助东南亚声索国推行海军现代化计划,与东南亚声索

---

① Walter Lohman, "Spratly Islands: The Challenge to U. S. Leadership in the South China Sea", WebMemo, No. 2313, February 26, 2009. Marivicmalinao, "Against China'sExpansion in South China Sea - US Impelled to Strengthened Philippines Defense", http: //www. allvoices. com/contributed - news/6484702. Statement of Senator Jim Webb, "The Implications of China'sNaval Modernization for the United States", Testimony before the US - China Economic and Security Review Commission, June 11, 2009·http: //www. uscc. gov/hearings/2009hearings/hr0906_ 11. php.

② 曲恩道:《南海地缘政治形势发展的动因:以 2011—2012 为研究时段》,《太平洋学报》2013 年第 4 期,第 50 页。

③ Walter Lohman, "United States Should Focus on Building an Enduring Relationship With Indonesia", March 9, 2010, http: //www. heritage. org/Research/Commentary/2010/03/United - States - Should - Focus - on - Building - an - Enduring - Relationship - With - Indonesia.

国共同遏制中国日益上升的地区影响力。① 西方一些媒体更是添油加醋，乘机抹黑中国，其不公正的报道，塑造了中国南海政策过于强势的不良国际形象。然而，美国却从未提及东南亚声索国对南海岛礁的"非法占有"问题。美国南海政策实践与中国南海维权行动之间爆发潜在冲突的可能性正在增加。

近来，中美又为南中国海填海造礁等建设基础设施一事再起争议。中国认为，中国政府对南沙部分驻守岛礁进行了相关建设和设施维护，主要是为了完善岛礁的相关功能，改善驻守人员的工作和生活条件，更好地维护国家领土主权和海洋权益，更好地履行中方在海上搜寻与救助、防灾减灾、海洋科研、气象观察、环境保护、航行安全、渔业生产服务等方面承担的国际责任和义务，为中国、周边国家以及航行于南海的各国船只提供必要的服务，有关建设是中方主权范围内的事情，合情、合理、合法，不影响也不针对任何国家，无可非议。

四 中国南海战略的设计与布局

中国在南海面临着巨大的地缘政治困境——在"共同开发"遥遥无期的状态下，"搁置争议"带来的结果只能是任凭南海海洋资源被肆意开采、诸多岛礁被长期侵占。② 对此，中国南海战略应当进行调整：统筹"维权"与"维稳"两个大局，既"先礼后兵、强力反击、强化存在"③又"主动调控、弥合分歧、推进合作"，在维护南海正当权益的同时，不影响中国与东盟关系的大局。

第一，应当设立专门的中央机构来负责协调各个部门的行动，制定一个统一、清晰的整体战略，提出南海断续线的官方公认定义，明确南海断续线的性质，宣称这条历史水域线是岛屿归属线，主张拥有线内的岛屿及

---

① Walter Lohman, "Spratly Islands: The Challenge to U. S. Leadership in the South China Sea", The Heritage Foundation, WebMemo, No. 2313, February 26, 2009. Leszek Buszynski, "The South China Sea: Oil, Maritime Claims, and U. S. – China Strategic Rivalry", *The Washington Quarterly*, SPRING 2012, pp. 145 – 148.

② 鞠海龙：《新思维找回失去的南海》，《南风窗》2009 年第 8 期，第 50—52 页。

③ "先礼后兵、强力反击"，既占领道义高地，又让对手得不偿失。

其周边 12 海里领海主权以及 200 海里专属经济区管辖权，向世界昭示商船和民航飞机开放式使用南海专属经济区的海洋公有空间（含天空）、合法商业行为不受阻碍；依据 UNCLOS 清晰阐明自己的历史权利，使南海断续线主张符合《联合国海洋法公约》，解释中国主权诉求的合法性，确保证据链的合法与严密，坐实有效的历史和国际法依据，让国际社会无可指责，从而保持国际合法性和塑造负责任大国的形象。

第二，继续尝试一些信任构建措施，通过展示政治与经济领导权让东南亚国家受益，包括签署有利于东盟的商业协定，独自或通过亚洲基础设施投资银行为东南亚国家基础设施建设提供优惠贷款，全面有效落实《南海各方行为宣言》，并在此过程中稳步推动"南海行为准则"磋商[①]，在南海地区构建一个分享权威与资源、分担责任与义务、多边法治的新天下体系[②]；继续以双轨思路处理南海问题[③]，旗帜鲜明地反对拉拢域外国家介入或者动辄单方面诉诸国际仲裁，使用好"中国—东盟海上合作基金"，建立一些海上论坛，促进各方的交流与争端的和平解决，维护好南海秩序。

第三，与东南亚声索国以务实和灵活的态度通过理性的对话与谈判来调整各自的立场，增加高级别官员的接触和海军舰只的互访，建立国防部热线，讨论海洋区域的联合开发，适当管控南海争端，促进与东盟关系。应当利用东盟内部关于南海问题的分歧，有针对性地采取"分而治之"的策略，从海洋科研、环保、海上救援、打捞沉船、打击海盗、海上跨国犯罪和海上恐怖主义活动等非敏感项目入手开展非传统安全合作，成立专门技术委员会，逐步向经济合作开发领域拓展，在前述合作的基础上探索建立长期稳定的合作机制。[④]

---

① "南海行为准则"磋商可先制定各方都同意的基本行为原则，然后根据具体的争端区域确定参与谈判的国家，以便在协商一致基础上早日达成。

② 南海争端各方应当尝试互相承认中国领有"九段线"内所有岛礁周围的 12 海里领海、东南亚声索国领有以本土海岸线为基线向外的 12 海里领海，200 海里专属经济区可以资源分享、共同开发。至于专属经济区如何划分，可以协商谈判解决。

③ 2014 年 8 月中旬，中国提出以双轨思路处理南海问题，其主要内容是：有关争议由直接当事国通过友好协商谈判寻求和平解决，而南海的和平与稳定则由中国与东盟国家共同维护。

④ 吴世存、朱华友：《聚焦南海：地缘政治·资源·航道》，中国经济出版社 2009 年版，第 226 页。

　　第四，继续推进海军现代化快速发展①，制订好军事化解决海上争端的预案，通过勘探油气、开采资源②、国民登岛、户籍移民、造岛建礁（油气井、人工岛）或填海扩岛作业③或大规模吹沙造地行动、执行南海禁渔令、向南海海底投放主权标志、设立主权碑、设置投票所、修建建筑物④、示威游行、派舰巡辖⑤、战机巡航、派兵驻守、基地前推、举行军演、向计划在南海进行油气资源探勘的外国石油公司施压、驱离进入中国水域的外国"渔船"、管制南海专属经济区外国军事活动等措施⑥来稳步推进并强化中国在南海持续的军事存在乃至永久存在，宣示并强化对已收回岛礁的主权，坐实"有效占领"原则，保护好既得利益。同时，应当继续实行"岛屿跃进"战略和"渔船战略"以及"既定事实"战略⑦，扩大应用渐进战术，逐个收回被占岛礁⑧。

　　第五，继续强化军备，建设强大海权国家，使中国海军部署更易为地区所接受，设立南海防空识别区，重视并加强两岸合作，坚决捍卫领土主权及海洋利益。中美双方应该多从积极、开放、建设性而非冷战思维的角度看待对方，在南海安全上开展沟通与对话，定期进行海上军事措施协议（Military Maritime Consultative Agreement，MMCA）对话、成立西太平洋海军论坛，避免类似"无暇号"事件的冲突发生，管控好海上争端。

---

　　①　中国海军现代化使中国成为海军大国，拥有非常强大的军事力量，可以实施足够的间接威慑，保护海洋国土并维护海洋权益，维护南海地区航行自由，保证航道安全。

　　②　现在，中国有了981钻井平台与201深水铺管船，深海油气开采的核心技术问题已经解决。

　　③　中国已经着手在中国所辖南海岛礁上填海扩岛，发展成大规模海空军基地。这样还可坐实国际海洋法的第一原则——"陆地统治海洋"。

　　④　中国可以在南海岛礁上建设机场、港口、雷达站、灯塔（桩）等设施。

　　⑤　中国应当派出渔政船等民事执法船只和各种军舰对南海争议海域进行定期巡航。

　　⑥　US – China Economic and Security Review Commission, 2010 Report to Congress of the U · S · – China Economic and Security Review Commission, U. S. Government Printing Office, Washington DC, 2010, pp. 134 – 135. Ronald O' Rourke, "China Naval Modernization: Implications for U. S. Navy Capabilities – Background and Issues for Congress", October 1, 2010, Congressional Research Service (RL33153), p. 5.

　　⑦　Goldstein L J., Strategic Implications of Chinese Fisheries Development. China Brief, The Jamestown Foundation, August 5, 2009, IX（16）, pp. 10 – 12.

　　⑧　中国相继收回的岛礁有：1988年的赤瓜礁（现在被建成赤瓜岛）、1995年的美济礁、2010年的黄岩岛。

　　展望未来，随着美国持续加强介入南海争端，南海表态逐步清晰化，并加强其在该地区的作用，美国与东南亚声索国的关系将会更为紧密，东南亚声索国在抵制中国压力时会变得更加大胆，尤其是越南与菲律宾会愈加积极且强硬，充当起急先锋。区域内声索国对南海岛屿及资源的争夺将日益激烈，与中国的关系将更加紧张。南海僵局可能会加剧，南海问题在中美关系中的外交层级将会有所提高，中国面临的南海困局会给中国南海战略带来巨大挑战，中美关于国际海洋法解读的"规则之争"将成为重点，两国在南海问题上的国际舆论斗争将会愈演愈烈。① 尽管中国与东南亚声索国在南海问题上的争端是美国与东盟展开合作最好的利益契合点之一，但是，美国在东盟国家整体上所奉行的是"大国平衡战略"和"集体安全机制"，中美两国都不希望发生正面冲突，这是南海和平与稳定的基本保障。

　　（李家成：辽宁大学国际关系学院国际政治系讲师、辽宁大学东北亚研究院研究员）

---

　　① 曹群：《美国在南海争端司法化中的角色》，载《南海冲突与和平化解研讨会论文集》2014 年 4 月 18 日。

论南海问题中的中美博弈

刘长敏

【内容提要】美国对于中国与周边一些国家的南海领土主权和海洋权益之争，由最初采取"中立""不介入"，发展为间接和直接干预政策，导致南海安全形势进一步复杂化。美国南海政策调整变化的原因是多方面的，对此，中国应该采取有效措施沉着应对。

【关键词】中美关系 南海争端 海洋权益

近年来，由于部分南海周边国家蚕食侵占了南沙部分岛礁，引发了与中国的海洋领土主权和权益争端。随着事态的发展，一些大国也开始卷入，特别是美国，由最初的不介入、中立逐步发展为表示关切、公开干预，导致了南海安全形势的复杂化。今天的南海，美国和中国俨然已经成为了角力的主角。如果将中国南海海洋领土权益争端看作一盘棋，那么美国正在努力扮演操盘手的角色，通过发表言论、官方访问、联合军演等形式，支持和鼓励与中国存在南海争端的国家，公开与中国抗衡。中美双方在构建新型大国关系的大背景下，在南海地区却面临一场暗流涌动的遭遇战，涉及的内容也已经由最初关于南海航道航行自由的对话，升级到集地缘政治利益的岛礁主权、南海断续线的法律地位、海权和航行制度、海洋权益和资源开发等多个领域，形成了一种全面博弈势态。

一 冷战后美国南海战略的调整与演变

冷战结束以来美国的南海政策，大致经历了"基本中立""加强关注"和"逐步选边站"的发展阶段，从所谓以"观察"为主渐渐调整为不断"干预"。从时间上看，2000 年以前基本持中立立场。具体表现为：1974 年 1 月，当中国通过自卫反击战将南越军队赶出西沙群岛时，美国保持沉默，并没有把南海岛屿争端看作一个安全问题。1992 年 2 月 25日，中国宣布对所有南沙群岛拥有主权，美国东亚事务助理国务卿理查德·所罗门回应，这是中国的长期立场，美国对南沙群岛不负有特殊责任。时任副国务卿罗伯特·佐利克申明，美国在南海问题上的立场没有改变，仍然是不对领土要求的合法性作出判断，只是要求维护航行自由和用和平手段解决领土纠纷。① 1995 年，中国和菲律宾关于南海美济礁的争端发生后，美国南海政策有所变化，对南海的关注度明显加强。是年 5月 10 日，当中菲美济礁之争激化时，美国国务院发言人宣读了一份美国关于南海问题的正式声明，它包括了现在人们所熟知的美国的一些基本原则：美国反对使用武力解决领土争端；美国在维持亚太地区和平与稳定方面有始终不变的利益；维护航行自由和符合国际法的海上行动自由是美国的根本利益；美国对相互竞争的领土要求的法律优劣不持立场。美国国务院发言人表示，如果说这份声明中有什么新意的话，那就是，这是一份"更为强烈的声明"，"更为强烈地表达了我们的担忧"。②

1999 年 2 月 11 日，美国国务院发言人在一次新闻发布会上表示，虽然中国在有主权争议的岛屿上进行建设是潜在的单边挑战行为，但这种做法远没有阻碍航行自由。"美国敦促中国和其他有领土主权要求的国家运用所有适当的外交手段来解决争端。"③ 此时，美国的态度是明确的，只要不影响国际航行自由，美国并不准备认真介入南海诸国的争端。正如2000 年 1 月，美国亚太事务助理国务卿斯坦利·罗斯强调的那样，虽然在南沙群岛建设军事设施令美国担忧，但它还没有构成对航行自由的阻碍

---

① Susumu Awanohara, "Washington's Priorities: US Emphasizes Freedom of Navigation", *Far Eastern Economic Review*, Vol. 155, No. 32, August 13, 1992, p. 18.

② State Department Regular Briefing, http://www.nexis.com，登录时间：2014 年 1 月 5 日。

③ James Foley, State Department Regular Briefing, http://www.nexis.com，登录时间：2014年 1 月 5 日。

和威胁，因为所有各方都表示不试图阻止国际航行自由。①

进入21世纪后，美国逐渐进入"加强关注"阶段。"9·11"恐怖袭击一方面带给中美关系积极后果，两国关系全面得到改善，另一方面，也给亚太地区带来了一些新的影响，如美国加强了在南海的军事存在，实现了在中亚的军事存在，并深化了同印度的军事关系。与此同时，美国也加强了同菲律宾、泰国以及其他一些友好国家（如新加坡）的关系，改善了同越南和马来西亚的关系，等等，战略重心明显倾斜。

特别是2009年后，美国亚太战略进行了总体调整，在南海问题上的态度和立场发生明显变化，"无瑕号事件"爆发后，南海问题在美国全球事务和亚太事务中的优先层级迅速提升。美国重要官员关于南海政策的讲话、国务院新闻发布会、国会听证会急剧增多。而对南海问题关注的天平，也从南海领土争端的和平解决向美国在南海的航行自由倾斜。2009年7月15日，东亚事务助理国务卿帮办斯科特·马西尔在参议院外交事务委员会上强调，美国在南海岛屿归属问题上不选边站。但他同时表示，美国对"领海"或任何非陆地的海洋区域的主权要求存在担忧，因为中国对南海主权的要求存在相当大的模糊性。在战略层面上，中国的这些做法旨在凸显自己在海洋权利上日益增长的强势，而美国"在某些情况下不能同意，甚至不能理解中国对海洋法的解释"。这一时期美国南海政策的主要着眼点，一是要确保南海不受任何干扰的航行自由，中国的态度和举动使得美国担忧加剧；二是反对任何威胁南海和平稳定的行动，反对任何一方使用武力解决领土争端。2010年7月23日，举行的第17次东盟地区论坛（ARF）部长会议期间，时任国务卿希拉里·克林顿发表了关注南海问题的讲话，她将国际航行自由与美国的国家利益画等号，正式提出了美国在南海的"国家利益"："和所有国家一样，美国拥有之国家利益包括航行自由、亚洲海洋公域的使用开放、在南海尊重国际法。"② 由于

---

① Stanley O. Roth, State Department Foreign Press Center Briefing, http：//www. nexis. com，登录时间：2014年1月6日。

② Remarks at Press Availability, Hillary Rodham Clinton, Secretary of State, National Convention Center, Hanoi, Vietnam, July 23, 2010, http：//www. state. gov/secretary/20092013clinton/rm/2010/07/145095. htm.

美国事先做了工作，出席东盟地区论坛的 27 个国家和国际组织中的 11 国，都对希拉里的讲话做出响应，一同表示对南海问题的关注。① 希拉里 的讲话不仅标志着美国政策的改变，由持中立立场的"观察者"演变成 实际的"干预方"，而且标志着中美在南海问题上冲突的开始。美国的做 法鼓励了一些对南海岛屿有主权要求的东盟国家，它们对华态度也日趋强 硬。在美国"再平衡"战略的背景下，南海问题开始成为中美之间主要 争执的焦点之一。

紧接着，2012 年 5 月，美国参议院对外关系委员会启动了批准《联 合国海洋法公约》的审议程序，讨论该公约通过将对美国的经济、国家 安全和主权产生的影响。23 日，国务卿希拉里在对外关系委员会上做证 时，强烈呼吁国会批准《联合国海洋法公约》。她强调，"我们的航行权 利和挑战其他国家的能力应建立在最牢固和最有说服力的法律基础之上， 包括在诸如南海这样的关键地区。成为《联合国海洋法公约》的加入国， 将使我们在援引公约规则方面有更多的信誉和更大的执行能力"。② 2013 年 5 月，美国亚太事务代理助理国务卿约瑟夫·云在美国战略与国际研究 中心有关南海问题的会议上做主旨发言，阐述了美国在南海问题上奉行的 五项原则：一是美国对相互竞争的领土主权要求不持立场；二是这些领土 要求必须建立在国际法的基础之上，必须与国际法，包括《联合国海洋 法公约》相一致；三是对南海海域和领空的主权要求必须来自对岛礁的 主权要求，必须证明这些要求是合法的；四是美国在如何处理争端和解决 争端方面有巨大的利益，包括在全球公共领域里应有航行自由；美国在南 海合法的石油和天然气开发活动不应受领土主权归属的限制；五是应通过 和平手段解决领土争端。可以是外交谈判，也可以是通过第三方的国际仲 裁，如国际海洋法法庭。不应试图单方面改变领土现状，各方应努力建立

---

① 包括文莱、马来西亚、菲律宾、越南、印度、印度尼西亚、新加坡、澳大利亚、欧盟、 日本和韩国。

② Secretary of State Hillary Clinton's Written Testimony on Accession to the 1982 Law of the Sea Convention and Ratification of the 1994 Agreement Amending Part XI of the Law of the Sea Convention before the Senate Foreign Relations Committee，http：//www. virginia. edu/colp/pdf/Clinton-LOS-testimony-2012. pdf，登录时间：2014 年 5 月 20 日。

南海行为准则。①

2014 年 2 月 5 日，美国亚太事务助理国务卿丹尼尔·拉塞尔在众议院关于东亚海洋争端的听证会上做证。拉塞尔使用了更具有指向性、更严厉的措辞，批评中国在南海基于"九段线"的领土要求缺乏明确性，因而造成了这一地区的不安全性和不稳定性。拉塞尔表示，为了与美国长期坚持的航行自由计划保持一致，美国继续反对妨碍对海洋合法利用的主权要求。他说："我们已经反复申明航行自由体现在国际法中，而不是大国对其他国家的恩惠。"②美国公开质疑中国的领土要求不符合国际法，中国在南海的主权要求妨碍了国际航行自由，而这是美国长期追求的目标。12月 5 日，美国出台了《海洋界限第 143 号报告——中国在南中国海的海洋主张》，首次公布了美国对"断续线"的官方解读，非常明确地指出可以接受的底线："除非中国澄清其断续线仅是一种对线内岛屿以及那些地物所衍生出的符合国际海洋法（如海洋法公约所规定）的所有海洋区域的主张，否则中国的断续线主张即与国际海洋法不相符合。"③

2015 年事态越发升级：5 月，美国一架侦察机突然飞越中国正在开展建设活动的南海岛礁上空进行侦察活动，遭到中国海军的 8 次警告。④ 刚刚出任美国太平洋舰队司令的海军上将斯科特·斯威夫 5 月访问菲律宾时对媒体说，美国海军可能将向该地区部署超过 4 艘濒海战斗舰，一旦出现任何偶发事件，美军会准备做出应对，他还"亲自"乘坐侦察机到南海空域巡视。⑤ 所有这些迹象表明，美国政府内部已经就美国在南海问题上

---

① State Department Briefing, Keynote Address by Acting Assistant Secretary of State for East Asian and Pacific Affairs Joseph Yun at the Third Annual Center for Strategic and International Studies (CSIS) South China Sea Conference, Washington, D. C. , http: // www. nexis. com, 登录时间：2014 年 1 月 6 日。

② Assistant Secretary Russel's Congressional Testimony on Maritime Disputes in East Asia, http: //www. cfr. org/territorial-disputes/assistant-secretary-russels-congressional-testimony-maritime-disput es-east-asia/p32343/, 登录时间：2014 年 2 月 6 日。

③ Office of Ocean and Polar Affairs, Bureau of Oceans and International Environmental and Scientific Affairs, U. S. Department of State, Limits in the Seas No. 143, China: Maritime Claims in the South China Sea, December 5, 2014, p. 24, http: //www. state. gov/documents/organization/234936. pdf.

④ 美媒：《美侦察机飞越南海岛礁遭中国海军 8 次警告》，载环球网，http: // world. huanqiu. com/exclusive/2015—05/6491122. html，登录时间：2015 年 5 月 21 日。

⑤ 黄子娟、何天天：《美将领乘军机巡视南海 专家：发生冲突他国占不到便宜》，载人民网—军事频道 military. people. com. cn...886. htm，登录时间：2015 年 7 月 20 日。

对中国采取更加强硬的立场达成了共识。

二 美国调整南海政策的原因分析

从地缘政治学的角度观察，南海地理位置极其重要，它是中国通往南亚、非洲、中东和欧洲的海上必经之路，也是多个国家的"海上生命线"。控制南海制海权，就控制了南海地区的重要航道，也控制了南海地区各国的经济命脉。历来推崇"海权论"的美国自然高度关注这一地区的形势变化和力量博弈，高调介入南海问题的原因也是十分明显的。

最重要的是为了确保美国南海海上航行自由与安全。根据世界海运理事会统计，作为世界上第二大海上航道，全球有 25% 的海上航运量要经过南海运往各大洲，美国从亚太地区进口的各种重要原料 90% 要经过南海航道运回北美。因此，从战略高度审视南海问题，是出于确保美国海上运输安全和全球战略顺利实施的现实需要。2007 年，美国海军提出了新的海洋战略，即《21 世纪海权合作战略》。强调战略保障应包括三个方面：全身心投入国土防卫任务；培养、维系与更多国际伙伴的合作关系；阻止、限制地区战争，以防其影响全球。[①] 该战略认识到，一个相互联系的全球经济体系有赖于海上公共领域之间的行动自由。美国必须通过把海上兵力集中在某些地区和前沿部署，来防止和威慑冲突与战争，保障海上联络和商业航行的畅通。

2010 年，美国海军又出台《2010 年海军行动概念：执行海上战略》报告。此报告提出了海上基地的概念，并且指出对海上基地的挑战可能来自沿海国家，他们基于对自身环境、保护区、移民、卫生、安全、习惯法或海上治安的担忧，颁布对航行自由的限制。一旦得到指示，美国海军将根据国际法，挑战任何超越海洋国家合法权威的限

---

① 约翰·恩尼斯（Lieutenant John Ennis）：《美制定〈21 世纪海权合作战略〉将指导未来政策》，知远、张莉莉译，载中国网 http：//www. china. com. cn/military/txt/2010—05/13/content_20033879. htm，登录时间 2010 年 5 月 13 日。

制。① 2011 年，美国海军军法署署长詹姆斯·霍克在一次国际会议上公开批评一些国家过分的海洋要求，特别是出于安全或环境的考虑，把专属经济区当作领海限制他国行动的行为。显然，"美国探测船在南海中国专属经济区内的遭遇，引起了美国的警觉，被看作美国未来可能遇到海洋准入问题或海洋活动受到限制的先兆，因此美国需要采取预先防范"②。

其次，随着美国战略重心向亚太地区转移，南海战略地位上升。2011年 11 月，在 APEC 非正式首脑会议上，奥巴马正式提出"亚太再平衡"战略。③ 2012 年 1 月，美国发布《维持美国的领导地位：21 世纪国防的优先任务》报告，着重强调"我们有必要向亚太地区再平衡"④。2012 年 6月，美国国防部长帕内塔发表了"美国对亚太的再平衡"的演讲，表示美国将加强对亚太地区的军事投入，并将亚太地区作为美国政策的优先级。⑤美国国家安全顾问汤姆·多尼隆指出，21 世纪美国的成功与亚太的成功紧密相连。⑥ 2013 年 4 月，克里访问日本时重申美国推进"亚太再平衡"战略，并认为这是一个极大的机遇。⑦ 2013 年 11 月，国家安全事务助理苏珊·赖斯进一步指出，美国将"继续坚定推进再平衡战略"，"亚太再平衡仍旧是奥巴马政府外交政策的基石，不管世界其他地方有多少热点问题，我们都将继续深化对这一重要地区的承诺"。2014 年 4 月，奥巴马提出，"加深美国亚太地区的同盟关系部分是从更宽的视野着眼于亚太

---

① Department of the Navy. Naval Operations Concept 2010：Implementing the Maritime Strategy. Joint publication of the US Marine Corps, the US Navy and the US Coast Guard, 2010, pp. 95, 28.

② 周琪：《冷战后美国南海政策的演变》，《当代世界》2014 年第 7 期，第 3 页。

③ Remarks By President Obama to the Australian Parliament. November 17, 2011,

④ Sustaining U. S. Leadership：Priorities for 21th Century Defense. p. 2, http：//www. public. navy. mil/fcc-c10f/Strategies/Navy_ Cyber_ Power_ 2020. pdf.

⑤ Leon Panetta . The US Rebalance Towards the Asia-Pacific. http：//www. iiss. org/en/events/shangri%.

⑥ National Security Advisor Tom Donilon. As Prepared for Delivery. November 15, 2012, http：//www. white house. gov/the-press-office/2012/11/15/remarks-national-security-advisor-tom-donilon-prepared-delivery.

⑦ Remarks on a 21st Century Pacific Partnership. April 15, 2013, http：//www. state. gov/secretary/remarks/2013/04/207487. htm.

地区"，①并强调"美国是一个太平洋国家"。② 2015 年 2 月，美国发布《国家安全战略报告》，再次强调美国的太平洋国家和亚太地区的重要性，声称要继续推进美国的亚太再平衡战略。③

美国亚太战略调整的深层次原因是 20 世纪 90 年代以来亚太地区实力格局的变化。仅就区域经贸关系看，中国已取代美国成为东亚地区的第一贸易大国。2009 年中国成为东盟最大的贸易伙伴国，2013 年双边贸易进出口额达到 4436.11 亿美元，同比增长 10.88%。④ 同年中韩双边贸易额达到 2289 亿美元，而美韩双边贸易额仅为 1018 亿美元。⑤为了进一步稳固美国的霸权地位，对冲和平衡由于实力变化带来的不安全感，美国需要通过战略调整加大在亚太的投入，通过强化美日同盟关系，利用价值观外交组建囊括美、日、澳、印等国的"价值观联盟"等手段，以"再平衡"中国的快速崛起。从而证明"美国是一个不可或缺的国家，这是上一个世纪的事实，也将是下一个世纪的事实"⑥。

第三，以南海争端为契机，密切与传统盟国的关系，发展新的伙伴，以遏制中国日益增长的政治和经济影响。在 2011 年秋季的《外交》杂志上，国务卿希拉里·克林顿发表了题为《美国的太平洋世纪》的文章，她提出：随着伊拉克战事的结束以及从阿富汗撤军的临近，美国正处于一个关键的转折点上。过去十年，美国在两场战争上投入过多，未来十年，美国在选择时间与精力的投向时需要更为明智和系统化，唯其如此，美国

---

① Remarks by President Obama to Filipino and U. S. Armed Forces at Fort Bonifacio, Fort Bonifacio, Manila. The Philippines, http：//www. whitehouse. gov/the-press-office/2014/04/28/remarks-president-obama-filipinoand-us-armed-forces-fort-bonifacio.

② Remarks by President Obama at Young Southeast Asian Leaders Initiative Town Hall University of Malaya, http：//www. whitehouse. gov/the-press-office/2014/04/27/remarks-president-obama-young-sou theast-asian-leaders-initiative-town-ha.

③ National Security Strategy, February 2015, p. 24. http：//www. whitehouse. gov/sites/default/ files/docs/2015_ national_ security_ strategy. pdf.

④ 数据来源：中国商务部，http：//yzs. mofcom. gov. cn/article/g/date/thirteen/201402/2014 0200490994. shtml.

⑤ 数据来源：韩国外交通商部，http：//www. mofa. go. kr/ENG/countries/asiapacific/coun tries/20070730/1_ 24408. jsp? menu = m_ 30_ 10.

⑥ George Bush. Address Before a Joint Session of the Congress on the State of the Union, January 29, 1991. http：//www. presidency. ucsb. edu/ws/index. php? pid = 19253.

才能处于更好的维持其领导地位，确保利益安全，提升价值观念。① 鉴于亚太地区正成为全球政治的关键驱动以及全球经济的引擎，该地区有美国的一些重要盟友和重要的新兴大国，对这一地区的承诺和介入，将有助于帮助塑造新的经济及安全结构，有利于维持美国的领导地位。美国国防部确定推进转向亚太的具体措施，通过军力的广泛部署，增强伙伴能力，加强与盟国和新伙伴的培训、联合行动等方式，保护集体行动能力和维护共同利益的能力。②

　　一方面，美国巩固、加强与日本、韩国、菲律宾等传统盟友的关系，在推动美日、美韩联合军演的同时，建立美日韩三边合作机制，并提议美日韩导弹防御体系的并轨，构建地区导弹防御体系。③ 在与菲律宾关系上美国借全球反恐之机，逐渐恢复了两国军事合作，两国的联合军演不定期进行，争取获得使用菲军事设施的机会。与泰国军事合作方面，"金色眼镜蛇演习"作为东南亚地区最广泛的多边演习，一直在泰国组织实施。④ 另一方面，美国高层在多种场合不断强调"印太"（Indo-pacific vision）的重要性，发展从印度洋到马六甲海峡、南海这一重要战略通道上的新伙伴关系。例如，借南海领土主权争端加强与菲律宾、新加坡的同盟关系和军事合作；强化与澳大利亚的军事合作关系，实现美军驻澳永久化。不仅如此，美国还与印度、越南等和中国存在领土争端的国家，以及印度尼西亚、马来西亚建立了军事伙伴关系，不断扩大和提升军事合作的范围和水平。在这些国家中，菲律宾和越南是同中国在南海有领土争端的国家。对于美国来说，在南海问题上适当选边站，不仅可以得到一些东南亚国家对美国的好感，而且可以减轻这些国家面对中国快速崛起引发的焦虑和担忧。这样就"实现了以美国为中心的传统的'轮毂＋轮辐'（美国＋盟

---

①　Hillary Clinton. America's Pacific Century，Foreign Policy，Nov. 2011.

②　Department of Defense. Sustaining U. S. Global Leadership：Priorities for 21st Century Defense. January 2012.

③　张威威：《美日、美韩军事同盟的同步强化及其影响》，《世界经济与政治论坛》2011 年第 3 期，第 4 页。

④　刘红良：《联盟体系与伙伴关系——论美国亚太再平衡战略的安全支点》，《江南社会学院学报》2014 年 9 月刊，第 4—5 页。

友）的安全架构向以美国为中心的网络状安全架构的转变"①。美国"Ground Report"网站 2013 年 8 月 6 日刊文称，美国正在努力与几乎中国周围所有国家加强军事联系，以图遏制中国，达到在亚洲建立"支点"的目标。②

第四，在南海地区创建新的国际规范和海洋制度霸权，以限制和遏制中国的南海开发战略。在当前中国快速崛起、冲击亚太地缘政治经济格局的大背景下，美国高度重视海洋制度霸权的维系，并试图在南海塑造与之有利、约束中国的规范制度。2014 年 2 月，美负责东亚和太平洋事务的助理国务卿拉塞尔指出，"二战结束以来，基于国际法、促进航行自由、保障合法使用海洋的海洋机制，促进了亚洲经济的快速增长。美国凭借其同盟体系、安全伙伴以及强有力的军事存在，一直致力于维系上述海洋机制，并提供有助于地区国家繁荣的安全保障。作为拥有全球贸易网络的海洋国家，海上航行自由与不受阻挠的合法贸易，符合美国的国家利益"③。美国在南海问题上强化其规则制度霸权的主要措施有：一是指责"断续线"不合法。2014 年 2 月 5 日，美国助理国务卿拉塞尔在国会听证会上表示，中国南海主张"缺乏基于国际法的任何清晰解释或依据"，中国"断续线"主张"不符合国际法"④，试图以"断续线"为抓手彻底推翻中国在南海的主权诉求。美国一些与决策层关系密切的专家学者也相继发声，主张将"断续线"作为抨击中国南海主张的突破口。此外，美国官方和学界都敦促台湾地区尽快澄清其在"断续线"上的立场，试图利用"中华民国"是"断续线"首倡者的身份对大陆进行施压。二是鼓噪以国际法为准绳解决南海争端，欲将中国置于"违背国际法"的道德低地。2013 年年初，菲律宾将中菲南海争议提交国际仲裁，美表示"充分支持菲寻求国际仲裁和根据国际法和平解决争端"，呼吁中方同意以国际仲裁

① 吴心伯：《美国亚太再平衡战略：有限制衡 有限同盟》，《中国社会科学报》2015 年 3 月 12 日，http：//www.cssn.cn/sjs/sjs_ rdjj/201503/t20150312_ 1542400.shtml.

② 马风书：《美国新亚太战略背景下的中国地缘战略选择》，《山东大学学报》2014 年第 6 期。

③ Russel D R. Maritime disputes in east Asia, testimony before the house committee on foreign Affairs subcommittee on Asia and the pacific, （2014—02—05）［2014—02—08］.http：//www.state.gov /p /eap /rls /rm/2014 /02 /221293.htm.

④ Ibid. .

的方式与菲律宾解决南海纠纷。① 2014 年 3 月 30 日，菲律宾将南海争端提交国际仲裁后，美国务院声明表示支持，并称"相关国家不用担心遭到报复，包括恐吓和胁迫"②。5 月中越海上对峙后，越方表示要效仿菲律宾起诉中国，美国立即予以支持肯定。三是批评中国加剧地区紧张局势，推动签订《南海行为准则》。中菲黄岩岛对峙之后，美国明显加强推动构建南海行为准则的力度，部分原因是担心局势失控，部分原因是希望借此束缚中国行为，并推动南海问题国际化、多元化。2014 年年初，中国海南省执行捕鱼新规，起初并未引起越、菲等反对，但美国务院发言人却称新规"具有挑衅性、可能引发危险的举动"，"新规适用中方所谓的断续线范围内海域，但并未做出任何说明，也未提出任何国际法上的根据"③。"海洋石油 981"事件后，美指责中国在争议海域安放钻井平台系"单方面挑衅"，"这种单方行为反映了中国推动其对争议领土主张的模式，损害地区和平与稳定"④。2014 年 7 月，美国助理国务卿帮办福克斯抛出"冻结"倡议，即：各方不再夺取岛礁与设立前哨站；不改变南海的地形地貌；不采取针对他国的单边行动，并成为国务卿克里在 2014 年 8 月东盟地区论坛上的主打牌。正如拉塞尔所言，"美国继续支持中国和东盟尽快签署有效的行为准则。一份有效的行为准则将促进基于规则的框架，有助于管理和规范相关各方在南海的行为"⑤。

鉴于海上航行自由对于美国执行其全球战略的至关重要性及美国南海政策的演变趋势，可以预料，未来美国在南海问题上的立场会日趋强硬，

---

① U. S. Assures phl of full support in arbitration bid. Phillipine Star, 2013—04—03 （4）.

② HARF M. Philippines: South China sea arbitration case filing, press statement, US State Department, （2014—03—30）[2014—04—02]. http：//www. state. gov /r /pa /prs /ps /2014 /03 / 224150. htm.

③ RUSSEL D R. Maritime disputes in east Asia, testimony before the house committee on foreign Affairs subcommittee on Asia and the pacific, （2014—02—05）[2014—02—08]. http://www. state. gov /p /eap /rls /rm/2014 /02 /221293. htm.

④ PSAKI J. Chinese oil rig operations near the paracel Islands, press statement, US State Department, （2014—05—07）[2014—06—02]. http: www. state. gov /r /pa /prs /ps /2014 /05 /2257 50. htm.

⑤ Russel D R. Maritime disputes in east Asia, testimony before the house committee on foreign Affairs subcommittee on Asia and the pacific, （2014—02—05）[2014—02—08]. http：//www. state. gov /p /eap /rls /rm/2014 /02 /221293. htm.

更加坚决地要求中国澄清"九段线"的依据，强调对海洋的主权要求必须建立在对岛礁的主权要求之上。美国南海政策的发展趋势以及在南海问题上介入程度的加深，不仅会影响南海局势，而且会深刻影响中国的周边环境和亚太地区的国际关系，中国需要对此做出审慎的政策选择和充分的应对准备。

三　应对南海问题中美博弈的几点思考

南海地区对于中国有着军事、经济、能源等多层面的重要战略意义。针对美国对南海问题的深度介入和干预，中国必须沉着应对，有效化解，以最大限度地保护自身的国家利益。

首先，继续加强中美之间的战略沟通，有效管控可能出现的冲突和危机。海权是美国维持全球霸权的重要支柱之一，"在 21 世纪继续保持对海洋的绝对控制仍将是美国大战略的一个核心要素，这种控制同时也将在相当程度上赋予美国在世界范围内实施其影响力（尤其是其他大国）的重要手段"[1]。具体到南海地区，"马六甲海峡是美国海军进入印度洋的主要通道，而且，美国在亚洲的基地与在印度洋和波斯湾的基地之间的军事调动与装备运输也要以南海为枢纽，这就使得南海主权归属中国及该地区的任何军事冲突都将危及美国的战略利益。保持南海地区海上通道畅通与航行安全，是美国的重要战略考虑"[2]。美国希望对中国进行战略制衡或者制度规范，"将维护海洋霸权与制衡中国崛起相挂钩，希望借助插手南海争端、挑起中国与其他南海声索方的矛盾，实现拖累中国崛起步伐与维护自身海上霸权的双重目标"[3]。然而，美国对华政策兼具竞争与合作、制衡与接触，结构性的两面特征明显。"中美在南海并不存在根本的利害冲突，美国同一些南海争端国的利益也有很大差异，中美之间仍然存在着

---

① 吴征宇：《霸权的逻辑：地理政治与战后美国大战略》，中国人民大学出版社 2010 年版。

② 何志工、安小平：《南海争端中的美国因素及其影响》，《当代亚太》2010 年第 1 期，第132—145 页。

③ 楼春豪：《美国南海政策新动向及其政策两难》，《河海大学学报》（哲学社会科学版）2015 年 2 月刊，第 77 页。

广泛的共同利益和合作空间。"①

近年来，中美在海洋安全方面致力于发展中美新型军事关系，深化在反海盗、海上搜救、人道主义援助、减灾等涉及双方共同利益领域的交流合作，力图推进"中美海事安全对话机制"。在双方共同努力下，中美两国还正式签署了《建立重大军事行动相互通报信任措施机制谅解备忘录》和《海空相遇安全行为准则谅解备忘录》，对于推动中美新型军事关系的发展具有重要意义。

但是，必须清醒地认识到，中美之间在战略方面建立互信仍任重道远。为落实美国亚太"再平衡"战略，美国近年来明显加大了在中国与周边国家岛礁主权和海洋争端问题上的介入力度，在南海动作频频。2014年美国与菲律宾正式签署强化防务合作协议、部分解除对越南武器禁运等行为都助长了南海相关国家与中国斗争的底气和砝码，对地区海洋安全形势产生了消极影响。除了介入中国与周边国家的主权和海洋权益争端，美国还持续对中国进行海空侦察。2014年8月19日，美国海军一架P—3反潜机和一架P—8巡逻机飞抵海南岛以东220公里附近空域进行抵近侦察，中国海军航空兵一架歼—11飞机起飞进行例行性识别查证，引发了中美军机"异常接近"事件。2014年12月，美国总统奥巴马签署了美国国会有关授权美总统售台4艘"佩里级"导弹护卫舰的议案，严重损害中国主权和安全利益。美国对华政策的两面性，对中国的海洋安全利益带来了严重的影响，增加了中国周边海洋安全形势的不确定性。

其次，中国须在国际法框架下明确权益主张，坚定表达维护国家领土主权的决心和意志。南海历来是中国的领土主权，"中国在断续线内的权利是一种历史性权利。这种历史性权利的内涵一是领土主权，二是非专属的历史性权利"②。尽管近几十年来周边国家不断以各种借口对它进行侵犯，也以种种手段非法占领南海部分岛屿，但南海主权属我这一事实是不容改变的。中国政府尚未就南海断续线问题系统、明确地阐述立场，但外交部部长的讲话、外交部发言人的表态和答记者问等表述，已经显露出中

---

① 刘建飞：《美国战略重心东移背景下的南海局势与中美关系》，《国际关系学院学报》2012年第4期，第93—98页。

② 贾宇：《南海问题的国际法理》，《中国法学》2012年第6期，第33页。

国在这个问题上的立场和脉络。①

1994 年《联合国海洋法公约》生效以后，对南海断续线的质疑之声时有耳闻。周边当事国主要聚焦在以下两个问题上，一是断续线与《联合国海洋法公约》的关系问题；二是断续线内的权利主张与国际航行自由的关系问题。2009 年以来，越、菲等国多次在联合国、东盟等国际场合，以外交照会、大会发言等方式，否定或反对中国的断续线。2010 年 7 月和 2011 年 4 月，印度尼西亚和菲律宾分别向联合国秘书长提交照会，指责中国的断续线不符合国际法。2011 年 5 月东盟峰会上，菲律宾与越南再次质疑断续线。2011 年 6 月 20 日，新加坡外交部发表声明，敦促中国澄清在南海的领土主权范围，并强调新加坡作为主要贸易国，对可能影响南海航行自由的事件极为关注。② 因此，中国需要围绕这些问题旗帜鲜明地阐明自己的观点和立场。包括以下几点：一是中国政府通过发布地图的方式，将历史上已经确定的南海领土范围具体化并以断续线的方式清楚地标绘出来，再次明确对线内岛礁滩沙（及领海）的领土主权。③许多国家都承认断续线内的岛屿是中国领土，所出版的地图均据此标绘中国疆域。④ 二是南海断续线作为历史性权利线是有国际法依据的，历史性权利是一般国际法的基本命题，对历史性权利的承认与尊重是国际法的一贯精

---

① 参见杨洁篪外长 2011 年 7 月 23 日在第 18 届东盟地区论坛外长会上的发言，以及 2011 年 9 月 16 日外交部新闻发布会姜瑜答记者问。

② MFA Spokesman's Comments on Visit of Chinese Maritime Surveillance Vessel Haixun 31 to Singapore，See：http：/ /www. mfa. gov. sg /content/mfa /overseasmission /phnom_ penh /press_ statements_ speeches /embassy_ news_ press_ releases /2011 /201106 /press_ 201106_ 5. html.

③ 1947 年 12 月，内政部方域司编绘、国防部测量局代印了"南海诸岛位置图"，以国界线的标绘方式，在南海诸岛周围画出了十一段断续线。该线西起中越边界北仑河口、南至曾母暗沙、东至台湾东北，南海诸岛全部位于线内。1949 年以后，中华人民共和国出版的地图沿用 1948 年"南海诸岛位置图"上标绘的断续线，在管辖南海的过程中对断续线进行了适当调整，但总体位置和走向没有发生实质变化，逐步形成了南海九段、台湾岛东侧一段的基本格局。

④ 这些地图包括但不限于：法国拉鲁斯书店分别于 1956 年、1969 年出版的《拉鲁斯世界政治与经济地图集》《拉鲁斯现代地图集》，1970 年法兰西普通书店出版的《袖珍世界地图集》等；日本外务大臣冈崎胜男签字推荐的日本全国教育图书公司 1952 年版《标准世界地图集》，1973 年日本平凡社出版的《中国地图集》等；1960 年越南人民军总参地图处编绘的《世界地图》，1972 年越南总理府测量和绘图局印制的《世界地图集》等；1946 年美国纽约哈蒙德公司出版的《哈蒙德世界地图集》；1954 年至 1975 年苏联政府部门出版的《世界地图集》等。

神，国际法的发展史体现着历史性权利的轨迹。从 20 世纪初领海宽度和领海外部界限的确定，① 到 1951 年英挪渔业案，② 再从 1957 年联合国《历史性海湾备忘录》（ *Historic Bay*：*Memorandum* ），③ 到 1962 年《联合国国际法委员会关于历史性水域法律制度的报告》（ *Juridical Regime of Historic Waters*，*including Historic Bays by the Secretariat of the United Nations* ），④ 历史性权利的概念得到学术机构和国际社会的基本认同和接受。三是关于美国等国最为担忧的航行自由问题。中国政府多次发表声明，表示中国在南海的权利主张"并不影响外国船舶和飞机按照国际法通过南海国际航道的航行、飞行自由和安全"。中国并未将断续线内的水域认定为中国的内水或领海，也不会将断续线内的全部海域纳入中国的领土组成部分，各国在其水域内的自由航行并没有受到任何限制。前两个问题，涉及的是南海岛礁主权的争端、海洋划界争议，关系到海洋领土主权问题；后一个问题涉及的是南海航行自由问题，可依据国际法予以保障，二者的性质完全不同。美国表面上是强调和关注后一个问题，实际上质疑的却是前两个问题。针对美国前国务卿希拉里在东盟地区论坛上强调南海的自由航行受到了影响，利用南海问题对中国的发难。⑤ 时任中国外长杨洁篪给予明确反击："南海地区国际航行自由和安全出问题了吗？显然没有。"⑥所以，美国是在通过制造问题，进而介入问题并主导问题的行为模式，欲盖弥彰，达到制约中国、维护霸权地位的目的，其醉翁之意不在酒，我们要高度警惕并据理力争。

再次，准确把握美国战略意图，妥善处理与相关国家的关系，在中美博弈中争取更多的主动权。近年来，中国在南海主权争议的斗争中逐步扭转了被动反应的态势。在南海一些实际控制的岛礁增加战略性投入，增大

---

① 参见 1910 年国际常设仲裁法院对英美关于北大西洋渔业纠纷的裁决（ The North Atlantic Coast Fisheries Case）。

② See Fisheries Case（ U. K. v. Norway ），Judgment，ICJ Report 1951.

③ See UN Doc. A/CONF. 13 /1（ September：30，1957 ）.

④ See UN Doc. A/CN. 4 /143，p. 6.

⑤ 2010 年 7 月 23 日希拉里在东盟地区论坛记者会上的讲话，详见美国国务院网站：http：//http：www. state. gov.

⑥ 《杨洁篪外长驳斥南海问题上的歪论》，外交部网站，http：//www. state. gov /secretary /20092013clinton /rm/2010 /07 /145095. htm，登录时间：2010 年 7 月 26 日。

开发的力度。2013 年年底，中国执行的填海造岛作业取得重大进展。永暑岛主岛（原永暑礁）的面积已经达到了大约 1 平方公里，不仅成为中国大陆实际控制的最大南沙岛屿，而且取代中国台湾当局控制的太平岛成为南沙群岛第一大岛。此外包括赤瓜礁、华阳礁、南薰礁在内的大批岛礁也在积极施工过程中。这些坚定、扎实、具实质性的举措，为中国未来在南海以谈判解决争端、实行经济性开发奠定了坚实的基础。

中国维护海洋权益的坚决行动不可避免地导致了与一些周边国家关系的紧张。由于黄岩岛、仁爱礁等南沙岛礁的争议，中国与菲律宾的关系日益恶化；由于 981 钻井平台事件，中越两国船只在西沙发生严重冲突，越南爆发了大规模的反华示威活动甚至酿成暴力骚乱。在这种背景下，美国开始扮演裁判官角色。2014 年 7 月 10 日，美参议院再次就亚太领土主权争议通过决议，要求中国立即撤走 981 海洋石油钻井平台，并将有关中国舰船撤出争议海域，回到 5 月 1 日以前的状态。① 11 日，美国副助理国务卿福克斯在战略与国际研究中心举办的第四届南海年度会议上发表讲话，指责中国在黄岩岛和仁爱礁的维权行动是"挑衅"，呼吁南海争端方自愿"冻结"争议，做到"三不"，即：各方不再夺取岛礁与设立前哨站；不改变南海的地形地貌；不采取针对他国的单边行动。② 公然以"裁判者"的身份，全面主导南海问题。

很显然，美国一直希望在东亚出现一个既能与中国抗衡、又与美国保持密切关系的地区组织，并通过参与地区多边机制来获得领导地位，其首要目标就是拉拢东盟。希拉里在谈论美国亚太政策时表示，"我们把东盟视为这个地区正在形成的地区性结构的支点。我们也把它视为诸多政治、经济和战略问题上不可或缺的机构"。③而最好的介入点就是南海问题。从 1992 年东盟通过南海问题宣言开始，美国就一直希望将南海问题变成中

---

① 113th Congress 2d Session, "S. RES. 412", April 7, 2014.

② Deputy Assistant Secretary Michael Fuchs, Remarks on "Fourth Annual South China Sea Conference", Washington, DC, July 11, 2014, http: // www. state. gov /p /eap /rls /rm/2014 /07 / 229129. htm.

③ Secretary of State Hillary Clinton, "America's Engagement in the Asia - Pacific", address at Kahala Hotel, Honolulu, HI, October 28, 2010, http: // www. state. gov /secretary /rm/2010 /10 / 150141. htm.

国和东盟之间的问题，因为这样才有利于将东盟打造成与中国抗衡的地区组织。2011年8月，中国和东盟通过《落实〈南海各方行为宣言〉指针》。美国对此文件感到不满，认为东盟在"双边解决对多边解决"方面有所后退。① 于是，2012年9月，美国国务卿希拉里访问印度尼西亚时，就督促东盟国家在和中国讨论南海问题时要"形成统一阵线"。② 其针对中国构建地区安全架构的政治意图进一步显现。20世纪90年代以来，东盟在亚太区域合作和多边组织互动中，一直与中国保持良好合作关系。进入21世纪，随着中国综合国力的提高，东盟国家产生了复杂的情绪。一方面，希望搭乘中国快速发展的便车实现自身的发展；另一方面，对崛起后中国的发展战略产生疑虑，试图联合其他亚太大国平衡中国的影响力。而美国的新亚太战略，特别是奥巴马执政后美国高调"重返亚太"的战略，与东盟一些国家的想法一拍即合，导致彼此之间在南海问题上相互利用。因此，正如许多有识之士所指出的，美国的"亚太再平衡"战略是导致中国与周边一些国家关系紧张的深层背景之一。

其实，在中国与大国、周边国家的关系中，既存在不断扩大交往合作的面，也存在着涉及具体国家利益冲突的点。"在亚太地区，事实上存在着中国、美国、周边邻国三方多边互动，中国不会也不可能搞'联邻制美'，但中国必须防止出现'美邻联手制华'的态势。"③随着中国持续快速发展和综合国力的提升，中国与周边国家的共同利益越来越多，要善于利用自己的国家实力和国际影响力，在合作的面和矛盾的点中取得平衡。可以通过积极推进中国与东盟多层次合作关系，为地区安全稳定提供更多的公共产品，促进区域安全机制的建设。通过积极参与地区多边对话机制，加强政府或非政府间的各种安全对话渠道、增进各国相互信任和理解，努力消除"中国威胁论"的影响，展示一个正在崛起、成熟、言而有信的负责任大国形象，以达到有效化解美国战略企图的目的。

---

① Walter Lohman, "The U. S. Cannot Rely on ASEAN in the South China Sea", August 5, 2011, WebMemo Published by The Heritage Foundation.

② Matthew Lee, "Clinton urges ASEAN unity on South China Sea", September 4, 2012, JA-KARTA, Indonesia（AP）.

③ 邵峰：《中国周边战略透析》，《中国经济报告》2015年第2期，第102页。

结　语

总之，"美国的南海政策是基于其控制西太平洋地区的霸权战略。由于中国维护主权的行动不利于美国对南海的控制地位，这就导致中美在南海问题上产生基本利益冲突。"① 面对上述形势，中国要理性分析，并作出正确的政策选择。

应该明确以下两点：第一，以中国现有的幅员、规模和实力，除非周边所有国家联合起来与中国对抗，否则对中国的遏制将无法成功，中国仍然有足够的战略迂回和政策调整空间。第二，美国新亚太战略的目的并非仅仅是遏制中国，其主要意图是防止被排挤出局并掌握地区事务主导权，对中国的遏制是一种有限遏制，所要营造的是局势适度紧张而非失控，尤其是会守住底线，避免与中国发生直接的大规模军事冲突。

（刘长敏：中国政法大学政治与公共管理学院国际政治系教授、中国政法大学中国周边安全研究中心主任）

---

① 时永明：《美国的南海政策：目标与战略》，《南洋问题研究》2015 年第 1 期，第 7 页。

会议综述

"21 世纪的美国与世界"学术研讨会
暨中华美国学会 2015 年年会综述

2015 年 10 月 30 日至 31 日，由中华美国学会、中国社会科学院美国研究所、复旦大学美国研究中心、中国社会科学院一上海市人民政府上海研究院、《美国研究》编辑部联合主办的"21 世纪的美国与世界"学术研讨会暨中华美国学会 2015 年年会在上海召开。来自中国社会科学院、中国现代国际关系研究院、上海社会科学院、复旦大学、中共中央党校、中国人民大学、四川大学等 20 多家单位的一百余位学者与会。与会者围绕习主席访美与中美关系、21 世纪的中美战略关系、中美关系与国际秩序、美国外交战略的转型、美国研究与中美关系等议题进行了研讨。

（一）习主席访美与中美关系

上海国际问题研究院学术委员会主任杨洁勉研究员认为，习主席对美国进行的首次国事访问为两国间加剧的摩擦起到了润滑作用，有助于中美关系平稳过渡到下一届美国政府。虽然在美方公布访问邀请到访问成行的半年多内，两国在南海、网络、亚洲基础设施投资银行、"跨太平洋伙伴关系协议"等问题上产生了摩擦，美方多次向中方施压，但访问最终取得了成功。双方在各自的重大关切上做出了一定的妥协，对彼此的历史传统和现实利益表示尊重。访问取得了多项成果，开拓了新的合作面。他认为，此次访问有助于深入认识中国对美战略的两面性、长期性、复杂性和反复性，同时启示我们要加强外交思想和理论的建设，以促进中美对话的顺利进行。

　　现代国际关系研究院前院长崔立如研究员指出，习主席此次访美的主题是寻求如何处理新时期中美之间复杂而矛盾的关系，确保 21 世纪的中美关系沿着正确的方向发展。自中美建交以来，两国关系总体上保持了稳定、一致的发展方向。随着中国的崛起，中美关系逐渐趋于紧张，摩擦日益加剧，习主席在这个历史节点对美国进行国事访问，意义重大。访问中，习主席重申建设中美新型大国关系是双方长期努力的目标，双方一致表示要共同致力于维护强有力的中美关系，使之为全球及地区的和平稳定和繁荣做出贡献。双方的表态对重新确定中美关系的发展方向具有重要意义，同时也向世界释放了积极的信号。

　　上海社会科学院副院长黄仁伟研究员认为，习主席此次访美有几个关注点：首先，中美双方在地方层面的关系发展迅速，美国州政府积极吸引中方投资，加强与中国地方政府的合作；其次，美国的公司出现了一批支持中美关系、反对美国制裁中国的新生力量；再次，中美双方对彼此的现实利益表示尊重，并在一些问题上做出了一定的妥协。他认为，这些新的动向有助于判断中美关系的未来发展趋势。此外，他注意到英国、德国等美国的盟友开始积极主动地与中国加强合作和增进关系，认为中国与美国盟友搞好关系将有助于牵制美国的全球战略和对华战略。

　　中国社会科学院美国研究所李恒阳助理研究员指出，美国近年来一直在网络安全领域怀疑和防范中国，并欲制裁和遏制中国。美国认为中国出于经济目的对美国展开网络攻击，担心中国黑客攻击美国的基础设施，美国军方则担心中国对美国发动网络战。此次习主席访美给中美的网络空间合作带来转机。两国都承诺不支持通过网络窃取知识产权的行为，不支持以经济利益为目的的网络犯罪活动，表示将加强网络犯罪的调查取证和信息共享，并开始讨论"网络空间的国家行为准则"问题。他认为，未来美国的网络空间政策将呈现以下特点：首先，继续以保证国家安全为由进行网络空间的情报搜集活动；其次，网络攻击能力将稳步提高；最后，关于隐私权的争论将在美国国内逐渐淡化。

（二）21 世纪的中美战略关系

　　国务院侨务办公室副主任何亚非在主旨发言中指出，进入 21 世纪以来，美国控制世界的能力有所下降。世界的多极化、经济的全球化和美国国内政治的意识形态化，是美国霸权衰落的主要原因。美国的政治和经济实力也趋于衰落。过分强调单边主义和依赖军事力量解决国际问题，导致美国军费开支庞大，国内反战情绪加剧，战略负担沉重；在国际关系中坚持人权高于主权的意识形态，导致美国背负民主的包袱；担心中国等新兴大国挑战其霸权地位，导致美国在实力不足的情况下做出错误的战略决策。美国当前的战略收缩和调整不是战略放弃，只是改变它在中东、欧洲和亚太三大战略板块的分量和侧重点。未来美国将采取审慎的外交政策，减少不必要的海外军事行动，以亚太地区为战略部署的核心区域，以中国为主要战略对手。由于实力不足和战略负担沉重，美国将加强与亚太军事盟友的关系，利用其牵制中国。他认为，针对美国的对华战略，中国应立足于建设中美新型大国关系，逐步与美国达成相对稳定的战略均衡；与美国合作建立有效的危机管控机制；做大经济的蛋糕，充分发挥经济对中美关系的压舱石作用。

复旦大学美国研究中心主任吴心伯教授指出，冷战结束后，中美两国的互动发生了显著的变化。中国从完全在美国的体系内跟美国互动，转变为尝试营造一个自己的环境和格局；从完全被动地对美国做出反应，转变为主动塑造中美关系，以中国为主体，以"周边外交"为优先考量。这种变化体现了中国特色的"以我为主"的大国外交战略。中美互动的未来走向主要取决于美国的全球战略走向。他认为，中国的对美战略应立足于以下几点：（1）不谋求取代美国的领导地位，而是合理地增加中国在国际体系中的政治与经济影响力；（2）不谋求颠覆现有的国际体系，而是丰富现有的国际体系；（3）不谋求对美国的全面力量优势，而是谋求在亚洲和西太平洋地区的局部优势。（4）做大双边经贸，同时与美国合作解决地区性和全球性问题。

中南财经政法大学国际问题研究所刘建华教授探讨了全球地缘政治变化给中国带来的战略机遇。他指出，对中国而言，"重要战略机遇期"应以国际地缘政治局势是否发生了缓解中国战略压力的重大变化为判定标准。苏联入侵阿富汗和"9·11"事件分别开启了中国 20 世纪 80 年代和 21 世纪头十年的战略机遇期，克里米亚并入俄罗斯和"伊斯兰国"崛起有可能为中国开启第三次战略机遇期。当前，欧洲与中东地缘政治的变化、西方与俄罗斯在乌克兰问题上的对峙和美国对"伊斯兰国"的军事打击，分散和消耗了美国的战略资源，牵制了美国的"亚太再平衡"战略。中国可以利用这个机会，通过筹划"东稳""南下""西进"的全球地缘战略，以审慎、适度、有为的外交拓展国际影响力。

（三）中美关系与国际秩序

中共中央党校国际战略研究所副所长刘建飞研究员指出，在未来很长一段时间内，国际秩序问题将是中美关系中一个非常重要的甚至核心的问题，两国相争的焦点将是国际秩序的主导权和规则的制定权。国际秩序包括经济秩序和政治秩序。经济秩序以布雷顿森林体系架构为载体，由美国主导，对后来加入的中国而言并不合理。中国的应对之策是另辟蹊径，争取公正的待遇。政治秩序以联合国宪章为基础。美国试图挑战联合国的原有秩序，把联合国变成维持其霸权的工具；中国则试图维护和改革这个秩序，让联合国回归其基本政治纲领，捍卫主权国家平等，维护世界和平，促进各国共同发展。中美两国在国际秩序的问题上有利益点，也有对抗点，这为两国重塑或改革国际秩序提供了合作的空间。他认为，中美双方应该通过合作来维持国际秩序的基础，促进国际秩序的良性进化。

天津师范大学政治与行政学院杨卫东副教授探析了国际秩序与奥巴马政府对外战略之间的关系。他指出，奥巴马政府一贯强调构建国际秩序对保持美国全球领导力的重要性，认为它是继安全、经济和价值观之后的第四大国家利益。这种国际秩序观的理论基础是自由国际主义，现实基础是美国国力的相对衰落和新兴大国的日益崛起，其实质是一种强调制度构建、规则和话语权在国际政治中的作用的战略。他认为，以美国为首的西方大国同以中国为首的新兴大国之间的国际秩序之争，将是未来国际政治面临的突出问题。

复旦大学美国研究中心潘亚玲副研究员分析了美国制度霸权与规范霸权的护持战略。她指出，美国在实力相对衰落的情况下仍能保持一定的霸权地位，在很大程度上是因为美国拥有制度规范霸权。美国的核心战略目标是维护其在全球的领导地位，为此，美国首先维护其在政治、安全架构中的主导地位，选择性地利用联合国来维护其霸权；其次，刻意放缓甚至阻碍全球经济治理和各种机制的改革进程，积极升级国际贸易与投资规则，以维护其国际规范主导地位；最后，抢占全球治理规范的新高地，以实现其经济和政治目的。美国推动"跨太平洋伙伴关系协议"（TPP）谈判的主要动机，是通过抢先制定贸易规则来制衡中国等新兴大国，实现对国际经济体系的长期控制。

（四）美国外交战略的转型

中国社会科学院美国研究所樊吉社研究员分析了奥巴马政府的外交转型。他指出，面对新的国内国际政治常态，基于对国际安全环境、美国的地位和实力的重新认知，同时迫于"厌战"和"内向"的国内公众舆论，奥马巴政府逐步实现了外交战略的转型。新的美国外交战略具有以下特征：（1）谨慎使用武力，拒绝人道主义干预；（2）善用美国的影响，倚重多边外交；（3）管控危机，而非解决危机；（4）分清轻重缓急，优化资源配置。他认为这种转型在一定程度上反映了美国在经济和政治影响力上的衰落，标志着美国外交中的理想主义开始褪色，审慎的现实主义开始占据主导地位。

解放军外国语学院国际战略教研室孙逊教授分析了奥巴马政府反恐战略的调整及其影响。他指出，奥巴马政府面对国内外困境和反恐新形势，摒弃了扩张性的反恐战争模式，淡化了意识形态色彩，加强了多边合作和"软实力"反恐。调整后的美国反恐战略具有较强的实用主义特征，取得了以下成效：（1）使美国本土安全得到有效保障，"基地"组织遭受重创；（2）从阿富汗稳步"退出"，顺利转移反恐重心；（3）反恐路径从单边对抗转向多边合作；（4）反恐策略更趋灵活和富有针对性。他同时指出，美国的新反恐战略亦存在局限性：其一，未能根除恐怖主义的威胁；其二，由于推行"双重标准"，阻碍了国际反恐合作；其三，战略调整的策略性本质限制了新反恐战略的绩效。他认为，伊拉克局势突变预示着美国的新反恐战略前景堪忧，将面临更多的不确定性。

辽宁大学国际关系学院唐彦林教授分析了日美同盟的新调整及其影响。他指出，以 2015 年版《日美防卫合作指针》的出台为标志，日美同盟完成了新一阶段的调整。新版《日美防卫合作指针》扩大了日美同盟适用的地理范围，扩展了同盟内涵，增加和修正了日美的责任分担，强化了日美同盟的协作机制，明显提升了日美同盟的军事和合作一体化程度，凸显了针对中国的特性。他认为，日美同盟的新调整必将助推日本摆脱

"战后体制",加速日本政治军事大国化的右倾化进程,给中美和中日关系的发展带来负面影响。同时,纵容日本右倾化将有可能激发地区紧张局势,为亚太地区乃至世界局势埋下潜在的不稳定因素。

中国社会科学院美国研究所范勇鹏副研究员分析了美国对外政策的基本逻辑。在梳理美国外交史的基础上,他提出了国家性质决定国家行为的理论假说,认为美国的形成过程决定了美国的国家特质。他指出,美国是一个移民国家、契约国家、靠政治维系认同的国家和追求商业利益及自由贸易的国家。美国最大的利益偏好是通过自由贸易获得商业利益。美国的制度构成、战争选择、政策宣示和敌人认定,都可以证明这一判断。随着中国的崛起,美国长期以来依赖的贸易自信受到了严峻的挑战。这在一定程度上促使美国改变和调整其外交政策,而这种改变和调整将对中美关系产生重大影响。

(五) 美国的南海政策

国防大学朱成虎研究员针对美国"拉森"号导弹驱逐舰赴中国南海巡航指出,美国的南海政策经历了从战略模糊走向战略清晰、从中立走向选边站、从干预走向干涉的三次调整。中国的南海政策没有改变,但是随着中国实力的增强,中国在南海的行为方式已经由被动应对变为主动出击。中国在南海建岛有利于长期稳定南海的局势,美国之所以对此做出强烈反应,根源在于守成大国与崛起大国之间的结构性矛盾。通过插手南海问题来牵制中国的崛起,是美国"亚太再平衡"战略的重要目标。他认为,中国应策略地应对美国和其他声索国可能在南海采取的进一步行动,以完成中华民族的复兴大业为重,维护中国和平发展的形象和良好的外部环境。

复旦大学美国研究中心韦宗友教授对奥巴马政府的南海政策进行了解读。他指出,自 2010 年以来,奥巴马政府的南海政策日益向"积极干预"和"选边站"的立场转移,给中美关系及南海问题的解决增添了新变数。奥巴马政府不仅对中国的"九段线"主张提出质疑,而且指责中国阻碍南海航行自由,要求中国停止在南海填海造地。此外,美国还鼓动菲律宾将南海争端提交国际仲裁,推动南海问题的国际化和多边化,同时积极向越南、菲律宾等国提供外交帮助和军事支持,甚至直接派遣飞机和舰船进入南海争议地区。奥巴马政府在南海问题上日益积极的干预立场与举措，折射出美国对中国战略意图和海洋抱负的忧虑，也反映出美国维护其亚太领导权和海洋霸权、安抚其亚太盟友的战略决心与考量。他认为，在美国国内要求对华强硬的声音抬头、中美在亚太地区的竞争加剧、美国政治进入大选周期的背景下，美国在南海问题上的立场可能进一步趋于强硬。中国需要综合平衡各种利害关系，妥善应对南海困局。

中国政法大学政治与公共管理学院刘长敏教授阐述了南海问题中的中美博弈问题。她指出，2009 年以来，美国对中国与周边国家的南海领土主权和海洋权益之争所持的态度，由最初保持中立发展为间接和直接干预，导致南海安全形势进一步复杂化。美国调整南海政策的主要原因是：（1）确保美国在南海海上航行的自由与安全；（2）稳固美国的霸权地位，对冲和平衡由于亚太地区的实力变化带来的不安全感；（3）以南海争端为契机，密切与传统盟国的关系，发展新伙伴，遏制中国日益增长的政治和经济影响；（4）在南海地区创建新的国际规范和海洋制度霸权，限制和遏制中国的南海开发战略。她认为，中国对此应采取以下应对措施：（1）继续加强中美之间的战略沟通，有效管控可能出现的冲突和危机；（2）在国际法框架下明确权益主张，坚定表达维护国家领土主权的决心和意志；（3）准确把握美国的战略意图，妥善处理与相关国家的关系，在中美博弈中争取更多的主动权。

（六）美国的台海政策

同济大学国际与公共事务研究院院长夏立平教授分析了奥巴马政府的台海政策及其对两岸关系的影响。他指出，美国在台湾问题上的基本战略考虑是，维系台海不统、不独、不战的局面，以保证自己在台海地区的最大战略利益。因此，美国不希望两岸举行统一谈判，但希望两岸达成和平协议；一面支持台湾扩大国际空间并对台军售，一面支持两岸签署经济合作框架协议。他认为，奥巴马政府的对台政策受美国国内的战略辩论、美国对两岸关系和台湾局势的评估、美国政府的亚太政策团队、美国国会中的亲台势力、美国军方和军工集团等诸多因素影响，尽管有一定的稳定性，但仍存在变数。

复旦大学美国研究中心副主任信强教授探析了中美战略博弈及台海未

来局势。他指出，随着中美经济、军事差距逐步缩小和中国的影响力上升，中美摩擦进入高发期，美国陷入战略焦虑期。在战略层面美国对中国有三点疑虑：认为中国试图挑战美国在亚太地区乃至全球的霸权和领导力；试图以胁迫甚至武力的方式改变现状，重塑地区安全格局；试图挑战美国对其亚太盟友的安全承诺和政治信誉。美国的亚太战略目标可以概括为两点：确保美国的霸权可续；确保中国的崛起可控。即便美国政府换届，美国针对中国的亚太战略也不太可能改变。美国不愿冒直接对抗中国的风险，所以支持其盟友挑衅中国，然后从中渔利，而美国的盟友也希望美国出头，自己获利，可见美国与其盟友之间存在战略矛盾。在上述背景下，台湾在东亚的地缘战略地位得到凸显，在中国大陆的战略布局中的战略价值增大。马英九执政以来台海局势稳定，但台湾"大选"给两岸关系的和平发展带来变数。目前，民进党在岛内选举中明显占据优势。从美国允许蔡英文访美及其后续表现来看，美国没有给坚守台独党纲的蔡英文施加足够的压力，有默认其上台的倾向。美国的策略是同时对两岸施压，要求蔡英文不挑衅大陆，要求大陆不胁迫台湾，但施压的重点在大陆。蔡英文一旦上台，很可能对美国的支持投桃报李，积极配合美国的亚太战略。他认为，未来美国有可能采取以下对台策略：（1）加强对台军售，将台湾的F－16AB战斗机全部升级为美国最新研制的F－16V新型战机，以极大地提高台湾"空军"的战力；（2）推进美台军事方面的软件合作，开展情报共享、信息通联、联合作战及高精尖武器的合作研发；（3）积极推动日台安全关系和美日台三边准军事同盟架构；（4）在军事、安全、科技等方面加强对台湾的渗透和支持，削弱两岸经贸关系和台湾在经济上对大陆的依赖。他指出，台湾有可能成为美国手中最大的王牌和中国国家安全面临的最大问题。特别是美日台准军事同盟的建立，将对中国在东海和南海的战略安全造成前所未有的压力。

（七）中美关系中的经济因素

中国社会科学院世界经济与政治研究所所长张宇燕研究员强调，经贸关系是中美关系的一个重要的压舱石，两国在经贸和金融方面的联动效应非常高，经济力量差距正在不断缩小。当前，美国经济增长状况良好，通货膨胀率和赤字水平有所下降，国际收支趋于平衡。但是，美国的经济是靠低通胀、低利率、高债务、高股价和高资产价格支撑的，根基并不稳固。尽管美国的失业率有所下降，但这与美国的劳动参与率降低有关。此外，美国还面临劳动力市场疲软、老龄化趋势加剧、劳动生产率增速放缓等问题。他认为，从短期和中长期来看，美国的经济增长并不可持续，美国经济将继续运行在中低速的发展轨道上。

中国社会科学院美国研究所王欢副研究员分析了美国经济增长的潜质。他指出，美国的经济增长由多种社会和政治基本面支撑。首先，美国的人力资本具有年龄结构合理、受教育程度高的优势，为美国的经济增长提供了重要基础；其次，扎实的社会协作基础为美国的经济增长提供了良好的条件；再次，美国在科技、产业和治理方面的创新能力对美国的经济增长形成了有力支持。他认为，由于当前的国际政治经济规则主要由美国主导制定，且美国经济具有增长的潜质，未来一段时间内，美国将继续利用其霸权地位获取经济增长的红利。

（八）美国研究与中美关系

原中共中央党史研究室副主任章百家研究员指出，研究中美关系首先需要了解中国自身的状况，把中国的变化所造成的影响估算进去。这将有助于理解当前中美关系和中国与周边国家关系的变化。当前，中国正处于发展的关键阶段，改革进入深水区，国际环境不稳定，信息化导致国内外的问题国际化。在这种情况下，中国应认真总结以往处理国际问题的教训和经验，客观准确地判断国际形势和自己的能力，实现目标和手段的平衡。他认为，当前是中国外交的战略布局时期，除了服务于中国国内的发展外，中国外交还应着眼于促进中国在国际上发挥重要作用。中国只有自身强盛，同时摒弃陆缘思维，与周边国家搞好关系，才能真正牵制美国，在亚太地区和全球发挥更大的作用。

（九）综合研究

除上述议题外，与会者还就 2016 年美国大选、20 国集团峰会、美国宪法输出、美国移民政策改革、美国气候治理等问题进行了研讨。

中国社会科学院美国研究所刁大明助理研究员分析了 2016 年美国选举的态势。他指出，大选政治是 2016 年美国研究最为重要的关注点之一。

目前来看，民主党的选情较为明朗，希拉里在民调中保持较大优势，获得提名的可能性极大；共和党的选情较为复杂，特朗普（Donald Trump）在民调中的持续领跑体现了民怨的宣泄，最终的提名人还要在初选正式开始后逐渐明确。相对于总统选举的不确定，国会两院的选举基本上可以保持共和党的多数地位。本次选举呈现出两党竞相负面炒作中国议题的态势，这与美国学界和战略界对中美关系的争论、两党参选人的外事经验等因素有关。长期而言，这种竞选操作将对美国公众的对华印象造成负面影响。

北京第二外国语学院英语学院顾国平副教授回顾了 20 国集团峰会从应对危机的临时机制向国际经济治理的长效机制转型的过程。他指出，20 国集团峰会曾一度刺激了世界经济的复苏，促进了成员国之间的经济合作和国际金融机构的改革。然而，由于诞生之初的应急性质、成员国之间的差异和突发性地缘政治事件的冲击，经济危机缓解后，20 国集团峰会开始面临凝聚力弱化、领导力缺失和执行力不足等问题。美国对 20 国集团峰会的态度具有较强的实用主义色彩，重在利用这一机制为美国在更广阔的范围内主导全球治理体系的重构增加合法性。当目的达到、国内经济复苏后，美国对其热情开始消退。近两年来，解决制约发展中国家经济增长的基础设施建设和融资问题成为 20 国集团成员的新共识。中国不仅提出建设"一带一路"、成立亚洲基础设施投资银行等主张，而且积极行动，展现了领导风范。他认为，中国要想长期在基础设施领域发挥领导作用，必须重视在发展中国家开展基础设施建设和融资的具体执行过程，做好项目风险评估等一系列工作。

中国社会科学院美国研究所周婧副研究员阐述了美国宪法的出口和回流问题。她指出，美国宪法是世界上第一部成文宪法，确立了司法审查和三权分立等政治制度，对其他国家的宪法产生了广泛的影响。譬如，在麦克阿瑟指示下颁布的"麦克阿瑟宪法"确立了基本的权利条款，使日本从欧陆法系国家变为英美法系国家。美国宪法呈现全球化态势的原因在于：（1）权利法案以成文的方式出现，为个人提供了更强有力的保护；（2）司法审查制度保护了法律的竞争力；（3）美国的政治、经济地位使得其他国家愿意借鉴美国的法律；（4）美国通过对外法律援助积极输出本国法律；（5）美国对其他国家进行的人权评估强化了其他国家学习美国法律的意愿。虽然美国为完善自身的法律体系也会借鉴外国法律和国际公约，但其法律输出的特点更为明显。

上海社会科学院国际关系研究所唐慧云助理研究员分析了美国移民政策改革中的移民立法权之争。她指出，州政府和联邦政府之间的移民立法权之争是美国移民政策改革的一大特点，其起因是州政府和联邦政府在治理非法移民问题上的成本和收益存在差距。她认为，要解决移民立法权之争，应充分发挥州政府治理移民问题的革新作用，并让州政府在联邦政府设定的框架下行使移民立法权，以防止歧视性法律的出台。同时，应对联邦政府和州政府在移民领域的合作制定详细的规定。

中国社会科学院美国研究所刘元玲助理研究员阐述了奥巴马政府时期美国应对气候变化的政策和行动。她指出，由于美国两党政治极化现象严重和美国国会掣肘，美国的气候变化立法面临较大的国内阻力，难以获得通过。奥巴马政府只能借助总统行政办公室、环境保护署、环境质量委员会等机构和《总统应对气候变化行动计划》及《美国复苏与再投资法案》，来推行其"绿色行政"。美国的州和地方政府在应对气候变化方面的做法各异，总体而言进行了积极的尝试和努力，并取得了一定的成效。

复旦大学美国研究中心涂怡超副研究员分析了当前美国基督教进行全球政治参与的理念基础。她指出，美国基督教以宗教自由、民主政治和民主自决为三大核心政治理念，并通过公共宗教的理念来影响公共领域。美国教会在海外传教时将这些核心观念引入发展中国家的基督教会，并通过教会传入公共领域，影响当地社会。美式宗教自由和公共宗教理念构成了美国基督徒看待发展中国家政治和社会问题的基本坐标，影响了发展中国家的基督教会，并进而形成了新一代的基督教民主论。随着发展中国家基督教会的发展和联盟化程度的提高，美国教会的政治和社会参与理念将对发展中国家的基督教发展和政治社会转型产生持续的影响。

（罗伟清、李墨供稿）

后　记

　　2015 年 10 月 30—31 日，中华美国学会在上海召开了 2015 年会"21世纪的美国与世界暨复旦大学美国研究中心成立 30 周年学术研讨会"。来自全国各地 140 多名学者参加了会议，近 50 人次学者发言。在开幕式上，国务院侨办副主任何亚非做了主旨演讲，复旦大学校领导和中华美国学会会长黄平致辞，复旦大学美国研究中心主任吴心伯主持。

　　会议期间，中国社会科学院美国所所长郑秉文主持召开中华美国学会理事会议，学会秘书长倪峰做工作报告和经费使用说明。根据工作需要，会议增选了副会长和理事等。会议决定，2016 年会将于 2016 年 10 月在四川大学召开。

　　为了开好这次研讨会，作为东道主，复旦大学美国研究中心不遗余力，贡献巨大；中国社会科学院—上海市人民政府上海研究院及时资助，雪中送炭；很多著名资深学者远途跋涉，拨冗出席；一些中青年学者积极参与，踊跃投稿。与会者围绕习主席访美和中美关系、21 世纪的中美战略关系、中美关系与国际秩序、美国外交战略转型、美国研究与中美关系等议题进行了热烈研讨。在会员投稿的基础上，中国社会科学院美国研究所和中华美国学会秘书处决定结集出版。在组稿和编辑出版的过程中，中国社科院美国研究所的张超作为文集的执行编辑，与其他同志一起积极想办法，为提高论文集的学术品质做出了贡献。中国社会科学出版社的领导与责任编辑张林为论文集的出版提供了大量帮助。作为中华美国学会的挂靠单位，中国社会科学院美国研究所对上述机构和学者表示衷心感谢，中华美国学会秘书处表示崇高敬意。

　　呈现在读者面前的这本《2015 中国美国学会年会论文选》，今后将作

为全国美国研究的一个学术平台和中华美国学会的学术载体，连续出版下
去，并逐渐将其打造成为具有较高学术品质的美国研究系列丛书。

中华美国学会成立于1988年12月中美建交10周年之际，根据"章
程"，其宗旨是联络和团结全国各地从事美国研究的学者，协调国内各专
业性研究美国的团体和机构的工作，增进中国人民对美国的了解，促进有
关美国研究和教学方面的国内外学术交流，为中国的现代化事业、为世界
的和平与发展事业服务。迄今为止，中华美国学会是我国学术界在美国综
合研究领域唯一的全国性自愿、非盈利的民间学术团体。中华美国学会的
地位和定位必将要求全国的美国研究者不辱使命，为繁荣和促进美国研究
而贡献自己的力量。中国社会科学院美国研究所将一如既往，根据"章
程"的要求，做好学会的挂靠单位所应承担的工作，积极提供高质量的
服务，为中华美国学会竭尽绵薄之力。

中国社会科学院美国研究所所长

郑秉文

2016 年 5 月 19 日